普通高等教育"十三五"交通类规划教材

# 轨道交通机车车辆概论

主　编　李宁洲　卫晓娟
参　编　陈智文　杨　喆　张德宝
主　审　丁旺才

机 械 工 业 出 版 社

本书系统全面地介绍了轨道交通所涉及的线路、车站、信号与通信、行车组织、牵引供电系统等基础知识，以及轨道交通机车车辆和动车组的基本组成与结构、动车组的运行及控制、轨道交通车辆造型设计、轨道交通机车车辆曲线通过、轨道交通机车车辆动力学等知识。

本书内容阐述清楚、结构合理，文字通俗易懂，可作为高等院校、高等职业院校铁道机车车辆、动车组、城市轨道交通车辆、电力机车运用与检修等相关专业教材，也可作为轨道交通领域广大工程技术人员的参考用书。

本书配有电子课件PPT，免费提供给采用本书作为教材的教师，可登录 www.cmpedu.com 注册后下载。

## 图书在版编目（CIP）数据

轨道交通机车车辆概论/李宁洲，卫晓娟主编. —北京：机械工业出版社，2016.2（2024.8重印）

普通高等教育"十三五"交通类规划教材
ISBN 978-7-111-52294-2

Ⅰ.①轨… Ⅱ.①李… ②卫… Ⅲ.①城市铁路-铁路车辆-高等学校-教材 Ⅳ.①U239.5

中国版本图书馆CIP数据核字（2015）第301005号

机械工业出版社（北京市百万庄大街22号 邮政编码100037）
策划编辑：宋学敏 责任编辑：宋学敏 崔立秋 王保家
版式设计：霍永明 责任校对：刘怡丹
封面设计：张 静 责任印制：郜 敏
北京富资园科技发展有限公司印刷
2024年8月第1版第2次印刷
184mm×260mm·19印张·471千字
标准书号：ISBN 978-7-111-52294-2
定价：55.00元

电话服务 网络服务
客服电话：010-88361066 机 工 官 网：www.cmpbook.com
010-88379833 机 工 官 博：weibo.com/cmp1952
010-68326294 金 书 网：www.golden-book.com
封底无防伪标均为盗版 机工教育服务网：www.cmpedu.com

# 前　　言

随着我国社会经济的持续发展以及人们对于出行质量要求的不断提高，我国轨道交通业已进入高速发展时期，轨道交通运输及其装备制造、检修等行业必将保持良好的发展势头。为适应我国轨道交通技术的迅速发展，作为高等工科院校相关专业的学生，学习和掌握轨道交通所涉及的线路、车站、信号与通信、行车组织、牵引供电系统等基础知识，以及轨道交通机车车辆和动车组的基础知识和相关技术显得尤为重要。

本书是编者在总结多年从事轨道交通及相关专业教学和科研工作的实践经验，并吸收国内外许多优秀论著和教材的编写方法和应用实例的基础上编写的，以期能够适应高等院校相关专业教学的需要，使学生通过本书的学习，为其今后从事相关技术工作奠定基础。

与国内同类教材相比，本书具有以下几个主要特点：

1. 内容安排深入浅出，通俗易懂。从初学者的视角开始，较为全面地介绍轨道交通的基础知识、轨道交通机车车辆和动车组的基本组成与结构、动车组的运行及控制、轨道交通车辆造型设计、轨道交通机车车辆曲线通过以及轨道交通机车车辆动力学等内容，使初学者能够轻松地跨过学习门槛。

2. 注重理论与实践结合，通过相应实例，帮助读者掌握具体分析过程及方法（如轨道交通机车车辆曲线通过计算、轨道交通机车车辆动力学基本分析等）。

3. 紧扣当前主流车型，读者可了解目前我国轨道交通运输及装备的最新发展。

4. 结构合理，内容系统、翔实，章节安排有利于授课教师根据不同教学要求进行组合。

全书共 8 章。主要内容包括：绪论、轨道交通基础知识、轨道交通车辆、轨道交通机车、轨道交通动车组、轨道交通车辆造型设计简介、轨道交通机车车辆曲线通过、轨道交通机车车辆动力学简介。

本书由兰州交通大学李宁洲和卫晓娟主编，兰州交通大学丁旺才教授主审。其中，李宁洲编写第一、三、四章，卫晓娟编写第二、七章，陈智文编写第五、八章，杨喆和张德宝编写第六章。甘慧萍、周学舟参与了本书图稿的绘制和文字校核等工作，在此谨致谢意。此外，衷心感谢书后所附参考文献的各位作者。

尽管编者已尽最大努力，但由于学识水平有限，疏漏和不足之处在所难免，敬请广大读者批评指正。

编　　者

# 目　录

# 第一章

# 绪　论

## 第一节　轨道交通发展概况

### 一、世界轨道交通的发展

自 1825 年英国修建世界上第一条以蒸汽机车牵引的 21km 长的铁路——斯托克顿（Stockton）至达林顿（Darlington）铁路以来，已有 190 多年了。16 世纪中叶，英国兴起了采矿业，为了将煤炭和矿石运到港口，便铺了两根平行木材作为轨道，17 世纪时才逐步将木轨换成角铁形的板轨，角铁的一边起导向作用，以防车轮脱轨，马车则在另一边上行驶。板轨经过多年的不断改进，逐渐形成今日的钢轨。因为现在的钢轨是从铁轨演变而来的，所以世界各国都习惯地把它叫作"铁路"。

世界能源资源紧缺和环境恶化的现实，迫使各国重新认识加快发展铁路的重要性，铁路以其独特的技术经济特征，再次进入人们的视野。在高新技术的推动下，高速铁路技术与货运重载技术快速发展，使铁路自身所具有的节能、环保、快捷、安全的优势更加突出。按照完成单位运输周转量发生的环境成本测算，航空、公路客运分别是铁路的 2.3 倍和 3.3 倍，货运分别是铁路的 15.2 倍和 4.9 倍。同时，在完成同样运输任务的情况下，铁路的占地和排放量远远小于其他交通方式。由于铁路具有降耗和减排的显著优势，许多国家纷纷把发展铁路作为交通产业政策调整的重点。

1964 年，世界上第一条高速铁路——东海道新干线在日本诞生，开创了世界铁路的新纪元。高速铁路的诞生和成功，让世界重新审视铁路的价值，经过 50 多年的发展，世界上已有法国、德国、日本、中国、意大利、西班牙等十余个国家拥有了高速铁路，欧洲国家还计划把各国高速铁路建成泛欧洲铁路网。建设快捷、绿色、节能、安全、方便的高速铁路已经成为世界性的共识。高速铁路的诞生和发展，极大地改变了人们的时空观念，提高了铁路在客运市场中的竞争力。它集中反映了各个国家铁路线路结构、列车牵引动力、高速运行控制、运输组织和经营管理等方面的技术进步，也体现了一个国家的科技和工业水平。

货物运输方面，自 20 世纪 50 年代起，随着大功率电力机车和内燃机车、大轴重大容量的货车的使用以及列车无线控制技术的发展，铁路重载运输在一些幅员辽阔的、矿产资源丰富的国家迅速发展，成为世界铁路发展的一个重要趋势。

世界经济的发展以及人们对于能源、环保的理解和要求，使铁路进一步显示出其优势和强大的生命力。

铁路正是由于顺应了当代经济社会可持续发展的内在要求，得到了许多国家政府的政策支持和社会的广泛认同，从而取得了可喜的变化。首先，世界铁路网进一步优化，质量有了新的提高。2005 年，世界电气化铁路营业里程达到 25 万 km，比低谷时期的 1980 年增加了 9 万 km，增长 57%。一些国家的铁路复线水平大幅度提高，2005 年日本铁路复线里程比 1980 年增长 5 倍，加拿大增长 3 倍，德国增长 47%。其次，世界铁路客货运量实现较大回升。客运量增势明显，2005 年，世界铁路共同完成旅客发送量约为 281 亿人，增长 13.1%；旅客周转量约完成 22808 亿人·km，增长 63.4%。货运量稳步上升，2005 年，世界铁路货运量完成约 107 亿 t，增长 7.4%，货运周转量约完成 88388 亿 t·km，增长 31.6%。尤其值得关注的是，主要国家客货运量增长明显，如：客运量美国增长 19%、日本增长 27.2%、法国增长 42.5%、英国增长 41.8%；货运量美国增长 40.3%、印度增长 176.1%。最后，高速铁路快速发展。2014 年末，全球速度 200km/h 以上的高速铁路营业里程约 15000km，这些线路仅占世界铁路总营业里程的 1.5%，却担负着各拥有国铁路较大部分的客运量。例如，法国现有的 3 条高速新线和 TGV 列车通行网络分别占法国铁路网总营业里程的 4% 和 18%，承担了一半以上的旅客周转量；德国正在运营的高速线路及速度达 200km/h 的 ICE 列车的通达里程只占德国铁路总营业里程的 1% 和 10%，却担负着 50% 的旅客周转量；日本现有的 4 条新干线约占日本铁路（JR）总营业里程的 9%，承担了铁路旅客周转量的 1/3。

通过对世界铁路发展概况的了解可以看出，世界铁路正处在逐步复兴、加快发展的重要历史时期，铁路对全球经济和人类社会的发展作用不仅没有削弱，而且显示出强大的生命力。

## 二、我国轨道交通的发展

### 1. 我国早期的几条铁路

我国铁路的发展和建设起源于帝国主义对我国的侵略，他们为了控制铁路，进而实现瓜分我国的野心，在我国建设了很多的铁路。1876 年，英国侵略者在上海修建了中国领土上的第一条铁路，其全长 14.5km，轨距为 762mm 的窄轨轨距，采用 13kg/m 的钢轨；用一台名为"先导号"的机车牵引，其质量仅为 15t，速度为 24~32km/h，客货车辆也是小型的。

1881 年，为了解决开平矿务局的煤炭运输问题，我国建成第一条自己创办的铁路——唐胥铁路（唐山至胥各庄）。该铁路全长 10km，采用 15kg/m 的钢轨，轨距采用了 1435mm 的标准轨距，开始时使用骡马推拉车辆，1882 年改用"龙号"蒸汽机车牵引。随后，唐胥铁路逐渐发展为现在的京沈铁路。

在同一时期，我国建成的铁路还有 1891 年完成的从台北向东到基隆港的一段 28km 多的铁路和 1893 年完成的从台北向西南至新竹的一段 78km 的铁路，两段共长 107km。这条铁路铺设的钢轨是从英、德两国购买的，每米 18kg/m，轨距为 1067mm。这条铁路是我国人民自己集资、自己设计并自己施工建成的。

1905 年 10 月修建的京张铁路，南起北京丰台，北至张家口，全长 201km，采用 1435mm 标准轨距，是在我国杰出的爱国工程师詹天佑主持下，全部用我国人民自己的智慧和才能建成的。

**2. 资本主义国家直接在我国修建的铁路**

19 世纪末侵略中国的资本主义国家主要有沙俄、英国、德国、法国和日本等。他们为了掠夺和控制我国，把修建铁路作为争夺的焦点。

1）沙俄占据东北，修建中东铁路。

2）德国占据山东，修建胶济铁路。

3）英国在香港修建铁路。

4）法国在中越边界修建滇越铁路中国段，采用法国轨距，为 1m，也称米轨铁路。

5）日本侵占南满铁路和修建台湾铁路。

总之，旧中国铁路具有浓厚的半封建半殖民地的色彩。不仅铁路的分布极不合理、不均衡，而且技术设备落后，主要表现为少、偏、低三大特点。

**3. 新中国轨道交通的建设**

1949～2010 年，除修复战争破坏的铁路和对既有线路进行大规模的技术改造外，我国还规划设计了新线的建设。特别是进入 21 世纪以来，我国铁路建设取得了举世瞩目的发展。截至 2010 年底全国铁路营业里程 9.1 万 km，铁路复线里程 3.7 万 km，电气化里程 4.2 万 km。2010 年全路固定资产总规模为 8426.52 亿元，其中基本建设投资 7074.59 亿元；完成新线铺轨 7514km，复线铺轨 6794.4km，新线投产 4908.4km，复线投产 3792.4km，电气化投产 6029.7km，快速铁路通车里程达 1.3 万 km。

新中国成立后，党和政府十分重视铁路建设。对全国铁路实行统一管理，组建勘测设计和施工专业队伍，建设新线，改造旧线，大力发展铁路。1952 年建成通车的成渝铁路全长 505km，是我国自行设计、自行施工、使用自产材料修建的第一条千里干线，结束了四川人民 40 多年没有正式铁路的历史。1958 年修建了宝成铁路，全长 668.2km。1961 年将宝凤段建成了电气化铁路，由此拉开了我国电气化铁路建设的序幕。

1958 年建成的包兰铁路东起包头，西到甘肃兰州—全长 989.78km。兰新铁路（兰州—阿拉山口），全长 2363km，成为我国通往哈萨克斯坦、俄罗斯等国的主要干线。阿拉山口站为换轨和货物换装站，建有跨度 30m、面积达 6663m$^2$ 的货物换装库，是亚洲最大的换装站。"东方快车"直通独联体和欧洲，并办理国际集装箱联运。

成昆铁路（成都—昆明）建成于 1970 年，全长 1000km，是我国在艰险山区建成的第一条超过 1000km 的重要干线。它起自成都，穿大小凉山，跨大渡河、金沙江，抵达昆明。

1987 年，在我国南北铁路大动脉的京广线上修建了长 14.295km 的大瑶山隧道，是当时国内最长的复线铁路隧道，居世界双线铁路隧道的第 10 位。大瑶山隧道的建成，结束了我国不能修建 10km 以上长大隧道的历史，标志着我国隧道建设技术达到了世界先进水平。

1989 年在我国铁路网中赋有铁路心脏之称的郑州北站，建成了亚洲最大的铁路综合自动化编组站。它使我国铁路编组站现代化技术迈进了世界先进行列。

1996 年，建成了纵贯我国南北的京九铁路。京九铁路（北起北京，南至深圳，经广九铁路与香港九龙相连）沿线行经京、津、冀、鲁、豫、皖、鄂、赣、粤 9 省市，正线全长 2397.5km，另加天津至霸州、麻城至武汉联络线 155.7km，共计长 2553.2km。

进入 21 世纪以后，我国铁路建设进入了黄金机遇期，铁路现代化建设事业发展更为显著，取得了世人瞩目的辉煌成就。

**（1）粤海铁路——我国第一条跨海铁路通道** 2003 年，由广东省境内的湛江市，经雷州、徐闻至海安南站，纵贯雷州半岛，在海安南站通过火车轮渡跨越琼州海峡，正式开上了海南岛。

**（2）青藏铁路——世界一流高原铁路** 青藏铁路自青海省省会西宁至西藏自治区首府拉萨，全长 1956km，分两期修建。一期工程由西宁至格尔木，长 814km，已于 1984 年建成通车。2001 年 6 月 29 日，我国西部大开发的标志性工程——青藏铁路二期工程由格尔木至拉萨段开工建设，全长 1142km，其中包括 32km 的格尔木至南山口段既有线改造，新建铁路 1110km，于 2005 年 12 月 12 日全线铺通，经过客货列车运营试验，最终于 2006 年 7 月 1 日全线开通运营。青藏铁路是我国人民凭借自己的力量，在有"世界屋脊"之称的青藏高原，面对多年冻土、高寒缺氧、生态脆弱三大世界难题取得重要突破，建成的世界上海拔最高、线路最长的高原铁路，成为与首都相连，并能与世界接轨的钢铁大动脉，是世界铁路建设史上最宏伟的工程，开创了西藏交通史上一个新纪元。

**（3）高速轨道交通建设** 第一条客运专线—秦沈客运专线建成后，根据经济社会发展的需要，我国已规划修建"四纵四横"等客运专线以及城际客运系统。秦沈客运专线于 2003 年投入运营，这是由我国自行研究、设计和施工的客运专线铁路，为我国大规模建设快速铁路以及在北京至上海间修建速度 350km/h 的高速铁路，积累了可贵的数据资料和经验。

北京至天津的城际铁路，全长 120km，共设北京南站、亦庄站、永乐站、武清站、天津站 5 座车站，在 2008 年北京奥运会开幕前运营通车。京津间形成"半小时经济圈"，对于北京、天津两市的一体化进程，以及环渤海地区经济社会的快速、协调发展，发挥了十分重要的推动作用。

京津城际铁路是我国高速铁路的示范性工程，是铁路高新技术的协调集成。京津城际铁路在建设中研制了速度为 350km/h 的高速动车组；集成创新了 CTCS-3D 列车运行控制系统；采用了满足速度为 350km/h 运行的轻量化的简单链形悬挂接触网系统；采用了具有自主知识产权的 CRTS II 型板式无砟轨道技术；自主设计开发了高速铁路客运服务系统；研制了高速综合检测列车等。它是我国第一条全新意义上的高速铁路，也是我国铁路全面进入高速时代的里程碑。

继京津城际高速铁路建成之后，2010 年 7 月，在我国上海举办世界博览会之际，上海至南京的沪宁城际高速铁路正式开通运营，线路全长 300km。

2011 年 6 月 30 日，京沪高速铁路正式通车。京沪高速铁路是我国《中长期铁路网规划》中投资规模大、技术水平高的一项工程，是新中国成立以来一次建设里程长、投资大、标准高的高速铁路。它全长 1318km，纵贯北京、天津、上海三大直辖市和冀、鲁、皖、苏四省，连接环渤海和长江三角洲两大经济区；总投资约 2209 亿元，设 23 个车站。基础设施设计速度为 380km/h，目前运营速度降低为 300km/h。2015 年 1 月，京沪高铁公司的消息显示，2014 年京沪高铁运送旅客超过 1 亿人次，比上年同期增长 27%，实现利润约 12 亿元。

来自中国铁路总公司的最新数据显示，至 2015 年我国铁路通车里程已达到 12.3 万 km，其中高速铁路达 1.8 万 km 左右，包括时速 200 ~ 250km 的高速铁路 1.13 万 km，时速 300 ~ 350km 的高速铁路 0.67 万 km，基本覆盖我国 50 万以上人口的城市。

# 第二节 轨道交通的种类

## 一、按速度划分

根据列车的最高运行速度的不同，轨道交通可以划分为低速、快速、高速和超高速等类型。

### 1. 低速轨道交通

列车最高运行速度小于等于120km/h的称为低速轨道交通，也称普速铁路或常速铁路。这种轨道交通大部分为客货混线运输。目前世界上的绝大多数轨道交通属于这种形式。我国 I 级铁路原本最高设计速度为120km/h，即在铁路提速以前（20世纪90年代之前），我国的铁路均属于低速轨道交通的范畴。

根据《铁路主要技术政策》的划分：

低速轨道交通一般包括特别繁忙干线、繁忙干线、干线、支线及城际铁路。

**（1）特别繁忙干线** 在国家重要的交通运输大通道担当客货运输主力，在路网中起极重要的骨干作用，且客货行车量达到或超过100对的线路称为特别繁忙干线。

**（2）繁忙干线** 连接经济发达地区或经济大区，在路网中起重要的骨干作用，且客货行车量单线达到或超过30对和双线达到或超过60对的线路称为繁忙干线。

**（3）干线** 连接大中城市，在路网中起骨干作用，且客货行车量超过15对的线路称为干线。

**（4）支线** 连接中小城市，在路网中起辅助、联络作用，或为地区经济交通运输服务，或客货行车量不超过15对的线路称为支线。

**（5）城际铁路** 长度在500km以下。客货运输繁忙、相邻两大城市间的铁路称为城际铁路。

### 2. 快速轨道交通

列车最高运行速度在120～200km/h的铁路称为快速轨道交通，其中以客运为主的轨道列车的最高运行速度不低于160km/h。快速轨道交通有时也称中速轨道交通。我国铁路大提速的速度目标值大部分都是由低速轨道交通的速度范围提高到快速轨道交通的速度范围。目前我国的主要干线铁路已由低速轨道交通升级为快速轨道交通。未来的铁路大提速将在更大范围内将低速轨道交通改造为快速轨道交通。

我国曾经将列车最高运行速度在160～200km/h的铁路称为准高速铁路，如广深铁路曾经被称为广深准高速铁路。但原铁道部2000年颁布的《铁路主要技术政策》已将准高速铁路归为快速轨道交通。

### 3. 高速轨道交通

一般将列车最高运行速度在200～350km/h的铁路称为高速铁路或高速轨道交通。关于高速铁路的最低速度值，目前国际上没有统一的标准。日本1970年在《全国新干线铁路整备法》中规定：在主要区间能以200km/h以上速度运行的干线铁路为新干线（即高速铁路）。在西欧，新建铁路的列车最高运行速度达到250～300km/h，既有线达到200km/h的铁路称为高速铁路。联合国欧洲经济委员会1985年规定：新建客运专线列车最高运行速度达到 300km/h、客货混运达到 250km/h 的铁路称为高速铁路。1986 年国际铁路联盟秘书长勃莱认为，列车最高运行速度至少达到 200km/h 的铁路才能称为高速铁路。目前国际上一般认为列车最高运行速度达到 200km/h 及以上的铁路才能称为高速铁路。我国《铁路主要技术政策》中规定，列车最高运行速度大于 200km/h 的铁路称为高速铁路。

世界上的第一条高速铁路是日本的东海道新干线，于 1964 年 10 月建成通车。

低速、快速、高速轨道交通有一个共同的特点：列车依靠轮轨接触方式驱动，即列车车轮紧贴着钢轨运行，钢轨为车辆提供支承、牵引及导向三大功能。

**4. 超高速轨道交通**

为了与轮轨接触的高速轨道交通相区别，我们建议将列车最高运行速度超过 350km/h 的铁路称为超高速铁路或超高速轨道交通。

目前一般认为轮轨接触型铁路的实用最高速度为 350km/h 左右，故欲使列车达到更高的运行速度，难以依靠传统的轮轨接触方式，而要依靠其他的牵引方式来降低列车运行阻力，尤其是轮轨摩擦阻力。为此国际上曾研制过气垫列车、磁悬浮列车等新型的铁路运输工具，但目前比较成熟的超高速铁路技术仍然为磁悬浮铁路技术。

磁悬浮铁路目前分为低速、中速、高速、超高速磁悬浮几种类型，列车最高运行速度超过 350km/h 的磁悬浮铁路称为超高速磁悬浮铁路。目前中美两国正在准备研制磁悬浮飞机，其最高运行速度为 500km/h。这种磁悬浮飞机也应该归入超高速磁悬浮铁路。

## 二、按所有权划分

按照铁路的所有权划分，铁路可分为以下几类。

**1. 国家铁路**

国家铁路是指由国务院铁路主管部门管理的铁路，简称国铁。国务院铁路主管部门就是指中国铁路总公司（原铁道部），管理是指对国家铁路的行政管理。由于国家铁路的性质十分重要，因此对国家铁路的管理不仅仅是行政管理，而且国家还要求铁路总公司对国家铁路实行高度集中、统一指挥的运输管理体制，也就是把国家铁路的一部分业务管理权交给国务院铁路主管部门。

截至 2014 年年底，我国铁路营业里程已达到 11.2 万 km，拥有各种机车 2.11 万台，铁路客车 6.06 万辆，货车 71.01 万辆，承担着全国 54.6% 的货物运输量和 36.3% 的旅客运输量。

**2. 地方铁路**

地方铁路是指由地方人民政府管理的铁路。地方铁路与国家铁路相比，所不同的是管理主体的变化，一个是国务院铁路主管部门，一个是地方人民政府；前者是代表国家，代表的是中央人民政府的总体经济利益，后者虽然也是国家的一个部分，但代表的是地方本地区的经济利益。

地方铁路主要是由地方自行投资修建或者与其他铁路部门联合投资修建，担负地方公共旅客、货物短途运输任务的铁路。我国地方铁路是在新中国成立以后不断发展起来的，目前营业里程达 0.4 万 km。

地方铁路的经营管理方式大体上分为三种类型。第一种是自营性质，即在省、自治区、直辖市人民政府直接管辖下，设置专门机构。如河南省设有地方铁路运输总公司，系一级职能机构，负责全省的地方铁路的规划、建设和日常工作，其下设铁路分局，直接指挥运输生产。目前河南省在全国地方铁路中是比较发达的一个省份，已成为河南省交通运输中一支重要的力量。也有的省在交通厅设置地方铁路管理机构，管理本省的地方铁路。如湖南省的地方铁路管理局、辽宁省的地方铁路管理处，这些局或者处都是交通厅下边的一个职能机构，重大问题都需要经交通厅审核后由省政府决定。第二种是自建联营，以标准轨距为主，地方铁路和国家铁路联合经营。如四川省青白江至灌县铁路，即青白线，于1984年由四川省地方铁路管理局与成都铁路局达成了联合经营的协议，成立四川省地方铁路公司，实行自负盈亏、独立核算。山西省神池至河曲铁路，即神河线，由地方与北京铁路局联合经营，其效果也很好。第三种是地方建路，委托国家铁路下属邻近的铁路局代管。广东省、广西壮族自治区属于这种类型。在国家铁路总局下属铁路局设立地方铁路处，负责领导地方铁路的日常运输生产工作，财务上，政府的财政办理结算，铁路局只管运输生产活动。

地方铁路从无到有，目前已发展成为我国地方运输事业中的一支重要的运输力量，在地方经济发展中起着重要的、积极的作用。

**3. 合资铁路**

合资建设铁路，是在我国改革开放后出现的新事物。对于我国铁路建设和管理，建立适应市场经济的新体制，是一种有益的探索。

"七五"期间，是合资铁路探索起步阶段。在改革开放方针指引下，国民经济持续快速增长，铁路成为制约国民经济和社会发展的"瓶颈"。一些省、市、自治区政府为发展经济，修建铁路的愿望十分迫切，这是合资铁路建设的良好机遇。20世纪80年代初期，在南方铁路建设中，广西壮族自治区政府与铁道部共同探索了合作途径，出现了合资建路的雏形。"七五"末期，在三茂铁路建设中，广东省政府与铁道部合作，组建了三茂铁路公司，共同出资建成了我国第一条中央与地方合资的铁路。

"八五"期间，是合资铁路快速发展阶段。1991年，国家计委、铁道部在广东省联合召开了全国合资铁路工作会议，肯定了合资铁路发展的方向。1992年，国务院对合资铁路建设提出了"统筹规划、条块结合、分层负责、联合建设"的方针，并颁发了《关于发展中央和地方合资建设铁路意见的通知》，明确指出："修建合资铁路是对传统的建设和管理体制一大突破，是深化铁路改革的一条新路""国家对合资铁路实行特殊运价，并给予其他必要的优惠政策"。这有力地推进了合资铁路的发展。这一时期，先后有达成、广大、广梅汕、邯济、合九、石长、横南、金温等13个合资铁路项目开工建设，并建成了我国最长的合资铁路——集通铁路，连接亚欧第二条铁路大陆桥的重要组成部分的北疆铁路以及连接海南岛的粤海铁路。

截至2013年年底，全国合资铁路总里程达3.2万km。合资铁路打破了多年来我国铁路建设投资主体单一的局面，调动了中央和地方两方面积极性，拓宽了筹资渠道，铁路建设初步形成了投资主体多元化的格局。

**4. 专用铁路**

专用铁路是指由企业或者其他单位管理，专为本企业或者本单位内部提供运输服务的铁路。专用铁路的概念也是从管理权限和管理主体上来划分的。一般来说，专用铁路大都是大中型企业自己投资修建，自备机车车辆，用来为完成企业自身的运输任务的铁路。也有一些军工企业、森林管理部门为运输生产需要修建了一些专用铁路。截至 2013 年年底，我国共有专用铁路 25000 多 km，其中工矿铁路 13000 多 km，森林铁路有 9000 多 km，其他专用铁路 3000km。

在我国大型企业中，拥有专用铁路线路比较多，其下设有工务段、机务段、电务段、车辆段、大修段和车站。

森林铁路共有 34 条，主要分布在黑龙江省、吉林省和内蒙古自治区等林业产地。各地林业局下设森林铁路管理处，负责森林铁路的日常事务工作。森林铁路一般都采用762mm 窄轨轨距，钢轨类型为 15 ~ 24kg/m。森林铁路不仅为林业企业运输生产服务，而且也要为林区人民的生活服务，森林铁路兼顾公共客货运输，是林区人民的重要的交通工具。

专用铁路在企业或者有关单位的内部运输生产方面起着重要的积极作用，是我国铁路运输网的一个组成部分，同时也是整个交通运输网的一个组成部分。因此加强对专用铁路的管理，是国家的一项重要任务。在过去的几十年里，我国专用铁路的管理取得了一定的成绩，也存在不少问题，尤其是运输安全管理确实到了需要依法管理的地步。特别是兼办公共客货运输营业的专用铁路，其运输生产活动必须遵守铁路运输企业的有关规定，要依法经营，依法管理，依法维护本单位的合法权益和铁路运输安全。

**5. 专用线**

铁路专用线是指由企业或者其他单位管理的与国家铁路或者其他铁路部门线路接轨的岔线。铁路专用线与专用铁路都是企业或者其他单位修建的主要为本企业内部运输服务的铁路。两者所不同的是，专用铁路一般都自备动力，自备运输工具，在内部形成运输生产的一套系统的运输组织，而铁路专用线则仅仅是一条线，其长度一般不超过 30km，其运输动力使用的是与其相接轨的铁路的动力。

铁路专用线也是铁路运输网的组成部分。目前铁路运输的大宗物资大多数是在铁路专用线装车。有的铁路专用线还开展共用，吸引铁路专用线周围的运量，既起到货物集散的作用，又起到了货物的蓄水池的作用；既利于国家，又利于企事业单位。如截至 2012 年年底，北京铁路局管内已开展使用的铁路专用线为 1600 多条，总长度为 2200 多 km，80% 的货物都在铁路专用线上装卸。铁路专用线的管理方式为"谁投资谁管理"，即如果投资单位为冷库，则管理单位就为冷库。

铁路专用线的修建虽然是为解决企业或者单位内部的运输需要而修建的，但是其本身也是国家铁路网的一个组成部分。

## 第三节　我国轨道交通发展目标和规划

经济发展和社会进步为铁路发展提供了良好的机遇，同时铁路也将面临严峻的挑战。随着我国经济持续、快速、健康增长，促使客货运输需求总量快速增加，这要求铁路有足够的与之相适应的运输能力。铁路在运输效率、能源消耗以及环境污染等方面的优势为世界公认，应在实施国家可持续发展战略中发挥重要作用。

2008 年 10 月经国务院审议通过了《中长期铁路网调整规划》（简称《调整规划》），提出了我国铁路至 2020 年的发展规划。

## 一、发展目标

铁路网要扩大规模、改善结构、提高质量、快速扩充运输能力、迅速提高装备水平。到 2020 年，全国铁路营运里程达到 12 万 km 以上，复线率和电气化率分别达到 50% 和 60% 以上，主要繁忙干线实现客货分线，基本形成布局合理、结构清晰、衔接顺畅的铁路网络，运输能力满足国民经济和社会发展需要，主要技术装备达到或接近国际先进水平。

## 二、规划原则

1）贯彻国家总体发展战略，统筹考虑经济布局、人口和资源分布、国土开发、对外开放、国防建设、经济安全和社会稳定的要求，并体现主题功能区规划明确的促进区域协调均衡发展的方向。

2）根据国家综合交通发展总体要求、线网布局、枢纽建设与其他交通运输方式优化、衔接和协调发展，提高组合效率和整体优势。

3）增加路网密度，扩大路网覆盖面，繁忙干线实现客货分线，经济发达的人口稠密地区发展城际快速客运系统。

4）加强各大经济区之间的连接，协调点线能力，使客货流主要通道畅通无阻。

5）节约和集约利用土地，充分利用既有资源，保护生态环境。

## 三、规划方案

规划方案要在路网总规模扩大的同时，突出客运专线、区际干线和煤运系统的建设，提高路网质量、扩大运输能力，形成功能完善、点线协调的客货运输网络。

**1. 建设客运专线**

为满足快速增长的旅客运输要求，建立省会城市及大中城市间的快速客运通道，规划建设客运专线 1.6 万 km 以上。客运速度目标值达到 200km/h 及以上。要建设"四纵四横" 8 条客运专线及 3 个经济发达和人口稠密地区的城际客运系统，形成一个以北京、上海、广州、武汉、成都、西安为中心的快速客运网络，使这 6 个中心城市与全国主要城市的旅行时间大大缩短。

**(1)"四纵"客运专线**

1）北京—上海客运专线，贯通京津至长江三角洲东部沿海经济发达地区。

2）北京—武汉—广州—深圳客运专线，连接华北和华南地区。

3）北京—沈阳—哈尔滨（大连）客运专线，连接东北和关内地区。

4）上海—杭州—福州—深圳客运专线，连接长江、珠江三角洲和东南沿海地区。

**(2)"四横"客运专线**

1）徐州—郑州—兰州客运专线，连接西北和华东地区。

2）杭州—南昌—长沙—贵州—昆明客运专线，连接西南、华中和华东地区。

3）青岛—石家庄—太原客运专线，连接华北和华东地区。

4）南京—武汉—重庆—成都客运专线，连接西南和华东地区。

**(3) 三个城市客运系统**

1）环渤海地区：以北京、天津为中心，围绕北京—天津主轴进行建设，形成重要城镇的城际客运铁路网络。

2）长江三角洲地区：以上海、南京、杭州为中心，建成连接沪宁杭周边重要城镇的城际客运铁路网络。

3）珠江三角洲地区：以广深、广珠两条客运专线为主轴，辐射广州、深圳、珠海等9个大中城市，构建包括港澳在内的城市一小时经济圈。

**2. 完善路网布局和西部开发性新线规划建设**

《规划》提出，在2020年以前，以扩大西部地区路网规模为主，规划建设新线约4.1万km，形成西部铁路网骨架，完善中东部铁路网结构，提高对地区经济发展的适应能力。

**3. 加强路网既有线技术改造**

加强既有路网技术改造和枢纽建设，包括增建二线，以提高既有路网通过能力。《规划》中既有线增建线路1.9万km，既有线电气化改造2.5万km。

# 第四节　我国轨道交通机车车辆发展现状

## 一、我国机车车辆发展历程

我国轨道交通机车车辆工业的发展，大体经历三个阶段。

**1. 通过仿制起步，培育开发能力，闯过产业发展的幼稚期**

新中国成立前，我国没有一辆自己制造的机车，少数工厂只能承担维修任务。新中国成立后，我国从仿造国外机车着手，1952年制造出第一台蒸汽机车，1958年开始制造内燃机车和电力机车。通过仿制，培养了我国自己的技术力量，建立了自己的机车车辆制造业。20世纪60年代末，国产内燃、电力机车已经批量生产并投入运营，机车车辆工业成功地渡过了产业发展的幼稚期。

**2. 引进吸收，自主创新，渡过产业发展的成长期**

伴随着我国改革开放，轨道交通机车车辆工业进入了成长期。20世纪70年代，在引进、消化国外产品的基础上加强自主开发，研制了东风4型、韶山3型等第二代内燃、电力机车。进入20世纪80年代，铁路抓住扩大开放的机遇，利用技贸结合的方式引进国外机车产品，通过消化吸收，自主创新，在内燃机车的柴油机、电力机车的控制技术、半导体技术等核心技术领域取得了突破，大幅度提高了国产电力、内燃机车的技术水平和工艺水平。我国自行研制的东风5、东风6、东风7、东风8型大功率内燃机车和韶山4、韶山6、韶山7型电力机车，以及应用新型转向架、制动机、车钩、缓冲器的客车和货车，技术含量不断提高，制造工艺日趋成熟，为铁路扩能、重载，提供了急需的技术装备。90年代初，为了支持铁路运输业应对日趋激烈的竞争形势，机车车辆工业着手研制提速机车车辆，取得了重大突破。与此同时，铁路机车车辆工厂通过密集投资，引进和自行研制了先进的工艺装备及生产线，进行了大规模的技术改造，制造工艺和开发能力上了一个新台阶。

**3. 适应铁路发展需要，全面提升产业技术水平，进入产业发展的成熟期**

20世纪90年代中期，我国已经形成了具有很强开发制造能力的机车车辆工业体系。机车车辆工业在研制生产满足重载需要的机车车辆后，又相继开发成功东风4D、东风11、韶山8、韶山9等准高速机车和25型提速客车，适应了提速的需要。1994年底，广深准高速铁路开行了速度为 160km/h 旅客列车；此后不久，全路进行了 4 次大规模提速，旅客列车最高速度达到 200km/h。以批量生产重载、提速机车车辆为标志，我国机车车辆工业开始进入产业发展的成熟期。2006 年以来，经引进消化吸收后完成的具有自主知识产权的 CRH$_1$、CRH$_2$ 和 CRH$_3$ 和谐动车组先后投入使用，运营速度可达 250km/h。2014 年 1 月 17 日，中国南车制造的 CIT500 动车组创造了 605km/h 的试验速度，刷新了世界高速动车 574.8km/h 的试验速度记录（该记录由法国 TGV 于 2007 年 4 月 3 日创造）。由株洲机车公司、大同机车公司和大连机车公司研制的 HXD$_1$、HXD$_2$ 和 HXD$_3$ 型交流传动货运重载电力机车单机功率达 9600kW。2014 年 4 月 2 日，大秦铁路完成了开行 30000t 重载组合列车实验。这些均标志着我国在铁路牵引动力技术方面已达到世界先进水平。

## 二、我国轨道交通机车车辆发展业绩

我国轨道交通机车车辆工业经过几十年的努力，从无到有，从小到大，在"引进先进技术，联合设计生产，打造中国品牌"的发展战略思想的指导下不断发展，特别是 2007 年 4 月 18 日我国铁路顺利实现第六次大提速以来，更是带动了铁路牵引动力领域以高速动车组和大功率交流传动机车为载体的铁路牵引动力技术的巨大进步与飞跃。以交流传动技术、微机网络控制及诊断技术、高速转向架和径向转向架技术、机车柴油机电子喷射技术等为代表的牵引动力领域典型新技术，已日益融入我国铁路技术装备中。

**1. 跟进了铁路运输的需要**

改革开放以来，铁路延展里程增加了 45%，完成客货周转量增长了 150%，我国铁路实现了历史性的大发展。在此期间机车车辆工业为铁路提供了内燃、电力机车 1.35 万台，客车 3.78 万辆，货车 46 万辆。进入 20 世纪 90 年代以来，围绕铁路"客运提速，货运重载"的需要，机车车辆工业积极开发新技术、新产品，逐步形成了年产电力机车 450 台、内燃机车 1000 台、客车 3200 辆、货车 42000 辆的制造能力（仍在提高），生产规模在世界机车车辆生产领域名列前茅，产品性能好，价格低，性能价格比高，为铁路运输装备现代化提供了强大支持。

尽管近几年我国铁路建设实现了高速发展，但目前铁路运输能力仍不能满足社会发展需求，仍需扩大铁路网络规模并实现铁路现代化。根据原铁道部 2008 年调整后发布的《中长期铁路网规划》，预计 2020 年全国铁路营业里程达到 12 万 km 以上。规划建设新线由 1.6 万 km 调整为 4.1 万 km，增建复线建设规模由 1.3 万 km 调整为 1.9 万 km，既有线路电气化建设规模由 1.6 万 km 调整为 2.5 万 km，总投资规模由 1.5 万亿元调整为 5 万亿元。其中，我国将建立省会城市及大中城市间的快速客运通道，规划"四纵四横"等客运专线以及经济发达和人口稠密地区城际客运系统。预计 2020 年末，全国客运专线里程数可达 1.6 万 km。在当前形势下，事实证明全国机车车辆改造力度全面，已逐步跟进铁路运输发展需要。

**2. 形成了具有自主知识产权的产品系列**

改革开放以来，我国机车车辆工业自主研制开发了"韶山"系列电力机车和"东风"系列内燃机车，并形成了系列化、型谱化、标准化；现已普遍运用的 25 型系列的新型空调客车和双层客车，构造速度和舒适性显著提高；相继试制成功的 C64 型单元重载敞车、25t 轴重低动力作用货车、机械保温车和集装箱专用车，已经批量投入使用。机车车辆工业现已拥有研制 300km/h 列车的技术实力，具备了试验速度达到 605km/h 列车的系统集成能力；

具有成批生产最大功率达到9600kW机车的制造能力，掌握了开行30000t级货运重载列车的相关技术；拥有了大功率柴油机、大功率牵引电机、大功率变流装置，以及电传动系统和走行系统等核心技术的自主知识产权。我国铁路现在运用的各种型号的机车、客车和货车，99%为"中华牌"。

大的方面：2012年间，原中国北车研制出世界单机功率最大电力机车——和谐2B型电力机车，并开始批量交付使用，由同车公司研制生产的和谐2B型六轴货运电力机车集成了当时国际一流的大功率交流传动电力机车先进技术，机车总功率达到9600kW，最高运行速度120km/h，是满足我国铁路重载货运紧迫需求的主型机车，就单单一年，同车公司便向我国铁路提供总计500台和谐2B型机车。

同年，原中国南车成功研制出永磁动车组"心脏"系统，它使用的600kW永磁同步牵引电机在出厂试验中表现优异，各项试验结果与计算结果相互吻合，标志着国内最大功率永磁同步牵引电机成功完成试制。

小的方面：原中国北车永济电机公司成功研制高铁"中国芯"——IGBT。IGBT是指绝缘栅双极型晶体管，是自动控制和功率变换的关键核心器件。具有自主知识产权的首批大功率IGBT产品在原中国北车永济电机公司成功下线。原中国北车永济电机公司成为国内第一个能够封装6500V以上电压等级IGBT的厂家。该产品的成功问世，标志着我国高铁、动车组等轨道交通装备在关键核心器件上有了"中国芯"。

从全国看，无论是拥有自主研发能力的厂家，还是各铁路局的大小改造，机车车辆的整体发展规模不断扩大、水平不断提高，已逐步形成了具有自主知识产权的产品系列。

# 第二章

# 轨道交通基础知识

## 第一节 线 路

铁路线路是机车车辆和列车运行的基础。它直接承受机车车辆轮对传来的压力，为了保证列车能按规定的最高速度安全、平稳和不间断地运行，使铁路运输部门能够质量良好地完成客货运输任务，铁路线路必须经常保持完好状态。

铁路线路是由路基、桥隧建筑物和轨道组成的一个整体工程结构。

### 一、概述

**1. 铁路勘测设计**

新线和改建铁路施工前，需要进行大量的调查研究、技术勘测及总体规划和个体工程设计建设划。

**2. 铁路等级和技术标准**

**（1）铁路等级** 铁路（线路）等级是铁路的基本标准。设计铁路时，首先要确定铁路等级。铁路的技术标准和装备类型都要根据铁路等级去选定。

我国 GB 50090—2006《铁路线路设计规范》规定：新建和改建铁路（或区段）的等级，应根据它们在铁路网中的作用、性质、旅客列车设计行车速度和客货运量确定。我国铁路共划分为四个等级，即：Ⅰ级、Ⅱ级、Ⅲ级和Ⅳ级。具体的条件见表 2-1。

表 2-1 铁路等级

| 等 级 | 铁路在路网中的意义 | 近期①年客货运量② |
|---|---|---|
| Ⅰ | 在路网中起骨干作用的铁路 | ≥20Mt |
| Ⅱ | 在路网中起联络、辅助作用的铁路 | ≥10~20Mt |
| Ⅲ | 为某一地区或企业服务的铁路 | ≥5~10Mt |
| Ⅳ | 为某一地区或企业服务的铁路 | <5Mt |

① 近期指交付运营后第 10 年，远期指交付运营后第 20 年。

② 年客货运量为重车方向的货运量与客车对数折算的货运量之和。每天 1 对旅客列车按 1.0Mt（Mt：百万吨）货运量折算。

（2）**铁路主要技术标准** 铁路主要技术标准包括：正线数目、限制坡度、最小曲线半径、牵引种类、牵引质量、机车类型、机车交路、到发线有效长度和闭塞类型。这些标准是确定铁路能力大小的决定因素，一条铁路选用不同的标准，对设计线路的工程造价和运营质量有重大影响，同时它们又是确定设计线路的工程标准和选择设备类型的依据。

选定铁路主要技术标准是设计铁路的基本决策，应根据国家要求的年输送能力和确定的铁路等级，考虑沿线资源分布和国家科技发展规划，并结合设计线路的地形、地质、气象等自然条件，经过论证比选，慎重确定。

线路等级不同，在线路平面、纵断面设计中所采用的标准和装备的类型也不一样，所以在进行设计时，首先要确定铁路的等级。

## 二、铁路线路的平面和纵断面图

铁路线路在空间的位置是用它的线路中心线来表示的。中心线是线路横断面上路肩连接线 $CD$ 的中点 $O$ 组成的，如图 2-1 所示。

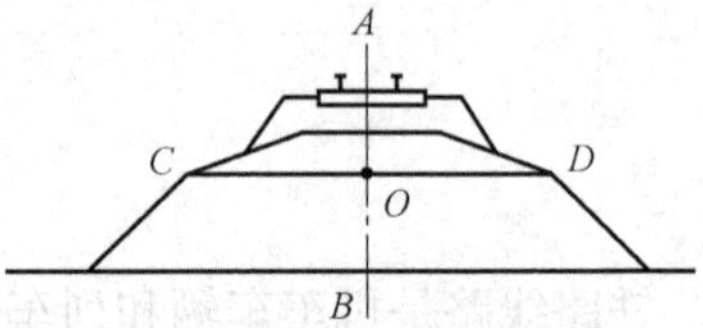

线路中心线在水平面上的投影，叫作铁路线路平面，表明线路的直、曲变化状态。线路中心线纵向展开后在铅垂面上的投影叫作线路纵断面，表明线路的坡度变化。线路的平面和纵断面不但确定了线路在空间的位置，同时也为路基、桥隧建筑物以及站场等其他设备设施的设置提供依据，它对铁路通过能力及输送能力的大小都有直接的影响。

图 2-1 铁路线路横断面

### 1. 铁路线路平面

线路平面由直线、圆曲线、连接直线和圆曲线的缓和曲线组成。

（1）**曲线和曲线附加阻力**

1）圆曲线。铁路线路在转向处所设的曲线为圆曲线，其基本要素包括曲线半径 $R$、曲线转角 $\alpha$、曲线长度 $L$、切线长度 $T$，如图 2-2 所示。

曲线转角的大小由线路走向、绕过障碍物的需要等因素确定。曲线半径 $R$ 的大小反映了曲线弯曲度的大小。$R$ 越大，弯曲度越小，行车速度越高，但工程量越大，工程费用越高。

2）缓和曲线。在铁路线路上，直线和圆曲线不是直接相连的，而是在它们之间插入一段缓和曲线，如图 2-3 所示。

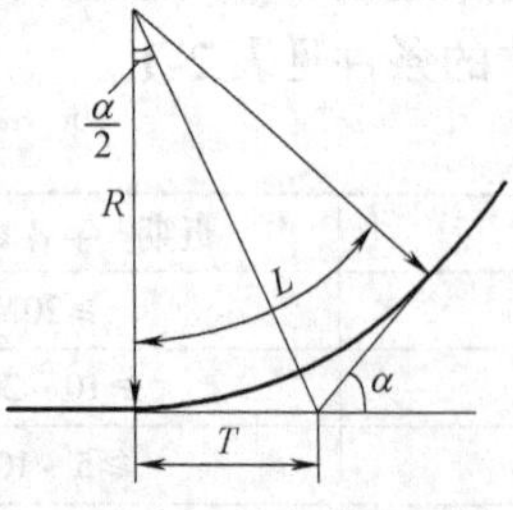

图 2-2 圆曲线要素

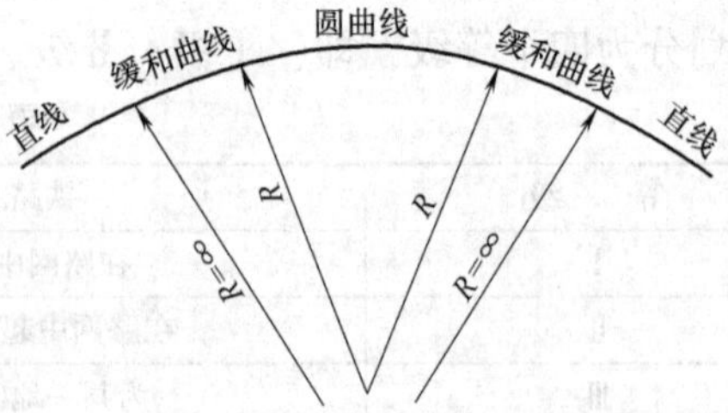

图 2-3 缓和曲线示意图

缓和曲线的特征为：从缓和曲线所衔接的直线一端起，它的曲率半径 $P$ 由无穷大逐渐减小到它所衔接的圆曲线半径 $R$。它可以使离心力逐渐增加或减小，不至于造成列车强烈横向摇摆，有利于行车平稳。

　　线路平面上有了曲线（弯道）后，会给列车运行造成阻力增大和限制行车速度等不良影响。

　　3）曲线附加阻力。列车通过曲线时，由于离心力的作用，使得外侧车轮轮缘挤压外轨，摩擦增大；同时还由于外轨长于内轨，内侧车轮在轨面上滚动时产生相对滑动，从而给运行中的列车带来一种附加阻力，称为曲线附加阻力。曲线附加阻力的大小，我国通常用下面的试验公式来计算。

$$\omega_r = 600/R \qquad\qquad (2\text{-}1)$$

式中，$\omega_r$ 是单位曲线附加阻力，即列车每一吨质量所分摊的曲线附加阻力（N/kN）；$R$ 是曲线半径（m）；600 是根据试验得出的常数。

　　式（2-1）适用于曲线长度大于或等于列车长度的情况。从式（2-1）中可知，曲线阻力与曲线半径成反比。曲线半径越小，曲线阻力越大，运营条件就越差，说明采用大半径曲线对列车运行的影响较小。为了保证线路的通过能力，并有一个良好的运营条件，还对区间线路的最小曲线半径做了规定，见表2-2、表2-3。

表2-2　线路平面曲线半径有限取值范围

| 路段设计速度/（km/h） | 160 | 140 | 120 | 100 | 80 |
|---|---|---|---|---|---|
| 曲线半径/m | 2500～5000 | 2000～4000 | 1600～3000 | 1200～2500 | 800～2000 |

表2-3　最小曲线半径

| 路段旅客列车设计速度/（km/h） | | 160 | 140 | 120 | 100 | 80 |
|---|---|---|---|---|---|---|
| 最小曲线半径/m | 工程条件 一般地段 | 2000 | 1600 | 1200 | 800 | 600 |
| | 困难地段 | 1600 | 1200 | 800 | 600 | 500 |

　　**（2）夹直线**　为了运行的安全和平顺，两相邻曲线之间应设置成夹直线，夹直线的最小长度应根据路段最高行车速度及地形条件等因素按表2-4的数值选用。

表2-4　夹直线最小长度

| $v_{max}$（km/h） | 160 | | 140 | | 120 | | 100 | | 80 | |
|---|---|---|---|---|---|---|---|---|---|---|
| 工程条件 | 一般 | 困难 | 一般 | 困难 | 一般 | 困难 | 一般 | 困难 | 一般 | 困难 |
| $L_j$/m | 130 | 80 | 110 | 70 | 80 | 50 | 60 | 40 | 50 | 30 |

　　**（3）铁路线路平面图**　铁路线路平面图是指用一定比例尺（1∶2000 或 1∶10000）和规定的符号，把线路中心线及两侧地形、地物投影到水平面上绘出的图（图2-4）。

　　**2. 线路的纵断面**

　　为了适应地面的起伏，线路上除了平道以外，还修成不同的坡道。因此，平道、坡道和竖曲线就成了线路纵断面的组成要素。

　　**（1）坡道的坡度**　坡道的陡与缓常用坡度来表示。坡度是指坡道线路中心线与水平线夹角的正切值，即一段坡道两端点的高差与水平距离之比，如图2-5所示。坡道坡度的大小通常是用千分数来表示。

$$i\text{‰} = \frac{h}{L} = \tan\alpha \qquad\qquad (2\text{-}2)$$

式中，$i$ 是坡度值；$\alpha$ 是坡道段线路中心线与水平线夹角。

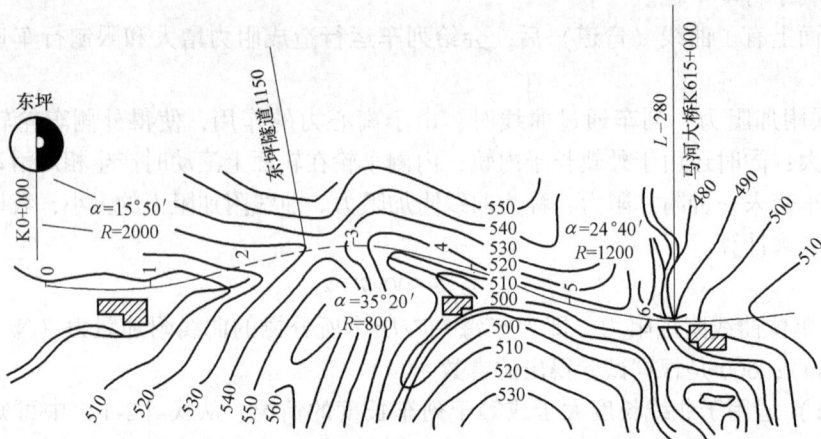

图 2-4　线路平面图（单位：m）

**（2）坡道附加阻力**　列车在坡道上运行时，会受到一种由坡道引起的阻力，这一阻力称为坡道附加阻力。如图 2-5 所示，机车车辆所受的重力 $Qg$（kN）可以分解为垂直于坡道的分力 $\boldsymbol{F}_1$ 和平行于坡道的分力 $\boldsymbol{F}_2$。前一个分力被轨道的反作用力抵消，后一个分力 $\boldsymbol{F}_2$ 就成为坡道附加阻力，$\boldsymbol{F}_2$ 的计算公式为

$$F_2 = Qg\sin\alpha \approx Qg\tan\alpha = Qgi\text{‰} \qquad (2\text{-}3)$$

列车平均单位重量所受到的坡道阻力，叫作单位坡道阻力（$\omega_1$），其计算公式为

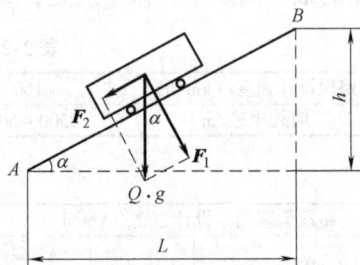

图 2-5　坡度与坡道阻力示意图

$$\omega_1 = \frac{F_2}{Qg} = \frac{Qgi}{Qg} = i \qquad (2\text{-}4)$$

这就是说，机车车辆单位重量上坡时所受的坡道阻力，等于该坡道的坡度。

列车上坡时，坡道阻力规定为"＋"，而当下坡时，坡道阻力规定为"－"。

由式（2-4）可见，坡度越大，列车上坡时的坡道阻力也就越大，同一台机车（在列车运行速度相同的条件下）所能牵引的列车质量也就越小。

**（3）限制坡度**　每一铁路区段都是由许多平道和不同坡度的坡道组成的。坡道的坡度不同，它们对列车牵引质量的影响也就不同。

在一个区段上，决定某一类型机车所能牵引的货物列车质量（最大值）的坡度，叫作限制坡度 $i_x$‰。在一般情况下，限制坡度的数值往往和区段内陡长上坡道的最大坡度值相当。

如果在坡道上又有曲线，那么这一坡道的单位坡道阻力值和单位曲线阻力值之和，不能大于该区段规定的限制坡度的阻力值，即

$$i + \omega_r \leqslant i_x$$

限制坡度是影响铁路全局的主要技术标准。限制坡度小，列车牵引质量可以增加，运输能力就大，运营费用就省。但是限制坡度过小时，就不容易适应地面的天然起伏，特别是在地形变化很大的地段，会使工程量增大，造价提高。我国《铁路技术管理规程》（以下简称

《技规》）规定的最大限制坡度，见表2-5。

表2-5　客货共线 I 、II 级铁路区间线路最大限制坡度（‰）

| 铁路等级 | | I | | II | |
|---|---|---|---|---|---|
| | | 一般 | 困难 | 一般 | 困难 |
| 牵引种类 | 电力 | 6.0 | 15.0 | 6.0 | 20.0 |
| | 内燃 | 6.0 | 12.0 | 6.0 | 15.0 |

一条长大干线所经过地区的地形类别差异较大时，可在地形困难地段采用加力牵引坡度（$i_{jl}$‰）；也可分为若干区段选择不同的限制坡度，用调整机型的方法统一协调全线的牵引定数。内燃牵引的加力牵引坡度可增至25‰，电力牵引的可增至30‰。

**（4）变坡点**　平道与坡道、坡道与坡道的交点，叫做变坡点。列车经过变坡点时，由于坡度的突然变化，车钩内会产生附加应力。坡度变化较大时，由于附加应力的突然增大，两车钩上下错移量过大，容易发生断钩、脱钩等事故。为了保证列车的运行平稳和安全，我国铁路规定，在 I 、II 级线路上相邻坡段的坡度代数差的绝对值大于3‰、III 级铁路大于4‰时，应以竖曲线连接，如图2-6所示。

竖曲线是纵断面上的圆曲线。对于竖曲线的半径 $R_s$，I 、II 级铁路为10000m，III 级铁路为5000m。

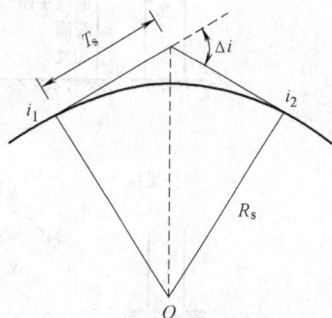

图2-6　竖曲线

**（5）线路纵断面图**　用一定的比例尺，把线路中心线（展直后）投影到垂直面上，并标明平面、纵断面的各项有关资料，就成为纵断面图，如图2-7所示。

线路纵断面图的上部是图，主要表明线路中心线（即路肩设计标高的连线）、地面线、车站、桥隧建筑物等有关资料及其他有关情况。线路纵断面图的下部是表，主要有沿线的工程地质概况、设计坡度、地面标高、路肩设计高程及线路平面的有关资料等。

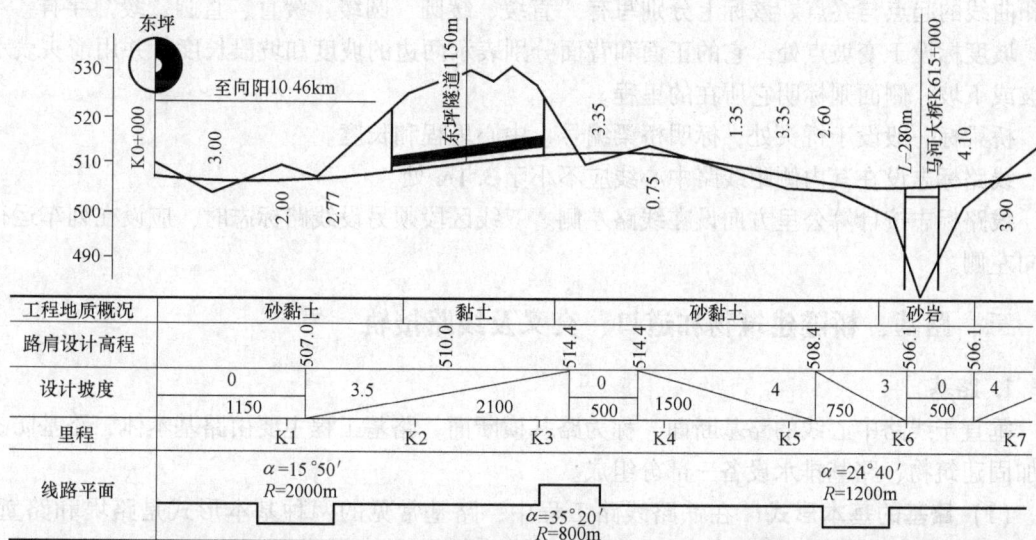

图2-7　线路纵断面图

铁路线路平面图和纵断面图是全面、正确反映线路主要技术条件的重要文件，也是指导线路施工工作，并在线路交付运营后仍需使用的技术资料。

**3. 线路标志**

为了满足线路的维修和养护、司机和车长等工作上的需要，在线路沿线设有各种线路标志。常见的有公里标、半公里标、曲线标、圆曲线与缓和曲线始终点标、桥梁及坡度标等，如图2-8所示。

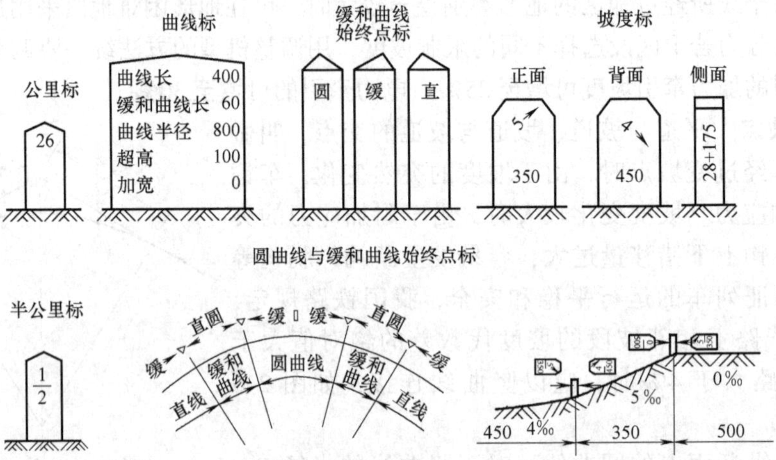

图2-8 线路标志

公里标、半公里标是线路的里程标。公里标表示从铁路线路起点开始计算的连续里程，每整公里设一个。半公里标设于线路的每半公里处。

曲线标，设在曲线的中点处，标明曲线中心里程、半径大小、曲线和缓和曲线长度、超高等。

圆曲线与缓和曲线始终点标，设于直线与缓和曲线、圆曲线与缓和曲线的连接处，表明缓和曲线的起点与终点。该标上分别写有"直缓、缓圆、圆缓、缓直、直圆、缓"字样。

坡度标设于变坡点处。它的正面和背面分别表示两边的坡度和坡段长度，并用箭头表示上坡或下坡，侧面则标明它所在的里程。

桥梁标一般设于桥头处，标明桥梁编号、中心里程和长度。

线路标志设在其内侧距线路中心线应不小于3.1m处。

线路标志按计算公里方向设在线路左侧。双线区段须另设线路标志时，应设在列车运行方向左侧。

## 三、路基、桥隧建筑物和道口、交叉及线路接轨

**1. 路基**

垂直于线路中心线的路基断面，称为路基横断面。路基工程主要由路基本体、路基防护和加固建筑物、路基排水设备三部分组成。

**（1）路基的基本形式** 在铁路线路工程中，路基常见的两种基本形式是路堤和路堑，如图2-9所示。

1）路堤。当路肩设计标高高于天然地面时，路基以填筑方式构成，这种路基称为路

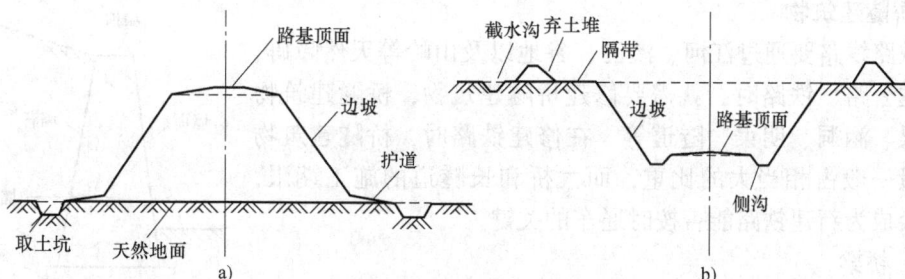

图2-9　路基的基本形式
a) 路堤　b) 路堑

堤。路堤的组成包括路基顶面、边坡、护道、取土坑或纵向排水沟等。

2) 路堑。当路肩设计标高低于天然地面时，路基以开挖方式构成，这种路基称为路堑。路堑的组成包括路基顶面、边坡、侧沟、弃土堆和截水沟等。

**(2) 路基的排水和防护措施**　路基必须坚实而稳固，才能承受沉重的压力。但是土质路基的坚固性和稳定性比较不易保持，它受许多因素的影响。在一般情况下，水的侵害往往是一个主要原因。因此，在路基的构造形式上处处要考虑如何有利于排水。对于非渗水土的路基面，做成不同形式的路拱。我国铁路单线路基的路拱断面做成梯形，双线路基做成三角形，对于岩石和渗水性土质的路基面可做成水平的。

路基的宽度，应考虑远期发展的铁路等级、维修和机械化作业，并根据路拱断面、轨道类型、道床标准形式及尺寸和路肩宽度计算确定。

1) 路基排水。为保持路基经常处于干燥、坚固和稳定状态，路基上设有一套完整的排水设备。如纵向排水沟、侧沟和截水沟是为了排除地面水而设置的，如图2-10所示。

除了地面水以外，地下水也是破坏路基坚实、稳固的一个重要因素。为了拦截地下水，降低地下水位，常采用渗沟和渗管等地下排水设备，如图2-11所示。地下水渗入渗沟后，可通过渗管纵向排出路堑。

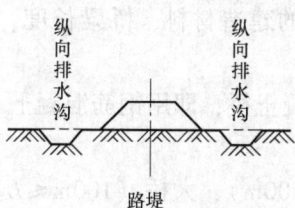

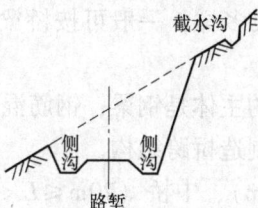

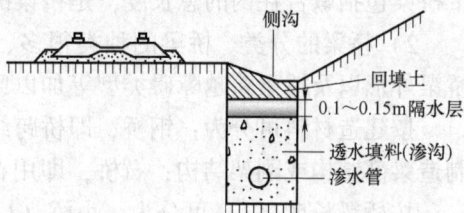

图2-10　地面排水系统

图2-11　地下排水系统

2) 路基的防护。路基坡面的地表水流沿山坡呈片状流动，它与边坡坡度及坡面状态等有关。路基坡面地表水流对坡面有冲蚀破坏作用，时间久了还会把坡面冲成纹沟、鸡爪沟，进而破坏路基边坡的稳定性。常用的坡面防护措施有：种草、铺草皮、植树、抹面、灌浆和砌石护坡等。此外，还可以设置挡土墙或其他拦挡建筑物。挡土墙如图2-12所示。

**2. 桥隧建筑物**

当铁路线路要通过江河、溪沟、谷地以及山岭等天然障碍，或要跨越公路、铁路时，就需要修建桥隧建筑物，桥隧建筑物包括桥梁、涵洞、明渠、隧道等。在修建铁路时，桥隧建筑物的工程量一般占相当大的比重，而大桥和长隧道的施工期限，有时还会成为新建铁路能否按时通车的关键。

**（1）桥梁**

1）桥梁的组成。桥梁主要由桥面、桥跨结构、墩台及基础三部分组成，如图 2-13 所示。

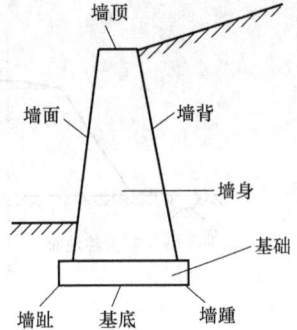

图 2-12 挡土墙

桥面是桥梁上铺设的轨道部分；桥跨结构是桥梁承受荷载、跨越障碍的部分；墩台是支承桥跨结构的部分，包括桥墩和桥台，设于桥梁中部的支座称为桥墩，设于桥梁两端的支座称为桥台。桥墩与桥台的底部为墩台的基础。

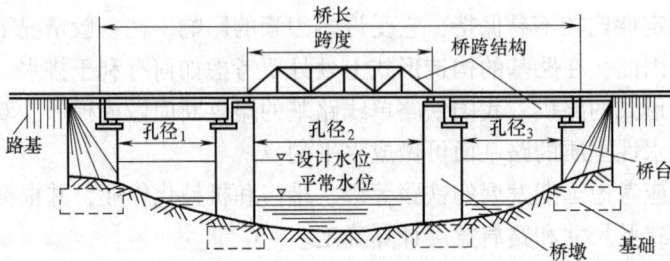

图 2-13 桥梁的组成

两个相邻墩台之间的空间称为桥孔。每个桥孔在设计水位处的距离称为孔径。从桥跨结构底部到设计水位的高度以及相邻两墩台之间的限界空间，称为桥下净空。桥梁的孔径和桥下净空应能满足泄洪、排水及船舶通航的要求。每一桥跨两端支座间的距离，称为跨度。整个桥梁包括墩台在内的总长度，是桥梁的全长。

2）桥梁的分类。桥梁的种类很多、形式多样，一般可按桥梁的建造材料、桥梁长度、桥梁外形以及桥梁跨越障碍类型等加以区分。

按建造材料可分为：钢桥，即桥跨结构的主体是钢梁；钢筋混凝土桥，即用钢筋混凝土制造梁部结构或刚架结构；石桥，即用石料制造桥跨结构。

按桥梁长度（$L$）可分为：小桥（$L < 20m$）、中桥（$20m \leqslant L < 100m$）、大桥（$100m \leqslant L < 500m$）和特大桥（$L \geqslant 500m$）等。

按桥梁外形可分为：梁桥、拱桥、斜拉桥等。

按桥梁跨越的障碍类型可分为：跨河桥，跨越江河、湖泊；跨线桥，又称立交桥，是铁路、公路相互交叉时所建的桥梁；高架桥，又称栈桥或旱桥，跨越宽谷、深沟。

**（2）涵洞** 涵洞设在路堤下部的填土中，是用以通过水流或行人的一种建筑物。涵洞主要由洞身、基础、端墙和翼墙组成，如图 2-14 所示。

按照建筑材料的不同，涵洞可分为石涵、混凝土涵、钢筋混凝土涵、铁涵等。涵洞的截面有矩形、圆形、拱形等不同形式。涵洞的孔径一般是 $0.75 \sim 6.0m$。

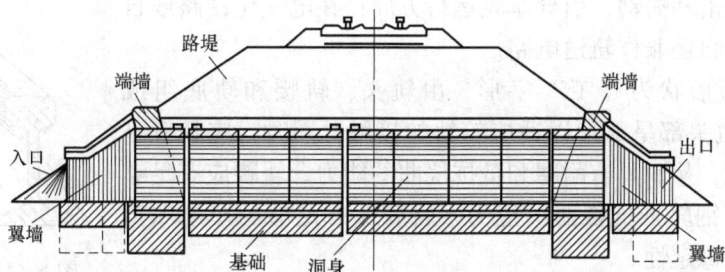

图 2-14 涵洞

（3）隧道 铁路隧道是线路跨越山岭时，为避免开挖很深的路堑或修建很长的迂回线而修建的穿越山岭的建筑物。此外，还有建筑在河床、海峡或湖底的水底隧道和建筑在大城市地下的地下隧道。隧道与桥梁一样，是铁路线路网的一个重要组成部分。

1）隧道的分类。铁路隧道按长度可分为一般隧道（长度小于2000m）、长隧道（长度为2000~5000m）和特长隧道（长度大于5000m）。

按所在位置和埋藏条件又可分为：傍山隧道、越岭隧道、地下隧道、深埋和浅埋隧道。

按洞内行车线路的多少还可分为：单线隧道、双线隧道及多线隧道。

2）隧道的构造。隧道一般由洞身、衬砌、洞门、避人（车）洞等组成。

洞身是隧道的主要组成部分，其长度由两端洞门的位置决定。洞身是列车通过的通道，为保证行车安全，洞身必须按建筑限界标准修建。

衬砌的作用是承受地层的压力，防止坑道周围地层的变形以及岩石的风化和坍落，维护坑道轮廓不侵入建筑限界的范围，以确保行车安全。目前，我国主要是采用整体灌注式衬砌，它由拱圈、边墙、仰拱等组成，如图2-15所示。

洞门是隧道进出口，其主要作用是保证洞口土体仰坡和边坡的稳定，并通过洞门位置的排水系统将仰坡流下的雨水引离隧道，以防止水流冲刷洞门。

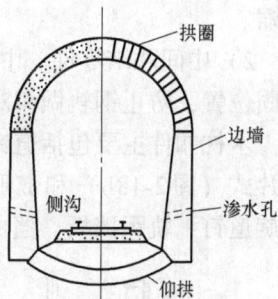

图 2-15 衬砌

为使工作人员、行人及运料小车避让列车，在隧道的两侧交错修建避人洞和避车洞。它们是隧道的附属建筑物。避车洞每隔300m设一个，避人洞在相邻车洞之间每隔60m设一个。

## 四、轨道

路基、桥隧建筑物修成之后，即可在上面铺设轨道。轨道是一个整体性工程结构，主要由钢轨、轨枕、联结零件、道床、防爬设备以及道岔等组成，如图2-16所示。轨道主要起引导列车运行，直接承受车轮传来的巨大压力，并把它传给路基及桥隧建筑物的作用。

**1. 轨道的组成**

**（1）钢轨** 钢轨直接承受并传递机车车辆

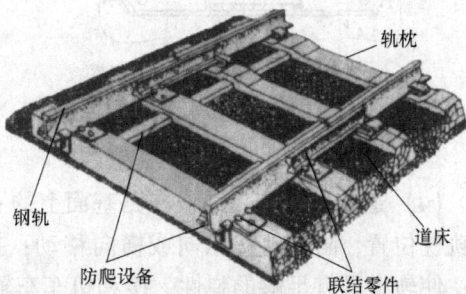

图 2-16 轨道的基本组成部分

传来的压力、冲击和振动，引导车轮运行方向；在电气化铁路或自动闭塞区段，钢轨还兼作轨道电路。

钢轨的断面形状为"工"字形，由轨头、轨腰和轨底组成（图2-17）。钢轨头部呈弧形以适应轮轨的接触，同时，应具有足够的面积和厚度，从而具有耐磨和抵抗挠曲的能力。轨腰应有足够的高度，以提高钢轨抵抗挠曲的能力。轨底应有足够的厚度和宽度，以保证钢轨稳定性。

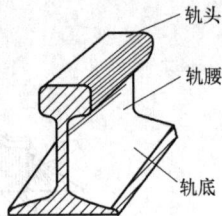

图 2-17　钢轨横断面

在我国，钢轨的类型（或强度）以每米长度的质量（kg）表示，我国钢轨的主要类型有 75kg/m、70kg/m、60kg/m、50kg/m 等。目前我国钢轨的标准长度为 12.5m 和 25m 两种，此外，还有专供曲线地段使用的标准缩短轨若干种。

**（2）轨枕**　轨枕是钢轨的支座，主要承受从钢轨传来的压力并将其传给道床，同时轨枕还起到保持钢轨位置和轨距的作用。轨枕按材料分为木枕和钢筋混凝土枕两种；按用途分，主要有普通轨枕、岔枕和桥枕。

我国普通轨枕的长度为 2.5m，道岔用的岔枕和钢桥上用的桥枕，其长度有 2.6～4.85m 多种。

**（3）联结零件**　联结零件分为接头联结零件和中间联结零件两类。

1）接头联结零件。接头联结零件包括夹板、螺栓、螺帽和弹性垫圈等，用于把钢轨连接成一个整体。普通线路上两节钢轨之间一般要预留适当的轨缝，以保证钢轨可自由地伸缩。

2）中间联结零件。中间联结零件亦称扣件，其功能是将钢轨紧扣在轨枕上，并保持其稳固位置，防止钢轨做相对于轨枕的纵、横向移动。

木枕扣件主要包括道钉和垫板。钢筋混凝土轨枕按其结构可分为扣板式（图2-18a）、弹片式（图2-18b）和 ω 形弹条式（图2-19）三种。其中 ω 形弹条式扣件主要由 ω 形弹条、螺旋道钉、轨距挡板、挡板座及弹性垫板等组成。

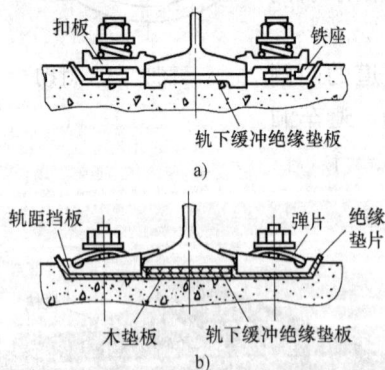

图 2-18　钢筋混凝土用联结零件

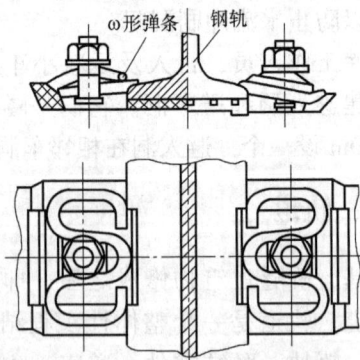

图 2-19　ω 形弹条式扣件

**（4）道床**　道床是铺设在路基面上的石渣（道砟）垫层。其主要作用是支承轨枕，保持轨枕位置，阻止轨枕纵向或横向移动；把轨枕上部的压力均匀地传给路基；排除地面雨水；使轨道具有足够的弹性，缓和机车车辆轮对对钢轨的冲击作用。我国道床常用的材料主要是碎石和筛选的卵石等，道床断面包括道床厚度、顶面宽度及边坡坡度三个主要特征。

如果将碎石道床灌注水泥浆，使它成为一个整体来支承钢轨，或者用混凝土、钢筋混凝土直接在路基面上筑成基础来支持钢轨，就形成整体道床。整体道床的强度高、维修工作量小，适合于列车高速运行，目前我国在隧道内及高速铁路线路上基本上均铺设了整体道床。

**（5）防爬设备**　列车运行时，常常产生纵向力带动钢轨作纵向移动，有时甚至带动轨枕一起移动，这种纵向移动，叫作爬行。轨道发生爬行后，会造成轨枕歪斜，或一端轨缝被顶严实而另一端轨缝被拉大的轨缝不均匀现象。轨缝被顶严的部位，在夏季轨温升高时，钢轨内会产生较大的压应力，严重时会造成胀轨跑道；轨缝被拉大的部位，在冬季轨温降低时，钢轨内会产生较大拉应力，严重时会拉弯甚至拉断接头螺栓。为了阻止线路爬行造成的行车危险，必须采取有效措施防止爬行。一般除加强轨道其他有关组成部件外，通常还采用防爬器和防爬撑来防止线路爬行。

穿销式防爬器（图2-20）是由带挡板的轨卡和穿销组成。安装时，用轨卡的一边紧紧地卡住轨底，另一边楔进穿销，使整个防爬器牢固地卡住轨底。另外，为了充分发挥防爬器的抗爬能力，通常在轨枕间还安装防爬撑，把3~5根轨枕联结起来组成一组防爬设备，共同抵抗钢轨的爬行（图2-21）。

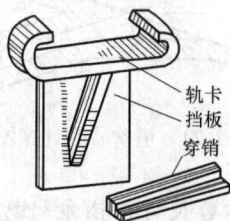

图2-20　穿销式防爬器

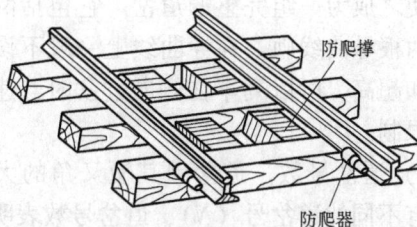

图2-21　防爬器的安装

**（6）道岔**　道岔是一种使机车车辆能从一股道转入或越过另一股道的线路连接设备，大量铺设在车站内，以满足各种作业需要。最常见的是普通单开道岔。

1）普通单开道岔。普通单开道岔由转辙器、辙叉及护轨和连接部分等组成，如图2-22所示。

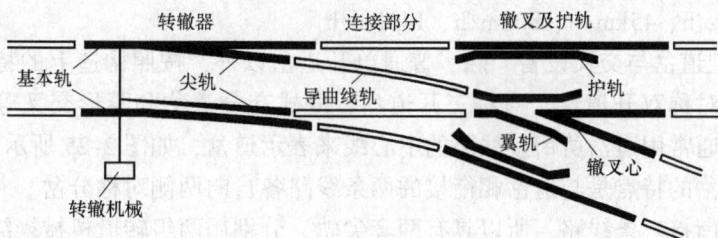

图2-22　普通单开道岔

转辙器由两根尖轨、两根基本轨和转辙机械组成。尖轨是转辙器的主要部件，它通过连接杆与转辙机械相连，所以操纵转辙机械可以改变尖轨的位置，从而确定道岔的开通方向。

辙叉及护轨包括辙叉心、翼轨及护轨。其作用是保证车轮安全地通过两股轨道相互交叉处。

从两翼轨最窄处到辙叉心实际尖端之间，存在着一段轨线中断的空隙，称为辙叉的有害

23

空间。当机车车辆通过辙叉有害空间时，轮缘有走错辙叉槽而引起脱轨的可能，因此，必须设置护轨，对车轮的运行方向实行强制性的引导。

道岔上的有害空间是限制列车过岔速度的一个重要因素。为了消灭有害空间，减轻车轮对翼轨和心轨的冲击，适应列车高速运行的要求，国内外都发展了各种活动心轨道岔。一般来说，辙叉心轨和尖轨是同时被扳动的，当尖轨开通某一方向时，活动心轨的辙叉心轨就与开通方向一致的翼轨密贴，与另一翼轨分开，从而消灭了有害空间。如图2-23所示为活动心轨辙叉。它是由长心轨、短心轨拼装成的可动心轨和翼轨、叉跟基本轨、帮轨等组合而成。此种辙叉利用心轨可摆动与翼轨密贴的特征，消除了有害空间，不仅避免了车轮对心轨和翼轨冲击，而且提高了列车直向过岔速度，被广泛用于高速行车的线路上。

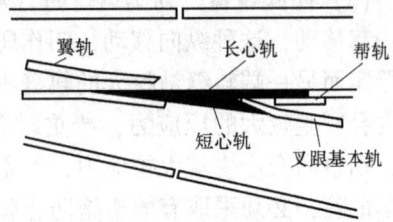

图2-23 活动心轨辙叉

连接部分是连接转辙器和辙叉及护轨的部分，使之成为一组完整的道岔。它包括两根直轨和两根导曲线轨。在导曲线上一般不设缓和曲线和超高，所以列车在侧向过岔时，速度会受到限制。

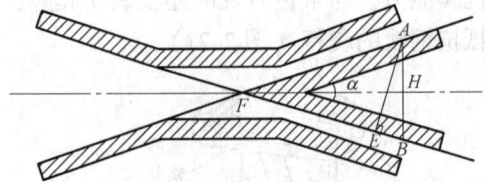

图2-24 道岔号数计算图

2）道岔号数。道岔因其辙叉角的大小不同，有不同的道岔号（$N$），道岔号数表明了道岔各部分的主要尺寸。道岔号数是用辙叉角（$\alpha$）的余切值来表示的，如图2-24所示。其计算公式为

$$N = \cot\alpha = \frac{FE}{AE} \tag{2-5}$$

由此可见，辙叉角越少，$N$就越大，导曲线半径也越大，机车车辆侧向通过道岔时就越平稳，允许的侧向过岔速度也就越高。所以，采用大号码道岔对于列车运行是有利的。

目前，我国铁路的主要线路上大多使用9、12、18、30号道岔，它们所允许的侧向通过速度分别为30km/h、45km/h、80km/h、140km/h。

3）其他类型道岔与交叉设备。除了普通单开道岔以外，按照构造上的特点及所连接的线路数目，还有对称双开道岔、对称三开道岔、复式交分道岔和菱形交叉等。为了简明起见，在作图时，通常用道岔所衔接线路的中心线来表示道岔，如图2-25所示。

对称双开道岔的特点是与道岔相衔接的两条线路各自向两侧对称分岔。对称三开道岔的特点是可以同时衔接三条线路，所以具有两套尖轨，分别用两组转辙机械操纵。

菱形交叉由两组锐角辙叉和两组钝角辙叉组成。菱形交叉没有转辙器部分，机车车辆通过交叉设备时，只能沿着原来线路继续运行而不能转线，如图2-26所示。

复式交分道岔相当于四组单开道岔和一副菱形交叉设备的结合体，但它需要占用的地面空间却小得多。

如果将四副单开道岔和一副菱形交叉设备组合在一起时，则称为交叉渡线。交叉渡线不仅可以开较多的方向，而且可以节省用地，是车站内使用较多的一种连接设备，如图2-27所示。

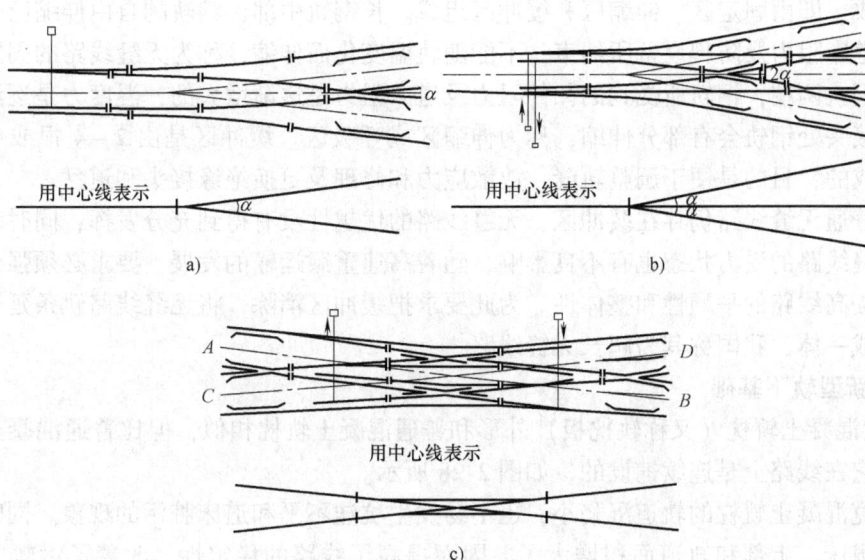

图 2-25 几种常用道岔
a) 双开道岔 b) 三开道岔 c) 复式交分道岔

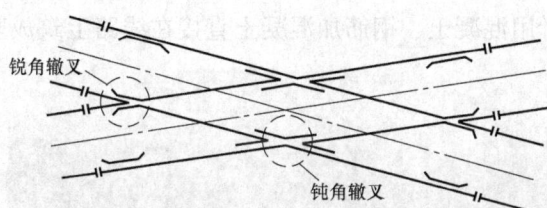

图 2-26 菱形交叉

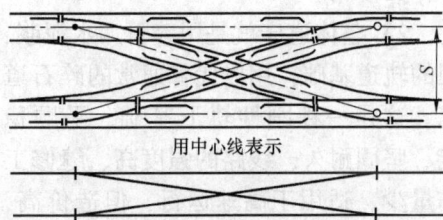

图 2-27 交叉渡线

**2. 无缝线路和新型轨下基础**

**（1）无缝线路**

1）无缝线路的含义。在普通线路上，由于轨缝的存在，使得钢轨接头处受到较大的冲击力，大大影响行车平稳和旅客的舒适；并将促使道床破坏，线路状态恶化，钢轨及联结零件的使用寿命缩短，维修劳动费用增加。随着列车轴重、行车速度及密度的不断增长，上述缺点更加突出。目前，解决这一薄弱环节的主要措施是大力发展无缝线路。

所谓无缝线路，是指以标准长度的钢轨焊接而成的长钢轨线路，又称焊接长钢轨线路。无缝线路根据处理钢轨内部温度应力方式的不同，可分为温度应力式和放散应力式两种。温度应力式无缝线路结构简单，铺设和维修保养方便，因而得到世界各国广泛应用；放散应式无缝线路一般用于年轨温差很大的寒冷地区。

2）无缝线路的锁定轨温。在无缝线路上，用强力扣件和防爬设备将钢轨扣紧在轨枕上，称为锁定线路。锁定线路时的轨温称为锁定轨温。锁定轨温高，冬天产生的温度拉力大，易造成钢轨折断；反之，夏天产生的温度压力大，易造成线路胀轨跑道。选定锁定轨温时，应以冬季钢轨不折断、夏季不发生胀轨跑道为原则，并根据各个地区的轨温变化情况进行检算和调整。一般取稍高于当地历年最高轨温与最低轨温的中间值作为锁定轨温。

3）无缝线路的组成及超长无缝线路。无缝线路通常是由一对长钢轨及两端各2～4对

25

标准轨组成，即由固定区、伸缩区和缓冲区组成。长钢轨中部，钢轨的自由伸缩已全部被扣件阻力和道床阻力及防爬设备所约束，不能随轨温变化而伸缩，称为无缝线路的固定区或稳定区。长钢轨两端，钢轨所受到的扣件阻力及道床阻力是逐渐增大的，温度力是逐渐被克服的，因此接头处钢轨会有部分伸缩，称为伸缩或呼吸区。缓冲区是由 2～4 根或更多根标准钢轨组成的，目的是便于调整轨缝，放散应力和修理及更换绝缘接头和道岔。

由于普通无缝线路仍存在缓冲区，无缝线路的优越性没有得到充分发挥；同时缓冲区的存在对无缝线路的受力状态也有不良影响，随着高速重载运输的发展，要求必须强化轨道结构，全面提高线路的平顺性和整体性。为此要求把缓冲区消除，将无缝线路轨条延长，甚至与道岔连成一体，我国称其为超长无缝线路。

**（2）新型轨下基础**

1）宽混凝土轨枕（又称轨枕板）外形和普通混凝土轨枕相似，但比普通混凝土轨枕宽且稍薄，它在线路上是连续铺设的，如图 2-28 所示。

采用宽混凝土轨枕的轨道沉陷小，也不易发生坑洼不平和道床脏污的现象。同时，由于其底部和道床、上部和轨道面积增大了，因而提高了线路的稳定性，改善了钢轨的受力条件，有利于高速行车。我国已经在隧道内、大桥桥头、大客运站上采用，并在主要干线上逐步扩大使用。

2）整体道床就是用碎石加水泥浆，或者用混凝土、钢筋加混凝土直接在线路上筑成坚固的轨道基础，用以代替通常的碎石道床。这是一种刚性轨下基础，平顺稳定、坚固耐久，线路的强度高、缝修工作量少，适用于高速运行，但造价高，技术要求高，目前我国的高速铁路普遍采用整体道床。

**3. 轨道的几何形状**

为了确保行车安全，轨道除了应具有合理的组成外，还应保持两股钢轨的规定距离和钢轨顶面的相对水平位置。

图 2-28　宽混凝土轨枕线路

**（1）直线部分的轨距和水平**

1）轨距。轨距是钢轨头部踏面下 16mm 范围内两股钢轨工作边之间的最小距离。我国铁路主要采用 1435mm 的标准轨距。轨距小于 1435mm 的铁路统称为窄轨铁路，轨距大于 1435mm 的统称为宽轨铁路。我国台湾省就采用 1067mm 的窄轨距，昆明铁路局部分线路采用 1000mm 的窄轨距。此外，世界其他国家还有采用 1520mm 等的宽轨距。

为使机车车辆能顺利通过轨道，轨道的轨距必须略大于轮对宽度，有一定的游间。

从机车车辆轮对和直线地段钢轨的相互位置（图 2-29）可以看出：

$$轨距（S_0）=轮对宽度（q）+活动量（\delta）$$

由于轮缘和钢轨之间有一个活动量，使轮缘能在两

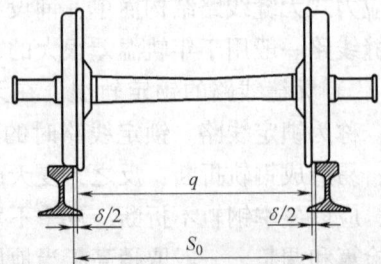

图 2-29　轮对与钢轨的相互位置

股钢轨之间自由滚动，而不会卡住。

在机车车辆运行的动力作用下，轨距可能产生一定的偏差。我国规定这种偏差是按线路速度等级划分的，《技规》规定的轨距静态允许偏差见表2-6。

表2-6　线路、道岔轨距静态允许偏差

| 线路允许速度/（km/h） | $v \leq 120$ | $120 < v \leq 160$ | $160 < v \leq 200$ |
|---|---|---|---|
| 线路/mm | +6<br>-2 | +4<br>-2 | ±2 |
| 道岔/mm | +3<br>-2 | +3<br>-2 | ±2 |

2）水平。直线地段两股钢轨的顶面应保持在同一水平。如有误差，在正线和到发线上，在规定的距离范围内两股钢轨的顶面高差不允许超过4mm。

**（2）曲线部分的轨距和水平**

1）轨距加宽。机车车辆走行部中只能保持平行而不能做相对运动的车轴中心线间的最大距离，称为固定轴距，如图2-30所示。由于机车车辆具有固定轴距，在曲线上运行时转向架的纵向中心线与曲线轨道中心线并不一致，因而引起转向架前一轮对外侧车轮轮缘和后一轮对的内侧车轮轮缘压挤钢轨，增加走行阻力。为了使机车车辆顺利地通过曲线，需要对小半径曲线的轨距适当加宽。

我国《技规》规定的曲线轨距加宽值见表2-7。

2）外轨超高。机车车辆在曲线上运行时，由于离心力的作用使曲线外轨承受了较大的压力，因而造成两股钢轨磨耗不均匀现象，并使旅客感到不舒适，严重时还可能造成翻车事故。因此通常要将曲线上的外轨抬高，使机车车辆内倾，以平衡离心力的作用。外轨比内轨高出的部分称为超高，如图2-31所示。

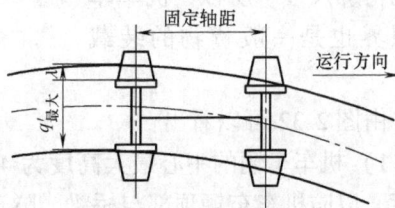
图2-30　轨距加宽原因示意图

表2-7　曲线轨距加宽值

| 曲线半径 $R$ | 加宽值/mm | 曲线半径 $R/m$ | 加宽值/mm |
|---|---|---|---|
| $R \geq 350m$ | 0 | $R < 300m$ | 15 |
| $300m \leq R < 350m$ | 5 | | |

曲线外轨超高量（$h$），通常可用下式计算

$$h = 11.8 \frac{v^2}{R} \text{（mm）} \tag{2-6}$$

式中，$v$为列车平均运行速度（km/h）；$R$为曲线半径（m）。

我国规定，外轨超高的最大值：单线地段不得超过125mm，双线地段不得超过150mm。

外轨超高和轨距加宽的设置都是从缓和曲线的起点开始，逐渐增加，到圆曲线起点时，超高和加宽都应达到规定的数值。

## 五、铁路限界

为了确保机车车辆在铁路线路上运行的安全，防止机

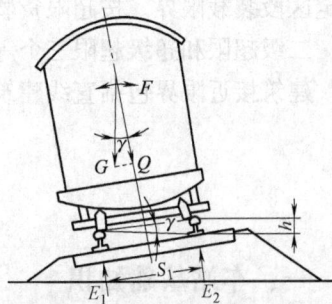
图2-31　外轨超高原理图

车车辆撞击邻近线路的建筑物和设备而对机车车辆和接近线路的建筑物、设备所规定的不允许超越的轮廓尺寸线，称为限界。

铁路基本限界可分为机车车辆限界和建筑接近限界。

**（1）机车车辆限界** 机车车辆限界是机车车辆横断面的最大容许尺寸的轮廓，如图2-32所示。它是新造和使用中的机车车辆，除升起的受电弓外，任何部位在任何情况下都不得超过的轮廓尺寸。使用平车或敞车装载货物时，除超限货物或另有规定者外，不得超过此轮廓尺寸。所以，机车车辆限界也是一般货物的装载限界。

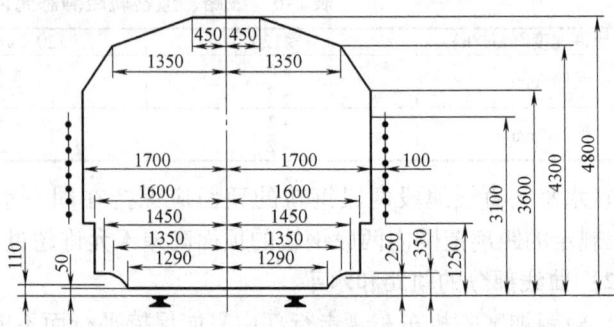

图2-32 机车车辆限界（单位：mm）

由图2-32可以看出：

1）机车车辆的中心最大高度为4800mm，因此，机车车辆顶部的任何装置不得超越该高度，以防机车车辆顶部与桥梁、隧道上部相撞。

2）机车车辆在钢轨水平面上部1250~3600mm范围内，其宽度为3400mm，但为悬挂列车尾部的侧灯；在2600~3100mm范围内允许两侧各加宽100mm。

3）在钢轨水平面1250mm以下，机车车辆宽度逐渐缩减。

**（2）建筑接近限界** 建筑接近限界是邻近线路的建筑物或设备（与机车车辆相互作用的设备除外）不得侵入的最小横断面尺寸轮廓，如图2-33所示。

建筑接近限界与机车车辆限界之间留有一定的空隙，称为安全空间。留有安全空间的目的：一是为适应运行中的列车横向晃动偏移和竖向上下振动，防止与邻近的建筑物或设备发生碰撞；二是为组织"超限货物"列车运行。所谓"超限货物"列车，是指列车在直线线路上停留时，其中一些车辆中的货物高度或宽度超过了机车车辆限界或特定区段装载限界。按超限货物的超限程度，分为一级超限、二级超限和超级超限三个等级。

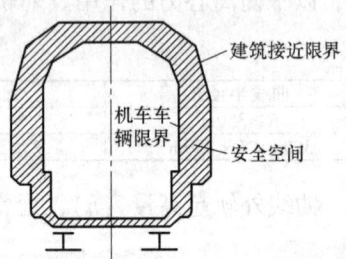

图2-33 铁路限界和安全空间

建筑接近限界包括直线建筑接近限界、隧道建筑接近限界和桥梁建筑接近限界。

# 第二节 车 站

## 一、车站基础知识

车站既是铁路办理客、货运输的基地，又是铁路运输的基层生产单位。在车站里，除了办理旅客与货物运输的各项作业外，还要办理与列车运行有关的作业，如列车的接发、会让与越行，车列的解体与编组，机车的换挂与整备，车辆的检修等。

**1. 车站的定义及分类**

**(1) 车站的定义** 为了保证行车安全和必要的线路通过能力，以满足人们对运输的需要，须通过分界点将一条铁路线路划分成若干个区段和许多个区间及闭塞分区。如图 2-34 所示，图中甲、乙、丙、A、B、C、D、E、F、G、H 车站都是分界点。

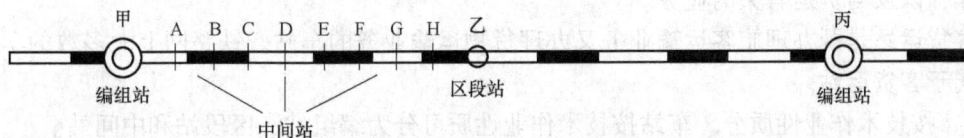

图 2-34　铁路线路车站示意图

车站上除了正线以外，还配有到发线、牵出线等其他线路，所以把车站定义为在铁路线上设有配线的分界点，如图 2-35 所示。此外，还有一种无配线的分界点，它包括非自动闭塞区段的线路所（图 2-36）和自动闭塞区段上的通过色灯信号机（图 2-37）。

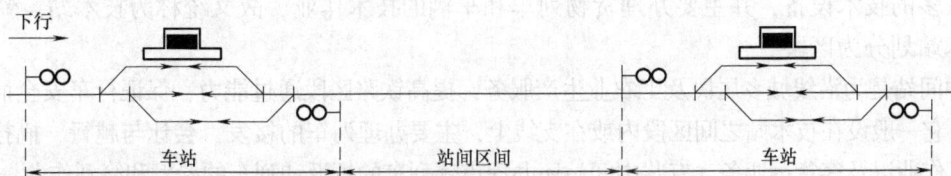

图 2-35　单线铁路站间区间

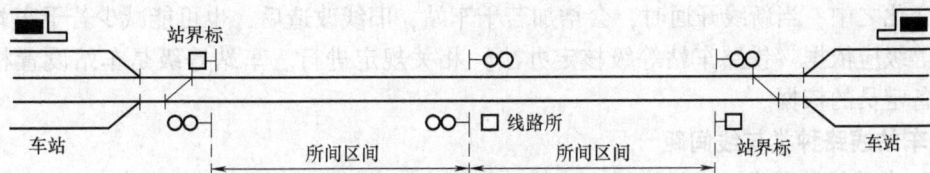

图 2-36　双线铁路所间区间

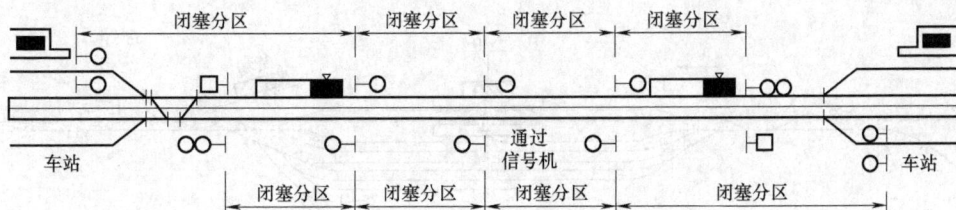

图 2-37　双线铁路自动闭塞分区

**(2) 车站的分类** 目前，我国铁路网上有大小车站几千个。这些车站因所担负的任务量、业务性质和技术作业的类型不同，而有不同的分类。

1) 按业务性质分。车站按、业务性质分为客运站、货运站和客货运站。

客运站是专门办理旅客运输业务的车站，通常设置在政治、经济、文化中心城市和旅游胜地等大量旅客集散的地点。它的主要任务是组织旅客安全、迅速、准确、方便地上、下车，办理行包、邮件的装卸搬运，组织旅客列车安全、正点到发和客车车底取送，为旅客提供舒适的服务条件。

货运站是专门办理货物运输业务的车站，通常设置在大城市、工矿、林区、口岸等有大量货物到发、装卸的地点。主要担当货物列车的始发、终到和有关调车作业、货车装卸、取送工作，以及与货运有关的业务。

客货运站是既办理旅客运输业务又办理货物运输业务的车站。铁路网上大多数的车站都属于客货运站。

2）按技术作业性质分。车站按技术作业性质可分为编组站、区段站和中间站。

编组站通常设置在大城市或大厂矿所在地，或衔接三个及以上方向铁路线、有大量车流集散的地点，其主要工作是改编车流，即解体和编组各种货物列车，以及机车换挂、整备、乘务组换班，列车的技术检查、车辆检修等。

区段站设在机车牵引区段的分界处，它的主要工作是办理货物列车的中转作业、进行机车的更换或机车乘务组的换班，以及解体、编组区段列车和摘挂列车。由于区段站和编组站拥有较多的技术设备，并主要办理货物列车和车辆的技术作业，故又统称为技术站。铁路线以技术站划分为区段。

中间站是为沿线城乡居民及工农业生产服务，提高铁路区段通过能力，保证行车安全而设的车站。它一般设在技术站之间区段内或在支线上，主要办理列车的接发、会让与越行、摘挂列车的调车作业以及客货运业务。有些中间站还办理市郊列车的折返和列车的始发和终到作业。

3）按客货运量和技术作业量的大小分。无论哪种车站，按照所担负的任务量及在国家政治、经济中的地位，车站分为特等站和一、二、三、四、五等站共六个等级。车站数量每年都在变化之中，当新线开通时，会增加若干车站，旧线改造后，也可能减少若干车站。核定车站等级应依据《铁路车站等级核定办法》相关规定进行。车站等级是车站设置相应机构和配备定员的依据。

**2. 车站线路种类与线间距**

**（1）车站线路种类** 车站应设有正线，根据车站作业的需要还需配置各种用途的站线。正线是直接与区间连通的线路；站线包括到发线、牵出线、调车线、货物线及站内指定用途的其他线，如图2-38所示。

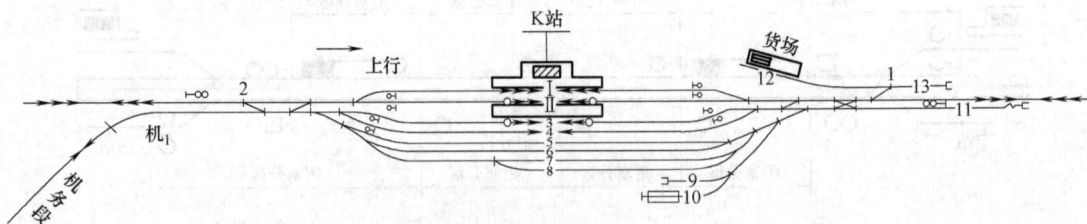

图2-38 车站线路图

Ⅰ、Ⅱ—正线 1～3—到发线 4～8—调车线 9、10—站修线 11、13—牵出线 12—货物线 机₁—机车走行线

到发线：用于接发旅客列车与货物列车的线路。

牵出线：用于进行调车作业时将车辆牵出的线路。

货物线：用于货物装卸作业时货车停留的线路。

调车线：用于车列解体和编组并存放车辆的线路。

站内指定用途的其他线路主要有机车走行线、车辆站修线、驼峰迂回线及驼峰禁溜线等。此外，有些车站还连接有某些段管线和特别用途线。所谓段管线，是指机务段、车辆段、工务段、电务段等专用并由其管理的线路；特别用途线是指安全线和避难线。岔线、段管线与正线、到发线接轨时，均应铺设安全线。为防止在长大下坡道上失去控制的列车发生冲突颠覆，应根据线路情况，计算确定在区间或站内是否设置避难线。

（2）**线路间距**　线路间距是指两相邻线路中心线之间的距离。线路间距应能保证行车和车站工作人员工作时的安全，满足设置各项设备的需要。它通常由机车车辆限界、建筑接近限界、线间设备计算宽度和线间办理作业性质需要的安全余量等因素确定。线间距的大小应根据《技规》有关规定确定，直线地段线路间距分别见表2-8和表2-9。

**表2-8　客货共线铁路线间距**

| 序号 | 名　称 | | | | 线间最小距离/mm |
|---|---|---|---|---|---|
| 1 | 区间双线 | $v \leq 120km/h$ | | | 4000 |
| | | $120km/h < v \leq 160km/h$ | | | 4200 |
| | | $160km/h < v \leq 200km/h$ | | | 4400 |
| 2 | 三线及四线区间的第二线与第三线 | | | | 5300 |
| 3 | 站内正线 | | | | 5000 |
| 4 | 站内正线与相邻到发线 | 无列检作业 | | | 5000 |
| | | 有列检作业或上水作业 | $v \leq 120km/h$ | 一般 | 5500 |
| | | | | 改建特别困难 | 5000 |
| | | | $120km/h < v \leq 160km/h$ | 一般 | 6000 |
| | | | | 改建特别困难 | 5500 |
| | | | $160km/h < v \leq 200km/h$ | 一般 | 6500 |
| | | | | 改建特别困难 | 5500 |
| 5 | 到发线与相邻到发线 | | | | 5000 |
| 6 | 站内相邻两线都需通行超限货物列车 | | | | 5300 |
| 7 | 站内相邻两线只有一条通行超限货物列车 | | | | 5000 |
| 8 | 铺设列检小车轨道的两到发线 | | | | 5500 |
| 9 | 换装线 | | | | 3600 |
| 10 | 编组站、区段站的站修线与相邻一条线 | | | | 8000 |
| 11 | 牵出线与其相邻线 | 调车作业繁忙车站 | | | 6500 |
| | | 改建困难或会仅办理摘挂取送业务 | | | 5000 |
| 12 | 站内中间设有接触网支柱的相邻线 | | | | 6500 |
| 13 | 线间设有融雪设备的相邻线 | | | | 5800 |
| 14 | 安全线与其他线路 | | | | 5000 |
| 15 | 其他站线 | | | | 4600 |

**表2-9　客运专线铁路线间距**

| 序号 | 名　称 | | 线间设施 | 线间最小间距/mm |
|---|---|---|---|---|
| 1 | 区间正线 | $v \leq 200km/h$ | — | 4400 |
| | | $200km/h < v \leq 250km/h$ | — | 4600 |
| | | $250km/h < v \leq 300km/h$ | — | 4800 |
| | | $300km/h < v \leq 350km/h$ | — | 5000 |

（续）

| 序号 | 名　　称 | 线间设施 | 线间最小间距/mm |
|---|---|---|---|
| 2 | 正线与其相邻线 | 无 | 5000 |
| | | 声屏障 | 5940 + 结构宽 |
| | | 接触网支柱 | 5200 + 结构宽 |
| | | 雨棚柱 | 4590 + 结构宽 |
| | | 有站台 | 3830 + 站台宽 |
| 3 | 到发线或到发线与其相邻线 | 无 | 5000 |
| | | 接触网支柱 | 5000 + 结构宽 |
| | | 雨棚柱 | 4300 + 结构宽 |
| | | 有站台 | 3500 + 结构宽 |
| 4 | 正线与其他线 | — | 5000 |

**3. 股道和道岔的编号及股道有效长度**

为便于车站生产指挥作业的联系和对设备的维修管理，应对站内线路和道岔进行统一编号。同一车站或车场内的线路和道岔不得有相同的编号。

**（1）股道编号方法**　站内正线规定用罗马数字（Ⅰ，Ⅱ，Ⅲ，…）编号，站线用阿拉伯数字（1，2，3，…）编号。

1）在单线铁路上应当从站房一侧开始顺序编号，如图 2-39 所示。

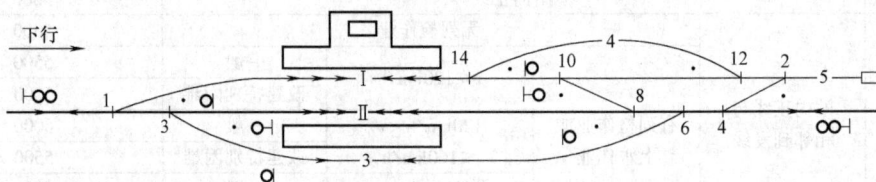

图 2-39　单线铁路车站线路、道岔编号

2）在双线铁路上，下行正线一侧用奇数，上行正线一侧用偶数，从正线向外顺序编号，如图 2-40 所示。

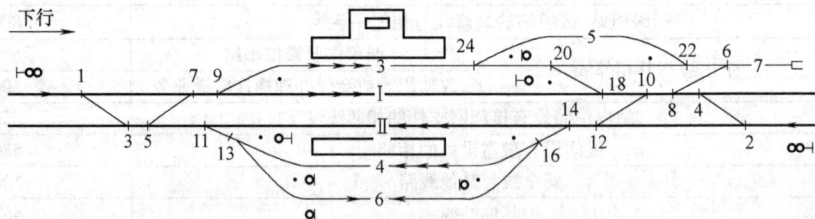

图 2-40　双线铁路车站线路、道岔编号

3）尽端式车站，站房位于线路一侧时，从靠近站房的线路起顺序编号；站房位于线路终端时，应面向终点方向由左侧线路起顺序编号，如图 2-41 所示。

4）大站上道股较多时，应分别按车场各自编号。

**（2）道岔编号方法**

1）用阿拉伯数字从车站两端由外向里依次编号，上行列车到达一端用偶数，下行列车到达一端用奇数，如图 2-39 和图 2-40 所示。

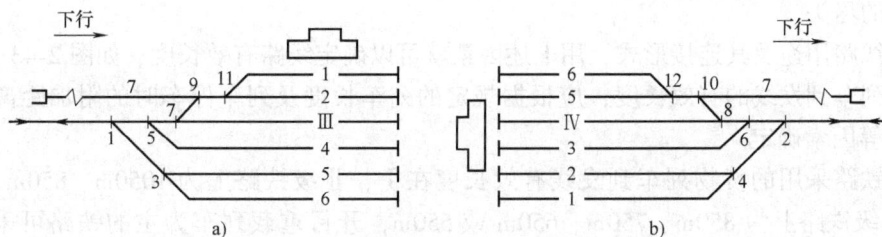

图 2-41 尽端式铁路车站线路、道岔编号

2）站内道岔，一般以车站站舍中心线作为划分奇数号和偶数号的分界线。

3）每一道岔均应编为唯一的号码，对于渡线、交分道岔等处的联动道岔，则应编为连续的奇数或偶数。

4）当车站有几个车场时，每一车场的道岔必须单独编号，此时道岔号码应使用三位数字。其中，百位数字表示车场号码，个位和十位数字表示道岔号码。应当避免在同一车站内有相同的道岔号码。

**(3) 股道有效长度** 股道有效长度是指在线路全长范围内可以停留机车车辆而不妨碍信号显示、道岔转换、邻线行车的线路最长利用部分的长度。

股道有效长度的起止范围由下列因素确定：

1）警冲标。警冲标是信号标志的一种，设在两会合线线间距为 4m 的中间，用来指示机车车辆的停留位置，防止机车车辆的侧面冲撞，如图 2-42 所示。

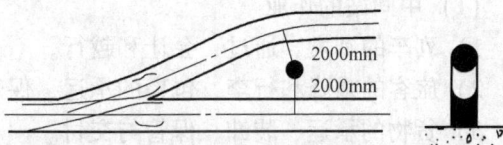

图 2-42 警冲标

2）道岔的尖轨尖端（无轨道电路时）或道岔基本轨接头处的钢轨绝缘处（有轨道电路时）。对于逆向道岔来说，要保证机车车辆在道岔前的停留位置不影响道岔的自由转换。

3）出站信号机（或调车信号机）。出站信号机是用来指示列车可否进入区间的信号装置。

牵引列车的机车应停于出站信号机的内侧，以便司机瞭望信号，保证停留的列车不影响信号的显示。对于顺向道岔来说，出站信号机应设于警冲标内侧适当的位置；对于逆向道岔来说，出站信号机可设于道岔尖轨尖端或道岔基本轨接头的钢轨绝缘处或稍后一些的位置。

4）车挡。车挡的位置

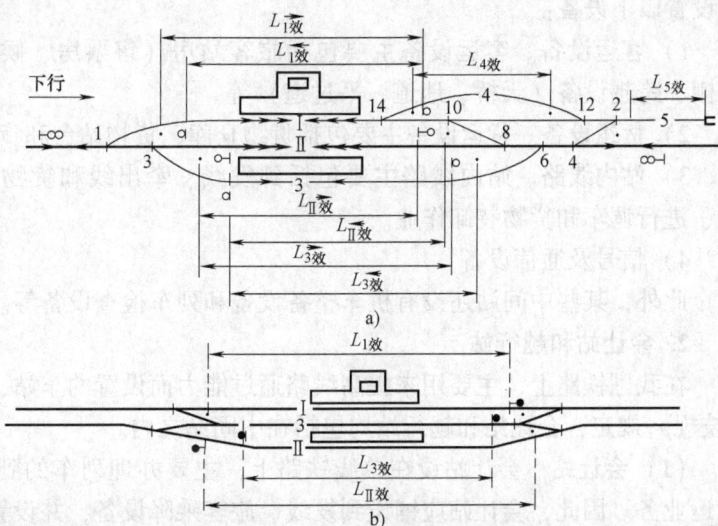

图 2-43 线路有效长度的确定
a）无轨道电路 b）有轨道电路

表明线路的尽头。

根据线路用途及其连接形式，用上述因素就可以确定线路有效长度，如图 2-43 所示。

货物列车到发线的有效长度，应根据规定的列车长度及列车停车时的附加距离（规定为 30m）等因素确定。

我国铁路采用的货物列车到发线有效长度在 Ⅰ、Ⅱ 级铁路上为 1050m、850m、750m、650m，Ⅲ 级铁路上为 850m、750m、650m 或 550m，开行重载列车为主的铁路可采用大于 1050m 的到发线有效长度。至于具体采用哪一种有效长度，应配合运输能力要求，结合地形条件，并考虑与相邻各铁路到发线有效长度相配合确定。

## 二、中间站、会让站、越行站

### 1. 中间站

中间站是为沿线城乡居民及工农业生产服务，提供铁路区段提供能力，保证行车安全而设的站。它主要办理列车的到发、会让和越行，以及客货运业务。中间站设备规模虽然较小，但是数量很多，它遍布全国铁路沿线，在发展地方工农业生产，沟通城乡物资交流中起着很重要的作用。中间站的设置位置，既要符合线路通过能力的要求，又要适当地满足地方工农业生产发展需要，并考虑地形、地质等自然条件。

**（1）中间站的作业**

1）列车的到发、通过、会让和越行。

2）旅客的乘降和行李、包裹的承运、保管、装卸与交付。

3）货物的承运、装卸、保管与交付。

4）摘挂列车的车辆摘挂和到货场或专用线取送车辆的调车作业。

有的中间站，如有工业企业专用线接轨或加力牵引起终点以及机车折返时，尚需办理工业企业的取送车、补机的摘挂和机车整备等作业。

**（2）中间站的主要设备**　为了完成上述作业，中间站应根据作业的性质和工作量大小而设置以下设备：

1）客运设备。客运设备主要包括旅客站房（售票房、候车室、行包房）、旅客站台、雨棚和跨越设备（天桥、地道、平过道）等。

2）货运设备。货运设备主要包括货物仓库、货物站台和货运室、装卸机械等。

3）站内线路。站内线路主要包括到发线、牵出线和货物线等，它们分别用于接发列车、进行调车和货物装卸作业。

4）信号及通信设备。

此外，某些中间站还设有机车整备设备和列车检查设备等。

### 2. 会让站和越行站

在我国铁路上，主要用来提高线路通过能力而设置的车站，称为会让站和越行站。根据《技规》规定，会让站和越行站均包括在中间站之内。

**（1）会让站**　会让站设在单线铁路上，主要办理列车的到发和会让，也办理少量的客货运业务。因此，会让站应铺设到发线、旅客乘降设备，并设置信号及通信设备、技术办公用房，但没有专门的货运设备。在会让站上，既可以实现会车，也可以实现越行。先到的列车在本站停车，等待反方向的列车到达本站。两个列车互相交会，叫作会车；先到的列车在本站停车，等待后一个同方向的列车通过本站或到达本站停车后先开，叫作越行。

**（2）越行站** 越行站设在双线铁路上，主要办理同方向列车的越行业务。因此越行站应有到发线、旅客乘降设备、信号及通信设备、技术办公房屋等。

**3. 中间站布置**

中间站布置按到发线的相互位置，主要分为横列式和纵列式两种。

**（1）横列式中间站布置** 横列式中间站布置的特点是到发线沿正线横向排列。这种布置具有站坪长度短，工程投资省；设备布置紧凑，便于管理；到发线使用灵活等优点。因此在中间站上广泛采用此种布置，如图2-39、图2-40所示。

**（2）纵列式中间站布置** 纵列式中间站布置的特点是：到发线沿正线纵向排列，通常逆运转方向错移一个货物列车到发线的有效长度。纵列式中间站布置有利于组织列车不停车会车，提高区间通过能力；适应重载列车到发的需要；便于车站值班员与司机交接行车凭证。但这种布置方式站坪长度长、工程投资大，且增加了中间咽喉，车站定员多，管理也不方便；车站值班员瞭望信号确认进路也不方便，车长与值班员联系

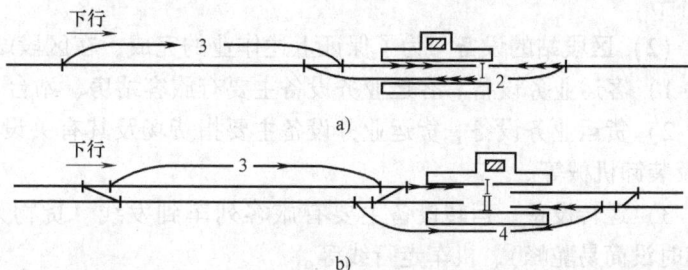

图2-44 纵列式中间站布置图

工作走行距离长。因此这种布置方式利少弊多，故一般只在山区田地势陡窄或需组织不停车会让才采用，如图2-44所示。

## 三、区段站

区段站多设在中等城市和铁路网上牵引区段（机车交路）的起点或终点。区段站的主要任务是为邻接的铁路区段供应及整备机车，为无改编中转货物列车办理规定的技术作业，并办理一定数量的列车解编作业及客货运业务。

**1. 区段站的作业与设备**

区段站的作业和设备尽管在数量和规模上都不是最大的，但是作业和设备的种类却是比较齐全的。

**（1）区段站的作业** 根据区段站所担负的任务，它要办理的作业可以归纳如下几类：

1）客运业务。客运业务与中间站办理的客运业务基本相同，只是数量较大。

2）货运业务。货运业务与中间站办理的货运业务大致一样，但作业量要大。

3）运转作业。与旅客列车有关的运转作业，主要办理通过旅客列车的接发作业及机车更换、技术检查等。有的车站还办理局管内或市郊旅客列车的始发、终到作业及个别车辆的甩挂作业。

与货物列车有关的运转作业，主要办理无改编中转列车的接发及有关作业，对区段列车和摘挂列车，要进行解体和编组作业；同时还办理向货场、工业企业专用线取送作业车等。某些区段站还担当少量的始发直达列车的编组任务。

4）机车业务。机车业务主要是换挂机车和更换乘务组，对机车进行整备、修理和检查等。

5）车辆业务。车辆业务包括办理列车的技术检查和车辆的检修任务。在少数设有车辆

段的区段站上，还办理车辆的段修业务。

所有到达区段站的货物列车，按其在该站所进行的作业性质，可以分为两类：一类是到达本站不解体，只做技术检查和机车换挂等作业，然后继续运行的列车，叫作无改编中转列车；另一类是到达本站后，要将车列解体，这种列车叫作解体列车或改编列车。

所谓解体，就是把车列中不同去向的车辆分别送入调车场的指定线路上；所谓编组，就是把停留在调车线上同一去向的车辆，按有关规定与要求连挂起来，编成一个新的车列。编组应按货物列车编组计划进行，对于重车来说大多是对到达某一范围内车流的一种界定，对于空车而言是指定其编组的车种。

由此可知，区段站所办理的作业，无论从数量上或种类上，都远较中间站繁多。而在所办理的解编及中转列车中，又以无改编中转列车所占的比重为大，成为区段站行车组织的重要环节。

**(2) 区段站的设备** 为了保证上述作业的完成，在区段站上设有以下设备：

1）客运业务设备。客运业务设备主要有旅客站房、站台、雨棚及跨越线路设备等。

2）货运业务设备。货运业务设备主要指货场及其有关设备，如装卸线、货物站台、仓库及装卸机械等。

3）运转设备。运转设备主要有旅客列车到发线、货物列车到发线、调车线、牵出线（有时没简易驼峰）、机车走行线等。

4）机务设备。机务设备一般设在机务段或机务折返段以及机务段所在的区段站上，如采用循环运转制时，在到发场应设有机车整车设备。采用长交路轮乘制时可设置机车运用段或换乘点。

5）车辆设备。车辆设备包括车辆段、列车检修所和站修所等。

除上述设备外，还有信号、通信、照明、办公房舍等设备。

**2. 区段站的布置**

上述五项设备的合理布置，可从区段站的布置图上看出。由于地形、城市规划、运量及运输性质、正线数目等因素的影响，可以形成多种多样的布置方式。布置方式的选择应注重经济效益，满足运输需要，节省工程投资，便于管理，有利于铁路、城市和工农业生产等的发展。

区段站常见的布置方式有横列式、纵列式及客货纵列式三类。

**(1) 横列式区段站布置** 当上、下行到发线（场）平行布置在正线的一侧，调车场在到发场的一侧时，称为横列式区段站布置，如图2-45所示。

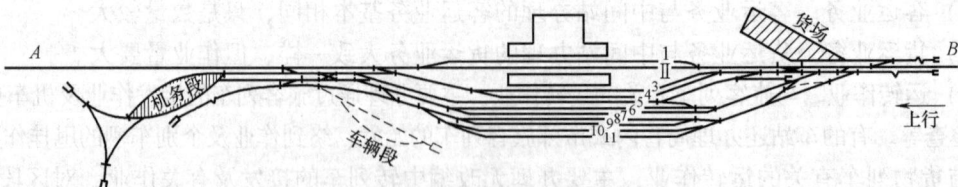

图2-45 单线铁路横列式区段站布置图

这种布置方式的主要优点是布置紧凑，站坪长度短，占地少，设备集中，管理方便，作业灵活性大，对各种不同地形的适应性强。它的缺点是，一个方向的列车机车出入段走行距离长，对站房同侧的货物取送车和正线有交叉干扰。

**(2) 纵列式区段站布置** 在双线铁路上，当运量较大时，为减少站内两端咽喉区上、下行客、货列车进路的交叉干扰，区段站可采用纵列式布置。

在区段站上，当上、下行到发场分设在正线两侧，并逆运行方向全部错移，在其中一个到发场一侧，设一个双方向共用的调车场时，称为纵列式区段站布置，如图 2-46 所示。

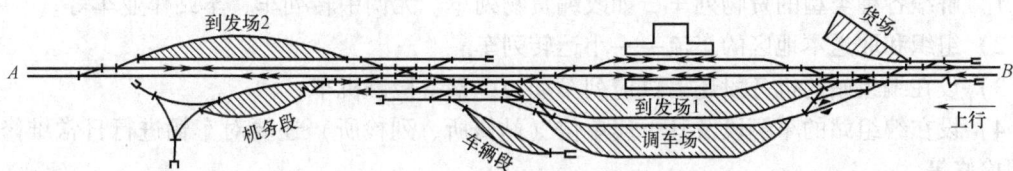

图 2-46 双线铁路纵列式区段站布置图

纵列式区段站的优点是：作业上的交叉干扰较横列式少；机车出入段走行距离短，当机车采用循环运转制时，到发线上的整备设备比较集中；对站房同侧的支线或工业企业专用线的接轨也比较方便。它的缺点是：站坪长度长，占地多；设备分散，投资大；定员较多，管理不便；一个方向货物列车的机车出入段要横向切正线。

**(3) 客货纵列式布置** 这种布置方式是客运运转设备（主要指旅客列车到发场）与货运运转设备（主要指货物列车到发场）纵向配列，如图 2-47 所示。

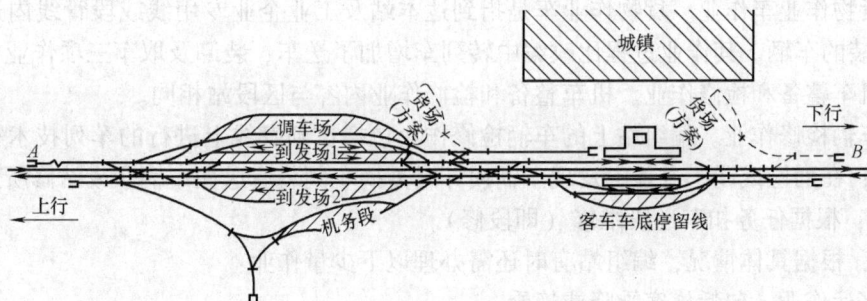

图 2-47 客货纵列式区段站布置图

该布置方式往往是改建时逐步形成的，故客、货运转设备和机务设备相互位置的配置形式很多。其优缺点与纵列式大致相同。

## 四、编组站

### 1. 编组站的作用及任务

编组站是铁路网上办理大量货物列车解体、编组作业，编组直达、直通和其他列车，并为此设有比较完善的调车设备的车站。它是铁路运输的主要基本生产单位，在完成铁路货物运输任务中，起着十分重要的作用。编组站通常设在几条主要干线的汇合处，也可以设在有大量装卸作业地点的大城市、港口或大工矿企业附近。

编组站和区段站统称为技术站。它们办理的技术作业种类大致相同，都办理列车的接发、编解、机车乘务组的更换、机车整备及车辆检修等作业。但二者又有区别，区段站以办理无中转列车为主，改编列车较少，办理少量区段列车和摘挂列车的改编作业；而编组站按照编组计划要求，除办理通过列车外，主要是解体和编组直达、直通、区段、摘挂及小运转等各种货物列车，以办理改编列车为主，所以编组站又叫"货物列车制造工厂"。

按照列车编组计划的要求，在编组站编解各种类型的列车，从而为合理的车流组织服务。归纳起来，编组站在路网上和枢纽中的主要任务如下：

1）解编各种类型的货物列车，如改编货物列车、无调中转列车、本站作业车等。

2）组织和取送本地区的车流——小运转列车。

3）设在编组站的机务段还需供应列车动力，整备检修机车。

4）设在编组站的车辆段及其下属单位（站修所、列检所）还要对车辆进行日常维修和定期检修等。

**2. 编组站的主要作业及设备**

**（1）编组站主要作业** 编组站和区段站同属技术站，但编组站的作业数量和设备规模均较大，主要有以下作业：

1）改编货物列车作业。改编货物列车作业是编组站最主要的作业，包括列车到达作业、解体作业、编组作业及出发作业。这几项作业既数量多又复杂，是分别在相应不同地点和车场办理的。

2）无调中转列车作业。无调中转列车作业比较简单，主要是换挂机车和列车的技术检查，时间短，办理地点只限于到发场（或专门的通过车场）。

3）货物作业车作业。货物作业车是指到达本站及工业企业专用线或段管线内进行货物装卸或倒装的车辆。其作业过程比改编中转列车增加了送车、装卸及取车三项作业。

4）机车整备和检修作业。机车整备和检修作业内容与区段站相同。

5）车辆检修作业。编组站上的车辆检修作业包括在到发线上进行的车列技术检查及不摘车维修；在列检或调车过程中发现车辆损坏时需摘车倒装后送往车辆段或站修所进行修理（即站修）；根据任务扣车送段维修（即段修）。

此外，根据具体情况，编组站有时还需办理以下少量作业：

1）客运作业，包括旅客乘降或换乘。

2）货运作业，包括货物装卸、换装等。

3）军用列车供应作业。

**（2）编组站主要设备** 从种类上看，编组站的设备与区段站基本一样，有调车设备、行车设备、机务设备、车辆设备，根据需要，编组站有时也设有客运设备、货运设备等。而调车设备则是编组站的核心设备。

**3. 编组站布置图及主要类型**

编组站的主要工作是进行列车的解编作业，而列车的到达、解体、集结、编组和出发等一系列作业过程，又是在编组站的各个车场上完成的。因此，到达场、调车场、出发场就成为列车改编作业的主要场地。调车设备是编组站的核心设备。调车设备的数量与规模及各车场的相互位置，就构成了编组站不同形式的布置图。

**（1）按照调车设备的套数及调车驼峰方向分类**

1）单向编组站。只有一个调车场，上、下行合用一套调车设备（包括驼峰、调车场、牵出线），其驼峰溜车方向一般顺主要改编车流运行方向（也称顺向）。

2）双向编组站。有两个调车场，上、下行各有一套调车设备。一般情况下，两系统的调车驼峰应朝向各自的上行和下行调车方向。

**（2）按照每一套系统内车场的相互位置和数目分类**

1）横列式编组站：上、下行到发场与调车场并列配置。

2）纵列式编组站：到达场、调车场、出发场等主要车场顺序纵向排列。

3）混合式编组站：到达场与调车场纵列，出发场与调车场并（横）列。

我国编组站布置图的基本类型可归纳为六种：单向横列式、单向混合式、单向纵列式、双向纵列式、双向混合式、双向横列式，其他类型都是在这些类型的基础上派生的。

此外，我国铁路现场对编组站图在习惯上称为"几级几场"。"级"是指同一调车系统中到达场、调车场、发车场纵向排列（纵向）数，一级式就是指车场横列，二级式就是指到达场、调车场纵列，而三级式是指到达场、调车场、发车场顺序纵列。"场"是指车场，车站有几个场，就叫作几场。例如"一级三场""三级二场"或"三级六场"。

单向三级三场纵列式编组站布置图如图 2-48 所示。

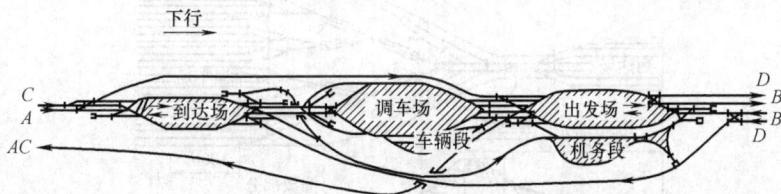

图 2-48　单向三级三场纵列式编组站布置图

这种编组站在作业上的主要特点是，所有衔接方向到达的改编列车都接入一个共同的到达场，列车的解编作业集中在一个共同的调车场，发往各个方向的列车，也是在一个共同的出发场上办理。到达场、调车场和出发场是顺序配置的。

采用三级三场布置方式有许多优点：①可为各方面到达改编的车流创造良好的作业条件，列车的到达、解体、编组、出发都是顺序进行的，形成"流水式"作业，因此改编能力较大。②全站只有一套调车系统，使车站作业自动化方案大为简化，有利于实现编组站现代化。其缺点是使反向改编车流的走行距离增加，站坪较长（约 6~8km）。改编车流在站内的作业流程如图 2-49 所示。

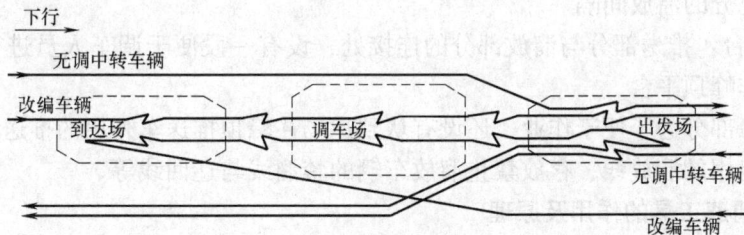

图 2-49　纵列式布置改编车流作业流程图

**4. 调车驼峰**

调车工作是铁路运输过程中的重要组成部分，对于编组站来说，更是日常运输生产的主要活动。调车厂工作按使用设备分为牵出线调车和驼峰调车：牵出线调车时，车辆的动力是靠调车机车的推力作用，适合车列的编组作业。驼峰调车时，是利用其高差的位能，车辆溜放的动力以其自身的重力为主、调车机车的推力为辅，适合车列的解体作业。

平面牵出线和几种常见驼峰纵断面比较如图2-50所示。

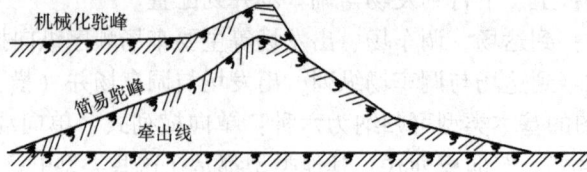

图2-50　驼峰与牵出线纵断面比较图

**(1) 驼峰的组成**　驼峰因形似骆驼的峰背而得名。驼峰的范围是指峰前到达场至调车场头部的用于高效解体车列的部分，包括推送部分、溜放部分和峰顶平台等，如图2-51所示。

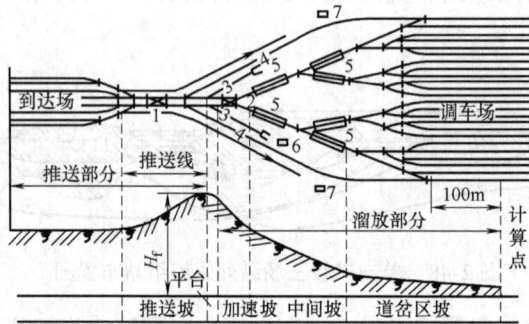

图2-51　机械化驼峰平纵断面图
1—推送线　2—溜放线　3—禁溜线　4—迂回线　5—缓行线　6、7—信号楼

1）推送部分：经驼峰解体的车列的第一钩车辆位于峰顶平台始端时，车列全长所在的线路范围。设置推送部分的目的是为了使车辆得到必要的位能，并使车钩压紧，便于摘钩。

2）溜放部分：由峰顶至调车场头部各股道警冲标后约100m（机械化驼峰）或50m（非机械化驼峰）处的线路范围，这个长度叫作驼峰计算长度，计算长度的末端叫作驼峰的计算点。溜放部分一般分为三个坡段，即加速坡、中间坡和道岔区坡，以便保证车组有较快的溜放速度和充分的溜放间隔。

3）峰顶平台：推送部分与溜放部分的连接处，设有一段便于调车人员进行摘钩作业的平坦地段，叫作峰顶平台。

此外，驼峰部分为了便于作业，还设有从到达场往峰顶推送车列用的推送线、从峰顶往调车场溜放车组用的溜放线、存放禁止溜放车辆的禁溜线与迂回线等。

**(2) 驼峰调速工具的作用及原理**

1）调速工具的作用。车列在驼峰编组场进行解编作业时，为了保证作业的安全和作业效率，必须在规定地点设置一定种类的调速工具用以调控溜放车辆速度。调速分为间隔调速和目的调速两种。

间隔调速：确保溜放过程中前后钩车之间有足够的间隔，该间隔距离应满足减速器制动与缓解位置的及时调整和道岔的及时转换，从而避免前后钩车在溜放过程中追尾、错入股道或进入相邻线路时在警冲标处发生侧面冲突。

目的调速：保证各钩车以一定的安全速度溜放到调车场指定地点并与停留车安全连挂，以避免超速（大于5km/h）连挂和过大"天窗"的产生。

2）驼峰调速工具及其简单原理。驼峰调车场调速工具是为提高驼峰的改编能力，保证作业安全所必需的设备。目前，我国铁路上常用的主要调速工具有减速器、减速顶、加速顶、加减速小车、制动铁鞋及手闸等。在机械化驼峰上，除调车场内使用铁鞋制动外，在驼峰溜放部分均采用车辆减速器；而在自动化驼峰上，根据车辆的走行性能、质量、预定的停车地点以及溜放速度等条件，由自动化装置控制减速器的制动能力。

减速器主要有压力式减速器和重力式减速器两种形式。压力式减速器是利用压缩空气作为动力，由钢轨两侧的制动夹板挤压车轮进行制动。重力式减速器主要借助于车辆本身的重力使制动夹板产生对车轮的压力而进行制动。

如图2-52所示是压力式钳形减速器的构造简图。当它需要对车辆进行制动时，应操纵制动按钮，使压缩空气进入气缸，活塞杆5和杠杆4的末端即被压向下方，而缸体6连同杠杆3的末端则上升。这样，由于两杠杆末端分开，使夹板1合拢而挤压车轮进行制动。

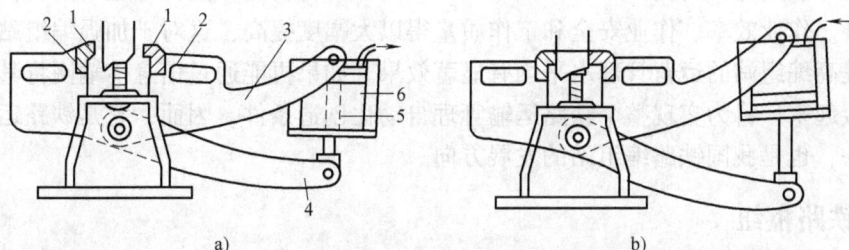

图2-52 压力式钳形减速器外形图
a）缓解位 b）制动位
1—夹板 2—制动梁 3、4—杠杆 5—活塞杆 6—缸体

减速顶是一种不需要外部能源，可以自动控制车辆溜放速度的小型目的调速工具，其灵敏度高、性能良好、维修简便，在各编组场普遍使用。减速顶一般安设在钢轨内侧或外侧，由外壳、吸能帽、活塞组合件和止冲装置等组成，如图2-53所示。车轮经过减速顶时，吸能帽斜对轮缘部分，对高于临界速度的车辆可起减速作用，对低于临界速度的车辆不起减速作用，在线路上安装许多这种装置，就能对车辆进行连续的速度控制。

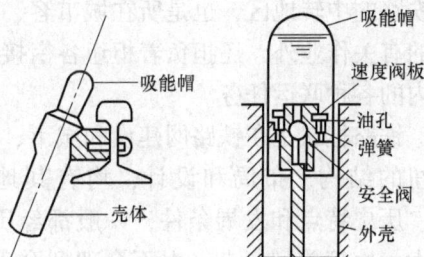

图2-53 减速顶

**5. 编组站综合自动化**

编组站在铁路运输过程中担负着大量货物列车的解编作业。随着国民经济的迅速发展，铁路网的不断扩大，编组站的任务日趋复杂，在技术设备和作业组织都迫切需要不断地提高和更新，实现编组站作业综合自动化就成为了各国不断努力与完善的目标。

作为编组站现代化主要内容和重要标志的驼峰自动化，是强化铁路编组站最有效的措施之一。驼峰调车作业的自动化，不仅能提高驼峰作业效率和编组站的改编能力，而且能保证作业安全，改善劳动条件和减轻劳动强度。

驼峰自动化主要包括：车辆溜放速度的自动调节和自动控制；车辆溜放进路的自动选排和自动控制；驼峰机车推送速度的自动调节和自动控制；摘解制动软管和提钩作业的自动化等。其中，最主要的和最关键的是车辆溜放速度的自动控制，它是驼峰自动化的核心内容。

编组站综合自动化系统，包括从列车到达至列车出发的全部站内作业过程的自动化以及货车信息的收集、作业计划的编制和传递的自动化等。整个系统可分为两大部分：作业控制系统和信息处理系统。作业控制系统是利用计算机通过基础设备（如站场、信号、机车设备，测重、测长、测速、测阻及调速工具等）对列车到达、出发和调车作业的进路以及推峰解体的调机速度和车辆溜放速度等进行实时控制的系统。信息处理系统的任务就是利用计算机编制车站的各种计划。并将这些计划进行传递和下达。同时，要对站内货车进行实时跟踪记录，随时将站内各股道上的现在车信息及作业结果储存到计算机的相应文件内，以供随时取用。另外，还要通过电传设备与相邻技术站进行列车到达和出发的预确报资料交换以及填制货车的有关报表并进行整理和统计分析等。

从国内外铁路运营的实践来看，编组站作业的综合自动化，能使编组站的工作条件得到大大的改善。作业效率、作业安全和工作质量得以大幅度提高，这对于加强编组站的生产能力，全面提高编组站的运营管理水平均有显著效果。如果再能通过信息传输网将其与全路计算中心连接起来，将为实现整个铁路运输管理自动化创造条件。因而，它是铁路运输现代化的标志之一，也是我国铁路编组站的发展方向。

## 五、铁路枢纽

### 1. 概述

在铁路网上，几条铁路干线相互交叉或接轨的地点，需要修建一个联合车站，或修建几个专业车站以及连接这些车站的联络线、进站线路、跨线桥等设备，由这些车站和设备组成的整体称为铁路枢纽。铁路枢纽是铁路网的主要组成部分，它是客、货流从一条铁路到各衔接铁路的中转地区，也是所在城市客、货到发及联运的地区。因此，它除办理枢纽内各种车站的有关作业外，还担负着枢纽各衔接方向间车流转线、枢纽内小运转列车的交流及城市范围内的各种联运任务。

铁路枢纽是在铁路网建设和城市、国民经济以及社会发展中逐步建设形成的。各个铁路枢纽的结构、布局和设计，均有其地理特征、历史特点和发展条件，一般都经历由小到大、由简单到复杂、由不合理到合理的发展过程。

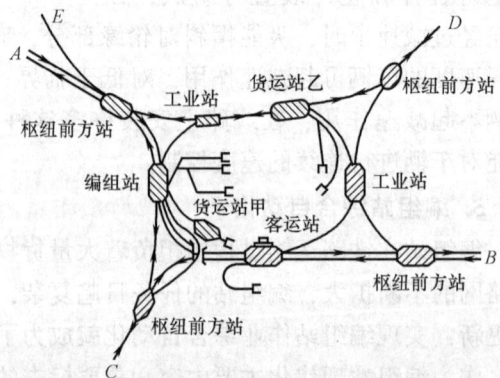

图 2-54　混合式铁路枢纽示意图

### 2. 铁路枢纽内设备

1）铁路线路。铁路线路包括引入线路、联络线、环线、工业企业专用线等。

2）车站。车站包括客运站、货运站、编组站、工业站、港湾站等。

3）疏解设备。疏解设备包括铁路线路与铁路线路的平面和立交疏解、铁路线路与城市道路的立交桥及道门以及线路所等。

4）其他设备。包括机务段、车辆段、客车整备所等。

**3. 铁路枢纽的类型**

1）按在路网上的地位和作用，分为路网性（北京、郑州等枢纽）、区域性（太原、蚌埠等枢纽）和地方性枢纽（秦皇岛等枢纽）。

2）按衔接线路、车站数量和规模，分为特大、大、中、小型枢纽。

3）按主要服务对象，分为工业、港湾、综合性枢纽。

4）按布置方式，分为一站式、三角形、十字形、顺列式、开列式、环形、混合式和尽端式铁路枢纽等。如图 2-54 所示为混合式铁路枢纽示意图。

# 第三节　信号与通信

信号是保证行车安全，提高区间和车站通过能力以及编组站编解能力的自动控制及远程控制技术的总称。信号设备是指挥列车运行、保证行车安全、提高运输效率、改善行车组织方式、实现行车指挥现代化的关键设施，它担负着铁路各种行车设备的控制和行车信息的传输，是铁路信息技术的重要组成部分。信号系统曾经历过机械化、电气化阶段，如今向自动化发展，尤其是随着微电子技术、计算机技术、数控技术的飞跃发展，出现了自动化程度更高、控制范围更大、更集中化的新型信号系统。新型信号系统具有网络化、综合化、数字化、智能化的技术特点。

## 一、信号

信号通常分为地面信号和机车信号两大类。

**1. 地面信号**

**（1）地面信号分类**　地面信号机主要指色灯信号机。色灯信号机是用灯光的颜色、数目及亮灯状态表示信号含义的信号机。其具有昼夜显示一致、占用空间小等特点，但需可靠的交流电源。现行色灯信号机采用组合式信号机，一个灯位为一个独立单元，配一种颜色，使用时根据需要进行组合，故称为组合式信号机。信号灯泡发出的光通过滤色片变成色光，经非球面透镜聚成平行光束，再由偏光镜折射偏散，以保证信号显示在曲线段上的连续性。

1）按装置分类，固定信号可分为信号机和信号表示器两大类。

信号机用来防护站内进路，防护区间，防护危险地点，具有严格的防护意义。信号机按用途又可分为进站、出站、通过、进路、预告、遮断、驼峰、驼峰辅助、复示、调车信号机。其中进站、出站、通过、进路、驼峰、调车等信号机，都能独立构成信号显示，指示列车或调车车列运行的条件，叫作主体信号机。预告和复示信号机不能独立存在，而是附属于主体信号机，故称为从属信号机。预告信号机从属于进站信号机、所在区间的通过信号机和遮断信号机。复示信号机从属于进站、进路、出站、驼峰、调车等信号机。另有设于铁路平交道口的道口信号机。

信号表示器是对行车人员传达行车或调车意图，或对信号进行某些补充说明所用的器具，没有防护意义。信号表示器分为道岔、脱轨、进路、发车、发车线路、调车及车挡表示器。

2）按安装方式分类，信号机可分为高柱信号机、矮型信号机、信号托架和信号桥。

高柱信号机的信号机构安装在信号机柱上，一般用于显示距离要求较远的信号。高柱信号机具有显示距离远、观察位置明确等优点。因此，为保证安全，提高效率，进站、正线出站、接车进路、通过、预告、驼峰等信号必须采用高柱信号机。设在岔线入口处、牵出线上的调车信号机以及驼峰调车场内指示机车上峰的线束调车信号机，也应采用高柱信号机。进站复示信号机因受地形影响，也采用高柱信号机。

矮型信号机设于位于建筑接近限界下部外侧的基础上，一般用于显示距离要求不远的信号。因高柱信号机的设置受建筑接近限界的限制，另外应考虑信号机的设置不影响到发线有效长度，站线出站、发车进路、调车、出站、调车复示信号机多采用矮型信号机。

受限界限制，不能安装信号机柱时，则以信号托架和信号桥代替。信号托架为托臂形结构建筑物，信号桥为桥形结构建筑物，如图2-55所示。

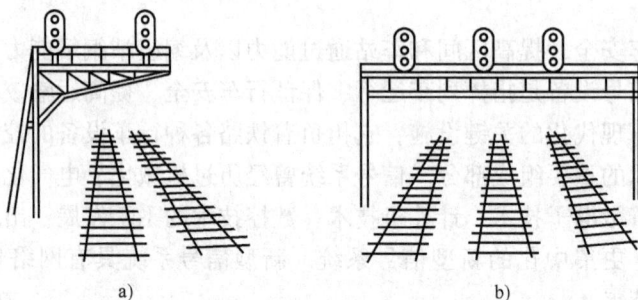

图2-55　信号托架和信号桥

a）信号托架　b）信号桥

3）按停车信号的意义分类，地面信号可分为绝对信号和容许信号。绝对信号指列车和调车车列必须无条件遵守的停车信号，一般信号机的信号都属于这一类。它们显示禁止信号时，列车或调车车列不许越过。当然调车信号机的禁止信号对列车不起作用。容许信号是设于区间通过信号机上的一种附属信号，当容许信号显示一个蓝灯时，列车可在该通过信号机显示红灯的情况下，以不超过20km/h的速度通过。

**（2）地面信号的设置**　地面信号一般设于线路左侧。我国铁路为左侧行车制，机车司机的座位统一设在左侧，为便于瞭望，规定所有信号机构均应设在行车方向线路的左侧。如果两线路之间距离不足以装设信号机时，可采用信号托架或信号桥。装在信号托架或信号桥上的信号机，可设于线路左侧，也可设在所属线路的中心线上空。在特殊情况下，如线路左侧没有装设信号机的条件或因曲线、隧道、桥梁等影响，装在右侧比装在左侧显示距离更远，在保证不致司机误认的条件下，经铁路局批准，也可设于右侧。

1）进站信号机。进站信号机用来防护车站，指示列车能否由区间进入车站以及进入车站的有关条件。进站信号机应设在距车站最外方进站道岔尖轨尖端（逆向道岔）或警冲标（顺向道岔）不小于50m的地点（图2-56）。如因站内需要经常利用正线进行调车作业，或因地形等其他条件使信号显示距离达不到规定要求时，可以将信号机适当外移，但一般不应超过400m。若因信号显示不良而外移时，则最大不宜超过600m。

2）出站信号机。在车站每一发车线警冲标内侧（逆向道岔为尖轨尖端外侧）的适当地点，装设出站信号机，用以防护区间的安全，指示列车能否由车站进入区间，其设置位置如

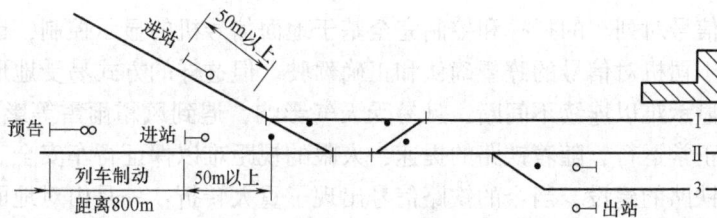

图 2-56 进站、出站、预告信号机设置位置

图 2-56 所示。

3）预告信号机。为了向司机预告主体信号机（如进站信号机、通过信号机等）的显示，必要时（在非自动闭塞区段上未安装机车信号，通过遮断信号机前方，采用进站色灯信号机时，或进站信号机的显示距离不足、瞭望条件受限制等情况下）应设置预告信号机。预告信号机应设在距主体信号机不小于800m的地点，如图 2-56 所示。

4）通过信号机。它用来防护自动闭塞区段的闭塞分区或非自动闭塞区段所间区间，指示列车能否进入其防护的分区或区间，一般设于闭塞分区或所间区间的分界处。

5）进路信号机。在有几个车场的车站，为了防护从一个车场到另一个车场之间的进路，指示列车能否由这一个车场开往另一个车场，应当设置进路色灯信号机（图 2-57）。在图 2-57 中，下行旅客列车进站后，要经过下行到发场旁的正线，因此在这里设置 $XL_1$，作为接车进路信号机；下行货物列车从到发场旁发车时，出站信号机 $X_1$ 设在旅客列车到发场旁的正线上。因此在下行到发场的到发线上应当设置发车进路信号机 $XL_3$。

6）调车信号机。调车信号机装设在电气集中联锁的车站经常进行调车作业的线路上（如到发线、咽喉道岔区等），用来指示机车进行调车作业。在到发线上，调车信号机可以和出站信号机合并，在出站信号机柱上添设一个容许调车的月白灯，成为出站兼调车信号机。

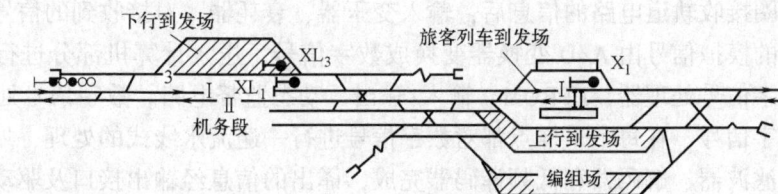

图 2-57 进站信号机设置位置

7）驼峰信号机。在驼峰调车场每条推送线峰顶平台处，应装设驼峰色灯信号机，用来指示驼峰调车机的推送速度及去峰下禁溜线进行调车。为了能让车列后部的调车司机看清信号显示，在到发线的适当位置，还应装设驼峰色灯辅助信号机。如果驼峰色灯辅助信号机的显示距离不能满足作业要求，根据需要可再装设驼峰色灯复示信号机。

8）复示信号机。进站、出站、进路信号机，因受地形、地物影响，达不到规定的显示距离时，应装设复示信号机，如图 2-58 所示。

图 2-58 复示信号机的设置位置

## 2. 机车信号

传统的铁路信号对列车的指挥和控制完全基于地面信号机的显示控制，也就是说列车安全运行完全依赖于司机对信号的瞭望确认和正确驾驶。但这样的方式易受地形、建筑物等的影响，使得信号显示难以连续不间断；且易受天气影响，遇到风霜雨雪等影响瞭望的天气，难以做到全天候正常运行，随着铁路的提速，人眼的视距难以保证行车安全。因此，伴随着铁路提速和高速铁路的建设，当今的铁路信号出现了重大转折：一是由对地面设备的控制转向对移动列车的直接控制；二是由对移动列车的开环控制转向对移动列车的闭环控制。由此产生了以机车信号和列车超速防护为代表的列车运行控制系统。

**（1）机车信号分类**　常用的机车信号分为连续式机车信号和接近连续式机车信号。连续式机车信号能在整条线路上连续不断地反映线路状态和运行条件，大大降低了司机的劳动强度，保证了行车安全，用于自动闭塞区段。连续式机车信号没有距离限制，只要列车在轨道上行驶，被机车第一轮对短路的轨道信号电流就会在钢轨周围产生磁场。装在机车上的感应器接收到信号，经过解码使机车信号机不断地显示与前方地面信号机相同的信号。为使车上设备和地面设备间保持不间断的联系，地面必须设有有源的发送设备。

接近连续式机车信号（广泛用于半自动闭塞区段）是在车站的接近区段和站内连续地反映地面信号显示。在进站信号机前方接近区段的地面设备发送与进站信号机显示相符的信息，在站内正线接车进路和侧线股道发送与出站信号机显示相符的信息，其他线路则没有信息。

**（2）数字化通用机车信号**　数字化通用机车信号接收各种制式机车信号，全数字化处理与控制，具有接收和处理各种制式机车信号的功能，能自动识别和接收 UM71、4 信息、8 信息、18 信息移频自动闭塞，以及 25Hz、50Hz 和 75Hz 交流计数和微电子交流计数轨道电路传递的信息。另外，还可附加速度等级的信息供超速防护设备使用。当区间绝缘节两端具有频率或时间区分时，还可为超速防护设备提供过绝缘节信号。

数字化通用机车信号由接收线圈、变压器、衰耗器、A/D 变换器、数字信号处理器（DSP）、EPROM、动态监督电路、输入/输出接口、信号继电器和接点网络组成，如图 2-59 所示。接收线圈接收轨道电路的信息后，输入变压器、衰耗器，对接收到的信号进行隔离和衰耗，隔离后的模拟信号由 A/D 变换器变换成数字信号，送入计算机部分进行处理。计算机部分包括数字信号处理器、EPROM、输入/输出、动态监督电路。数字信号处理器从 A/D 变换器得到数字信号，在每个采样点都对数字信号进行一遍流水线式的处理，处理过程主要由一系列数字滤波器、解码器和低频译码器完成，译出的信息经输出接口及驱动电路动作信号继电器，由信号继电器驱动显示机构显示。

**（3）列车超速防护系统**　随着铁路向高速度、高密度发展，各国铁路以防止列车冒进信号、超速行驶为中心，积极研究和发展各种制式的列车运行超速防护（ATP，Automatic Train Protection）系统。

众所周知，列车制动距离与其运行速度成正比。当列车速度提高到 140km/h 时，紧急制动距离为 1100m；提高到 160km/h 时，紧急制动距离为 1400m；提高到 200km/h 时，紧急制动距离为 2000m。当人的视距小于列车制动距离时，传统的信号控制系统以及以人为主的保证行车安全的控制方式，已不能适应列车运行安全的需要。因此，随着列车速度的提高和密度的加大，必须装备列车超速防护系统，来保证行车安全。

ATP 的核心是铁路信号速度化。要求信号信息具备明确的速度含义，并根据这些信息对

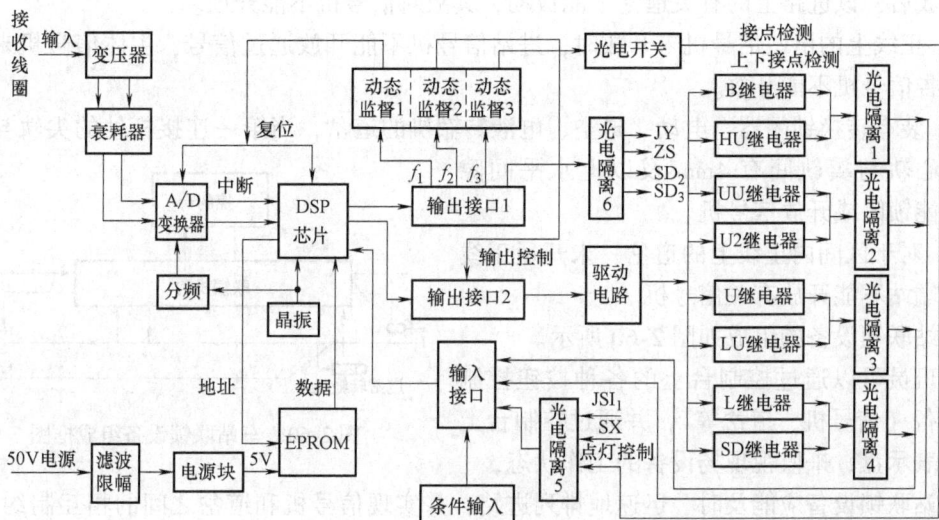

图 2-59 数字化通用机车信号原理框图

列车运行速度实施连续监控。地面列控信息主要根据进路、线路条件以及前后列车的运行位置，在分级速度控制时，产生不同的出口速度信息；在采用速度-距离模式曲线控制时，产生目标距离、目标速度等信息。ATP 车载设备依据接收的信息，根据列车构造速度、制动性能计算出控制曲线，对列车是否遵守信号（速度）指令进行实际运行速度的监控。

当列车在允许速度控制曲线以下运行时，ATP 车载设备相当于"机车信号"，只不过信号显示已不仅是灯光颜色，而是允许速度的量化显示；当列车的实际运行速度接近、超过允许速度曲线时，ATP 车载设备就报警、卸载、制动，起到防止"两冒一超"的安全作用。也就是说，只要 ATP 设备正常工作，列车就不会发生"两冒一超"方面的行车事故。

## 二、车站联锁设备

车站联锁设备是保证车站内列车和调车作业的安全，以及提高车站通过能力的一种车站信号设备。

在车站上有许多线路，它们用道岔连接着。列车和调车车列在站内运行所经过的径路，称为进路。按各道岔的不同开通方向可以构成不同的进路。列车和调车车列必须依据信号的开放而通过进路。即每条进路必须由相应的信号机来防护，才能保证车站范围内行车和调车的安全。

**1. 联锁的基本概念**

**（1）联锁的定义** 列车的进、出站和站内的调车作业必须根据防护每一进路信号机的显示状态进行，而被防护的进路又是靠操纵道岔来排列的。如进路上的道岔位置不准确，或已经有列车占用，有关的信号机就不能开放；信号开放后，其所防护的进路不能变动，即此时该进路上的道岔不能再转换。这种在有关信号机和道岔之间，以及信号机和信号机之间必须建立的一种互相制约的关系，叫作联锁。

**（2）联锁的基本技术条件**

1）当进路上的有关道岔开通位置不对或敌对信号机未关闭时，该信号机不能开放；信号机开放后，该进路上的有关道岔不能扳动，其敌对信号机不能开放。

2）正线上的出站信号机未开放时，进站信号机不能开放通过信号；主体信号机未开放时，预告信号机不能开放。

3）装有转换锁闭器，电动、电空、电液转辙机的道岔，当第一连接杆处的尖轨与基本轨间、心轨与翼轨间有 4mm 及以上水平间隙时，不能锁闭或开放信号机。

4）对于区间内正线上的道岔，未开通正线时，两端站不能开放有关信号机。

车站联锁设备的组成如图 2-60 所示。

值班员可以通过控制台上的各种按钮控制现场设备（信号机、道岔等），并通过控制台上的站场表示盘，来监视现场设备的工作状态。

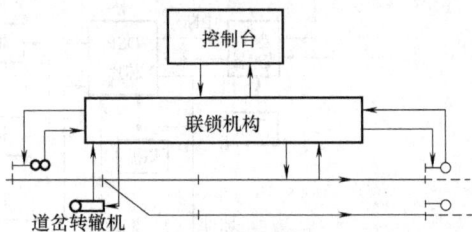

图 2-60　车站联锁设备组成框图

车站联锁设备应能及时、迅速地排列进路，并实现信号机和道岔之间的相互制约关系，同时还应能迅速及时地使进路解锁。因为只有加速建立和解锁进路的过程才能提高车站的通过能力。

下面通过一个例子（图 2-61）说明联锁的原理。

某一会让站，若有一下行旅客列车从车站正线通过，必须保证下列条件：

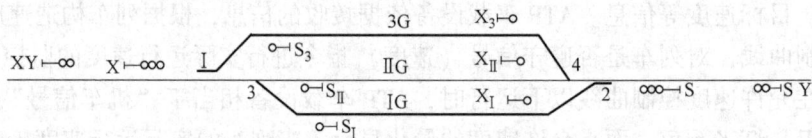

图 2-61　联锁举例

① 在开放进站信号机 X 之前，必须先使进路上的所有道岔 1、3、4、2 都开通到 II 道的位置。

② 在道岔开通后，出站信号机 $X_{II}$、进站信号机 X、预告信号机 XY 依次开放，显示正线通过信号。

③ 当进站信号机 X 开放以后，这一进路上的所有道岔都被锁闭，不能扳动。

④ 当进站信号机 X 开放以后，敌对进路信号机 $S_I$、$S_{II}$、$S_3$、S 和 $X_I$、$X_3$ 都被锁闭，不能再开放。

只有做到了以上几点，才能保证这一旅客列车安全通过车站。

为完成这种联锁关系而安装的技术设备叫联锁设备。

（3）联锁设备的分类　联锁设备分为集中联锁（继电联锁和计算机联锁）设备和非集中联锁（臂板电锁器联锁和色灯电锁器联锁）设备。编组站、区段站和电源可靠的其他车站，有条件的均应采用集中联锁设备。在新建线路上条件不具备时，可采用非集中联锁设备。

**2. 非集中联锁**

电锁器联锁是一种非集中联锁设备，它用电锁器来实现主要联锁关系。信号机由车站值班员控制，道岔和信号由扳道员在现场操纵。色灯电锁器联锁的信号机则由车站值班员通过控制台操纵。

### 3. 集中联锁

用电气的方法集中控制和监督全站的道岔、进路和信号机，并实现它们之设备间联锁的关系称为集中联锁。电气集中联锁包括继电式电气集中联锁（简称继电联锁）和计算机电气集中联锁（简称计算机联锁）。

**（1）继电联锁** 继电联锁是集中联锁中最常用的一种，它是用继电器组成的电路来进行控制并实现联锁的。继电联锁采用色灯信号机，道岔由转辙机转换，进路上所有区段均设有轨道电路，在信号楼或车站值班室集中控制和监督信号机和道岔。继电联锁能准确及时地反映现场行车情况，不再需要分散控制时所需的联系时间，操作人员只需在控制台上按压按钮就能办理或解锁进路，从而缩短了进路建立和解锁时间，提高了车站通过能力。

1）继电联锁的主要设备。继电联锁设备由室内设备和室外设备两部分组成。室内设备主要有控制台、继电器组合及组合架、分线盘和电源屏等；室外设备主要有色灯信号机、电动转辙机、轨道电路及电缆线等。

① 继电器。继电器是一种电磁开关，可以接通和断开电路，是电气集中联锁设备中的主要元件。通过继电器可以控制道岔的转换、信号机的开放和关闭以及进路的锁闭与解锁等。

最简单的一种继电器叫作直流无极继电器，如图 2-62 所示。当电流通过线圈时，铁心吸动衔铁，带动中簧片断开后接点而与前接点闭合；当电源切断后，铁心失磁，衔铁因此自行释放，使中簧片断开前接点并与后接点闭合。

② 电动转辙机。电动转辙机是以电动机带动的转辙装置，它可以实现正转或反转，从而使道岔具有两种不同的开通位置（开通直股或侧股）。

采用电动转辙机可以准确地转换道岔位置，改变道岔开通方向，并可以锁闭道岔尖轨，反映道岔位置。其优点是道岔转换时间短、安全程度高，并且便于实现自动控制和远程控制。

③ 轨道电路。将一段轨道的钢轨作为导线，两端用绝缘节隔开，中间的轨缝用接续线连接起来，一端送电，另一端受电，这样构成的电气回路叫作轨道电路。

采用直流电源的轨道电路叫作直流轨道电路，如图 2-63 所示。在直线段上，直流轨道电路主要由分界绝缘节、轨道电源、限流电阻、轨道继电器等组成。

当轨道电路区段空闲时，电流从轨道电路电源正极经过钢轨进入轨道继电器，再经另一股钢轨回到电源负极。这时因轨道继电器衔铁吸起，使其后接点断开、前接点闭合。信号机的电路就通过前接点闭合绿灯电路，使信

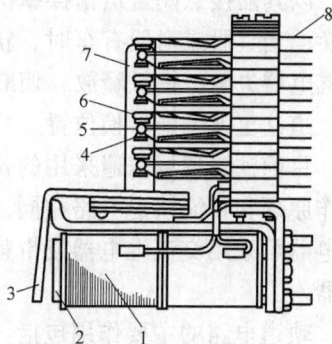

图 2-62 继电器

1—线圈 2—铁心 3—衔铁
4—后接点 5—中簧片
6—前接点 7—推杆 8—引线片

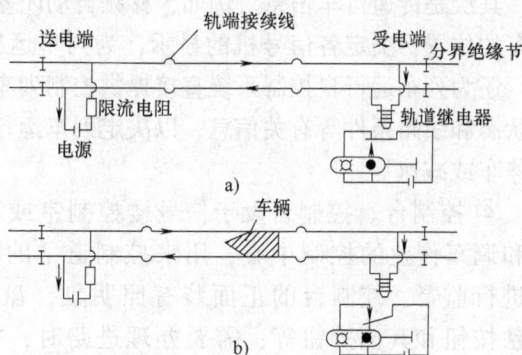

图 2-63 直流轨道电路示意图

号机点亮绿灯，如图 2-63a 所示。

当轨道电路区段有车占用时，由于轮对的电阻很低，轨道电路被短路，轨道继电器衔铁被释放，用它的后接点闭合信号机的红灯电路，信号机点亮红灯，表示轨道有车占用，如图 2-63b 所示。钢轨折断时的情况与有车占用时相同。可以看出采用这种轨道电路，当轨道电路的任一部分发生故障时，均能导致轨道继电器失磁落下，使信号机点亮红灯，从而保证了安全。

道岔区段的轨道电路如图 2-64 所示。

当道岔区段无车时，轨道继电器（GJ）有电励磁，以其前接点闭合道岔操纵机构电路，道岔可以转换；当直股或弯股有车时，轨道电路被短路，轨道继电器失磁，衔铁释放，切断道岔操纵机构的电路，道岔也就不能转换位置。

目前铁路现场普遍采用的是交流轨道电路，其工作原理和直流轨道电路相同，只是送电端的轨道继电器可采用交流继电器或带整流器的直流无极继电器。

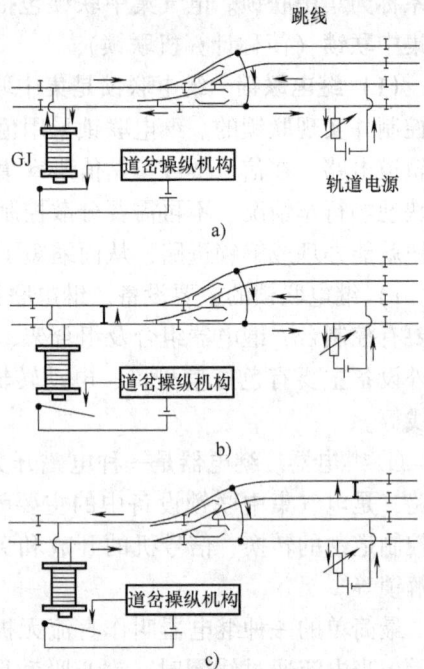

图 2-64　道岔区段的轨道电路
a) 无车状态　b) 直股
有车状态　c) 弯股有车状态

轨道电路的主要作用包括：

首先，可以检查和监督股道是否有车占用，防止错误地办理进路，开放信号，即防止向已被机车车辆占用的线路上接车；可以检查和监督道岔区段有无机车车辆通过，防止在机车车辆经过道岔时扳动道岔；可以检查和监督轨道上的钢轨是否完整，当某一轨道电路区段的钢轨折断时，轨道继电器也将因无电而释放衔铁，防护这一段股道的信号机也就不能开放等。

其次是传递行车信息。例如，移频自动闭塞利用轨道电路中传递不同的频率来反映前行列车的位置，决定各信号机的显示，为列车运行提供行车命令。轨道电路中传送的行车信息，还为列车运行自控系统直接提供控制列车运行所需要的前行列车位置、运行前方信号机状态和线路条件等有关信息，以决定列车运行的目标速度，控制列车在当前运行速度下是否停车或减速等。

④ 控制台。控制台设于信号楼控制室或车站值班室内，是车站值班员指挥列车运行和调车作业的控制中心，用来控制道岔的转换和信号的开放，并对进路、信号、道岔进行监督。控制台的正面装有照明盘，盘面上有全站股道平面图及各种进路按钮、道岔按钮和其他按钮等；需要办理进路时，按压控制台的模拟站场图上进路的始端按钮和终端按钮，就能将进路中有关道岔转换到规定位置，且防护该进路的信号机也自动开放。

控制台上的主要表示器是光带和表示灯。它们的用途是：正确反映室外监控对象的状态及线路运用情况；表示操作是否完成；并反映继电器电路的工作状态，若发生故障可及时发现故障发生地点。

2）继电联锁的基本原理。利用继电器、轨道电路、电动转辙机（M），实现道岔（9号）、进路和调车信号机（D）之间的电气联锁的基本原理，如图2-65所示。

图2-65中，9号道岔以开通牵出线7道为定位，调车信号机 $D_4$ 由信号继电器（XJ）控制，$XJ_1$、$XJ_2$、$XJ_3$ 分别为 XJ 的3组接点，连接在3个不同的电路上。平时，XJ 中无电流通过，以它的第二组接点 $XJ_2$ 断开月白灯电路，闭合蓝灯电路，$D_4$ 在关闭状态。车站值班员按压信号按钮（XA）时能否使 $D_4$ 开放，取决于9号道岔的定位

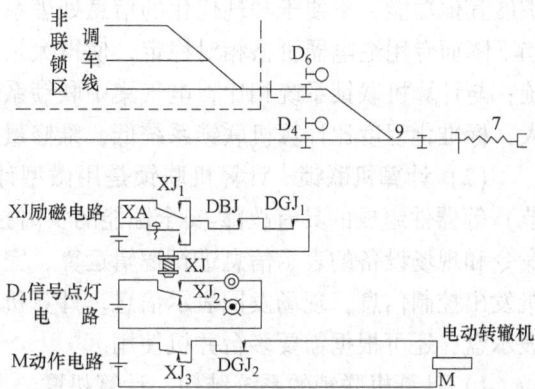

图 2-65　电气集中联锁基本原理

表示继电器（DBJ）和道岔区段轨道表示继电器（DGJ）的前接点是否闭合。当道岔在定位而且尖轨密贴时 DBJ 吸起，在道岔区段无占用时 DGJ 亦为吸起状态，即只有当道岔的位置正确，道岔区段上无车这两个条件同时具备，按压信号按钮时信号继电器 XJ 才能吸起，调车信号机 $D_4$ 可以开放。

信号机 $D_4$ 开放后，9号道岔的动作电路则因 XJ 励磁吸起而被切断（通过 $XJ_3$），于是9号道岔被锁闭在定位，不能转动。这样做是符合"信号机开放后，该进路上的有关道岔不能扳动"的联锁要求的。当调车车列进入这一道岔区段时 DGJ 失磁落下，切断了 XJ 的电路，因而调车信号机 $D_4$ 便自动关闭（注：一般情况下，是在调车车列全部进入调车信号机内侧后，才自动关闭信号）。但是还应注意，这时9号道岔仍处于锁闭状态（因这时电动转辙机 M 的动作电路仍被 $DGJ_2$ 所切断）。只有当调车车列全部驶离道岔区段轨道电路，DCJ 恢复吸起状态后，9号道岔才能解除锁闭状态。

3）继电联锁办理手续。当办理接、发车进路或调车进路时，只需先按压该进路上的始端按钮然后再按压终端按钮，就能将与进路有关的道岔转换到符合进路要求的位置，防护该进路的信号机也根据这种操作而自动开放。

当办理通过进路时，先办理正线发车进路，再办理正线接车进路。为了简化办理通过进路的操作手续，凡有通过进路的车站应增设通过按钮。办理通过时只要按下通过按钮和该方向的终端按钮就可以了。

当列车或调车车列驶过进路中的道岔区段后，进路中的道岔和经由该道岔的敌对进路就应自动解锁，称正常解锁，正常解锁就是随着列车或调车车列在该进路上的运行自动地逐段解锁，无须任何操作。

4）继电联锁的主要优缺点。继电联锁的主要优点是：由于采用了轨道电路，严格实现进路控制过程的要求，因此具有较完善的安全功能，基本上能防止因违章或操作失误而造成危及行车安全的后果。采用色灯信号机和电动转辙机，操作人员仅需在控制台上按压按钮就能办理或取消进路，而且采用了逐段解锁方式时，还可大大缩短进路的建立和解锁时间，提高了车站咽喉的通过能力。进路的排列和解锁都是自动进行的，从而改善了和行车有关人员的劳动条件。

继电联锁的主要缺点是：功能不够完善，特别是人机对话功能贫乏，也比较难于增加或

扩展其他功能。不便于和现代化的信息处理系统相连接。经济方面，大规模集成电路价格日趋下降而专用继电器价格相对稳定，使得大站的计算机联锁系统的价格低于电气集中联锁系统；与计算机联锁系统相比，电气集中联锁系统要使用更多的电缆；电气集中联锁占地面积大，标准化程度比计算机联锁系统低，维修量大。

**(2) 计算机联锁** 计算机联锁是用微型计算机和其他电子元件、继电器（用于执行环节）等器件组成的具有故障-安全性能的实时控制系统，它利用计算机对车站值班员的操作命令和现场设备的表示信息进行逻辑运算，完成对信号机、道岔及进路的联锁和控制。计算机发出控制信息，现场发回表示信息。计算机联锁的彩色监视器代替继电集中联锁控制台的表示盘，还可根据需要多台并机使用。

1）计算机联锁的系统结构。计算机联锁的硬件部分可分为人机对话层、联锁层和监控层，相应地由人机对话计算机、联锁计算机和控制器来承担各层的任务。

计算机联锁系统结构如图 2-66 所示。

硬件设备包括控制盘、智能显示器、打印机、主机、现场信号设备、传输通道及电源等。

计算机联锁的软件分为人机对话处理、联锁逻辑处理、执行表示三个软件包。

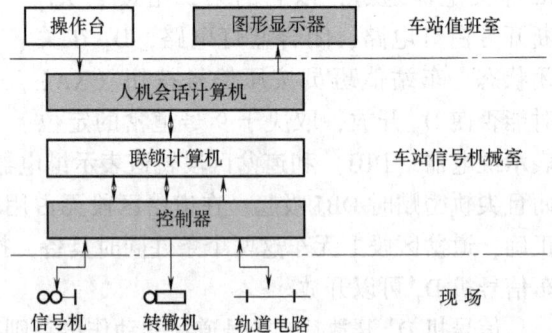

图 2-66 计算机联锁系统结构框图

软件设备一般应包括操作输入、状态输入、联锁处理、控制（命令）输出、表示输出、诊断、与其他系统联系等模块。

计算机联锁室外设备保留了电气集中联锁所采用的现场设备。

2）计算机联锁的特点。由于用计算机软硬件实现联锁逻辑关系，所以联锁设备动作速度快，信息量大，容易实现信号系统的自动控制和远程控制；可以扩大控制范围和增强控制功能。

设备体积小，机件重量轻，可节省信号楼的建筑面积，降低材料消耗和工程造价，同时也便于安装调试和维修。

采用了积木式的软件和硬件，通用性强，能适应站场的改建与扩建，在站场改扩建后无须变动联锁设备，必要时只需修改软件。

操作简便，提高了办理进路自动化程度；减少有关行车人员之间的联络，防止误操作，提高了作业的效率和安全性。

容易实现车站管理和联锁系统的自动化。计算机可以向旅客服务系统和列车运行监护系统等提供信息，并对设备工作情况及时做出记录显示并打印。

由于采用了软件和硬件的冗余技术，便于实现故障导向安全的要求。

计算机联锁是车站信号设备的发展方向，今后还有待于使执行器件电子化，使系统各组成部分标准化，最大限度地发挥所用资源的潜力，使行车和调车、操作和维修进一步自动化，使系统的可靠性和安全性进一步提高。

**4. 驼峰调车进路控制系统**

在技术站，特别是大型编组站，调车驼峰是它们的主要设备。为了加速车列的解体和编组作业，提高作业的安全和效率，驼峰采用了必要的信号设备。包括驼峰信号机，调车信号机，驼峰道岔自动集中、车组溜放加速度的调节与控制设备（各种缓行器、测速、测阻、测重、测长等设备），各种操纵系统和通信联络设备等。

在大型编组站上为了加速驼峰对车列的解体作业，提高驼峰作业的安全程度和工作效率，都设有驼峰调车进路控制系统。通常设有专门的驼峰信号楼，用以设置控制台、继电器室和电源室、车辆减速器的动力室等。驼峰值班长就在楼内通过操纵系统指挥全场的调车作业。

驼峰信号及其设置如图 2-67 所示。

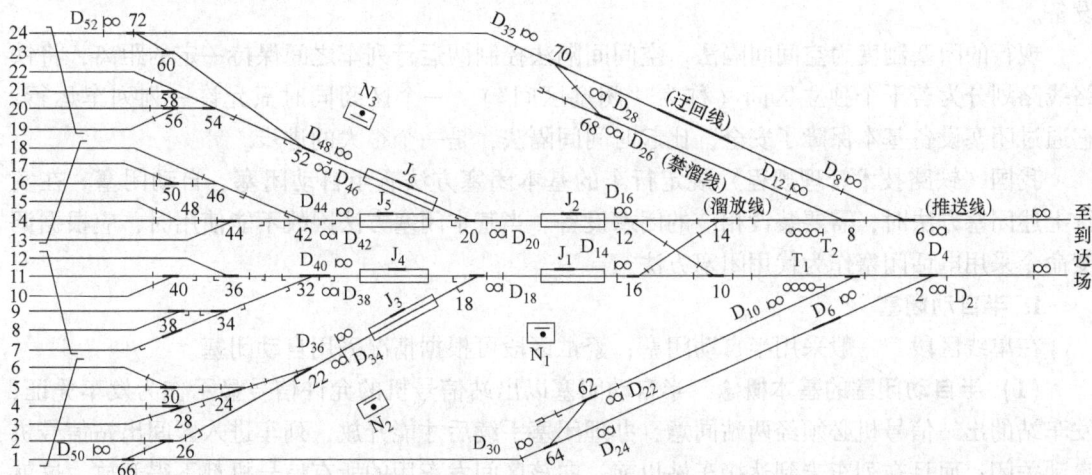

图 2-67 驼峰信号及其设置

调车作业控制过程主要有推送进路控制和溜放进路控制。

**（1）推送进路控制** 驼峰调车场中的推送进路，是机车将车列推向峰顶摘钩解体的进路。驼峰机车在推送进路上，按驼峰信号机的显示进行作业，进路采用一次解锁制。

1）驼峰信号机及驼峰复示信号机。驼峰主体信号机（$T_1$、$T_2$）应是 4 个灯位的高柱色灯信号机（黄、绿、红、月白），一般设在峰顶每一推送线运行方向的左侧，用以向调车作业人员发出有关指示。在到达场的每一股道上，靠近驼峰的一端，都应设置驼峰复示信号机，用以复示驼峰主体信号机的显示。

2）调车信号机。为了指示调车机车在推送线、迁回线以及峰下线路之间进行作业，还要设置峰上调车信号机（图 2-67 中的 $D_2$、$D_4$、$D_6$、$D_8$ 等）；为了指示机车在峰下各股道间及指示机车上峰进行调车作业，在峰下各个线束的分路道岔之前都设有峰下调车信号机（图 2-67 中的 $D_{18}$、$D_{24}$、$D_{34}$、$D_{38}$ 等）。

**（2）溜放进路控制** 溜放进程指的是车组从峰顶摘钩以后，溜入调车线的进路，其控制方式如下：

1）驼峰道岔自动集中控制。驼峰道岔自动集中控制包括转换道岔、反映道岔状态和储存进路、传递进路命令。它比继电集中控制增加了一套进路储存和命令传递设备。驼峰道岔自动集中系统预先储存各车组的溜放进路命令，车列进行溜放时再依次输出和传递进路命令，自动控制分路道岔的转换，为各溜放车组逐段排列溜放进路。

2）计算机溜放进路控制。计算机溜放进路控制系统是以计算机为核心，通过输入输出接口从数据通信接口连接控制台、CRT 显示终端、调车作业单打印机、道岔转辙机等外部设备的自动控制系统。它能实现调车作业通知单的自动传递、进路命令的自动储存，溜放进路命令的传递与跟踪，自动检查溜放异常情况并及时记录、处理和报警等。

### 三、区间闭塞设备

"闭塞"一词的本意就是封闭、隔绝之意，行车工作中的闭塞是指列车进入区间后，区间两端车站都不再向这一区间发车，以防止对向列车相撞和同向列车追尾。为实现"在同一个区间（闭塞分区）内，同一时间只允许一列车占用"而设置的铁路信号设备即为闭塞设备。

现行的闭塞制度为空间间隔法。空间间隔法控制两运行列车之间保持一定的距离，将铁路线路划分为若干个独立区间（称为"闭塞区间"），一个区间同时只允许一列列车运行。它通过闭塞设备基本保障了安全，比起时间间隔法，是一个很大的进步。

我国《铁路技术管理规程》规定行车的基本闭塞方法有半自动闭塞、自动闭塞。在实行上述闭塞方法时，需要装设相应的闭塞设备。当基本闭塞方法因故不能使用时，应根据调度命令采用电话闭塞作为代用闭塞方法。

#### 1. 半自动闭塞

在单线区段，一般采用半自动闭塞；繁忙区段可根据情况采用自动闭塞。

**（1）半自动闭塞的基本概念** 半自动闭塞以出站信号机的允许信号显示作为发车凭证，发车站的出站信号机必须经两站同意，办理闭塞手续后才能开放，列车进入区间出站信号机自动关闭；而且在列车未到达接车站以前，向该区间发车用的所有信号机都不得开放，这就保证了两站间的区间内同时只有一列列车运行。

继电半自动闭塞在各区间的相接车站都装有半自动闭塞机，是以继电电路的逻辑关系完成区间的闭塞作用的。半自动闭塞区间不设轨道电路，不能监督列车在区间是否遗留车辆，列车的整列到达必须依靠车站值班员的确认，发送到达复原信号之后，区间才能解除闭塞，因此是半自动的。如图2-68所示为单线继电半自动闭塞示意图。

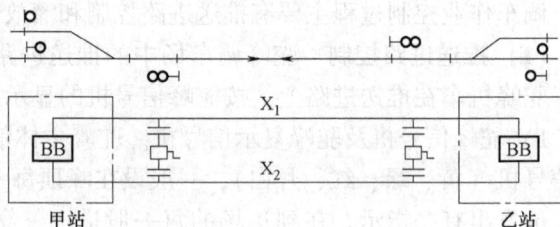

图2-68 单线继电半自动闭塞示意图
BB—半自动闭塞 ☐—电话机

闭塞机应完成以下工作：

1）甲站要向乙站发车，必须区间空闲并得到乙站同意后，才能开放出站信号机。

2）列车从甲站出发后，区间闭塞，两站都不能向该区间发车。

3）列车到达乙站，车站值班员确认列车整列到达，办理到达复原后，区间才能解除闭塞。

**（2）64D型继电半自动闭塞设备** 64D型继电半自动闭塞设备由半自动闭塞机、半自动闭塞用的轨道电路、操纵和表示设备以及闭塞电源、闭塞外线等部分组成。此外，还包括车站的进、出站信号机。它们之间用电路相连，以实现彼此间的电气联系。为了实现闭塞设备之间的相互联系和控制，在相邻两站属于同一区间的两台闭塞机之间，用两条外线连接。64D型继电半自动闭塞设备间的联系如图2-69所示。

闭塞机由继电器和电阻、电容器等元件组成。它们构成半自动闭塞电路，完成闭塞作用。半自动闭塞用轨道电路监督列车的出发和到达。在电气集中联锁车站，不必单独设置半自动闭塞用轨道电路，只要将站内有关的轨道电路条件加在半自动闭塞的电路中即可。

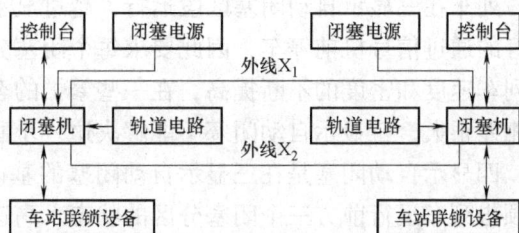

图 2-69　半自动闭塞设备间联系示意图

继电半自动闭塞的操纵和表示设备有：按钮、表示灯、电铃和计数器。

继电半自动闭塞的外线原来是和站间闭塞电话线共用的，但随着干线电缆或光缆线路的发展，最好将闭塞机外线和闭塞电话线分开。

### 2. 自动闭塞

自动闭塞是由运行中的列车自动完成闭塞任务的一种设备。将两个相邻车站之间的区间正线划分成若干个小段——闭塞分区（其长度一般为1200～1300m），每个分区的起点设置一个通过信号机进行防护。由于闭塞分区内装有轨道电路，因而能够正确反映列车的运行情况和钢轨是否完整，并及时传给通过信号机使其显示出来，这样列车运行安全有了进一步的保障。由于通过色灯信号机的显示是随着列车的运行由列车自动控制的，不需要人工操纵，所以称为自动闭塞。

### （1）自动闭塞分类

1）单向自动闭塞和双向自动闭塞。自动闭塞按行车组织方法可分为单线双向自动闭塞、双线单向自动闭塞和双线双向自动闭塞。

在单线区段，既要运行上行列车又要运行下行列车。为了调整双方向列车的运行，在线路两侧都要装设通过信号机，这种自动闭塞称为单线双向自动闭塞。

在双向区段，以前多采用单方向运行的方式，即一条线路只允许上行列车运行，而另一条线路只允许下行列车运行。为此，对于每条铁路线仅在一侧设通过信号机，这样的自动闭塞称为双线单向自动闭塞，如图2-70所示。

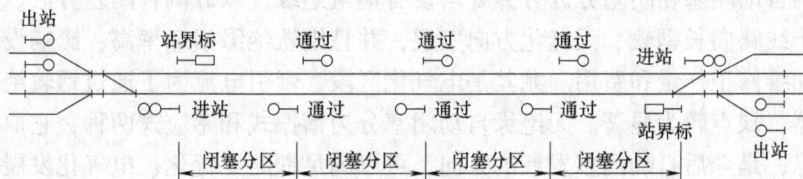

图 2-70　双线单向自动闭塞示意图

为了充分发挥铁路线路的运输能力，在双向区段的每条线路上都能双向运行列车，这样的自动闭塞称为双线双向自动闭塞。其地面通过信号机的设置同双线单向自动闭塞，仅在基本运行方向侧设置。

2）三显示和四显示自动闭塞。三显示自动闭塞的通过信号机有三种显示，能预告列车运行前方两个闭塞分区的状态，使列车经常按规定速度在绿灯下运行，并可得到运行前方通过信号机显示的预告。这基本上能满足运行要求，又能保证行车安全，因此在列车未提速前应用广泛。

列车在三显示自动闭塞区段运行，越过显示黄灯的通过信号机时开始减速，至次架显示红灯的通过信号机前停车，因此要求每个闭塞分区的长度绝对不能小于列车的制动距离。随着列车速度和密度的不断提高，在一些繁忙的客货混运区段，各种列车运行的速度和制动距离相差很大，三显示自动闭塞不能解决这一矛盾，所以必须采用四显示自动闭塞。

四显示自动闭塞是在三显示自动闭塞的基础上增加一种绿黄显示，如图2-71所示。它能预告列车运行前方三个闭塞分区的状态。高速列车以规定的速度越过绿黄显示的通过信号机后必须减速，以使列车在抵达黄灯显示的通过信号机时不大于规定的允许速度，保证在显示红灯的通过信号机前停车。而对于低速、制动距离短的列车，越过绿黄显示的通过信号机后不减速。

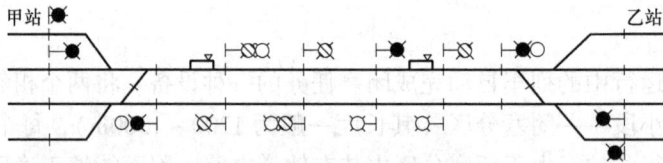

图2-71　四显示自动闭塞原理图

由于增加了绿黄显示，加大了前方预告信息，使得提速列车的制动距离用两个闭塞分区来保证，未提速列车的制动距离仍用一个闭塞分区来保证，这就圆满地解决了提速带来的效率与安全的矛盾。

3）轨道电路自动闭塞和计轴自动闭塞。自动闭塞按监测列车完整性和运行位置的方式可分为轨道电路方式和计轴器方式两大类。计轴自动闭塞采用在闭塞区间的入口和出口装设车轮感应器，当离开分区的列车轴数与进入分区的列车轴数相等时，也就意味着列车占用过该分区并且已经完整离开，现处于空闲状态；反之则意味着该分区存在车辆处于占用状态。计轴自动闭塞是非连续检查列车完整性与运行位置的方式，在我国仅在轨道电路方式不能可靠运用的线路上少量发展。

4）有绝缘和无绝缘自动闭塞。自动闭塞按采用轨道电路的不同，分为有绝缘和无绝缘两种。传统的自动闭塞在闭塞分区分界处均设有钢轨绝缘，以分割各闭塞分区。但钢轨绝缘的设置不利于线路向长钢轨、无缝化方向发展，并且钢轨绝缘损坏率高，影响设备的稳定工作，且会增加维修工作量和费用。尤其是电气化区段，牵引电流为了通过钢轨绝缘，必须安装扼流变压器，缺点较为显著。无绝缘自动闭塞分为谐振式和感应式两种，它取消了区间线路的钢轨绝缘，是今后自动闭塞发展的方向，可以满足铁路无缝化、电气化发展的要求。

**3. ZPW-2000A型无绝缘自动闭塞系统**

**（1）系统构成**　ZPW-2000A型无绝缘自动闭塞系统有电气-电气绝缘节（JES-JES）结构和电气-机械绝缘节（JES-BA/SVA'）结构两种，两者电气性能相同，现以后者为例予以介绍，其系统构成如图2-72所示。

ZPW-2000A型无绝缘轨道电路将轨道电路分为主轨道电路和调谐区短小轨道电路两个部分，并将短小轨道电路视为列车运行前方主轨道电路所属的"延续段"。

发送器同时向线路两侧主轨道电路、小轨道电路发送信号。

接收器除接收本主轨道电路频率信号外，还同时接收相邻区段小轨道电路的频率信号，接收器采用DSP数字信号处理技术，将接收到的两种频率信号进行快速傅氏变换（FFT），

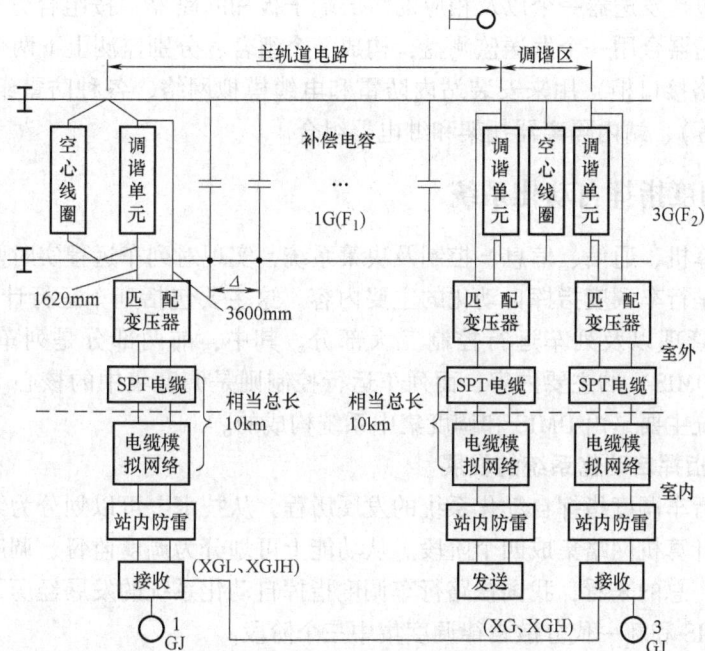

图 2-72  ZPW-2000A 型自动闭塞系统构成

获得两种信号能量谱的分布。

上述"延续段"信号由运行前方相邻轨道电路接收器处理，并将处理结果形成小轨道电路轨道继电器执行条件（XG、XGH）送本轨道电路接收器，作为轨道继电器（GJ）励磁的必要检查条件（XGJ、XGJH）之一。

这样，接收器用于接收主轨道电路信号，并在检查所属调谐区小轨道电路状态（XGJ、XGJH）条件下，动作本轨道电路的轨道继电器（GJ）。另外，接收器还同时接收邻段所属调谐区小轨道电路信号，向相邻区段提供小轨道电路状态（XG、XGH）条件。

**（2）系统设备**

1）室外设备。ZPW-2000A 型自动闭塞室外设备包括电气绝缘节、电气-机械绝缘节、匹配变压器、补偿电容电缆和引接线。电气绝缘节用于实现两轨道电路的电气隔离；机械绝缘节空心线圈设在进、出站口处，为取得与电气绝缘节同样的电气性能，其空心线圈参数根据传输通道参数和载频频率设计。补偿电容器可以保证轨道电路传输距离，保证接收端信号有效信噪比和对断轨状态的检查。

2）室内设备。ZPW-2000A 型自动闭塞室内设备包括发送器、接收器、衰耗器、发送检测盘和电缆模拟网络等，发送器、接收器、衰耗盘、发送监测盘安装在移频柜上，电缆模拟网络等安装在综合柜上。

移频柜分为区间移频柜和站内移频柜。区间移频柜供区间自动闭塞用，一个区间移频柜含 10 套 ZPW-2000A 型自动闭塞设备。每套设备包括发送器、接收器、衰耗器各一个以及相应的零层端子板和断路器。按组合方式配备，每架 5 个组合，每个组合内接收器按对构成双机并用。

站内移频柜供站内轨道电路电码化用，一个站内移频柜含 10 套 ZPW-2000A 站内电码化设备。每套设备包括发送器一个以及相应的零层端子板和断路器。按组合方式配备，每架5个组合。两个发送器合用一个发送监测盘，构成一个组合，分别监测上下两个发送器。

综合柜（网络接口柜）用来安装站内防雷和电缆模拟网络、各种防雷组合单元（如灯丝防雷组合单元等）、站内隔离器托架和继电器组合。

## 四、行车调度指挥自动化系统

利用现代计算机、通信、信息、控制及决策系统，实现对列车远程实时监视、追踪、控制和管理，是行车调度指挥自动化的主要内容。这主要包括列车运行计划编制与调整、列车运行监视与管理以及列车运行控制三大部分。其中，前两部分是列车调度指挥系统（TDCS，也称为DMIS）的主要内容，而列车运行控制则是调度集中的核心。因此，行车调度指挥自动化系统主要是由DMIS和调度集中系统构成的。

**1. 行车调度指挥自动化系统的发展**

国内外铁路行车调度指挥自动化系统的发展历程，从技术上可以划分为继电器式、全电子化、微机化和计算机网络集成四个阶段。从功能上可划分为调度监督、调度集中及综合调度管理三种类型。总的来看，我国铁路行车调度指挥自动化系统的发展经历了传统调度集中与调度监督、DMIS和新一代分散自律调度集中三个阶段。

**（1）传统调度集中与调度监督技术的发展** 调度监督与调度集中通过对车站信号设备状态的集中表示和控制，可以使调度员直观地掌握所辖区段列车的运行状况，从而起到提高运输效率、减轻劳动负荷及改善劳动条件的目的。随着计算机技术、通信技术和智能决策技术的发展，调度监督/调度集中系统逐步向综合化、智能化和网络化的大型信息管理系统发展。

但是，传统调度集中仍然没有很好地解决调车作业对行车的影响，因而没有得到应有的发展。1995年，我国开始研制DMIS系统，调度监督/调度集中系统开始走向综合化、智能化和网络化。

**（2）DMIS技术的发展** DMIS是一个覆盖全国铁路的大型网络系统，是我国铁路运输调度指挥现代化建设的标志，由铁路总公司、各铁路局以及基层车站构成三级网络，把传统的以车站为单位的分散信号系统逐步改造成为一个全国统一的网络信号系统，实现了全国铁路系统内有关列车运行、数据统计、运行调整及数据共享、自动处理与查询，从根本上改变了我国铁路信号在调度指挥手段、行车控制技术和信号技术设备功能等方面的落后面貌。

DMIS的完成经历了三个时期：DMIS一期工程，大多系统只是调度监督系统简单的规模扩展，在计算机辅助调度和运输管理模式方面没有形成突破。DMIS二期工程在一期工程的基础上，于2003年7月全面建成第一个覆盖全局（兰州铁路局）的"五全"（全局全覆盖、功能全实现、系统全脱图、调度集中全开通）系统，为DMIS的发展开创了崭新的局面。DMIS三期工程于2007年完成，覆盖全路70多条干线、全部路局、主要港口、口岸和大型企业等。

**（3）新一代分散自律调度集中及发展** 分散自律调度集中系统是综合了计算机技术、网络通信技术和现代控制技术，采用智能化"分散自律"设计原则，以列车运行调整计划控制为中心，兼顾列车与调车作业的高度自动化的调度指挥系统。分散自律调度集中系统采用计算机分布式网络控制技术、信息化处理技术，将列车运行调整计划下传到各个车站自律机中自主自动执行；在列车运行调整计划的基础上，解决列车与调车作业在时间与空间上的冲突，实现列车和调车作业的统一控制。

2003 年 8 月，我国正式开始研制新一代分散自律调度集中系统。2003 年 11 月，第一套新一代分散自律调度集中系统（FZk-CTC）在青藏公司西宁—哈尔盖调度区段投入试运行。2004 年 5 月在通过原铁道部技术正式审查后全面投入正式运用。

新一代分散自律调度集中系统是建立在 DMIS 技术平台上的自动控制系统，它的设计具有业界先进水平。新一代分散自律调度集中系统的投入运用，标志着我国在行车调度指挥自动化领域进入了世界先进行列。

**2. 新一代分散自律调度集中系统**

分散自律概念最初源自日本东京圈城市铁路控制系统。由于日本是地震多发国家，为了保证控制中心在遭受地震袭击瘫痪后，车站还能在一定时间内正常地接发列车，从而特别在车站设立了自律计算机，通过接收控制中心下达的运行计划，在和控制中心通信中断后自行接发列车。

为了解决行车和调车相互干扰的问题，系统必须实现在不影响列车运行的原则下，允许控制中心和车站通过调度集中系统自主进行调车的功能。这对于调度集中系统来讲是一种功能的分散，不同于传统意义上的调度集中系统的集中控制，而出现了分布式控制的功能。因此，如果通过在车站设立自律机来完成按列车运行计划和《车站行车工作细则》（简称《站细》）进行正常接发列车作业并完成协调列车和调车冲突的功能，将完全可以实现列车和调车作业的统一控制。

**（1）分散自律调度集中系统的整体结构**

1）系统硬件结构。分散自律调度集中系统控制中心一般设在铁路局调度所，负责控制整个调度区段列车的运行。如图 2-73 所示，控制中心主要由数据库服务器、CTC 应用服务器（双机热备型）、通信前置服务器、大屏显示系统、行调工作站、助理调度员工作站、综合维修工作站、CTC 维护工作站、网管工作站、打印设备、远程维护接入、TMIS 接口计算

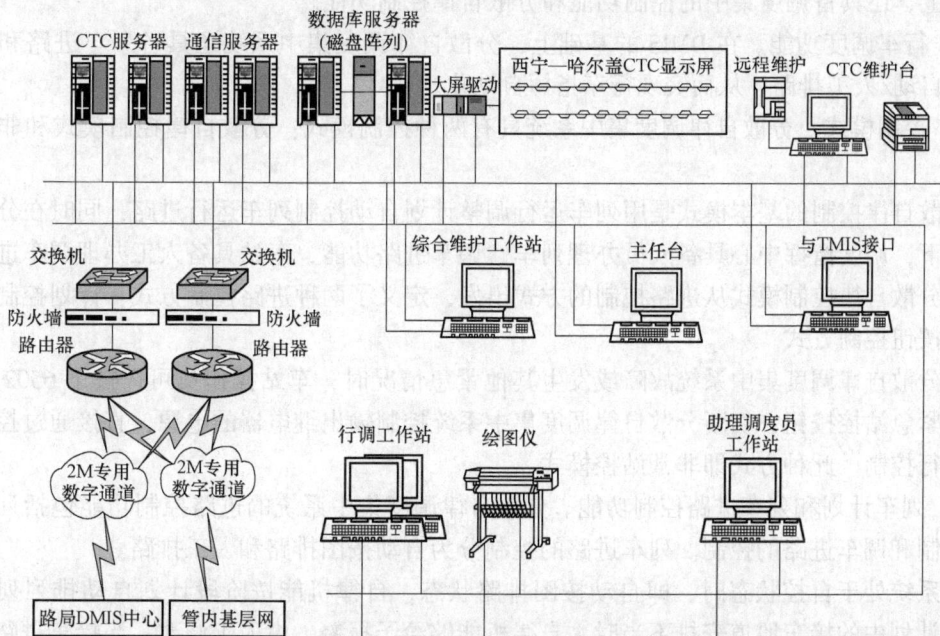

图 2-73　控制中心硬件结构示意图

机以及局域网等设备组成。

车站系统主要设备包括车站自律机、车务终端、打印机、综合维修终端、电务终端、网络设备、电源设备、防雷设备、联锁系统接口设备和无线系统接口设备等，如图2-74所示。

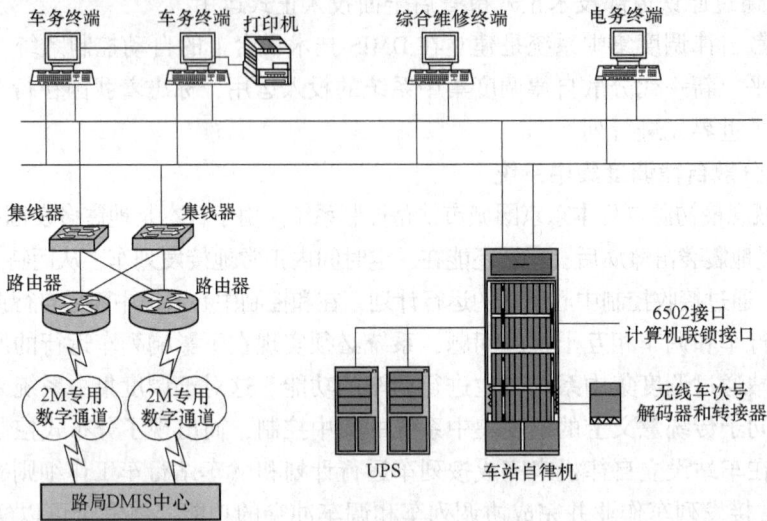

图 2-74　车站系统硬件结构示意图

2）系统软件结构。分散自律调度集中系统的软件主要包括：通信服务子系统、信息表示子系统、自律控制子系统、控制计划编制子系统、列车控制子系统、调车控制子系统、综合维修子系统、车务终端子系统、网络安全防护子系统和车地信息传输子系统等。

**（2）分散自律调度集中系统功能**　分散自律调度集中系统涵盖了 DMIS 的所有功能，在此基础上，还具备调度集中的控制功能和分散自律控制功能。

1）行车调度功能。在 DMIS 的基础上，分散自律调度集中系统还具备列车进路和调车进路的自动/人工排路，从而实现行车指挥自动化。

2）控制模式。分散自律调度集中系统具有两种控制模式：分散自律控制模式和非常站控模式。

分散自律控制的基本模式是用列车运行调整计划自动控制列车运行进路，同时在分散自律条件下，调度指挥中心具备人员办理列车、调车进路功能，车站具备人工办理调车进路的功能。分散自律控制模式从进路控制的方式出发，定义了两种进路控制方式：计划控制方式和人工按钮控制方式。

当分散自律调度集中系统故障或发生其他紧急情况时，车站操作员可以按下 6502 控制台上的紧急站控按钮，切断分散自律调度集中系统控制输出继电器的电源，直接通过控制台按钮进行控制。此种方式即非常站控模式。

3）列车计划和列车进路控制功能。分散自律调度集中系统的进路控制功能包括列车进路的控制和调车进路的控制。列车进路的控制分为自动按图排路和人工排路。

当系统处于自控状态时，即自动按图排路状态，自律机能按阶段计划自动排列列车进路。当计划中的接车股道安排不当时，自律机能够给予报警，由人工修改；当接车进路存在变更进路时，自律机选基本进路；当接车进路有延续进路时，自律机自动选排延续进路。人工可修改计划中的股道安排。

4）调车计划和调车进路控制功能。调车计划的制订和调车进路的控制纳入到调度集中系统，是新一代分散自律调度集中系统的特点之一。调度指挥中心的助理调度员负责编制无人车站的调车作业计划。系统监测调车进路的办理与列车计划的冲突，一旦监测到有冲突，则弹出对话框报警，并询问是否继续办理。

5）CTC 显示及控制功能。对于双线自动闭塞无人车站，在通信中断且未转为非常站控模式前，车站自律机按已收到的列车运行调整计划和列车实际运行情况继续自动执行；列车运行调整计划执行完毕后，通信仍未恢复正常时，系统将该站设置为自动通过状态。

6）综合维修管理。系统在中央设置综合维护工作站，主要用于设备日常维护、天窗修、施工以及故障处理方面的登、销记手续办理，并具有设置临时限速和区间、股道封锁等功能。

7）系统维护监视。具备可视化的维护环境，可对系统进行全面监视，全面记录管理系统报警和内部时间以及操作员和维护人员的任何操作。

## 五、通信

铁路运输企业是一个在运输生产上实行高度集中与统一指挥的庞大的综合性企业，它的各个部门、单位分布在全国辽阔的土地上。为了有效地指挥列车运行、发布有关命令，以及路内各业务部门、单位职工密切配合与协同作业，将铁路各级机构联系成一个整体，从而保证行车安全、提高运输能力和工作效率，必须设置一整套完善、先进的铁路通信设备。

铁路通信按传输方式可分为有线通信和无线通信两大类，按服务区域可分为长途通信、地区通信、区段通信和站内通信等，按业务性质不同可分为公用通信、专用通信及数据传输等。

铁路专用通信一般是指专门用于组织、指挥铁路运输及生产的专用通信设备。这些设备专用于某一目的，接通一些指定用户，一般不与公务通信的电报、电话网连接。

### （一）铁路专用通信设备

#### 1. 铁路调度通信

列车调度电话供列车调度员与其管辖区段内所有的分机进行有关列车运行通话用。在列车调度电话回线上，只允许接入与列车运行直接有关的车站值班员、车站调度员、机车调度员等的电话。列车调度电话的显著特点是调度员可以对个别车站呼叫，称作单呼；也可以对成组车站呼叫，称作组呼；或者对全部车站集中呼叫，称作全呼。

列车调度员可以与车站互相通话，任何车站也可以方便地呼叫列车调度员并通话。

调度电话总机的工作原理如图2-75所示。

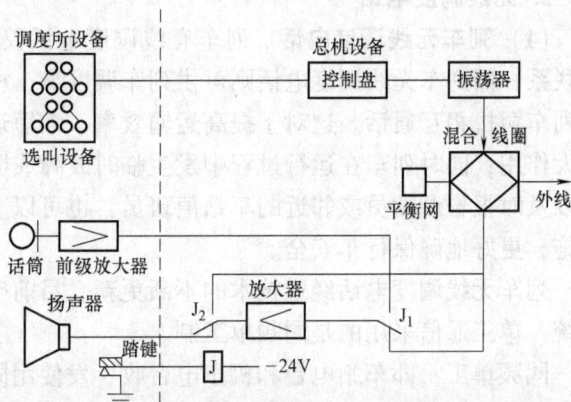

图 2-75 调度电话总机工作原理

调度员呼叫某一分机时，首先按压分机按钮，利用控制盘中的电子电话使振荡器起振，依次送出代表该分机的两个频率，通过混合线圈送向外线再传给分机。线路上各分机经过选频以后，只有符合该两个频率的一个分机振铃。在振铃期间有回铃信号通过外线回送到总机，经混合线圈、放大器至扬声器，调度员听到回铃声，表示该分机已经呼出，即踩下踏键，使继电器 J 动作，继电器接点转换，这时调度员的话音电流经前级放大器放大，再经混合线圈送往外线，因此分机可以听到调度员的讲话。调度员停止讲话时，必须将踏键放开，使放大器处于原位，即定位受话状态，分机话音电流由外线、混合线圈、放大器至扬声器，因而调度员能听到分机的讲话。由于放大器单向工作，只能放大一个方向电流，放大相反方向的电流时必须将放大器换向，所以调度员讲话时必须踩下踏键。由于放大器在定位受话状态下工作，故将这种通话方式称为总机定位受话，操纵送话单工方式。调度员和分机不能同时发话，只能轮流对话。

调度电话分机应能在接受总机选叫后立即振铃或发出音响，并能直接呼叫总机及进行通话。

随着通信技术的发展，如果采用数字编码信号选叫分机及采用程序控制，则是程控调度电话。程控调度电话也称为数字调度电话，简称数调。数调由模拟调度电话发展而来，于20 世纪 90 年代中后期开始应用于铁路调度通信中。数字调度电话选叫速度快、功能多、音质好，是普及发展的方向，目前对于新线建设，基本上都采用数调设备；对于旧线，在干线线路进行用数调取代模拟调度的升级改造。

从 19 世纪末到 20 世纪末的 100 年，铁路调度通信随着通信技术、计算机技术的发展不断更新，选叫过程也不断"提速"。各个时期使用的选叫技术见表 2-10。

**表 2-10  我国不同时期选叫技术**

| 序号 | 选叫技术特征 | 使用年代 |
|---|---|---|
| 第一代 | 磁石电话机摇点选叫 | 19 世纪末 |
| 第二机 | 机电脉冲选叫(美式,双工) | 1921 年 |
| 第三代 | 机心脉冲选叫(苏式,单工) | 1954 年 |
| 第四代 | 音频选叫 | 1960 年 |
| 第五代 | 程控式调度电话 | 1994 年 |
| 第六代 | 数字调度电话 | 20 世纪末 |

**2. 无线调度电话**

**（1）列车无线调度电话**  列车有线调度电话仅供列车调度员和车站值班员之间进行通信联系，而列车无线调度电话则可供列车调度员、机车调度员、车站值班员等调度指挥人员和列车司机相互通话。这对于提高运输效率、缩短运行时间、及时掌握和调整列车运行都有重大作用；同时列车在运行过程中发生临时故障或区间线路、桥梁出现不正常现象时，司机可以及时报告调度员或邻近的车站值班员，也可以直接通知邻近区段的司机，以便及时采取措施，更好地确保行车安全。

列车无线调度电话经过技术的不断更新，目前确定的制式为单双工兼容制列车无线列调系统。单工通信采用的是同频单工制。

同频单工，即车站电台和机车电台收、发使用同一个频率。发话人讲话时，要按下手中的按键，收话人在听话时必须松开手中的按键。这种方式，由于每个电台的收、发不同时进行，故收、发信机可使用同一个天线，收、发信机中某些电路也可以共用，设备简单、耗电小、价格便宜；但操作不便，发话完毕后必须立刻松开按键，否则就收不到对方发来的信号，造成通话中断。

双工通信，即车站电台和机车电台收、发使用两个频率。各有自己的独立天线，或者设双工器共用一个天线。这样，甲方发射的频率就是乙方接收的频率，双方通话不需要操纵按键，像一般电话通信一样。

整个系统既实现了列车调度员、车站值班员与司机之间的双工通信，又保留了原来同频单工制无线列调通信组网方便的优点，实现了单双工兼容。

（2）**站内无线调度电话** 站内无线通信是为车站调度员、驼峰值班员等站内编组和解体作业的指挥人员和车站调车机车司机相互通话而设置的。

采用站内无线调度通信时，在车站调度员室和驼峰值班员室装有固定无线电台，在调车机车和驼峰机车司机室装有机车电台。

**（二）铁路调度通信网**

铁路调度通信网的网络结构根据铁路运输调度体制来安排，按干线、局线、区段三级调度分三层网络结构，各层网络自成系统独立组网。

**1. 铁道部干线调度通信系统**

铁道部与铁路局之间属干线调度。

干线调度通信网络由设在铁道部的 Hicom382 数字调度交换机为汇接中心，用数字中继通道与设在各铁路局的 Hicom372 数字调度交换机用 2 兆数字中继通道相连接。相邻铁路局的 Hicom372 数字调度交换机之间也用 2 兆数字中继通道相连作为直达路由，从而构成一个复合星形网络的干线调度通信网。

纳入调度台的用户，调度员无需拨号，单键直呼所属调度分机，分机遇忙，调度员可强插通话，调度员还可进行全呼、组呼。调度网内用户相互间呼叫，听一次拨号音直拨 5 位码。

铁路局调度有两种：局线调度和区段调度。

**2. 局线调度通信系统**

对全铁路局编组站、区段站、主要大站的调度指挥，与相邻铁路局也有业务往来，同时接受铁道部的调度指挥，包括客运调度、篷布调度、计划调度、车流调度、机车调度、车辆调度、工务调度、电务调度等，称为局线调度。

局线调度通信网络，由铁路局汇接中心利用干调 Hicom372 调度交换机或另设数字调度交换机与设在各铁路调度区段的数字专用通信系统组成，还可利用区段数字调度通信或专线延伸至区段站、编组站、中间站，构成星形网络结构的局线调度通信网。

**3. 区段调度通信系统**

区段调度通信系统可以全面实现铁路各项专用通信业务，包括区段调度通信、站场通信、站间通信、区间通信、专用通信等。区段调度是指调度员指挥某一段铁路线上的各车站（段、所、点）。按业务性质分为列车调度、货运调度、电力牵引调度（供电调度）、红外线调度等。该系统可以实现铁路局所有方向、所有区段的区段调度通信业务，并可以实现与局线调度、干线调度的多机联网。

**4. 站调**

此外，还有以站段为中心组成的调度系统。如在大型车站（编组站）及站场内车站调度员对各值班员之间的调度通信。

### （三）铁路综合数字移动通信系统

全球移动通信系统（Global System for Mobile Communication，GSM）是现在世界上大多数国家的移动通信都采用的系统。

铁路综合数字移动通信系统（Global System for Mobile Communication for Railways，GSM—R）是专门为铁路通信设计的专用通信系统。它是在 GSM 上增加了调度通信功能和适合高速环境下使用的要素，可以满足国际铁路联盟（UIC）提出的铁路专用调度通信的要求。

GSM—R 由于接口中引入了语音广播呼叫、语音通话组呼叫和用户优先级等功能，可以实现调度员与司机间的通信、调车作业通信、远程遥控传输、车站和维修段的地区通信、旅客服务通信，也可实现与公网的互联互通。GSM—R 可以满足列车运行速度为 500km/h 时的无线通信要求，且安全性好，是高速铁路通信最理想的技术解决方案。

#### 1. GSM—R 的组成

GSM—R 网络包括 GSM—R 陆地移动网络和固定用户网络（FAS）。两个网络分别连接着移动终端和固定终端，并且彼此互联互通。移动终端又称移动台，可放在机车或旅客列车上，它相当于手机，通过无线接口接入到 GSM—R 系统，并提供人机接口，如按键、屏幕显示以及送话器、受话器等。固定终端是有线交换网络的终端，包括调度台、车站台等。

铁路沿线采用无线覆盖，机车上采用无线终端，即机车综合通信设备，而车站台和调度台都是有线终端。车站台和调度台通过 FAS 连接到 GSM—R 系统上，从而实现有线用户和无线用户的通信。

#### 2. GSM—R 调度通信网络的业务功能

GSM—R 调度通信网络的业务主要有 GMS 移动通信业务、高级语音呼叫业务和铁路基本业务等。

列车调度员的语音通信过程有点对点通信、多方通信、语音组呼、语音广播呼叫。

（1）**点对点通信**　即普通的两人通话。

（2）**多方通信**　即调度员、车站值班员、机车司机的通信以及车站值班员、机车司机、运转车长之间的通信。

（3）**语音组呼**　即调度员同时呼叫若干个车站，并可以与个别人对话。

（4）**语音广播呼叫**　即一点对多点的广播，接收者只能收听。

为适应铁路最重要的调度通信，GSM—R 提供了高级语音呼叫功能，包括调度员的优先级业务、语音组呼业务、语音广播呼叫业务以及具有铁路特色的寻址功能。

#### 3. GSM—R 的技术优势

GSM—R 系统能够满足列车运行速度较高的无线通信要求，且安全性好。针对铁路运输中的列车调度、列车控制、支持高速移动等要求，它能够提供定制的附加功能，如优先级和强插功能、语音组呼及广播功能、位置寻址及功能寻址和安全数据通信等。

GSM—R 系统用于实现铁路移动通信，其优势主要体现在以下几个方面。

（1）**调度通信及时准确**　GSM—R 应用有线、无线网，既承载了过去调度电话的一切功能，又增添了调度所、车站和机车三者之间的语音通信及传输数据的通信，使信息传输做到及时、准确。

（2）**调度凭证有根据** 利用 GSM—R 系统的数据传输设备，可以在调度员下达命令时开具调度凭证，为司机提供有根有据的书面材料，便于发生意外或事故时分清责任。

（3）**信息传送多样** GSM—R 系统在机车上安装了综合通信设备，为各种各样的信息传送提供了服务平台。例如，配合列车调度指挥（TDCS）、调度集中系统（CTC）等就可以了解列车运行的动态状况和它的车次号。

（4）**区间通信随地可叫** 在现场工作的铁路员工均可利用 GSM—R 的作业手持台与车站值班员、各单位调度员以及自动电话用户进行联系。并且在紧急情况下还可以呼叫司机，与司机通话。这样不仅提高了工作效率，而且进一步保证了安全。

（5）**列车风压一目了然** 列车风压系统是列车制动的关键。司机必须随时注意风压状况以确认列车状态正常。使用 GSM—R 以后，可以利用它的数据传输功能来传递风压数据，使司机一目了然。

此外，在列车控制系统（CTCS）中，GSM—R 也是一个辅助驾驶系统，可以帮助司机以安全的方式驾驶列车。

# 第四节 行 车 组 织

行车组织是铁路运输工作组织的重要组成部分，必须贯彻安全生产的方针，坚持高度集中、统一领导的原则，发扬协作精神，综合运用铁路各种技术设备，高质量、高效率地完成客货运输任务。铁路行车组织的主要内容包括：车流组织和列车编组计划，列车运行图和铁路通过能力，车站行车工作组织，铁路运输生产计划和调度指挥等。

## 一、列车的编组

### 1. 列车的定义、分类

铁路车辆按规定质量、长度及编挂条件编成车列，挂有机车和规定的列车标志并指定有列车车次时，称为列车。

列车按运输性质和用途分为旅客列车、货物列车、客货混合列车，以及指定用途的列车（如路用列车、救援列车、军用列车等）。货物列车是为运输货物（包括排空）而编组的列车，其中在装（卸）车站或技术站编组、通过一个及以上编组站不进行改编的列车，称为直达列车。货物列车的具体分类见表2-11。

表2-11 主要的货物列车分类

| 顺序 | 列车种类 | 性质或用途 | 编定车次 |
|---|---|---|---|
| 1 | 始发直达列车 | 在一个或相邻几个车站装车或编组,通过一个及以上编组站不进行改编作业的列车 | 85001~85998 |
| 2 | 技术直达列车 | 在技术站编组,通过一个及以上编组站不进行改编作业的列车 | 10001~19998 |
| 3 | 直通列车 | 在技术站编组,通过一个及以上区段站不进行改编作业的列车 | 20001~29998 |
| 4 | 区段列车 | 在技术站编组,到达相邻技术站,在区段内不进行摘挂作业的列车 | 30001~39998 |
| 5 | 摘挂列车 | 在技术站编组并在相邻区段内各中间站进行车辆摘挂作业的列车 | 40001~49998 |
| 6 | 枢纽小运转列车 | 在枢纽内各站间开行的列车 | 45001~49998 |
| 7 | 重载货物列车 | 牵引质量达到5000t及以上的列车 | 71007~72789 |
| 8 | 快运货物列车 | 快速运送鲜活易腐及其他急运货物的列车 | 82701~82789 |

### 2. 货物列车牵引质量及换算长度

列车牵引质量是按机车牵引车列在牵引区段内的限制坡道上以计算速度作等速运行（机车牵引力等于列车阻力）的条件下，通过计算（自由落体加速度 $g$ 近似取 $10m/s^2$），并做牵引试验确定的。其计算公式为：

$$G = \frac{\lambda_y F_i - P(w_0' + i_x)g \times 10^{-3}}{(w_0'' + i_x)g \times 10^{-3}} \tag{2-7}$$

式中，$G$ 为机车牵引质量（t）；$F_i$ 为机车的计算牵引力（kN）；$P$ 为每台机车计算质量（t）；$i_x$ 为限制坡度（‰）；$w_0'$ 为机车单位基本阻力（N/kN）；$w_0''$ 为车辆单位基本阻力（N/kN）；$\lambda_y$ 为机车牵引力使用系数，取 0.9。

列车的长度一般以换算长度表示。除牵引动力外，列车所编挂的机车车辆换算长度的总和，称为列车换算长度。

### 3. 列车编组顺序表

车站对所编组始发的列车，应按车辆顺序将货车的资料填入列车编组顺序表中，其格式如图 2-76 所示。列车编组顺序表是列车中车辆的清单，也是站车之间、路局之间进行车辆及有关单据交接的依据，同时也是车站与路局调度所间传达列车确报，以及进行运输统计的主要原始资料，有关人员必须正确、及时、清楚、完整地填记。此外，借助列车编组顺序表还可检查列车的质量及长度、机车车辆的编挂及装载危险、易燃货物车辆的隔离等情况是否符合有关规定。

运统1

_____站编组 _____站解体    年    月    日    时    分    _____次列车

自收尾(不用字抹消)                制表者                检查者

| 顺序 | 吨位车种 | 罐车油种 | 车号 | 自重 | 换长 | 载重 | 到站 | 货物名称 | 收货人或卸线 | 发站 | 篷布 | 记事 |
|---|---|---|---|---|---|---|---|---|---|---|---|---|
| 1 | | | | | | | | | | | | |
| 2 | | | | | | | | | | | | |
| 59 | | | | | | | | | | | | |
| 60 | | | | | | | | | | | | |

自编组站出发及在途中站摘挂后列车编组

| 站名 | 客车 | 货车 | | | | 守车 | 其他 | 合计 | 自重 | 载重 | 总重 | 换长 | 铁路篷布合计 |
|---|---|---|---|---|---|---|---|---|---|---|---|---|---|
| | | 重车 | 空车 | 非运用车 | 其中代客 | | | | | | | | |

到达    月    日    时    分              交接    时    分    车长 _____

图 2-76 列车编组顺序表

## 二、车流组织及货物列车编组计划

### 1. 车流组织

**(1) 车流组织的概念** 车流是指在一定时期内，在某一方向、某一区段或某一车站上，车辆的去向或到站（流向）和数量（流量）的总称。装车站装出的重车向卸车地点输送就构成了重车流，卸车站把卸后的富余空车向装车地点排送，又形成了空车流。车流有目的的移动和相互转化过程，也就是铁路完成货物运输的主要过程。

在铁路上，如何将发、到站各不相同的重车流及不同车种的空车流合理地组织起来，在适当的地点编组各种不同去向和种类的列车，并使之互相配合、互相衔接，保证各站产生的车流都能迅速而经济地运送到目的地，这就是车流组织所要解决的问题。

**(2) 车流组织的基础——货流**　在一定时期内，货物由发送地点向到达地点输送就形成了货流。货流包含四个主要因素，即流量、流向、运距和构成。货流的构成与分布取决于各地区之间各种产品的生产、供应和销售关系。为了有效地规划和组织铁路货物运输工作，应通过深入细致的经济调查，分析研究货源货流的变化规律，进行货流预测，为编制铁路货物运输计划提供依据。

**(3) 货流转化为车流**　货物是装入适当类型的货车进行输送的，根据历年统计资料可求得各车种装运各种货物时的一车平均装载吨数，即货车的静载重。因此，可用下式确定各支货流的日均装车量：

$$日均装车量 = 全年装车量 \div 365 \times 货车平均净载重（车）$$

这样，即可把年度计划货流转化为日均计划重车流。

**(4) 车流转化为列车流**　有了方向上各区段上下行重空车流及重空列车编成辆数标准，即可按下式确定各区段应开行的货物列车列数 $n$，即

$$n = \frac{N_重}{m_重} + \frac{N_空}{m_空} \tag{2-8}$$

式中，$N_重$、$N_空$ 分别是对应各该区段下行（或上行）的通过重车流和空车流；$m_重$，$m_空$ 分别是各该区段的重、空货物列车编成辆数。

一般情况下，区段内的列车均采用成对运行方式，因此所求得的结果也就是各区段日均运行的货物列车对数。上述从货流到车流、从车流到列车流的转化过程，只是原则性地说明了它们之间的关系，还没有解决如何经济、合理地将车流组成各种列车这一复杂的问题。

**2. 列车编组计划**

列车编组计划是全路车流组织的规划，由装车地直达列车方案和技术站列车编组方案两大部分组成。它根据全路车流结构、各站设备能力和作业条件，统一安排各种货物列车的编解作业任务，具体规定各货运站、编组站和区段站编组列车的种类、到站及车组编挂办法。

列车编组计划是铁路行车组织工作的较长时期的基础性计划，它的正确编制与严格执行可以充分发挥各站技术设备的潜力，提高运输效率。

**(1) 装车地直达列车编组计划**　在装车地利用自装车辆编组，通过一个或以上编组站（或规定有作业的区段站）不进行改编作业的列车，称为装车地直达列车编组。

在制订装车地直达列车编组计划时，应认真考虑以下条件：

1）有一定数量的直达车流，能保证经常开行。

2）装卸站或企业专用线的货运设备（诸如货位、储仓、装卸线等）具有组织直达列车的能力。

3）装卸站调车设备及其作业能力可满足编组直达列车的需要。

4）有足够的空车供应等。

**(2) 技术站列车编组计划**　装车地直达列车没有吸收的车流，要将其送往技术站加以集中，以便和技术站自装车流汇合在一起分别编组不同种类和到站的列车。由于在一般情况

下，每个区段都要开行摘挂列车和区段列车，因而编制技术站列车编组计划主要是确定技术直达列车和直通列车的编组问题，在技术站编组列车时，每一去向的车流都是陆续到达的，同一去向的车流必须集结成列，然后才能进行编组。技术站每编组开行一个去向的直达或直通列车，一昼夜要消耗固定的集结车小时，但这些列车通过沿途各技术站可获得无改编通过的车小时节省、合理的车流组织。故不仅要考虑某个车站某支车流的集结消耗和无改编通过节省，而且必须就整个方向综合研究各种车流组合方案并结合各站的设备和工作条件，从中选择既经济有利又切实可行的技术站列车编组计划方案，列车编组计划是科学地组织车流、综合运用全路站场设备的部署。它规定了铁路应开行的货物列车的种类、数量及发到站，至于这些列车如何在各区段内运行的问题，则须通过正确编制与严格执行列车运行图来解决。

### 三、列车运行图及通过能力

在组织旅客和货物运输的生产过程中，列车运行是一个很复杂的环节，它要利用多种铁路技术设备，要求各部门、各工种、各项作业之间互相协调配合，才能保证行车安全和提高运输效率。列车运行图在这方面起着极其重要的作用。

**1. 列车运行图**

**（1）列车运行图的概念及作用** 列车运行图是列车运行的图解，是全路组织列车运行的基础。列车运行图规定了：各次列车占用区间的次序，列车在每个车站的到、发或通过时刻，列车在区间内的运行时间和在车站上的停站时间及机车交路，列车的质量和长度标准等。

列车运行图实际上是利用坐标原理来表示列车运行的一种图解。它以垂直线等分横轴表示时间，将纵轴用横线划分代表各车站中心线的位置，如图2-77所示，图中斜线称为列车运行线。

列车运行图不仅是日常指挥列车运行的重要依据，而且也是保证行车安全、改善铁路技术设备运用、加速机车车辆周转、提高铁路通过能力和运营工作水平的重要工具。

**（2）列车运行图的分类**

1）按区间干线数目的不同，分为单线运行图和双线运行图。单线运行图的特点是上下行列车均在同一条正线上运行，列车的会让必须在车站上进行。双线运行图的特点在于上下行列车分别在各自的正线上运行，互不干扰，因而对向列车可以在区间内或车站上交会，但同方向列车的越行仍须在车站上进行。

2）按各种列车运行速度的不同，分为平行运行图和非平行运行图。凡同一方向列车在同一区间内的运行速度都相同，因而其运行线互相平行，并在区段内没有列车越行的，称为平行运行图；凡具有不同种类和运行速度的列车运行，同方向列车的运行线不平行，称为非平行运行图。非平行运行图是铁路普遍采用的运行图。

3）按上下行方向列车数目是否相同，分为成对运行图和不成对运行图。在一般情况下多采用成对运行图。

4）按同方向列车是否追踪运行，分为追踪运行图和非追踪运行图。在自动闭塞区段采用追踪运行图；在非自动闭塞区段，同方向列车只允许以车站区间或所间区间为间隔连发运行，只能采用非追踪运行图（或称连发运行图）。

实际上，每张运行图都同时具有几个方面的特征。例如，如图2-77所示为单线成对非追踪平行运行图，而如图 2-78 所示则为双线成对追踪非平行运行图。

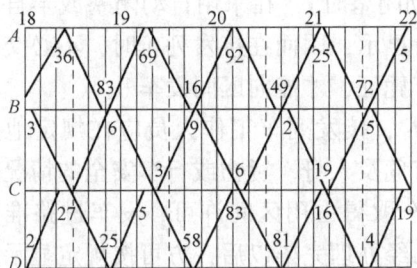

图 2-77 单线成对非追踪平行运行图

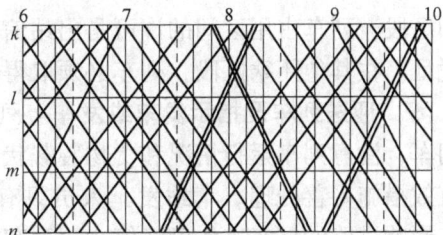

图 2-78 双线成对追踪非平行运行图

**2. 铁路区段通过能力**

通过能力是指在一定的机车车辆类型和一定的行车组织方法的条件下，铁路区段内的各种固定设备，在单位时间内（通常指一昼夜）所能通过或接发的最多列车对数或列数。

铁路区段通过能力是指铁路区段内各种固定设备，如区间、车站、机务段设备、给水设备、电气化铁路的供电设备，其中通过能力最薄弱的设备通过能力，也称为区段的最终通过能力。与铁路行车组织有关的是区间通过能力和车站通过能力。

**(1) 铁路区间通过能力** 铁路区间通过能力，主要取决于该区段的技术设备和所采用的行车组织方法，如区间正线数目、区间长度、线路纵断面、机车车辆类别及信号、联锁及闭塞方式以及列车运行图的类型等。列车运行图类型对区间通过能力影响很大，在同样的技术设备条件下，采取不同的列车运行图类型，通过能力会有很大不同。计算区间通过能力，一般是先计算平行运行图的区间通过能力，然后在此基础上再计算非平行运行图的区间通过能力。

**(2) 铁路车站通过能力** 铁路车站通过能力是指车站在现有设备条件下，采用合理的技术作业过程，于一昼夜内所能通过或接发的最多列车对数或列数。它包括咽喉通过能力和到发线通过能力两部分。车站通过能力最后是取咽喉通过能力和到发线通过能力中的最小值。

## 四、车站行车组织工作

车站技术管理和作业组织应在《车站行车工作细则》中具体规定，其主要内容包括：车站技术设备的使用与管理、接发列车与调车作业的组织、列车与车辆的技术作业程序、车站作业计划与调度以及车站通过能力与改编能力的计算等。

**1. 接发列车作业**

接发列车作业是铁路运输生产活动的一项重要内容，保证不间断地接发列车、严格按列车运行图行车是对车站接发列车组织工作的基本要求。车站的接发列车作业由车站值班员统一指挥。在接发列车时需办理的作业如下：

**(1) 办理区间闭塞** 列车进入区间前，发车站必须确认区间空闲，两站间办理闭塞手续是车站接发列车工作的首要作业程序。

**(2) 准备接车或发车进路** 到达、出发或通过所需占用的一段站内线路称为列车进路。为保证列车运行的安全，列车到达或出发之前，车站值班员应正确发布准备列车进路的命令，及时停止影响列车进路的调车工作。

**(3) 开放和关闭进站信号或出站信号** 只有在闭塞手续办理完毕，列车进路已准备妥当以后，才能开放进站或出站信号，在列车进入或开出车站之后，应及时关闭信号。

**（4）接、交行车凭证**（不使用自动闭塞和半自动闭塞时）　在采用自动闭塞或半自动闭塞的区段，列车占用区间的许可是出站信号机的进行显示，因而在接发列车时，不必交接行车凭证。在其他闭塞区段，列车必须取得规定的行车凭证，才能向区间发车。

**（5）迎送列车及指示发车或发车**　列车进出站时，接发列车工作人员应在规定地点迎送列车，注意列车运行情况和货物装载状态，发现有危及人身、货物或行车安全的情况应采取有效措施妥善处理。车站发车人员只有在确认列车取得占用区间许可，发车进路准备妥当，影响进路的调车工作已经停止，列车技术作业已经办理完毕以后，方可按规定显示发车指示信号，准许列车由车站出发。

**（6）开通区间及报点**　列车到达或出发之后，车站值班员应及时办理区间开通，并将到、发时刻通知邻站和向列车调度员报告和登记《行车日志》。

**2. 货物列车及货车在技术站、货运站的技术作业**

铁路技术站和货运站的主要生产活动为办理各种货物列车及货车的技术作业。

**（1）货物列车技术作业过程**

1）到达解体列车技术作业过程。到达车站后需要进行解体的列车称为到达解体列车。此类列车的技术作业及其时间标准如图2-79所示。

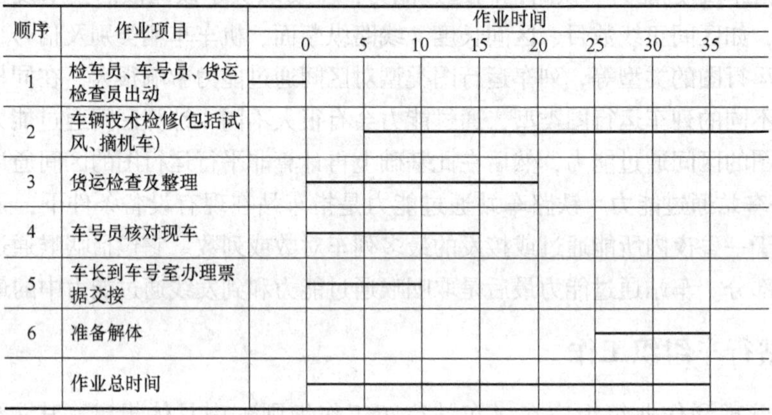

| 顺序 | 作业项目 | 作业时间 | | | | | | | |
|---|---|---|---|---|---|---|---|---|---|
| | | 0 | 5 | 10 | 15 | 20 | 25 | 30 | 35 |
| 1 | 检车员、车号员、货运检查员出动 | | | | | | | | |
| 2 | 车辆技术检修(包括试风、摘机车) | | | | | | | | |
| 3 | 货运检查及整理 | | | | | | | | |
| 4 | 车号员核对现车 | | | | | | | | |
| 5 | 车长到车号室办理票据交接 | | | | | | | | |
| 6 | 准备解体 | | | | | | | | |
| | 作业总时间 | | | | | | | | |

图2-79　到达解体列车技术作业过程

2）始发编组列车技术作业过程。始发编组列车是指由车站编组始发的列车。为缩短作业延续时间，车站值班员应提前与有关单位联系，组织机车按时出段，列检员及时出动。车号员应在车列集结和编组过程中填制出发列车的编组顺序表。在车列转至发车线后，立即进行车辆技术检查及修理、挂机车及试风、货运检查及整理、车号员核对现车及司机（或运转车长）接收票据和列车，以及准备发车等作业。

3）无改编中转列车技术作业过程。无改编中转列车是指在本站不进行改编作业，而只是在直通场（或到发场）进行到发技术作业之后，原列出发、继续运行的列车。其技术作业过程的特点是将到达作业和出发作业结合起来进行。当列车接续时间在1h以内时，车列的票据与现车可由到达司机（或运转车长）与出发司机（或运转车长）在现场直接办理交接。如采用长交路或机车循环运转制，在基本段所在站不更换机车，只需在站线上进行机车乘务组换班和机车整备作业。

（2）**货车技术作业过程**　在车站上停留的运用货车，按其作业性质可分为中转车和货物作业车两大类。

在车站不进行装卸作业的运用货车称为中转车。随到达解体列车到达，需在本站进行货物装卸作业的运用货车，称为货物作业车。货物作业车的作业过程除了办理与有调中转车相同的技术作业外，在解体与集结过程之间还增加"待送及送车、装车或卸车、待取及取车"三项作业过程。

上述各种作业性质的列车和货车在车站办理的列车与货车总量中所占的比重，取决于车站的性质。一般说来，编组站主要办理到达解体列车及始发编组列车和有调中转车的作业，区段站主要办理无改编中转列车和无调中转车的作业，而铁路线上大多数车站都要办理一定数量的货物作业车的作业。

**3. 调车工作**

列车的形成离不开调车。除了列车在车站到、发、通过及在区间内的运行之外，机车车辆在站线或其他线路上进行的一切有目的的移动，统称为调车。调车工作是列车解编、摘挂、车辆取送过程中不可缺少的重要环节，对编组站来说，调车工作更是它的主要生产活动。据统计，全路用于调车工作的机车约占运用机车总台数的20%，用于调车工作的支出约占运营支出总额的25%。

（1）**调车工作分类**　调车工作按其作业目的的不同可分为：

1）解体调车。是指将到达解体的车列或车组，按其车辆的去向或其他需要分解到调车场各固定线路上去的调车。

2）编组调车。是指按列车编组计划、列车运行图以及有关规章的规定和要求，将车辆选编成车列或车组的调车。

3）摘挂调车。是指对部分改编中转列车进行补轴、减轴、车辆换挂以及摘挂列车在中间站进行摘挂车辆的调车。

4）取送调车。是指将待装、待卸的车辆由调车场送至装卸作业地点以及从上述地点将作业完了的车辆取回调车场的调车。

5）其他调车。因工作需要对车列或车组进行转场、转线，对调车场内的停留车辆进行整理，以及机车出入段等调车作业。

（2）**调车作业方法**　调车作业方法按使用设备的不同主要分为牵出线调车和驼峰调车两大类。牵出线调车是最基本的调车作业方式，主要有推送调车和溜放调车两种方法。

**4. 车站作业计划**

车站作业计划包括班计划、阶段计划和调车作业计划。班计划是车站最基本的计划，它体现路局调度部门对车站规定的任务和要求，由站长或主管运输的副站长按照路局调度的要求编制；阶段计划是一个班各阶段工作的具体安排，是完成班计划的保证，由车站调度员根据该阶段工作开始前的具体情况编制；调车作业计划是列车解体、编组和车辆取送作业的具体行动计划，由调车区长编制。

## 五、铁路运输生产计划与调度指挥

**1. 铁路运输生产计划**

铁路运输生产计划由铁路月度货物运输计划和铁路运输工作技术计划两部分组成，是铁路日常运输组织工作的基础和编制运输工作日常计划的主要依据。

铁路月度货物运输计划的基本任务是根据国家经济政策和运输政策，密切产供运销关系，正确安排各地区、各部门、各种物资的发送量和流向，积极组织合理运输、均衡运输、直达运输。充分发挥运输工具效能，分月度完成和超额完成年度运输任务，最大限度地满足国民经济对铁路运输的需要。

铁路运输工作技术计划的基本任务是根据铁路各种运转设备的能力及用户货物运输需求，最大限度地合理安排各区段重空车流和货物列车列数，确定货车运用主要指标，以及核定各分界口定量交接使用车站数，质量良好地完成铁路月度运输生产任务。

**2. 运输方案**

月度货物运输计划规定了各种货流的流量与流向，通过编制技术计划又规定了全路运量的合理分配及各铁路局应完成的各项任务的日均标准。这些都属于任务性的计划，而对于如何组织货源货流，如何使车流组织与列车运行图很好地结合，如何使列车运行与机车周转紧密联系等问题都没有做出具体的安排和规定。因而，对运输工作日常计划的编制只能起宏观控制作用而不能起具体指导作用。这样，在制订月度运输生产计划的同时，还应根据月计划规定的任务，按照列车编组计划、列车运行图的规定以及装卸站的装卸能力、企业生产和市场供销规律及计划月的具体情况，对一月内各旬的货运工作、列车工作、机车工作以及工务、电务施工等进行综合部署和统筹安排，使货流组织、车流组织、列车运行、机车运用彼此间紧密衔接起来，为编制调度旬、日班计划提供必要的依据，这就是运输方案的任务。其主要内容包括货运工作方案、列车工作方案和机车工作方案。

**3. 铁路运输调度指挥系统**

铁路运输业具有线长、点多、部门分工细、生产连续性强、各作业环节紧密联系等特点。运输生产过程是在长距离的连续空间带上进行的，涉及的部门多、影响因素多、变化大、时间性强。为使这一庞大而复杂的系统能够不间断地、均衡地、高效地运转，就必须对铁路的日常生产活动实行分级管理、集中统一指挥的原则。为此，我国铁路的各级运输部门都建立了相应的调度机构，即全路设调度中心、铁路局设调度所、车站（主要是编组站、区段站、大货运站）设调度室。在各级调度机构中，按照业务分类设有若干不同职名的调度员，如计划调度员、列（货）运调度员、客运调度员、机车调度员等，分别代表各级领导掌管一定范围内的日常运输指挥工作。为协调、综合和统一各工种调度员的工作，设有值班主任，负责指挥全班运输生产活动，正确实现运输工作日班计划，全面完成各项工作任务。

铁路运输调度的基本任务是：正确编制和执行铁路运输生产计划和运输工作日常计划，科学地组织客流、货流和车流，经济合理地使用机车车辆及运输设备，组织均衡运输、挖掘运输潜力，提高运输效率和效益；组织与运输有关的各部门紧密配合、协同动作，努力完成各项运输任务。为此，各级调度人员必须认真执行国家运输政策，树立全局观念，严肃调度纪律，坚持"一卸、二排、三装"的运输原则，不断提高运输组织指挥水平。

**4. 行车调度指挥自动化**

为了进一步增加区段通过能力，提高列车运行指挥的质量，改善行车调度指挥人员的劳动条件，必须实现行车调度指挥自动化。行车调度指挥自动化主要包括以下内容：

1）自动编制列车运行调车计划。

2）自动控制车站的接发车进路。

3）自动记录实绩列车运行图。

行车调度指挥自动化系统，是以根据列车实际运行信息和列车运行图的要求，自动地提前编制几小时的列车运行调度计划方案；系统不断检查全部列车在区段内运行情况，当发现列车位置与调整方案不符时，系统将根据列车在前方几个车站会让时的可能方案，优选最合理的放行列车方案，供列车调度员审核；根据列车运行调整计划和对列车的追踪运行情况，系统将实现对车站接发车进路的控制，并实现实绩列车运行图的自动绘制。

目前，我国铁路行车调度指挥自动化主要是通过采用列车调度指挥系统（TDCS）和调度集中系统（CTC）来实现的。

# 第五节 牵引供电系统

## 一、牵引供电系统概述

用电能作为铁路运输牵引动力能源的牵引方式叫作电力牵引。它的牵引动力是电力机车。因而必须在电气化铁路沿线，设置一套完善的、不间断的向电力机车供电的设备。由这套设备构成的供电系统叫作电力牵引供电系统。

电力牵引供电系统由牵引变电所、接触网与含轨道和大地以及附加回流导线的回流设备（总称牵引网）、分区所、开闭所和远动调度监控系统等构成，如图2-80a所示。

图2-80a中分区所（SP）的作用是：通过SP可使两相邻牵引变电所A、B的供电区段Ⅰ、Ⅱ实现并联工作或单独工作；当相邻牵引变电所发生故障而停止供电时，可闭合SP的断路器DL，由非故障牵引变电所实现越区供电；双边供电的供电区Ⅰ、Ⅱ内发生牵引网短路事故时，可由分区所短路器切除事故点所在位置的一半供电区，非事故段仍可照常工作。从而增加供电灵活性，提高牵引供电系统运行可靠性。

开闭所（SSP）的作用则是用来将牵引变电所输出的馈电线，通过SSP的多路配电线和断路器，向枢纽站场的接触网各分组、供电分区和电力机务段等供电，如图2-80a所示。它实际上是一种配电的开关站，用以缩小故障范围。

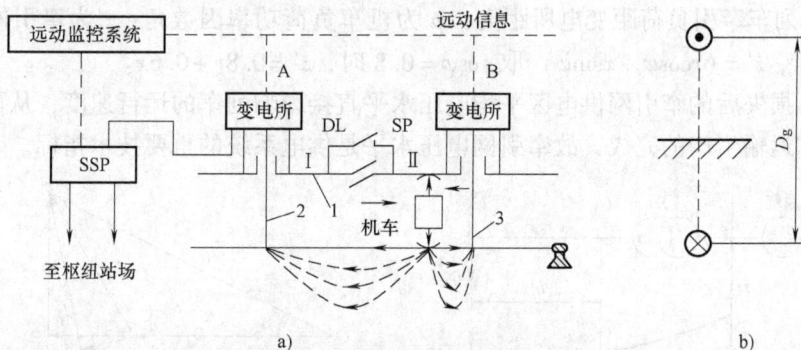

图2-80 牵引供电系统构成示意图

a）牵引供电系统与牵引网 b）"导线-地回路"与$D_g$

1—接触网 2—回流线 3—钢轨

对于图2-80a所示直接供电方式的牵引网，机车电流是经由接触网送至电力机车，然后沿轨道和大地构成的回流设施流回牵引变电所的。通常可将牵引网看成"导线-地回路"和"钢轨-地回路"构成的等效感应电路（相当于变压器的一、二次回路），这两个电路中的地回路，其地中电流的分布深度很广且很复杂，可用等效深度 $D_g$ 表示，如图2-80b所示。$D_g$ 与大地电导率和电流频率有关，在几百米至几公里之间变化。由于接触导线、钢轨和地回路相对于邻近通信线路的空间几何位置不对称并存在地中电流，牵引网在其周围产生的交变磁场未能抵消，将对于铁路平行接近的通信线路产生感应电流，从而形成电磁干扰，对通信质量和安全造成危害，必须采取有效措施予以改善。

表征牵引供电系统运行状况的技术参数，主要有以下几项：

**1. 牵引网单位阻抗**

牵引网中接触网悬挂方式、不同回流设施和结构尺寸对牵引网阻抗有重大影响。而牵引网阻抗［一般用单位阻抗（Ω/km）表示］是牵引网的主要技术参数，是计算牵引网电压损失、短路电流和供电系统经济技术比较所必需的。牵引网单位阻抗 $z$ 可由上述等效变压器两个感应回路的电压平衡方程关系中求得。单线链形悬挂直接供电方式牵引网的 $z$ 值约为 $0.56e^{j65°}$ Ω/km。

**2. 牵引网供电系统电压损失与电压水平**

电力机车正常情况下是在牵引网规定的电压波动范围内运行的（例如，我国规定最低电压为19kV，最高电压为29kV），供电区任一地点的牵引网电压都不应超出规定标准。机车运行的牵引负荷使供电系统电压下降，即产生电压损失。它主要由牵引变电所主变压器电压损失和牵引网电压损失两部分组成（此时将电力系统看成电压源）。如图2-81a所示，这两部分电压损失的计算方法相同。

牵引网电压损失（$\Delta U_T$），即为牵引变电所馈线输出（线）电压 $U_1$ 与电力机车受电弓上电压 $U_2$ 的矢量差，如图2-81b所示。由于 $U_1$ 与 $U_2$ 之间夹角 $\delta$ 很小，在近似计算中，取 $\Delta U_T$ 等于电压降矢量 $\Delta \dot{U}_T$ 在横轴上的投影 $ac$，设牵引网电流为 $I_i$，牵引网单位阻抗为 $z = r + jx$，当供电区内有 $n$ 列车运行时，则有

$$\Delta U_T = (r\cos\varphi + x\sin\varphi)\sum_{i=1}^{n}I_iL_i = z'\sum_{i=1}^{n}I_iL_i \tag{2-9}$$

式中，$L_i$ 为 $i$ 列车牵引负荷距变电所距离；$\varphi$ 为机车负荷功率因数角；$z'$ 为牵引网单位等效阻抗（Ω/km），$z' = (r\cos\varphi + x\sin\varphi)$ 取 $\cos\varphi = 0.8$ 时，$z' = 0.8r + 0.6x$。

考虑电压损失后的牵引网供电区平均电压水平直接影响列车的运行速度，从而影响区段的通过能力和运输生产的完成，故牵引网电压水平是供电系统的重要技术指标。牵引供电系

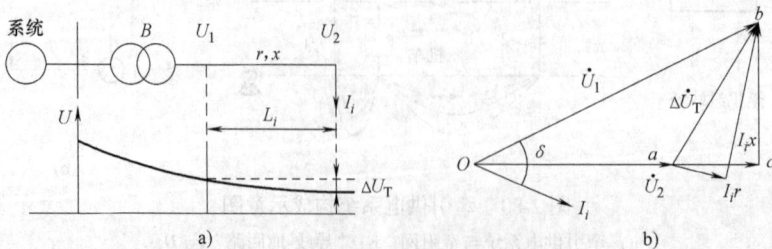

图2-81 电压损失示意图和矢量图

统应采取自动调压或调节无功功率等措施，以提高牵引网电压水平。

**3. 供电系统电能损失**

牵引供电系统的另一项重要技术经济指标就是系统的电能损失（$\Delta P$），它由牵引变电所主变压器和牵引网电能损失两部分组成。不同的主变压器接线形式和结构及其运行方式（并联或单独运行），加上不同的牵引网供电方式及其结构，都将使牵引供电系统的电能损失产生变化。

## 二、牵引网

在电气化铁路术语中，通常将接触网、钢轨、回流线等总称为牵引网。而接触网和钢轨则是牵引网的主体。因此，本节内容以介绍接触网的有关问题为主。

**1. 接触网工作特点和对接触网的要求**

接触网是沿电气化铁路露天架设、向电力机车供电的一种特殊形式的输电网。由于电力机车是通过受电弓的快速滑动接触，从接触网取得电流，因而，保持良好的受流状态，是弓-网协调工作的首要任务。

电力机车走行时，受电弓给接触线以上抬力，使接触线抬升，由于接触线是一条长软线，而受电弓又是一个弹性装置，因此，这种压力和抬力是变化的，而且变化迅速。此外，列车在以空气为介质的空间运行时，还会对受电弓弓臂和弓头产生有一定的压力的空气流，形成对受电弓向上或向下的附加力。以上几种力的合成作用结果，使接触网产生振荡，从而使受电弓滑板不能很好地追随接触线的轨迹，导致脱离接触线（离线）。其后果是使电力机车受流时通时断，导致机车在行驶时出现牵引力不稳定的状态。

恶劣的气候条件还会直接影响接触网的工作状况，如过高过低气温，过大风速和各导线的覆冰等，都会使接触网的工作条件发生变化。温度升高会使导线伸长，导线的张力随之变小，接触线弛度加大；温度降低会使导线缩短、张力加大，接触线弛度减小，这是由金属导线的热胀冷缩造成的。这些都直接影响受流条件，风速过大时，由于导线所受风压加大，除使接触线张力加大以外，还会使接触线发生水平偏移和振动，当接触线偏离起始位置达到一定程度时，就可能超出受电弓的工作范围，造成打弓，刮弓，甚至断线和零部件损坏。覆冰时的附加重量，可使导线张力增大，冰壳还会使接触导线与受电弓接触受流时导电性能降低，并产生电弧，工作条件恶化。空气中的尘埃和腐蚀性物质会使各导线及零部件受腐蚀，强度降低，缩短使用寿命，对绝缘子来说还影响其绝缘性能。

为此接触网需要克服气候、线路弯道和坡道等各种条件造成的不利影响，特别在高、快速列车运行中，接触网、受电弓、车体和线路形成的复杂振动系统振幅加大，弓网间的接触状态趋于不稳定，将严重影响受流质量和列车的安全运行以及接触网的使用寿命。因此，对接触网的结构和特性应能满足在弓网相互作用下，保证必需的受流质量和工作稳定性。具体要求有以下几点：

1）在高速运行和恶劣气候条件下，能保证电力机车正常取流，要求接触网在结构上应具有良好的稳定性和足够而均匀的弹性，同时接触导线距轨面的高度应尽量相等。

2）具有足够的耐磨性和抗腐蚀性，以延长设备的使用年限。

3）接触网对地绝缘良好，安全可靠，并应考虑便于开展带电作业。

4）接触网结构在满足要求1）的前提下，应尽量简单，便于施工，有利于运输及维修。

在发生事故时，便于抢修和迅速恢复送电。

5）尽可能地降低成本，特别要注意节约有色金属及钢材。

总之，要求接触网无论在任何气候条件下，都能够可靠地给电力机车供电和受流，以保证电力机车在线路上安全、高速运行。

**2. 接触网的组成**

在交流电气化铁路干线上，均采用架空式接触网，如图 2-82 所示。架空式接触网由接触悬挂、支持装置、定位装置、支柱和基础等部分组成。

**（1）接触悬挂** 接触悬挂通常包括承力索、吊弦、接触导线以及连接零件等。接触悬挂通过支持装置架设在支柱上。

电力机车在运行时，受电弓（受流器）的滑板直接紧贴在接触导线下滑行并取得电流。理想的情况是应使受电弓沿接触导线滑行的整个过程

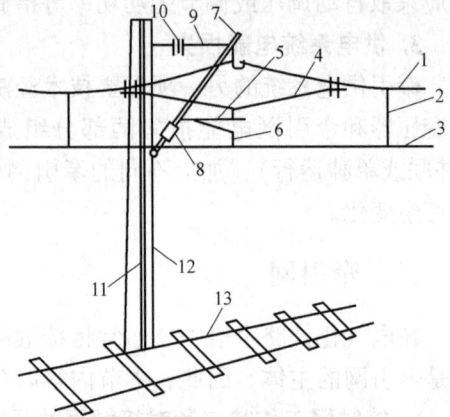

图 2-82　接触网组成

1—承力索　2—吊弦　3—接触导线　4—弹性吊弦
5—定位管　6—定位器　7—腕臂　8—棒式绝缘子
9—水平定位管　10—悬式绝缘子　11—支柱
12—接地线　13—钢轨

中，接触导线的高度和受电弓对接触导线的压力保持不变。这就要求接触悬挂本身具有均匀的弹性，在悬挂内不应有硬点。为了使受电弓对接触导线的压力不变，则要求接触导线距轨面的高度应尽量相等。即便接触导线的高度发生变化（当隧道净空高度受限制，不得不降低隧道内接触导线的高度），也要比较平缓的过渡，而不应出现陡坡。

接触悬挂应具有良好的稳定性，在受电弓沿接触导线滑行时，不能出现上下振动。在横向风力作用下，导线不能出现左右摆动。

接触悬挂的种类较多，如图 2-82 所示为弹性链形悬挂。

**（2）支持装置** 支持装置主要是用来悬吊和支持接触悬挂的，并将其负荷传递给支柱或其他建筑物。支持装置的结构根据接触网所在区间、站场、桥梁、隧道等地点的不同而有所不同。如图 2-82 所示为区间所用形式。支持装置包括腕臂、拉杆、绝缘子、软横跨、硬横跨以及桥梁大型建筑物中的特殊设备等。

支持装置的结构要能够适应各种场合，而且要轻巧耐用，具有足够的机械强度，便于安装和维修。

**（3）定位装置** 定位装置包括定位管和定位器。定位装置的作用主要是根据技术要求固定接触导线的位置（即定位），从而保证在定位点处接触导线与机车受电弓滑板间有一定距离。此外，定位装置还要承受接触导线的水平负荷，并将该负荷传递给支柱。

**（4）支柱和基础** 支柱和基础用以承受接触悬挂、支持装置和定位装置的全部负荷，并将接触悬挂固定在规定的高度上。接触网支柱，根据其用途不同，分为两大类，即腕臂支柱和软横跨支柱。腕臂支柱主要用于区间，软横跨支柱用于站场。制作支柱的材质通常使用钢材和混凝土，因此把支柱分为预应力钢筋混凝土柱和钢柱。目前我国广泛采用预应力钢筋混凝土支柱，既节省了材料，又减少了平时对支柱的维修工作；同时，在架设时不需要另打基础，按技术要求直接埋入地下即可。当采用钢柱时，则需要通过地角螺栓固定在钢筋混凝土基础上。

### 三、牵引供电系统供电方式

针对牵引网的结构，可采取不同的技术措施和装备，以减少牵引网对邻近通信线的干扰，降低牵引网电压损失和电能损失，提高电气化铁路效益，从而形成了牵引供电系统不同的供电方式。供电方式主要有直接供电方式（简称 TR 供电方式），带回流线直接供电方式（简称 DN 供电方式）、吸流变压器（Booster-Transformer)-回流线供电方式（简称 BT 供电方式）、并联自耦变压器（Auto-Transformer）供电方式（简称 AT 供电方式）和同轴电力电缆供电方式（简称 CC 供电方式）等几种。现分述如下：

**1. 直接（TR）供电方式**

直接供电方式是在牵引网中不加特殊防护措施的一种供电方式。电气化铁路最早大都采用这种供电方式，其一根馈电线接在接触网上，另一根馈电线接在钢轨上，如图 2-83 所示。这种供电方式最简单，投资最省，牵引网阻抗较小，能耗也较低。供电距离单线一般为 30km 左右，双线一般为 25km 左右。电气化铁路是单相负荷，机车由接触网取得的电流经钢轨流回牵引变电所。由于钢轨和大地是不绝缘的，一部分回流电流由钢轨流入大地，因此会对通信线路产生电磁感应影响，这是直接供电方式的缺点。它一般应用在铁路沿线无架空通信线路或通信线路已改用地下屏蔽电缆的区段。

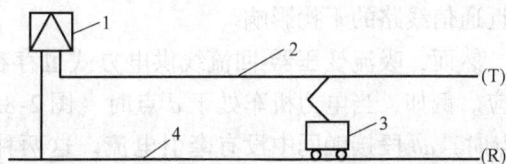

图 2-83　直接供电方式
1—牵引变电所　2—接触网（T）　3—机车　4—钢轨（R）

**2. 带回流线的直接（DN）供电方式**

直接供电方式牵引网结构简单经济，其主要缺陷是它会对沿线平行接近通信线路产生电磁干扰影响，因而限制了其实际应用。为了减轻牵引网的电磁干扰影响，可在接触导线平行位置（支柱另侧）增加金属回流导线 NF，并隔一定距离设置连接导线将回流导线与钢轨并联，从而构成回流导线和钢轨-大地回路的回流设备，如图 2-84 所示。这种供电方式称为带回流线的直接供电方式。

从图 2-84 中可知，由于 NF 线和钢轨并联，使正常运行时钢轨中负荷电流的一部分分流到 NF 中去，从而可降低钢轨对地电位，减少流入大地中的电流，同时 NF 线与接触导线距离较小（按 25kV 绝缘距离要求），增强了对接触网负荷电流磁场的去磁效应。由于这两方面的原因，DN 供电方式可减轻对通信线路的干扰影

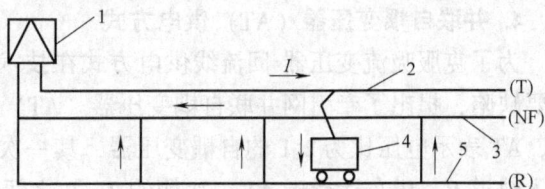

图 2-84　带回流线的直接供电方式
1—牵引变电所　2—接触网（T）　3—回流线（NF）
4—机车　5—钢轨（R）

响，并使牵引网单位阻抗降低，有利于减小电压损失和功率损失。若对回流线网（NF 线与连接导线）结构布置和参数选择进行优化，可以有效提高抗干扰效果。DN 供电方式相对于 BT 和 AT 供电方式，其牵引网结构简单，经济性较好，因而在国内外得到了广泛应用。

**3. 吸流变压器（BT)-回流线供电方式**

在图 2-84 的基础上，如果在牵引网的接触导线和回流线中串联接入电压比为 1:1 的吸

流变压器 BT，即构成吸流变压器-回流线供电方式，其原理如图 2-85 所示。图中，牵引网每隔 $l_0$（2～4km）设置一台 BT，称为供电分段，BT 设在分段中央，其一次侧接入接触网

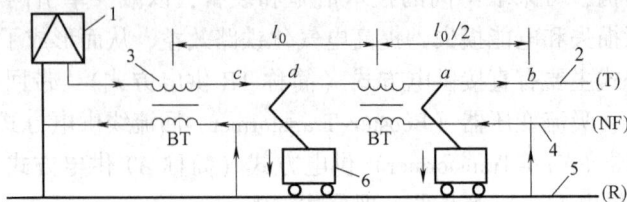

图 2-85　吸流变压器-回流线供电方式

1—牵引变电所　2—接触网（T）　3—吸流变压器　4—回流线（NF）　5—机车　6—钢轨（R）

T，二次侧串入至回流线 NF 中。当牵引负荷电流经 BT 一次侧时，其二次侧产生很大的互感电流，迫使负荷电流沿回流线流回牵引变电所而不经由轨道和大地（仅 BT 一次侧的励磁电流仍流经轨道和大地返回）。从而极大地减弱了牵引网周围的磁场，有效降低了牵引电流对邻近通信线路的干扰影响。

　　然而，吸流变压器-回流线供电方式也存在着一定缺陷，即在一定范围内失去吸流防护效应。例如，当电力机车处于 d 点时（图 2-85），cd 段回流线中没有电流通过；电力机车在 a 点时，ab 段接触网中没有牵引电流。这两种情况下都不产生防护（抗干扰）作用，其失效距离为分段距离 $l_0$ 的一半，称为半段效应。由于 $l_0$ 相对于整个供电区长度来说较小，且同一时刻只有处在一个分段中机车的负荷电流，而不是牵引网总电流在该分段产生半段效应，它对于整个供电区抗干扰的影响是有限的。但牵引网中串联接入大量吸流变压器的短路阻抗，将使牵引网电压水平降低，并增大功率损失，接触导线断口串联接入 BT 一次绕组，对列车运行速度会产生不利影响，并在机车通过断口时，受电弓将产生大电弧而受到烧损。此外，吸流变压器-回流线装置的设备增多（含 BT 的保护避雷器、刀库开关等），投资增大，运营维护复杂（均与 DN 供电方式相比较），因而限制了它的应用范围，一般仅在靠近城市通信线路密集的电气区段中采用。

### 4. 并联自耦变压器（AT）供电方式

　　为了克服吸流变压器-回流线供电方式在技术上存在电压损失大及影响列车高速运行等主要缺陷，提出了牵引网并联自耦变压器（AT）供电方式，其原理电路如图 2-86 所示。图中，AT 表示电压比为 2:1 的自耦变压器，其一次侧并联接入接触网 T 和正馈线 F 上，中点接入轨道 R，机车运行于 AT 二次侧的 J、R 之间。在结构上，AT 供电方式用自耦变压器取

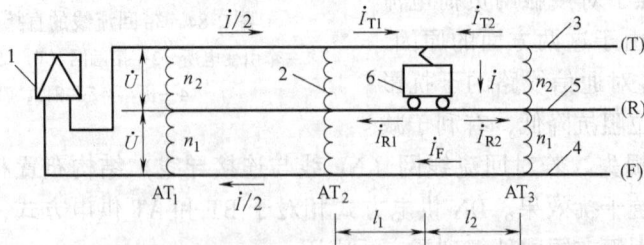

图 2-86　自耦变压器供电方式原理电路图

1—牵引变电所　2—自耦变压器　3—接触网（T）　4—正馈线（F）　5—钢轨（R）　6—机车

代了 BT，正馈线的作用及其布置与回流线相同，但两个 AT 之间距离可增大至 $10 \sim 20 \mathrm{km}$（称为 AT 段），并消除了接触导线由于串入 BT 而存在断口的问题。

AT 供电方式对邻近通信线路的抗干扰原理如下：

首先假定自耦变压器阻抗为零，AT 的一次绕组 $n_1$ 与 $n_2$ 串连接于电源，$n_2$ 连接负载。如图所示，当电力机车处于两台 AT 之间（AT 段）时，设牵引电流为 $I$，对于段内同时由 $AT_2$、$AT_3$ 的二次绕组 $n_2$ 供电，其值分别为 $I_{J1}$ 和 $I_{J2}$（与机车和 $AT_2$、$AT_3$ 的距离 $l_1$、$l_2$ 成反比例分配），两电流同时经轨道-地回路并有部分流入大地，均在 $AT_2$、$AT_3$ 的一次绕组 $n_1$ 感应电流作用下，被吸流流至正馈线 F。此时段内两台 AT 中每台的串联绕组 $n_1$ 和 $n_2$ 中的负荷电流总是大小相等，方向相反，其所产生的磁通向互抵消。需要指出，在上述 AT 段中 $l_1$ 和 $l_2$ 长度内由于有地中电流存在，牵引网产生的电磁影响是相等且相反的，对于平行于该 AT 段的通信线路不产生电磁感应。机车所处 AT 段以外的其他 AT 可以认为不提供牵引电流。

实际上由于自耦变压器存在阻抗是有限的，因而远离机车的 AT 也提供部分牵引电流，致使全部供电区的轨道-地回路中都有电流流通，并相应地存在地中电流，导致对邻近通信线路产生电磁影响。但由于 AT 阻抗很小（一般为 $0.45\Omega$），因而机车所处 AT 段以外的每台 AT 向机车供给的牵引电流较小，可有效降低全线的电磁感应影响，其防护效果与吸流变压器-回流线供电方式相当。

AT 供电方式的主要技术经济特性是：

1）牵引网传输功率和电压水平提高，由于 AT 一次侧为二倍接触网电压（$2 \times 25 \mathrm{kV}$），因此只有 1/2 牵引电流通过接触网和正馈线，有利于牵引网传输大功率电力。同时，牵引网的电压损失和功率损失大幅度降低，可提高电压水平，增强运营的经济效益。

2）牵引网电压提高为 $2 \times 25 \mathrm{kV}$ 后，牵引变电所的间隔可增大为 $90 \sim 100 \mathrm{km}$（比 BT 方式增大 3 倍），变电所主变压器二次绕组和相应开关设备绝缘水平应提高，牵引网单位阻抗比 BT 方式有较大降低，但牵引网结构较复杂，并在沿线设置若干自耦变压器及相应的开关设备和避雷器等（称为 AT 站），使牵引网系统（含 AT 站）的造价增大，维护运行工作增多。

3）对通信线路防干扰特性较好，且接触导线不需断口（BT 方式需要），有利于列车高速运行。

总之，采用 AT 供电方式时，应做牵引供电系统（含牵引变电所设备）的全面综合技术经济比较，尽量发挥它的技术优势。在高速重载电气化区段，AT 供电方式有较大适用性，也可采用 AT 方式与 DN 方式相结合（部分为 AT 或部分为 DN）的综合供电方式。

**5. 同轴电力电缆供电（CC）方式**

同轴电力电缆供电（CC）是一种新型的供电方式。用作交流电气化铁路牵引供电回路的同轴电力电缆，是一种特制的聚乙烯绝缘的电力电缆，电缆的内导体和外导体之间的内绝缘层，采用交织缠绕的聚乙烯绝缘，其绝缘强度可保持在交流 30kV 以上；外导体和屏蔽层（铠装）之间也采用聚乙烯绝缘，其绝缘强度可保持在交流 6kV 以上。由于电缆的内导体和外导体轴心相同，两者之间的距离很近，仅 13mm 左右，故内导体电流产生的磁场几乎全部建连外导体，漏磁场仅 13mm 左右，外导体电流产生的磁场则完全建连内导体。可以认为，电缆内导体和外导体处于全耦合状态，耦合系数接近于 1。同轴电力电缆沿铁路线路埋设时，其内部芯线作为馈电线与接触网连接，外部导线作为回流线与钢轨相接，每隔 5～10km 作一个分段，如图 2-87 所示。由于馈电线与回流线在同一电缆中，使互感系数增大，所以同轴电力电缆的阻抗比接触网和钢轨的阻抗小得多，牵引电流和回流几乎全部经由同轴电力电缆中流过。因此电缆芯线与外部导体电流相等，方向相反，二者形成的磁场相互抵消，对邻近的通信线路几乎无干扰。由于阻抗小，因而供电距离长。但由于同轴电力电缆造价高，投资大，现仅在一些特别困难的区段采用。

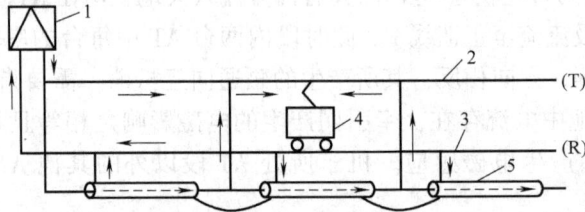

图 2-87　同轴电力电缆供电方式

1—牵引变电所　2—接触网（T）　3—钢轨（R）　4—机车　5—同轴电缆

# 第三章

# 轨道交通车辆

## 第一节　轨道交通车辆概述

　　轨道交通车辆是运送旅客和货物的工具，在轨道交通车辆上一般没有动力装置，需要把车辆连挂成一列，由机车牵引在线路上运行。

### 一、轨道交通车辆的特点及组成

#### 1. 轨道交通车辆的基本特点

　　轨道交通车辆与其他车辆的最大不同点，在于这种车辆的车轮必须在专门为它铺设的钢轨上运行。这种特殊的轮轨关系成了轨道交通车辆结构上最大的特点，并由此产生出许多其他的特点。

　　（1）**自行导向**　除轨道上运行的机车车辆之外，其他的各种运输工具都要有操纵运行方向的机构。

　　（2）**低运行阻力**　除坡道、弯道及空气对车辆的阻力之外，运行阻力主要来自走行机构中的轴与轴承以及车轮与轨面的摩擦阻力。轨道交通车辆的车轮及钢轨都是含碳量偏高的钢材，轮轨接触处的变形较小，而且轨道线路的结构状态应尽量使其运行阻力减小，故轨道交通车辆运行中的摩擦阻力较小。

　　（3）**成列运行**　以上两个特点决定它可以编组、连挂组成列车运行。

　　（4）**严格的外形尺寸限制**　轨道车辆只能在规定的线路上行驶，无法像其他车辆那样主动避让靠近它的物体，为此要制定限界、严格限制车辆的外形尺寸以确保运行安全。

#### 2. 轨道交通车辆的组成

　　轨道交通车辆从出现初期直至近代，由于不同的目的、用途及运用条件，形成了多种多样的类型与结构，但均可以概括为由以下五个基本组成部分：

　　（1）**车体**　车体的主要功能是容纳运输对象（旅客、货物）和整备品，它又是安装与连接其他四个组成部分的基础。

　　（2）**走行部**　它的位置介于车体和轨道之间，引导车辆沿轨道行驶和承受来自车体及线路的各种载荷并缓和动作用力，是保证车辆运行品质的关键部件，一般称之为转向架。

**（3）制动装置** 它是保证列车准确停车及安全运行所必不可少的装置。由于整个列车的惯性很大，不仅要在机车上设制动装置，还必须在每节车辆上也设制动装置，这样才能使运行中的车辆按需要减速或在规定的距离内停车。

**（4）连接、缓冲装置** 轨道交通车辆要成列运行必须借助连接装置。车钩后部的钩尾框中装着能储存和吸收机械能的缓冲装置，以缓和列车冲撞。

**（5）车辆内部设备** 它是一些能良好地为运输对象服务而设与车体内的固定附属装置。货车由于类型不同，内部设备千差万别，一般来说比客车简单。

## 二、轨道交通车辆的用途及分类

由于运送对象不同或其他某些特殊需要，轨道交通车辆常采用不同的外形和内部结构。因此就成为车辆分类的依据。轨道交通车辆可分为客车及货车两大类，每一大类中又可按用途细分。

**1. 客车**

客车的一般外形特点是：两侧墙上有较多的带玻璃的车窗；两车厢连接处有供旅客通行的通过台风挡及渡板；其转向架有较好的运行品质；车身一般比较长等。客车的主要用途是运送旅客或提供某种为旅客服务的功能。还有一些客车既不运送旅客又不为旅客服务，但因某种特殊的用途编在旅客列车中或单独几辆编组，按旅客列车的方式在线路上运行，如试验车、轨检车、公务车等。客车可以有两种分类方法：一是按用途分；二是按运营的性质或范围分。

**（1）按用途分类**

1）硬座车。它是旅客列车中的主要组成部分，车内的主要设备是硬席座椅，每节车厢可以容纳的旅客较多。

2）软座车。其基本作用与硬座车相同。车内的主要设备是软席座椅，车内饰装饰较硬座车讲究，具有较好的乘坐舒适性。

3）硬卧车。一般用于长途旅客列车中，车内分成若干个开敞式的隔间，主要设备是硬席卧铺。

4）软卧车。编挂在长途旅客列车中，车内主要设备是卧铺，卧铺垫有弹性装置，一般做成包间式，每个隔间定员不超过4人。

5）行李车。供旅客托运行李与包裹，车内设有专为工作人员办公与休息的空间。

6）餐车。供应旅客膳食的车辆。

7）邮政车。运送邮政信件及邮包的车辆。

**（2）按运营的性质或范围分类**

1）轻轨车辆及地铁车辆。这是一种城市轨道交通系统中所用的短途车辆，本身没有驱动装置。

2）市郊客车。它比上一类车运行距离稍远，在大城市与其周边的中、小城镇或卫星城市之间运行。

3）高速客车。运行于大城市之间，其最高商业运行速度大于或等于200km/h，它的五个基本组成部分的技术状态都必须与运行速度相适应。

4）准高速客车。运行于大城市之间，其最高商业运行速度介于 160km/h 与 200km/h 之间。

5）普速客车。指最高商业运行速度小于 160km/h 的客车。

轻轨车、地铁车、市郊车由于运行距离短，往往只有一种车种，而高速客车、准高速客车和常速客车又可按第一种分类分为多个车种。

**2. 货车**

除某些棚车在特殊情况下可临时运送旅客或其他人员外，货车主要用于运送货物。由于国民经济中货物类型千差万别，因此需要多种多样的货车来运送它们。其中敞车、棚车、平车、罐车及冷藏车属于通用性货车，可以装的货物类别较多，在货车总数中占的比重较大。另一些属专用货车，只能运输一种或很少几种货物。常见的货车车种如下：

**(1) 敞车**　通用性最强，在底架的四周有较高的端墙及侧墙、无车顶的货车，它既可运输煤炭等散粒货物，也可以装运木材、钢材、集装箱等，若在其上覆盖防水篷布，还可以运送怕潮的货物。

**(2) 棚车**　具有顶棚和门窗的货车，能运输贵重的、怕日晒雨淋的货物及大牲畜等，在需要时也能运送兵员或其他旅客。

**(3) 平车**　无墙或有可以放倒的活动矮墙板的货车，主要用来运输钢材、机械设备、集装箱、拖拉机、汽车、军用装备等货物，也能利用矮墙板运输矿石、砂土等，还有一种有专门锁具的集装箱平车。

**(4) 保温车**　用来装运易腐货物的货车。车体设有隔热材料能减少车内外热交换、可运输易腐及对温度有要求的货物的车辆。

**(5) 罐车**　主要用来装运液体、液化气体及粉状货物的货车，外形多为一个卧放的圆筒。由于在化学和物理性能上的差异，每种罐车只能适宜装运一种货物，通用性较差。

## 三、车辆代码、标记及方位

**1. 车辆代码**

为了对车辆识别与管理，特别应全国铁路计算机机联网管理的需要，必须对运用中的每辆车都进行编码，且每一辆车的编码是唯一的。车辆代码分车种、车型、车号三段，车种代码原则上在该车汉语拼音名称中选取一个或两个大写字母构成，具体见表3-1。其中客车用两个字母，而货车仅用一个字母。车型代码必须与车种代码连用，它为区分同一车种中因结构、装载量等的不同而设，一般由 1~2 个数字构成，必要时其后还可以再加大写拼音字母。车型代码作为车种代码的后缀，原则上两代码合在一起不得超过 5 个字符。

车号代码均为数字，因车种、车型不同，区分了使用数字的范围。

**2. 车辆标记**

习惯上把车辆标记分为产权、制造、检修、运用四类，但实际上这些标记主要是为运用及检修等情况下便于管理和识别所设置的。

**(1) 运用标记**

1）自重、载重及容积。自重为车辆本身的全部质量；载重即车辆允许的正常最大装载质量，均以 t 为单位。因车辆定期检修或加装改造而发生质量在 100kg 以上差异时，经检验后应修改自重标记。货车以及客车中的行李车、邮政车应注明载货容积，以说明可以载货的最大容量。容积以 m³ 为单位，并在括号内注明"内长×内宽×内高"，尺寸以 m 为单位。

表 3-1　车辆车种编码表

| 客车 | | | 货车 | | |
|---|---|---|---|---|---|
| 序号 | 车种 | 代码 | 序号 | 车种 | 代码 |
| 1 | 软座车 | RZ | 1 | 棚车 | P |
| 2 | 硬座车 | YZ | 2 | 敞车 | C |
| 3 | 硬卧车 | YW | 3 | 平车 | N |
| 4 | 软卧车 | RW | 4 | 集装箱平车 | X |
| 5 | 餐车 | CA | 5 | 矿石车(自翻车) | F(K$_F$) |
| 6 | 行李车 | XL | 6 | 长大货物车 | D |
| 7 | 邮政车 | UZ | 7 | 罐车 | G |
| 8 | 厨房车 | CF | 8 | 保温车 | B |
| 9 | 公务车 | GW | 9 | 毒品车 | W |
| 10 | 医务车 | YI | 10 | 家畜车 | J |
| 11 | 卫生车 | WS | 11 | 水泥车 | U |
| 12 | 试验车 | SY | 12 | 粮食车 | L |
| 13 | 维修车 | EX | 13 | 特种车 | T |
| 14 | 文教车 | WJ | 14 | 守车 | S |
| 15 | 特种车 | TZ | | | |
| 16 | 代用座车 | ZP | | | |
| 17 | 代用行李车 | XP | | | |
| 18 | 简易座车 | DP | | | |

2）车辆全长及换长。车辆全长为该车两端钩舌内侧面间的距离，以 m 为单位。换长等于全长除以 11，保留一位小数，尾数四舍五入。换长也可以称为计算长度，说明该车折合成 11m 长的车辆（以新中国成立初期 30t 敞车平均长度为计算标准）时，相当于它的多少倍，以便在运营中估算计算列车的总长度。

3）车辆定位标记。车辆定位标记以阿拉伯数字 1 或 2 标记，货车涂在车体两侧的端部下角，客车涂在脚蹬的外侧面及车内两端墙上部。

4）客车车种汉字标记及定员标记。为了便于旅客识别，在客车侧墙上的车号前必须用汉字涂刷上车种名称。有车门灯的客车还可以在车门灯玻璃上涂刷车种汉字名称，以便旅客夜间识别。在客车客室内端墙上方的特制标牌上，标明车号及按座席或铺位可容纳的定员数。

**（2）产权标记**

1）国徽。凡参加国际联运的客车须在侧墙中部悬挂特制的国徽。

2）路徽。凡产权归我国铁路总公司的车辆，均应在侧墙或端墙适当部位涂刷路徽，对于货车应在侧梁适当部位安装铁路总公司的产权牌。

3）路外厂矿企业自备车辆的产权标志。

4）配属标记。所有客车以及某些有固定配属的货车，必须涂刷上所属局、段的简称。

**（3）检修标记**　检修标记是便于车辆计划预修理制度执行与管理的标记，共有两种。它能记录本次修程、类型及检修责任单位并提醒下一次同类修程应在何时进行等，且车辆一旦发生重大行车事故，可借此追查与车辆检修有关的责任单位与责任人。

1）定期修理标记。定期修理标记分段修、厂修两栏。此种标记规定：货车涂刷在两侧墙左下角；客车涂刷在两外侧面右下角。

2）辅修及轴检标记。货车除厂、段修外尚有辅修及轴检。辅修周期为 6 个月；轴检须视轴承的不同形式规定周期。若为滚动轴承装置，其轴检并入辅修内进行，不另打标记；若为滑动轴承装置，轴检周期一般为 3 个月，其标记的形式类似辅修。货车由于无配属，故必须涂刷标记以备查考；客车由于有配属，故不必涂刷辅修标记。

**（4）其他标记**

1）制造标记。由厂家自定。

2）红旗列车标记。进京红旗旅客列车竞赛优胜者，在列车中部某车厢的侧墙中央相当于悬挂的部位悬挂此标记。

**3. 车辆方位**

轨道车辆在前后、左右方向是一个接近对称的结构，在对称轴上或对称的部位上有许多结构相同或相近的零、部件。设置车辆方位就像数学上给定坐标系一样，应便于在设计、制造、检修、运用中确定同类型零、部件在车辆中的位置。车辆的方位一般以制动缸活塞杆推出的方向为第一位，相反的方向为第二位，如图 3-1 所示，并在车上规定的

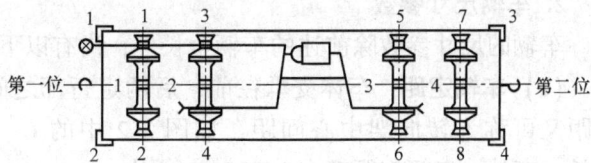

图 3-1　车辆方位

部位涂刷上方位标志。对有多个制动缸的情况则以手制动安装的位置为第一位，如按上述方法确定方位仍有困难，可人为规定某端为第一位。如客车转向架使用的盘形制动装置时制动缸数较多，可以手制动端为第一位。一些长大货车使用转向架群的，手制动装置也可能有数个，则可人为规定第一位端。

车辆同形零、部件命名规则为：当人面对车辆的第一位端站立时，对排列在纵向对称轴上的构件可由第一位端顺序向第二位端编号。

## 四、车辆主要技术参数

车辆技术参数是指车辆技术规格的某些指标，是从总体上表征车辆性能及结构的一些数字，一般分性能参数与主要尺寸两大类。

**1. 车辆性能参数**

性能参数中的自重、载重、容积、定员等已经在前面做了说明，此外还有以下几项：

**（1）自重系数**　是运送每单位标记载重所需的自重，其数值为车辆自重与标记载重的比值。对于一般货车而言，这是一个重要的技术参数。

**（2）比容系数**　该参数是对一般货车而言的，它是设计容积与标记载重的比值。不同类型的货车因装载货物种类不同，要求不同的比容系数。某些类型的货车没有这项参数或改用别的参数代替。例如，平车就没有比容系数；罐车一般采用比容系数的倒数，称为容重系数。

**（3）最高试验速度**　它是指车辆设计时，按安全及结构强度等条件所允许的车辆最高行驶速度。

**（4）最高运行速度**　除满足上述安全及结构强度条件外，还必须满足连续以该速度运行时车辆有足够良好的运行性能。

**（5）轴重** 是指按车轴型式及在某个运行速度范围内，该轴允许负担的并包括轮对自身在内的最大总质量。

**（6）每延米轨道载重** 它是车辆设计中与桥梁、线路强度密切相关的一个指标，同时又是能否充分利用站线长度、提高运输能力的一个指标，其数值是车辆总质量与车辆全长之比，其单位是 t/m。按现行桥梁设计规范，允许每辆每延米轨道载重可取到 8t。

**（7）通过最小曲线半径** 它是指配用某种型式转向架的车辆在站场或厂、段内调车时所能安全通过的最小曲线半径。

对于客车，一般没有自重系数与比容系数。直接载客的客车车种如硬座车、软座车、硬卧车、软卧车等均给出了以下三个参数，即"每个定员所占自重""车辆每米长所能容纳的定员"及"车辆每米长所占自重"。

**2. 车辆尺寸参数**

车辆的尺寸参数除前述的车辆全长外，尚有以下几项：

**（1）车辆定距** 车体支承在前、后两走行部之间的距离，若为带转向架的车辆，车辆定距又可称为转向架中心间距，如图 3-2 中的 $C$。除长大车外，车辆定距多在 20000mm 之内。

**（2）转向架固定轴距** 不论是二轴转向架还是多轴转向架，同一转向架最前位轮轴中心与最后位轮轴中心线之间的距离称为转向架固定轴距，如图 3-2 中的 $D$。常规货车的固定轴距一般小于 2000mm，如我国货车二轴转向架转 K6 固定轴距为 1830mm，转 K5、转 K7 型转向架固定轴距为 1800mm；客车二轴转向架固定轴距多为 2500mm。

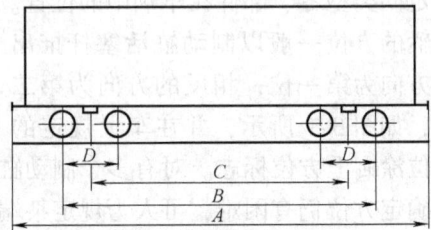

图 3-2　车辆纵向尺寸参数

**（3）车辆最大宽度、最大高度** 车辆最大宽度指车体最宽部分的尺寸；车辆最大高度指车辆顶部最高点到钢轨水平面之间的距离。

**（4）车体长、宽、高** 该参数又有车体外部与内部之别，且车体内部的长、宽、高必须满足货物装载或旅客乘坐等要求。

**（5）车钩中心线距轨面高度** 简称车钩高。它是指车钩钩舌外侧面的中心线至轨面的高度。列车中机车与各车辆的车钩高基本一致，这是保证正常传递牵引力及列车运行时不会发生脱钩事故所必需的。

**（6）地板面高度** 是指地板面距轨面的高度，与车钩高一样，均指新造或修竣后空车的数值。它将受到两方面的制约，一方面是车辆本身某些结构高度的限制；另一方面又与站台高度的标准有关。

# 第二节　轨道交通车辆车体

## 一、货车车体

目前在我国由铁路运输完成的货运量占全国货物运输的 55% 左右，铁路货车的数量、品种、质量等对铁路运输能力的提高以及运输质量的保证起着重要作用。

**1. 货车车体结构形式**

车辆供装载货物或乘坐旅客的部分称为车体。货车车体的主要组成部分包括底架、侧壁（墙）、端壁（墙）、车顶等。

**（1）车体的一般钢结构形式** 车体的一般钢结构形式如图 3-3 所示，它由若干纵向梁和横向梁（柱）组成，车体底架通过心盘或旁承支承在转向架上。

**（2）车体钢结构承载** 车体钢结构承担的作用在车体上的载荷如下：

1）垂向总载荷。包括车体自重、载重、整备质量以及由于轮轨冲击和簧上振动而产生的垂向动载荷。如图 3-4a 所示，在大部分情况下，这些载荷是比

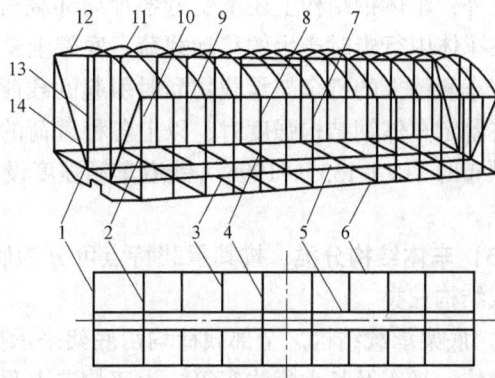

图 3-3 车体的一般钢结构形式

1—端梁 2—枕梁 3—小横梁 4—大横梁 5—中梁 6—侧梁 7—门柱 8—中间立柱 9—上侧梁 10—角柱 11—车顶弯梁 12—顶端弯梁 13—端柱 14—端斜撑

较均匀地作用在地板面上的，对于某些货车，如敞车和平车等，有时也要考虑装运成件货物而造成的集中载荷。

2）纵向力。是指当列车起动、变速、上下坡道，特别是紧急制动和调车作业时，在车辆之间以及机车和车辆之间所产生的拉伸和压缩冲击力。此力通过车钩缓冲装置作用于车辆底架的前（或后）从板座上（图 3-4b）。由于列车运行速度、编组长度和总质量增加后，纵向力的数值将增大，对车体来说，也是一种主要载荷。

3）侧向力。包括风力及离心惯性力（图 3-4c），当货车内装运散粒货物时，还要计算散粒货物对侧壁的压力。

4）扭转载荷。当车辆通过缓和曲线区段，或在不平坦线路上运行，或车体被不均匀地顶起时（检修时常会碰到），车体将承受扭转载荷（图 3-4d）。

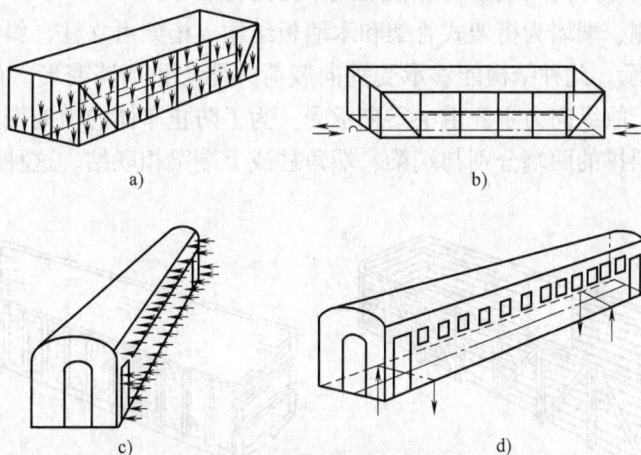

a)

b)

c)

d)

图 3-4 车体受力示意图

a）垂向载荷 b）纵向力 c）侧向力 d）扭转载荷

此外，车体钢结构上还承受着各种局部载荷，例如：采用翻车机卸散装货物时的载荷；叉车在车体内行走时产生的移动载荷；底架上悬挂的制动、给水、车电等装置引起的附加载荷；客车侧壁上的行李架承载物品时引起的载荷等。

在鉴定车体钢结构强度时，以上各种载荷的取值、作用方式以及作用位置，要符合原铁道部颁布的 TB/T 1335—1996《铁道车辆强度设计及试验鉴定规范》及相关规范所规定的有关标准。

**（3）车体结构分类**　按其承载特点可分为底架承载结构、侧墙底架共同承载结构和整体承载结构三类。

1）底架承载结构。全部载荷均由底架来承担的车体结构称为底架承载结构或自由承载底架结构。平车及长大货物车等，由于构造上只要求有载货的地板面，而不需要车体的其他部分，故作用在地板上的载荷完全由底架的各梁件来承担。正因如此，中梁和侧梁都需要做得比较强大。为了使受力合理，中、侧梁都制成中央断面比两端大的鱼腹形，即为变截面近似等强度梁。图 3-5 所示为一典型的底架承载结构。

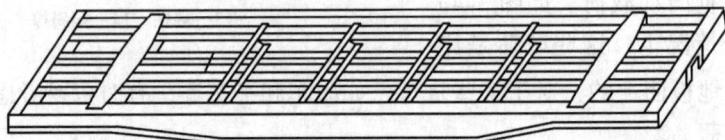

图 3-5　鱼腹形梁的底架结构

还有部分车辆，如车体外墙为木板的敞车、棚车以及活动侧墙棚车等，虽也有侧壁和车顶，但不分担载荷，因此，也属于底架承载结构车辆。

2）侧墙和底架共同承载结构。载荷由侧、端墙与底架共同承担的车体结构称为侧墙与底架共同承载结构或侧墙承载结构。由于侧、端墙参与承载，提高了整体承载能力，减轻了底架的负担，于是中、侧梁断面均可减小。侧梁相对中梁来说，可用断面尺寸较小的型钢制成，减轻了底架的重量。

侧墙承载结构又分为桁架式结构和板梁式结构两种。

桁架式结构的侧、端墙为桁架式骨架和木墙板结构。桁架由立柱、斜撑、侧梁及上侧梁组成，如图 3-6a 所示。此种结构能够承受垂向载荷并能防止侧墙变形。由于桁架承担纵向作用力的能力很小，故纵向力主要由中梁来承受。为了防止车体的横向变形，有些车辆的端墙也采用斜撑。其斜撑的两端分别与端梁、端角柱或上端梁相联结。这种结构主要出现在一些旧式货车上。

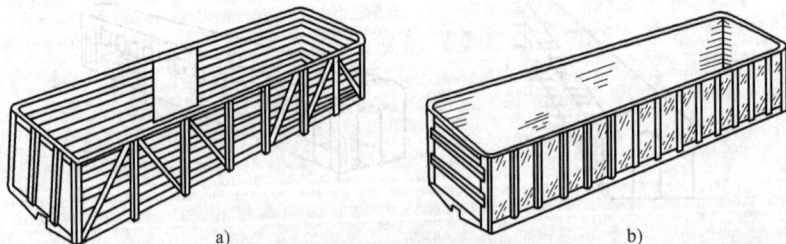

a)　　　　　　　　　　　　　　　b)

图 3-6　侧墙承载结构

a）桁架式侧墙承载结构　b）板梁式侧墙承载结构

当在侧、端墙的骨架上敷以金属薄板后就形成板梁式侧墙承载结构，如图 3-6b 所示，此时侧、端墙具有较大的强度和刚度。除能与底架共同承受垂向载荷外，还能承受部分纵向力，所以可显著地减轻中梁的负担。为了保证金属板受力后不致失稳，板的自由面积不宜过大，通常采用钢板压筋方式来解决。

3）整体承载结构。如果在板梁式侧墙和底架共同承载结构的车体顶部还有由金属板、梁组焊而成的车顶，使车体的底架、侧墙、端墙、车顶牢固地组成为一整体，成为开口或闭口箱形结构，则此时车体各部分均能承受垂向载荷及纵向力，因而称为整体承载结构，如图 3-7 所示。

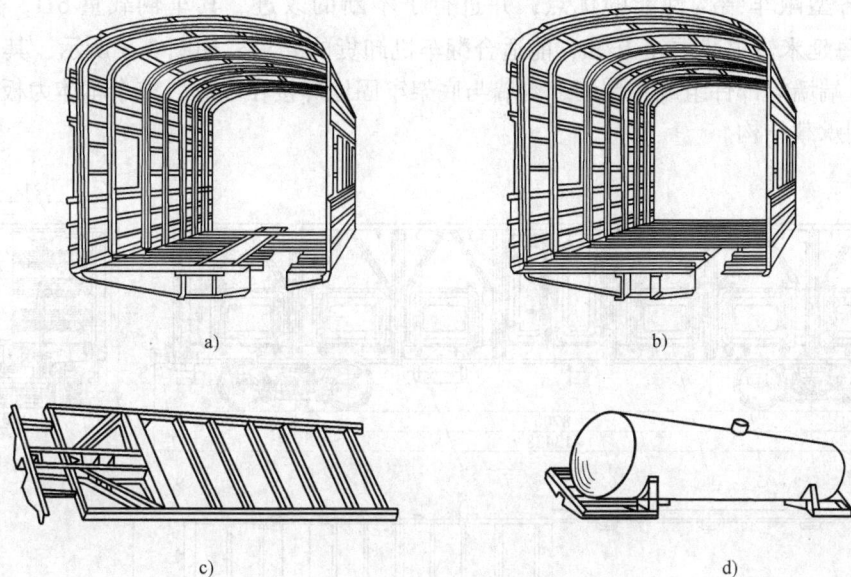

图 3-7　整体承载结构
a）开口箱形结构　b）闭口箱形结构　c）无中梁底架结构　d）无底架罐车

整体承载结构又分开口箱形结构和闭口箱形结构两种。图 3-7a 所示为底架没有金属地板，仅由各梁件和镀锌薄钢板组成的开口箱形结构；图 3-7b 所示为底架地板横梁下面（或底架上面）设有金属地板所组成的闭口箱形结构，也称筒形结构。

整体承载结构的车体骨架是由很多轻便的纵向杆件及横向杆件组成一个个封闭环，它们与金属包板组焊在一起，具有很大的强度和刚度。因此底架的结构可以较侧墙承载时更为轻巧，甚至有可能将底架中部的一段笨重中梁取消，形成无中梁的底架结构。图 3-7c 所示为我国一种客车车体的无中梁底架结构。从图中可以看出，该底架结构取消了两枕梁之间的中梁，为了保证载荷的传递，适当地加强了侧梁，而且在底架两枕梁之间铺设波纹地板。无中梁车体和有中梁车体一样能承担各种载荷。对于某些形式的车辆，例如罐车，其罐体本身具有很大的强度和刚度，能承受各种载荷，此时甚至连底架也可以取消，仅在罐体的两端焊上牵引梁和枕梁，供安装车钩缓冲装置和传递载荷用（图 3-7d），这也是整体承载结构的一种形式。

**2. 敞车**

敞车是一种具有端、侧墙而无车顶的车辆，主要供运送煤炭、矿石、建材物资、木材、钢材等大宗货物用，也可用来运送质量不大的机械设备。若在所装运的货物上面蒙盖防水帆布或其他遮篷物，可代替棚车承运怕受雨淋的货物。因此敞车具有很大的通用性，在货车组成中数量最多，约占货车总数的 59% 左右。

敞车按卸货方式不同可分为两类：一类是适用于人工或机械装卸作业的通用敞车；另一类是只适用于大型工矿企业、站场、码头之间成列固定编组运输，用翻车机卸货的专用敞车。

目前我国常用的敞车有 $C_{62}$ 系列、$C_{64}$ 系列和 $C_{70}$ 系列通用敞车，$C_{61}$、$C_{63}$ 系列，$C_{76}$ 系列和 $C_{80}$ 系列运煤专用敞车。下面以 $C_{64}$ 型敞车为例介绍敞车的结构。

$C_{64}$ 型敞车是 $C_{62}$ 型系列敞车的升级换代产品，采用全钢焊接结构，充分吸收了 $C_{65}$ 和 $C_{62}$ 系列等各型敞车结构性能的优点，并进行了不断的改进。其车辆载重 61t，比容系数 $1.2m^3/t$，每延米轨道载重 $6.2t/m$，能适合翻车机卸货的要求。如图 3-8 所示，其车体由底架、侧墙、端墙等部件组成，端墙、侧墙与底架牢固地焊接在一起，整个车体为板梁式侧壁和底架共同承载结构。

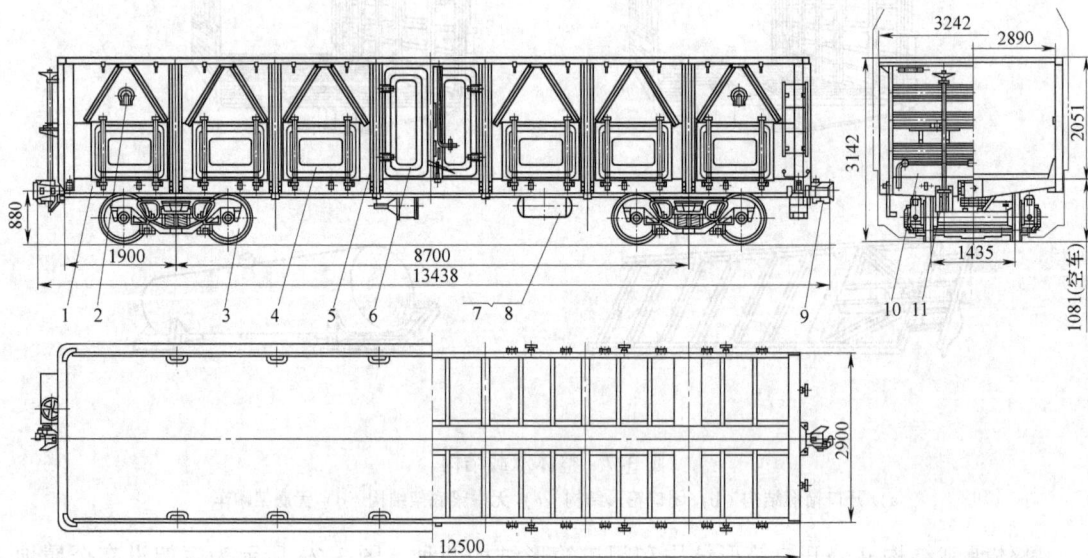

图 3-8 $C_{64}$ 型敞车总图

1—底架 2—标记 3—转向架 4—下侧门 5—侧墙 6—侧开门
7—底架附属件 8—风制动装置 9—车钩缓冲装置 10—端墙 11—手制动装置

**（1）底架** 底架为全钢焊接结构，如图 3-9 所示，由中梁、侧梁、枕梁、端梁、小横梁及钢地板组成。中梁用两根材质为 09V 的 310 型乙形钢组焊而成，侧梁采用 24 型槽钢等截面的直梁，侧梁上组装有绳拴、下侧门搭扣、脚蹬及中侧门的锁销插等。

**（2）侧墙** 侧墙为板柱式侧壁承载结构，由上侧梁、侧柱、侧板、斜撑、侧柱连铁、侧门、内补强座和侧柱补强板组焊而成。

**（3）端墙** 端墙由上端缘、角柱、横带及端板组焊而成。

**3. 棚车**

棚车是铁路货车中的通用车辆，在我国铁路货车总数中约占 15%。它主要用来运输怕日晒、雨淋、雪浸的货物。这些货物包括各种粮谷、食品、日用工业制成品及贵重仪器设备等。加上必要的附属设备后，一部分棚车还可运送人员和马匹。

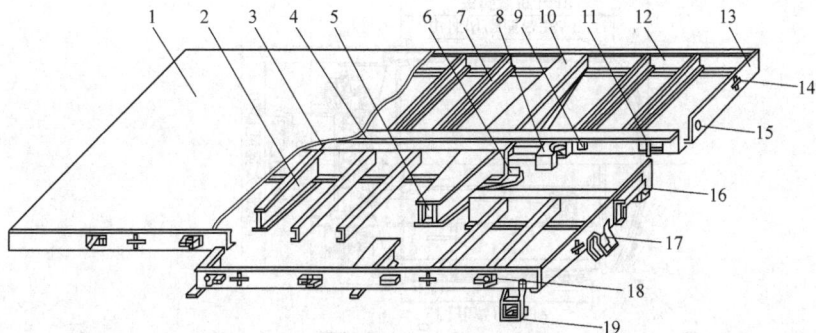

图 3-9　$C_{64}$ 型敞车底架组成

1—钢地板　2—大横梁　3—中梁隔板　4—中梁　5—枕梁隔板　6—心盘座角钢　7—小横梁
8—后从板座　9—磨耗板　10—枕梁　11—前从板座　12—侧梁　13—端梁　14—绳拴
15—制动主管孔　16—冲击座　17—手制动轴托　18—下侧门搭扣　19—脚蹬

我国棚车种类较多，旧有的棚车大部分是载重 30t 的钢木混合结构的小型车，如 $P_1$、$P_3$ 型棚车等，这种棚车远不能满足我国铁路运输发展的需要，现已全部淘汰。从 1953 年起我国开始研制载重 50t、容积 $101m^3$、车体为全钢铆焊结构的 $P_{50}$ 型棚车。1957 年以后，先后设计制造了载重 60t、容积为 $120m^3$ 的 $P_{13}$、$P_{60}$、$P_{61}$ 型棚车。1980 年开始设计制造了 $P_{62}$ 和 $P_{62(N)}$ 型棚车。进入 20 世纪 90 年代初，我国又研制了大容积的 $P_{64}$ 型棚车，其后在此基础上陆续研制了 $P_{64A}$ 和 $P_{64G}$ 等 $P_{64}$ 型系列棚车。为了适应铁路货车提速和行包快运的需要，20世纪末我国又研制了 $P_{65}$ 型行包快运棚车和带押运间的 $P_{65S}$ 型快运棚车。为适应铁路运输装备跨越式发展的需要，2005 年我国又研制了更大载重量的 $P_{70}$ 型棚车。

**（1）$P_{64}$ 型系列棚车**　$P_{64}$ 型系列棚车是在 $P_{62(N)}$ 型棚车的基础上改进设计的具有内衬结构的棚车，载重为 58t，容积为 $116m^3$，车体为全钢电焊结构。该系列棚车的结构形式大体相同，均由底架、侧墙、端墙和车顶组成，其钢结构主要梁件及板材件均采用低合金耐候钢，内衬板和地板采用竹材板。下面以 $P_{64G}$ 型棚车说明该型棚车的主要结构。

1）底架由中梁、枕梁、下侧梁、大横梁、小横梁、端梁和纵向梁组成。

2）侧墙为板柱式结构，主要由侧墙板与侧柱、门柱、上侧梁等组焊而成。

3）车顶主要由车顶板与上侧梁、车顶弯梁、端弯梁等组焊而成。

$P_{64}$ 型系列棚车结构如图 3-10 所示。

**（2）$P_{65}$ 型行包快运棚车**　$P_{65}$ 型行包快运棚车是为适应铁路货车提速和行包快运的需要而研制开发的，其主要用于装运行包等各种轻浮和怕日晒、雨雪侵袭的贵重货物，也可运送人员。由于多考虑轻浮货物，因此其容积较大，达到了 $135m^3$，载重为 40t，自重为 25.9t。

该棚车主要由底架、侧墙、端墙、车顶、车门、制动装置、车钩缓冲装置、转向架等部分组成，如图 3-11 所示。底架由端梁、枕梁、大横梁、小横梁、中梁、下侧梁等组成。

**4. 平车**

平车主要用于运送钢材、木材、汽车、拖拉机、军用车辆、机械设备等体积或质量比较大的货物，也可借助集装箱装运其他货物。装有活动墙板的平车也可用来装运矿石、沙土、石碴等颗粒货物。此外还可以装运桥梁等特殊长大货物和需跨装运输的一般超长货物。

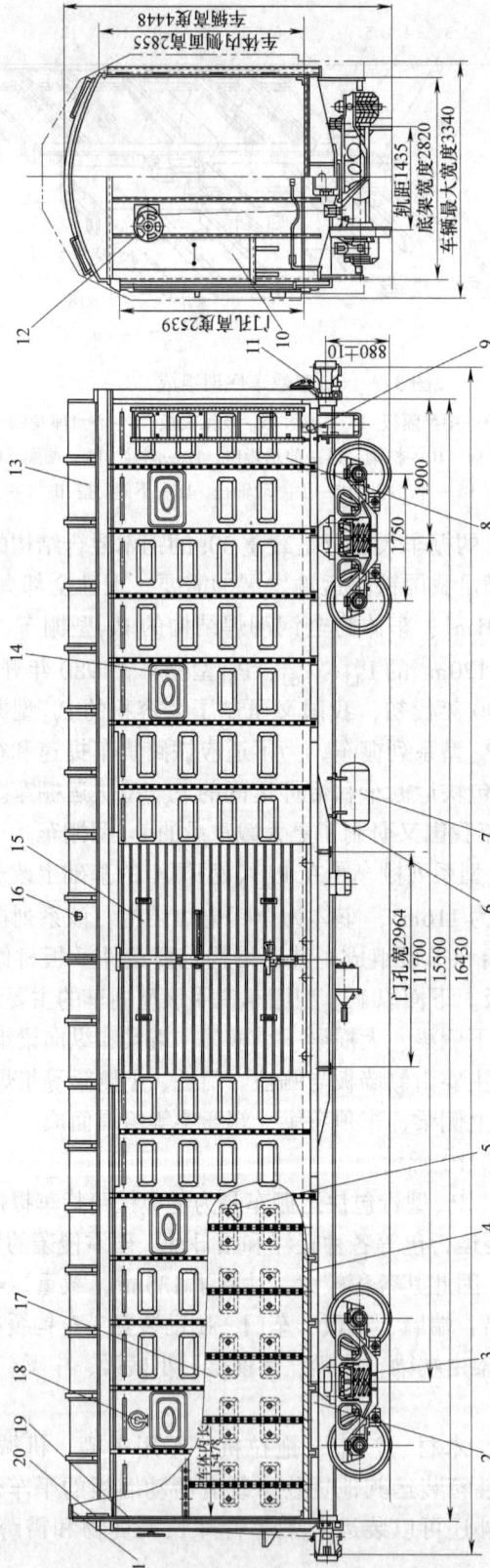

图 3-10　$P_{64GK}$ 型棚车总车图

1—车顶木结构　2—底架　3—转向架　4—底架木结构　5—二位侧墙　6—底架附属件　7—风制动装置
8—二位侧墙木结构　9—便器　10—端墙　11—车钩缓冲装置　12—手制动装置　13—车顶钢结构　14—车窗
15—车门　16—烟囱座　17—侧墙木结构　18—端墙木结构　19—端墙木结构　20—电气组装

平车因没有固定的侧壁和端壁，故作用在车上的垂向载荷和纵向载荷完全由底架的各梁承担，是典型的底架承载结构。

在 20 世纪 50~60 年代，我国先后开发了载重为 30t 的 $N_1$ 型平车，载重为 40t 的 $N_4$ 型平车，载重为 50t 的 $N_5$ 型平车，载重为 60t 的 $N_6$、$N_{60}$、$N_{12}$ 和 $N_{16}$ 型平车。70 年代之后，我国主要对 $N_{17}$ 型平车进行了大量的改进，形成了 $N_{17}$ 系列产品。为适应我国集装箱运输的发展需要，我国于 20 世纪 80 年代开始研制 $X_6$ 系列集装箱专用平车。为了提高铁路运输效率，减少车辆运用中的排空，20 世纪末，我国又研制开发了 $NX_{17}$ 型平车-集装箱共用平车。同时为了适应我国小汽车工业的发展以及国际贸易的扩大，我国又开发了 SQ 系列运输小汽车专用平车。

$N_{17A}$ 型平车由底架和活动端墙组成，如图 3-12 所示。

底架结构由中梁、侧梁、枕梁、端梁、横梁、小横梁和纵向辅助梁组成。底架上铺设有 70mm 厚的木质地板，地板用地板卡铁和螺栓固定在纵向辅助梁上，共有 4 根 12 型槽钢制成的纵向辅助梁。地板四周的边缘包有地板压条，用螺栓把压条和地板固定于侧梁上，以加强联结并防止地板边缘开裂、磨损擦伤。

$N_{17A}$ 型平车两端设有用厚 6mm 的钢板压型后与 50mm×50mm×5mm 的角钢焊制的矮活动端墙，活动端墙能放平作渡板，便于移动装运在平车上的车辆。为了与活动端墙高度衔接，每侧两个端侧板做成"抹斜式"（即有上倒角），活动侧墙采用锁铁式锁闭机构。锁铁的中部开有长椭圆孔，锁铁一端为楔形，当侧壁板关闭后，锁铁下部插在支座内并卡紧，此时楔形端挡住折页，使侧壁板处于垂直位置紧密关闭；当放下侧壁板时，只需将锁铁往上推起，此时锁铁能绕支座轴旋转 180°使侧壁板处于放下位置，而锁铁楔形端还能扣住折页，使侧壁板放下后运行不会产生晃动现象。

**5. 罐车**

罐车是一种车体呈罐形的车辆，用来装运各种液体、液化气体及粉末状货物等。包括汽油、原油、各种黏油、植物油、液氨、酒精、水、各种酸碱类液体、水泥、氧化铝粉等。罐车在铁路运输中占有很重要的地位，约占我国货车总数的 15%。目前我国生产的直径和容积最大的罐车是中部直径为 3100mm，有效容积为 $110m^3$ 的 GQ 型液化气体罐车，其罐体呈鱼腹形。多年来，经过不断的实践、认识及改进，我国的罐车设计和制造水平逐步提高，结构日趋完善。

罐车的标记载重过去是指装水时的质量，所以 50t 的载重量意味着罐体容积为 $50m^3$。现在的标记载重量是以实际所装运油类、酸碱类的比重计算的。由于各种液体的密度不同，罐车的实际载重量就须根据所运货物的性质来确定。因此，罐车的装载能力以体积来度量更为合适。罐内液体的质量不是用地磅来量得，而是测量罐体内所盛液体水平面的高度，然后根据罐体容积表查得所盛液体的质量。对于每一种规格的罐体，均有其容积折算表。

罐车按结构特点可分为有底架、无底架罐车；有空气包、无空气包罐车；上卸式和下卸式罐车。按用途可分为轻油类罐车、黏油类罐车、酸碱类罐车、液化气体类罐车及粉状货物罐车等。

**(1) $GQ_{70}$（$GQ_{70H}$）型轻油罐车** $GQ_{70}$（$GQ_{70H}$）型轻油罐车主要用于装运汽油、煤油、轻柴油等轻油类介质。装卸方式为上装上卸。其基本特点为：①容积大、载重大，同

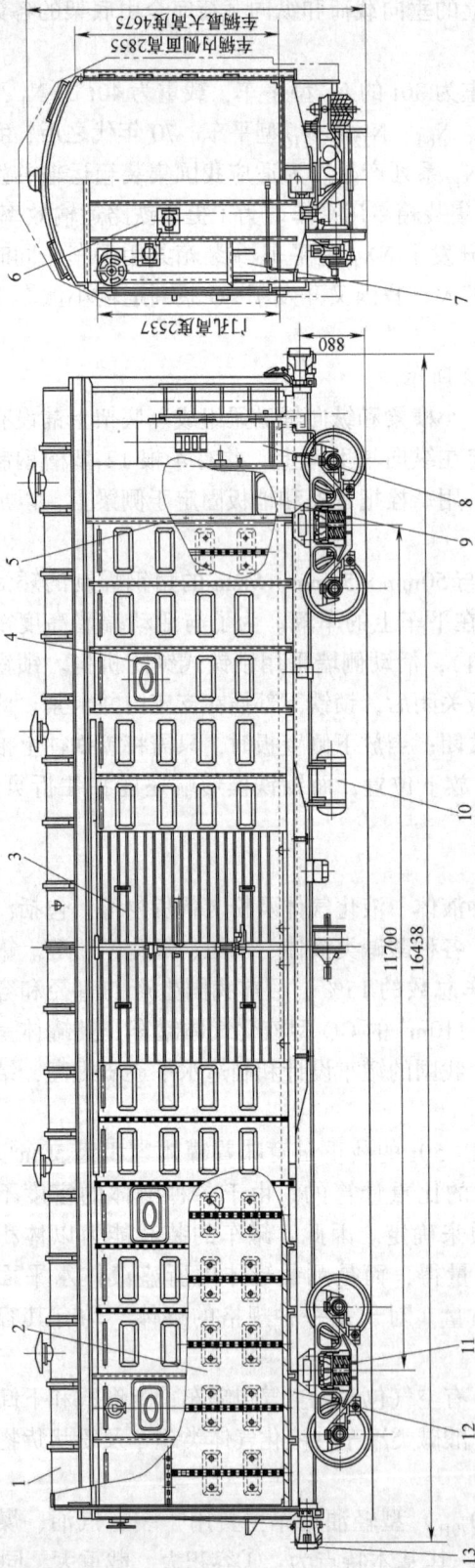

图 3-11 P₆₅S型行包快运棚车总图

1—车顶 2—侧墙 3—装货间车门 4—车窗 5—间壁间车门 6—端墙 7—手制动装置 8—押运间车门
9—车内设备 10—制动装置 11—转向架 12—底架 13—车钩缓冲装置

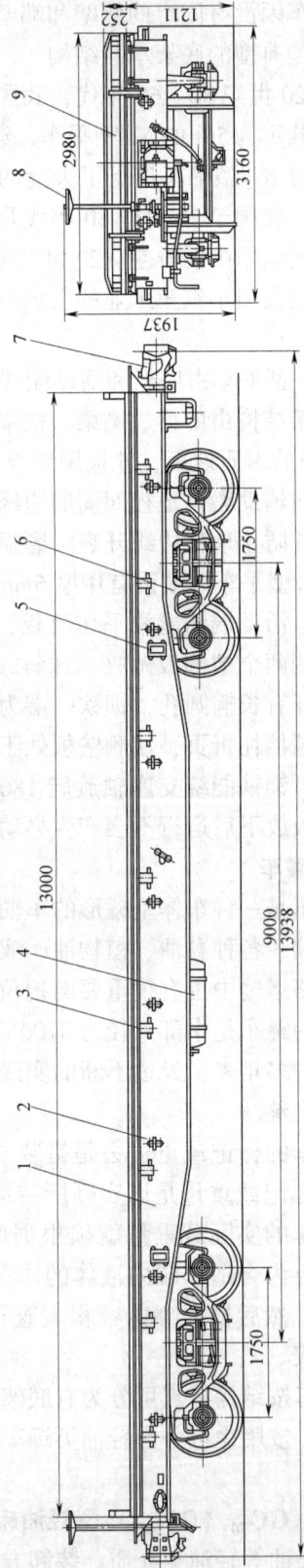

图 3-12 N₁₇A型平车总图

1—底架 2—缆绳 3—柱插 4—风制动装置 5—标记 6—转向架 7—车钩缓冲装置 8—手制动装置 9—端墙

$G_{70}$ 轻油罐车相比，有效容积增大 $9m^3$，载重增加 8t，提高 13%。②该车车辆长度为 12216mm，适应现有地面装卸设施，能利用现有地面设施成列装卸，用户的装卸设施不需作任何改造；按 5000t 列车编组计算，车辆总长度为 648m，比 $G_{70}$ 型罐车减少 72m。③牵枕装置借鉴 $G_{70}$ 型罐车及美国成熟的牵枕结构方案，通过优化设计提高该车关键部件的可靠性、安全性。④采用斜底罐体结构，提高卸净率。⑤采用新型助开式人孔装置，提高了人孔密封性能；大幅降低开启人孔时的劳动强度。

$GQ_{70}$ 型轻油罐车主要由罐体装置、牵枕装置、制动装置、车钩缓冲装置、转向架、安全附件等部件组成，如图 3-13 所示。车端不设通过台。

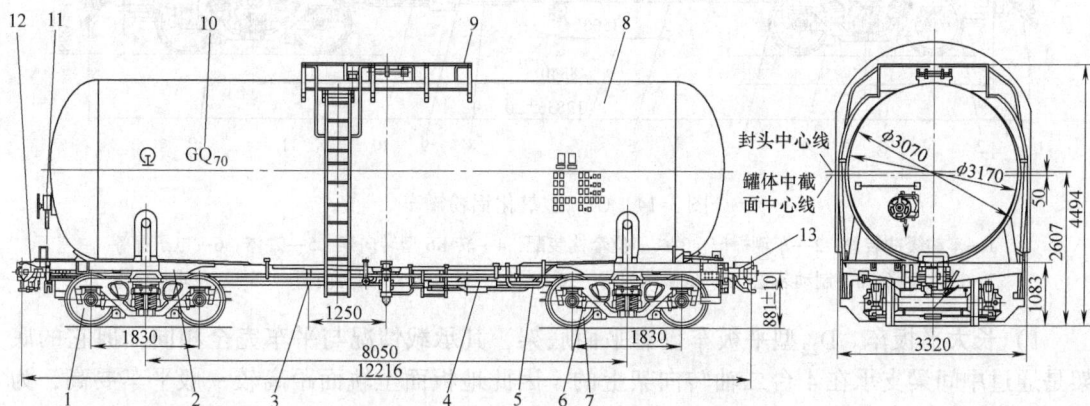

图 3-13 $GQ_{70}$ 型轻油罐车

1、7—转向架 2、6—牵枕装置 3—标签 4—风制动装置 5—吊托 8—罐体 9—侧梯及走台
10—车辆标记 11—手制动装置 12、13—17 号车钩缓冲装置

**（2）$GF_{70}$（$GF_{70H}$）型氧化铝粉罐车** 该车仅供我国准轨铁路使用，装运容重 0.95 ~ 1.0t/$m^3$ 氧化铝粉的专用铁路车辆，载重为 70t。它可满足上装上卸作业的要求，卸货时采用气卸方式。该车采用卧式小底架全钢焊接结构，罐体内铺设水平流化床，容积可达 76$m^3$。

该车主要由车体、制动装置、车钩缓冲装置及转向架等组成，如图 3-14 所示。车体为无通长中、侧梁小底架及卧罐全钢焊接结构，主要由牵枕装置、罐体、流化装置、风灰管路和外梯走板等组成。牵枕装置由牵引梁、枕梁、侧梁和端梁等组焊而成。

**6. 特种车辆**

**（1）长大货物车** 长大货物车是铁路运输中使用的一种特种车辆，装运各种长大重型货物，例如大型机床、发电机及汽轮机转子、轧钢设备、变压器、化工合成塔及成套设备等。

长大货物车按其结构形式可分：长大平板车、凹底平车（或称元宝车）、落下孔车和钳夹车等。由于这些车的载重量及自重较一般平车大，所以，需要很多车轴才能适应线路允许的轴重要求。当车辆较长时，通过曲线所产生的偏移量很大，故车辆中部的最大宽度受到车辆限界的限制需要缩小。有的车辆还需设置专门的侧移机构，使车辆在曲线上运行时车体能自动向曲线外侧移动，以保证装载在车辆中央部分的货物及可移的车辆底架中心线与曲线中心线相接近，使货物及车辆底架中央部分不超过车辆限界尺寸或超限货物规定的最大限界尺寸。

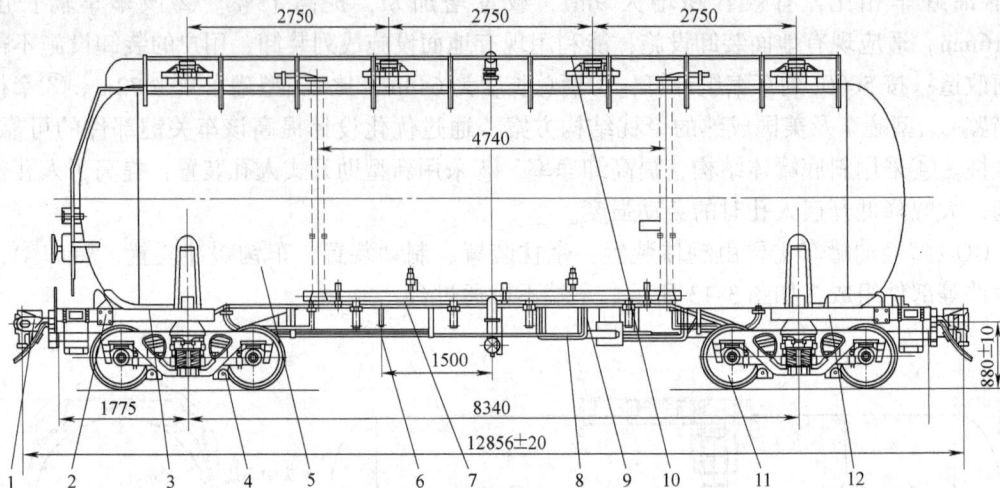

图 3-14 GF$_{70}$ 型氧化铝粉罐车

1—车钩缓冲装置 2—车辆标记 3——位牵枕装配 4—转 K6 型转向架 5—罐体 6—电子标签
7—进风管路 8—制动装置 9—底架附属件 10—外梯 11—转 K6 型转向架 12—二位牵枕装配

1）长大平板车。D$_{22}$ 型平板车仅有平面底架，其承载情况与平车完全相同，但它的底架是通过中间梁支承在 4 台二轴转向架上的，因此地板面至轨面距离较一般平车要高，为1460mm。由于长大平板车载重大，因此，钢结构底架中各梁件断面大，鱼腹形的中梁和侧梁的中央部分高度为 850mm，枕梁为闭口箱形断面变截面梁，端梁为工字形断面变截面梁，全车共布置有 6 根大横梁和 10 对小横梁，大横梁上盖板穿过中梁腹板。此外，在底架两端还有两根纵向补助梁。

这种平车主要用来运输 25m 长的钢轨、桥梁钢架、混凝土梁及长大机械设备等高度不大的长大货物。

2）凹底平车。对于载重较大的车辆，由于车轴和转向架数量增多，这样就会使地板面抬得很高，从而影响装货物的净空高度，因此可将底架中央的装货部分做成凹形以增大净空。此时中部地板面高度是根据底架纵向承载梁的高度和下部限界尺寸来决定的。

由于底架纵向承载梁制成下凹状曲梁，受力较为复杂，故在弯曲部分应做得比较粗大，使断面变化区段缓和过渡，以免产生较大的变形和防止应力集中。

3）落下孔车。凹底平车虽可降低地板面高度，但随着载重量的增加，地板面仍因底架中梁的加高而增高，这对于运输高大货物，尤其是装载直径特别大的发电机和汽轮机转子、轧钢机架、锻压机横梁等仍高度不足。因此需要将底架中部制成一个很大的矩形空洞，以弥补用凹型车仍不能运输超高货物的缺陷。

4）钳夹车。当所运输的货物体积特别庞大时，只要其最大横截面不超过最大级超限货物装载限界就可采用钳夹车装运。钳夹车由两节车辆组成。装运时，将两节车辆分开，货物直接或通过货物承载箱（架）夹置在两节车辆中间，此时货物需带有耳环，以便与车辆钳形梁上的车耳通过销子连接成一体。钳形梁成左右两段：未装载时，下部用联结板使其固定在一起，上部互相顶住；装运时，货物或承载箱（架）和钳形梁一起承受垂直弯曲和纵向作用力。

（2）**漏斗车** 我国铁路货运中，散装货物的运量占总量的77%左右，而其中绝大部分为煤炭和矿石等。为了加速车辆周转，对于货流量大，且装卸地点较固定的散装货物，采用漏斗车或自翻车可提高装卸效率，获得较好的经济效益。

漏斗车按其结构可分为无盖和有顶两大类。属于无盖漏斗车的有 $K_{13}$ 型石砟车，$K_{16}$ 型矿石漏斗车，$K_{18}$ 型煤炭漏斗车等；属于有顶漏斗车的有 $K_{15}$ 型水泥漏斗车及 $L_{18}$ 型粮食漏斗车等。这些漏斗车卸货都是利用货物的重力作用从卸货门自流卸出。卸货门有集中或单独的开闭机构，其开关方式可分为风控风动、电控风动和手动三种。车内设有与水平面呈一定角度的漏斗板，其倾角随所承运的货物品种而不同。卸货门设在车底部或侧部。

（3）**自翻车** 自翻车是一种无盖的货车，大部分用于矿山，是工矿企业的专用车。在卸货地点操纵作用阀，即时利用列车管充入储风筒的压缩空气进入倾翻风缸或由车上油泵供给的高压油进入倾翻油缸顶起车体成45°倾角，同时倾翻侧的侧壁随着自动开启，货物沿着倾斜的地板卸至轨道一侧。这种卸货方式效率极高。适宜于装卸频繁的矿山运输。

目前自翻车中用得最为普遍的是载重60t的 $KF_{60}$ 型自翻车，此外国内企业还生产和试制了载重70t的 $KF_{70}$ 型自翻车和载重100t的 $KFY_{100}$ 型液压自翻车。为适应铁路运输跨越式发展的要求，实现铁路运输矿石等散装货物装备水平的提升，我国于2004年研制生产了 $KF_{60AK}$ 型自翻车。该车采用耐大气腐蚀的高强度低合金钢铆焊混合结构，由车厢、底架、倾翻装置、转向架、空气制动装置、手制动装置、车钩缓冲装置等部分组成，如图3-15所示。

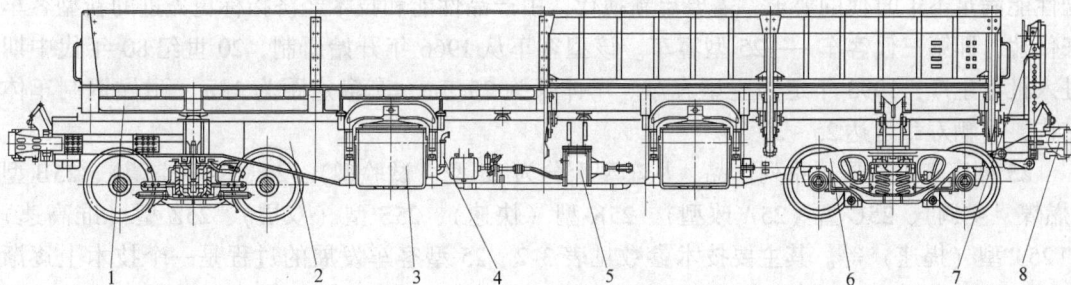

图3-15 $KF_{60AK}$ 型自翻车

1—车厢 2—底架 3—倾翻风缸 4—倾翻管路 5—空气制动装置 6—转向架 7—手制动装置 8—车钩缓冲装置

（4）**保温车** 保温车用于运送鱼、肉、鲜果、蔬菜等易腐货物。这些货物在运送过程中需要保持一定的温度、湿度和通风条件，因此保温车的车体装有隔热材料，并且车内设有冷却装置、加温装置、测温装置和通风装置等，使其具有制冷、保温和加温三种功能。保温车车体外表涂成银灰色，以利阳光的反射，减少太阳辐射热。

保温车按其用途和内部装置的不同，可分为隔热车、加冰冷藏车、冷藏加温车和机械冷藏车等。隔热车是不设制冷及加温设备的保温车；加冰冷藏车是没有冰箱制冷的保温车；冷藏加温车是设有制冷和加温设备的保温车；机械冷藏车是设有机械制冷设备（一般还设有电采暖装置）的保温车。目前，我国主要用的保温车有冷藏加温车（冰箱式）和机械冷藏车两大类。冰箱式冷藏加温车可分为车端冰箱式和车顶冰箱式两种，这两种冷藏加温车的区别在于冰箱位置和车内空气循环的方向。

机械冷藏车按结构可分为：单节机械冷藏车和机械冷藏车组（包括机冷货物车和机冷

发电车）。按供电和制冷方式，机械冷藏车又可分为：①集中供电、集中制冷的车组。全列车由发电车集中供电，制冷车集中制冷，采用氨作制冷剂，盐水作冷媒；②集中供电、单独制冷的车组。由发电车集中供电，每辆机械冷藏货物车上装有的制冷设备单独制冷，采用氟利昂作冷媒，强迫空气循环；③单节机械冷藏车。每辆车上均装有发电和制冷设备，可以单独发电和制冷，也可使用集中供应的电源。

机械冷藏车与冰箱式加冰冷藏车比较，其优点是：全车能均匀地保持规定的温度和湿度，且较易调节与控制，可以充分保证货物运输质量；运用中不需要加水及加冰设备，可节约大量劳动力，加速车辆的周转，降低运输成本；不受运输路程长短和运输中车辆停留时间长短的限制。可以充分保证货物免遭意外损失。

我国自行设计制造的保温车型号主要有 $B_6$、$B_7$、$B_{11}$ 型等加冰保温车和 $JB_5$、$B_{19}$、$B_{23}$ 型等机械冷藏车组以及 $B_{10}$ 型单节式机械冷藏车。

## 二、客车车体

我国从 1953 年开始自行设计生产了第一代客车，即 21 型系列客车产品。先后共生产了3110 辆，1961 年停止生产。该型客车构造速度为 100km/h，由于其构造速度低、制造工艺差、技术经济指标和舒适性等方面满足不了要求，所以被 22 型客车所取代。22 型客车是我国的第二代铁路客车，其构造速度为 120km/h，各种性能均较 21 型客车先进。至 1992 年底共生产了约 26000 余辆，22 型客车车体钢结构由普通碳钢制造，容易腐蚀，其结构及车辆性能满足不了时代的要求，需要更新换代，由产品性能和技术经济指标更先进的新型客车来代替，即第三代客车——25 型客车。该型客车从 1966 年开始研制，20 世纪 80 年代中期进入批量生产，1993 年定为主型客车。车体长为 25.5m，车辆定距为 18m，耐候钢制车体结构，车辆寿命可达 25～30 年。

25 型客车也发展了系列产品，从车型上分为 25 型（试验型）、25A 型（空调）、25B 型（燃煤、空调）、25G 型（25A 改型）、25K 型（快速）、25S 型（双层）、25Z 型（准高速）和 25T 型（提速）等。其主要技术参数见表 3-2。25 型客车发展的过程是一个技术上逐渐成熟的过程，通过不断改善工艺设备，引进国外先进技术和样车，为 25 型客车的设计、制造提供成熟的技术及可借鉴的经验。

表 3-2　25 型客车分类

| 项目 \ 型别 | 25 | 25A | 25B 燃煤 | 25B 空调 | 25G | 25S | 25K | 25Z | 25T |
|---|---|---|---|---|---|---|---|---|---|
| 构造速度/(km/h) | 140 | 140 | 140 | 160 | 140 | 160 | 160 | 160 | 160 |
| 转向架类型 | 209 206 | 209 206 | 209 206 | | 209G 206G | 209PK | 209HS 206KP | CW-2 206KP | CW-200K SW-220K |
| 供暖形式 | 电 | 电 | 水 | | 电 | 电 | 电 | 电 | 电 |
| 空调装置 | 有 | 有 | 无 | | 有 | 有 | 有 | 有 | 有 |
| 制动机形式 | 104 | 104 | 104 | | 104 | 104 | 104+电控 | F8+电控 | 104+电控 |
| 基础制动 | 闸瓦 | 闸瓦 | 闸瓦 | | 闸瓦 | 盘型 | 盘型 | 盘型 | 盘型 |
| 防滑器 | 无 | 无 | 无 | | 无 | 有 | 有 | 有 | 有 |
| 列车信息系统 | 无 | 无 | 无 | | 无 | 无 | 有 | 有 | 有 |
| 轴报器形式 | 单 | 单 | 单 | | 集中 | 单 | 集中 | 单 | 集中 |

25 型系列客车，其构造速度为 140km/h 和 160km/h 两种。前者为普通 25 型客车，后者为提速 25 型客车。25 型系列客车包括硬座车、硬卧车、软卧车、软座车、餐车、行李车、邮政车和发电车等。

25 型双层旅客列车由硬座车、硬卧车、软座车、软卧车和发电车等组成。该列车的最高运行速度为 140km/h。中短途、中长途双层旅客列车在客流繁忙的区域对于缓解乘车难的问题起重要作用。

随着我国国民经济的发展，人员交往的增多，以及旅游业的兴旺，将需要生产出现代化的，满足不同层次旅客需要的各种新型客车，高级旅游车和高速客车等。

**1. 客车车体结构**

在我国客车总数中，数量最多的新造客车是 25 型客车，一般长途旅客列车中编挂的车种有硬座车、硬卧车、软卧车、餐车、行李车、邮政车。下面以 25T 硬座车为例进行介绍。

如图 3-16 所示，$YZ_{25T}$ 型空调硬座车在两端设通过台；一位端设小走廊、洁具柜、PLC 电气综合控制柜、电茶炉、乘务员室、厕所；中部为客室；二位端为小走廊，设垃圾箱、双人洗脸间、厕所。乘务员室设照明监控柜、温水箱控制箱、便器电源柜、办公桌、固定单人座椅凳、安全锤、衣帽钩、扬声器、电加热器、空调送风口等。采用统型顶灯照明。客室行李架采用铝合金行李架。客室布置按原铁道部统型方案执行。车顶设烟火报警器探头、隐藏式空调送风口，采用统型顶灯照明；在座位间的侧壁设带状电加热器；两端设信息显示屏。

**(1) 车体结构**　车体采用整体承载全钢焊接无中梁薄壁筒形结构，其横断面如图 3-17 所示。

**(2) 转向架**　转向架采用 CW-200K 或者 SW-220K 型无摇枕转向架，能满足 160km/h 的运行要求；并继承了原转向架成熟和稳定的优点，其运行平稳性、安全可靠性较高，检修也更加方便。

**(3) 制动系统**　制动装置采用 104 型集成式电空制动装置、气路控制箱、盘形制动及电子防滑器等先进技术。

**(4) 给水装置**　给水装置中，车上水箱为不锈钢水箱，设于一、二位端车内顶部，水箱总容量为 1500L，所有的给水管路均采用不锈钢管。车外两侧下部各设一注水口，注水口设有防污设施，水箱及各阀均能够便于检修。车内一位端茶炉室设有嵌入式电茶炉一个，采用嵌入式安装的接水面板，茶炉室内另设便于乘务员接水的水阀。

**(5) 卫生装置**　厕所内设进口蹲式真空集便装置、模压玻璃钢台面柜，地漏设水封，顶部设自然通风器、便器控制单元及水增压装置，水阀选用档次较高、性能可靠的手动水阀，水阀材质为铜或不锈钢。

**(6) 空调取暖装置**　该车空调装置由空调机组及送风道、回风道等部件组成；空调机组采用两台制冷量为 29kW 平底端部送风的车顶单元式空调机组。机组安装于车的一、二位端车顶部。采用静压送风道，客室采用隐藏式送风形式，形成独立的送风系统。

采暖装置为采用带状板式电加热器采暖。

**(7) 供电照明装置及其他**　采用 DC600V 供电，分散交流。车端每位角设 KC20D、110V 改进型连接器、39 芯通信连接器、电空制动连接器各一个。一、四位角设侧灯插座和侧灯插各一个。

本车交、直流电源线在车上控制柜汇合，供电母线设在线漏电检测，控制柜内设 PLC 控制单元，整列车构成无主网络监控系统。

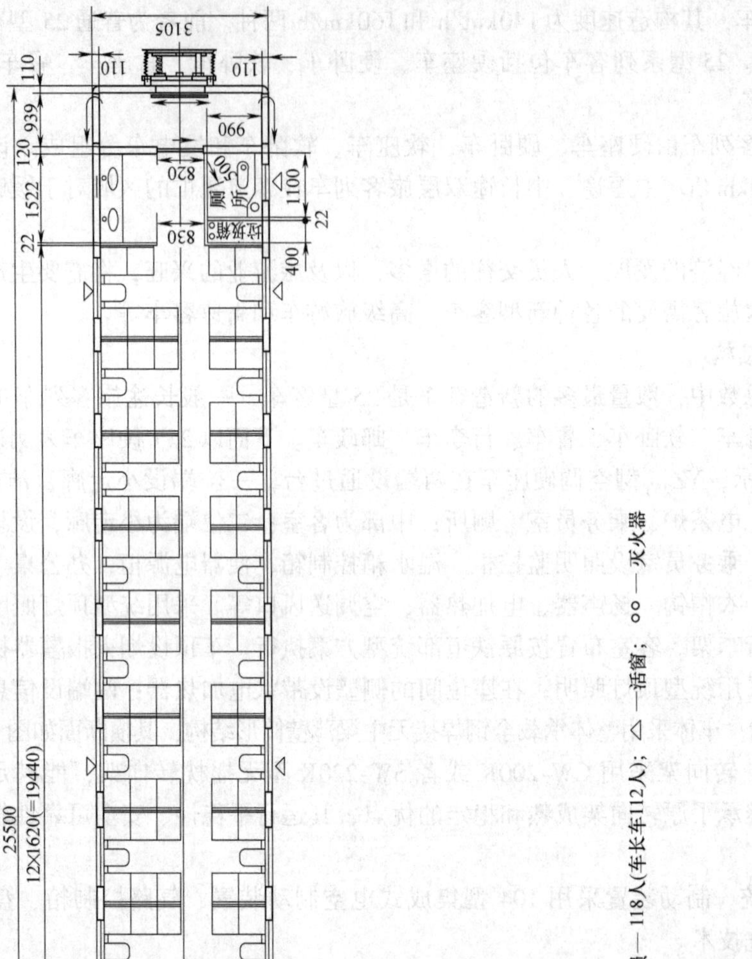

图 3-16 YZ$_{25T}$型硬座车平面布置图

定员—118人(车长车112人); △—透窗; oo—灭火器

所有用电设备控制电源均为 DC110V。空调采用 AC380V 供电；温水箱、开水炉、电加热器采用 DC600V 供电；电伴热采用 AC220V（由车下 15kV·A 隔离变压器供电）；插座采用 AC220V，由单相不间断隔离逆变器供电。车内照明、信息显示、轴温报警、塞拉门、烟火报警系统等采用 DC110V 供电。

**（8）旅客信息系统**　设有集中控制的旅客信息系统，主机设在播音室。旅客信息系统可以显示运行速度、时间、车外温度、前方到站等旅客关心的信息及厕所有无人状态，信息内容可以修改。

**（9）监控系统**　监控系统包括列车电气监控系统和行车安全监测系统。两系统各自有一套列车网络，车辆级行车安全监测装置设在乘务员室，系统主机设在车辆工程师室，并将相应的行车故障信息

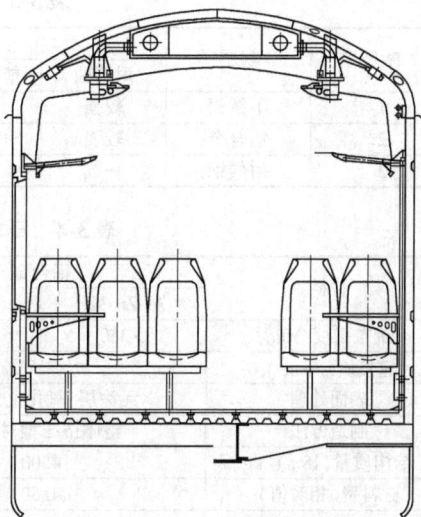

图 3-17　YZ$_{25T}$型硬座车横断面图

发送给设在车辆工程师的列车电气监控系统主控站，由主控站统一向外发送。

**（10）门、窗**　侧门采用带集控功能的电控气动塞拉门；内端门采用电动触摸式自动门；外端门为手动双开拉门；乘务员室门为防挤手折页门，设观察窗；隔门为大玻璃窗摆门；厕所门为防挤手折页门；包间门采用拉门，滑道采用新型滑道。

车窗采用整体单元式组合铝窗，车上装有固定窗和活动窗两种，车窗尺寸分为 614mm 和 1064mm 两种。该车窗密封性能好，安装方便并便于检修。

**2. 客车车体新材料**

车辆自重减轻可以节省牵引动力；减小对轨道的压力，从而减少车轮和轨道的磨耗；降低车辆和线路的维修保养成本；直接减少车辆材料的消耗等。因而轻量化的客车车体结构有直接的经济效益。世界上各国的旅客列车设计者普遍追求轻量化车体结构。

采用铝合金材料挤压成大型宽幅挤压型材制造轨道交通车辆构件，使车体仅由少数构件采用少量纵向长焊缝制成车体结构。此结构由于铝合金的密度只有钢的三分之一，可以使材料轻量化。由于挤压型材的形状和断面设计成与外力及外力矩的分布情况相适应，从而优化了断面，能充分发挥材料的力学性能，也节省了材料。大型宽幅挤压型材实质上是许多零件的组合，这样就相当于节省了由零件组合成部件的制造过程，既省工时，又节省了焊缝金属，从而减轻了结构自重；由于铝合金材料抗腐蚀性强，因而可省去油漆与刮腻子等工序，既省工时，又减轻了承载结构的自重。

由于不锈钢具有良好的耐腐蚀性能，因此采用不锈钢制造车体钢结构可以不需要涂装防腐蚀的防锈油漆等，同时考虑钢材腐蚀对结构强度的影响而增加的结构强度裕量也可以适当缩小，因此采用不锈钢也可以降低车体自重。

因而，对于轨道交通车辆材料的选择来说，需要设计人员在轻量化、耐蚀性能、经济成本、运行品质等多方面予以折中考虑。表 3-3 为采用不锈钢、铝合金、耐候钢材料生产的车体的性能、质量、制造成本、维护成本的比较。表 3-4 为日本车体采用不同材料时的性能比较。

表 3-3 各种车辆材料成本对比

| 序号 | 材料 | 性能 | | | 质量 | 制造成本 | 维护成本 |
|---|---|---|---|---|---|---|---|
| | | 耐腐蚀 | 能量吸收 | 寿命 | | | |
| 1 | 不锈钢 | 较强 | 优 | 长 | 较轻 | 较高 | 低 |
| 2 | 铝合金 | 较强 | 一般 | 较长 | 轻 | 较高 | 低 |
| 3 | 耐候钢 | 一般 | 一般 | 短 | 重 | 较低 | 高 |

表 3-4 日本各种车辆材料主要特性对比

| 材料 | 铝合金 | | 不锈钢 | 含铜耐磨钢 | |
|---|---|---|---|---|---|
| | Al-Zn-Mg | Al-Zn-Si | 304 | SS41 | SPAC |
| 抗拉强度/MPa | >350 | >230 | >530 | >410 | >460 |
| 密度/(g/mm³) | 2.7 | | 7.8 | 7.8 | |
| 表面处理 | 无涂层,氧化上色处理 | | 无涂层 | 涂油漆 | |
| 制造方法 | 整体挤压型材组合 | | 板材精轧、压制 | 板材精轧、压制 | |
| 结构质量(18m)/kg | 4500 | | 6500 | 7000~8000 | |
| 材料费(相对值) | 4.60 | | 4.10 | 1.0 | |
| 人工工时(相对值) | 1.10~1.20 | | 1.10~1.20 | 1.0 | |

# 第二节  轨道交通车辆转向架

## 一、转向架结构原理及基本部件

### 1. 转向架的作用与组成

(1) 转向架的作用  铁路运输事业发展的初期,世界各国均采用二轴车辆,将轮对直接安装在车体下面,如图 3-18 所示。这种二轴车一般比较短小,为便于车辆通过曲线,前后两轮对车轴中心线之间距离一般不大于 10m。二轴车的总重受到车辆容许轴重的限制,其载重量一般不大于 20t(B 轴)。

随着铁路运输事业的发展,二轴车在载重、长度和容积等多方面都不能满足要求,于是曾出现与二轴车结构相仿的多轴车辆,如图 3-19 所示。虽然多轴车辆能增加载重量,但为能顺利通过小半径曲线,前后两轴的距离仍受限制,不能太大,从而限制了车辆长度和容积的进一步增加。另外,车辆通过小半径曲线时,中间轮对相对车体要有较大横向游动量,如图 3-19 所示,这使得车辆结构复杂,且中间轮对承担轮轨横向力的能力较差,因此多轴车并没有被推广采用。

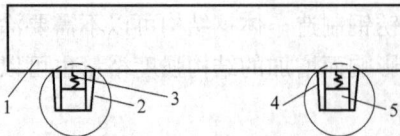

图 3-18 二轴车辆

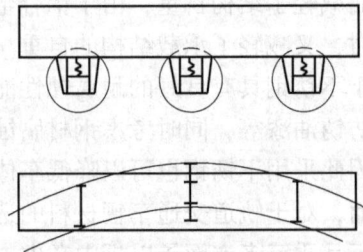

图 3-19 三轴车辆

1—车体  2—轮对  3—弹簧装置  4—导框  5—轴箱

常见的多轴车辆是采用带转向架结构形式的。把两个或几个轮对用专门的构架（侧架）组成的一个小车，称为转向架。车体就是支承在前后两个转向架上的。目前绝大多数车辆都采用转向架的结构形式。

转向架的基本作用及要求：

1）车辆上采用转向架是为增加车辆的载重、长度与容积，提高列车运行速度，以满足铁路运输发展的需要的。

2）保证在正常运行条件下，车体都能可靠地坐落在转向架上；通过轴承装置使车轮沿钢轨的滚动转化为车体沿线路运行的平动。

3）支承车体，承受并传递从车体至轮对之间或从轮对至车体之间的各种载荷及作用力，并使轴重均匀分配。

4）保证车辆安全运行，能灵活地沿直线线路运行及顺利地通过曲线。

5）转向架的结构要便于弹簧减振器的安装，使之具有良好的减振特性，以缓和车辆和线路之间的相互作用，减小振动和冲击，减小动应力，提高车辆运行平稳性、安全性和可靠性。

6）充分利用轮轨之间的黏着，传递牵引力和制动力，放大制动缸所产生的制动力，使车辆具有良好的制动效果，以保证在规定的距离内准确停车。

7）转向架是车辆的一个独立部件。在转向架与车体之间应尽可能减少连接件，并要求结构简单，装拆方便，以便于转向架可单独制造和检修。

**（2）转向架的组成**　转向架一般由以下几个部分组成。

1）轮对轴箱装置。轴箱与轴承装置是联系构架（或侧架）和轮对的活动关节，使轮对的滚动转化为构架（侧架）、车体沿钢轨的平动。

2）弹性悬挂装置。为减少线路不平顺和轮对运动对车体的各种动态的影响（如垂向振动、横向振动等），转向架在轮对与构架（侧架）之间或构架与车体（摇枕）之间，设有弹性悬挂装置。前者称为轴箱悬挂装置（又称第一系悬挂），后者称为摇枕（中央）悬挂装置（又称第二系悬挂）。目前，我过大多数货车转向架只设有摇枕悬挂装置或轴箱悬挂装置，而客车转向架既设有摇枕悬挂装置，又设有轴箱悬挂装置。

弹性悬挂装置包括弹簧装置、减振装置和定位装置等。

3）构架或侧架。构架（侧架）是转向架的基础，它把转向架各零、部件组成一个整体。

4）基础制动装置。为使运行中的车辆能在规定的距离范围内停车，必须安装制动装置，其作用是传递和放大制动缸的制动力，使闸瓦与轮对之间或闸片与制动盘之间产生的转向架的内摩擦力转换为轮轨之间的外摩擦力（即制动力），从而使车辆承受前进方向的阻力，产生制动效果。

5）转向架支承车体的装置。转向架支承个体的方式（又可称为转向架的承载方式）不同，

使得转向架与车体相联结部分的结构及形式也各有所异，但都应该满足以下基本要求：安全可靠地支承车体，承载并传递各作用力（如垂向力、振动力等）；为使车辆顺利通过曲线，车体与转向架之间应具有一定的回转阻力或阻力矩。

转向架的承载方式可以分为心盘集中承载、非心盘承载和心盘部分承载三种。

**2. 转向架的分类**

由于车辆的用途不同，运行条件的差异，制造维修方法的制约和经济效益等具体因素的影响，对转向架的性能、结构、参数和采用的材料及工艺等要求就有差别，因而出现了多种形式的转向架。

**(1) 按转向架的轴数、类型及轴箱定位方式分类**

1) 轴数与类型。在各种转向架上，采用轮对的数目与类型是有区别的。依据 TB/T 3169—2007《铁道车辆用车轴型式与基本尺寸》，按容许轴重，车辆所用的车轴基本上可分为 B、C、D、E、F、G 六种。车轴直径越粗，容许轴重越大，但最大容许轴重要受线路和桥梁的强度标准的限制。一般货车采用的是 B、D、E、F、G 五种轴型，客车采用 C、D 两种轴型。

按轴数分类，转向架有二轴、三轴和多轴。转向架的轴数一般是根据车辆总重和每根车轴的容许轴重确定的。

2) 轴箱定位方式。约束轮对与构架之间相对运动的机构，称为轴箱定为装置，由于与轴箱相对于轮对在左右、前后方向的间隙很小，故约束轮对相对运动的轮轨定位通常也称为轴箱定位。

对于轴箱定位装置的基本要求是：在纵向和横向具有适宜的弹性定位刚度值，其值是该装置主要参数。它的结构形式应能保证良好地实现弹性定位作用，性能稳定，结构简单可靠，无磨耗或少磨耗，制造、组装和检修方便，质量小，成本低。

轴箱定位装置有多种结构形式，常见的有下面几种：

① 固定定位：轴箱与转向架侧架铸成一体，或是轴箱与侧架用螺栓及其他紧固件连接成为一个整体，使得轴箱与侧架之间不能产生任何相对运动，如图 3-20a 所示。

② 导框式定位：轴箱上有导槽，构架（或侧架）上有导框，构架（侧架）的导框插入轴箱的导槽内。这种结构可以容许轴箱与构架（侧架）之间在铅垂方向有较大的相对位移，但在前后、左右方向仅能在容许的间隙范围之内，有相对小的位移，如图 3-20b 所示。

③ 干摩擦导柱式定位：安装在构架上的导柱及坐落在轴箱弹簧托盘上的支持环均装配有磨耗套，导柱插入支持环，发生上下运动时，两磨耗套之间是干摩擦。它的作用原理是由于轴箱橡胶垫产生不同方向的剪切变形，实现弹性定位作用，如图 3-20c 所示。

④ 油导筒式定位：把安装在构架上的轴箱导柱和坐落在轴箱弹簧托盘上的导筒分别做成活塞和油缸形式，导柱插入导筒；导柱在导筒内上下移动时，油液可以进出导柱的内腔，产生减振作用。它的作用原理是，当构架与轴箱之间产生水平方向的相对运动时，利用导柱与导筒传递纵向力和横向力，再通过轴箱橡胶垫传递给轴箱体，使橡胶垫产生不同方向的剪切变形，实现弹性定位作用，如图 3-20d 所示。

⑤ 拉板式定位：用特种弹簧钢材制成的薄定位拉板，一端与轴箱连接，另一端通过橡胶节点与构架连接。利用拉板在纵、横方向的不同刚度来约束构架与轴箱的相对运动，以实现弹性定位。拉板上下弯曲变形刚度小，对轴箱与构架上下方向的相对位移约束很小，如图 3-20e 所示。

⑥ 拉杆式定位：拉杆两端分别与构架和轴箱销接，拉杆可以容许轴箱与构架在上下方向有较大的相对位移。拉杆中的橡胶垫会分别限制轴箱与构架之间的横向与纵向的相对位移，实现弹性定位，如图 3-20f 所示。

⑦ 转臂式定位：又称弹性铰定位。定位转臂一端与圆筒形的轴箱体固接，另一端以橡胶弹性节点与焊在构架上的安装座相连接。橡胶弹性节点容许轴箱相对构架有较大的上下方向位移，但它里边的橡胶件使轴箱纵向与横向位移的定位刚度有所不同，以适应纵、横两个方向的不同弹性定位刚度的要求，如图 3-20g 所示。

⑧ 橡胶弹簧定位：构架与轴箱之间设有橡胶弹簧，这种橡胶弹簧上下方向的刚度比较小，轴箱相对构架在上下方向有比较大的位移，而它的纵、横方向具有适宜的刚度以实现良好的弹性定位，如图 3-20h 所示。

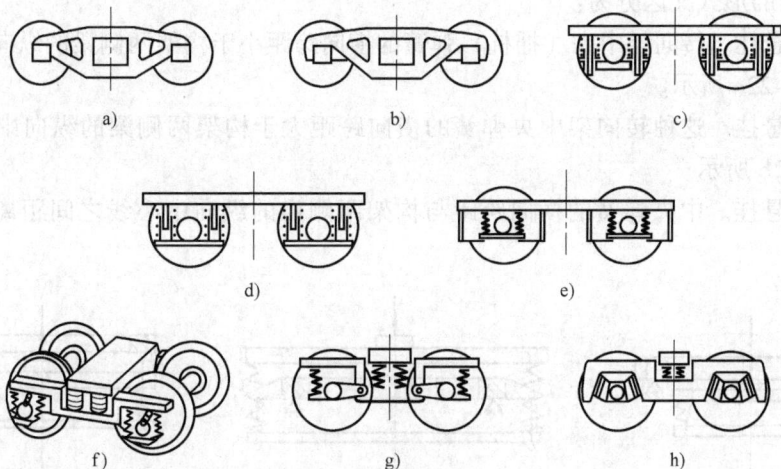

图 3-20 轴箱定位方式

**（2）按弹簧悬挂装置分类**

1）一系弹簧悬挂。在采用一系悬挂的车辆上，从车体至轮对之间，只设有一系弹簧减振装置，如图 3-21a 所示。所谓"一系"，一般是指车体的振动只经过一次（空间三维方向均包括）弹簧减振装置实施减振。该装置在转向架中设置的位置，有的是设在车体（摇枕）与构架（侧架）之间，有的是设在构架与轮对轴箱之间。采用一系弹簧悬挂，转向架结构比较简单，便于检修、制造，成本较低。所以一般多在对运行品质要求相对较低的货车转向架上采用。

2）二系弹簧悬挂。在采用一系悬挂的车辆上，从车体至轮对之间，设有二系弹簧减振装置，如图 3-21b 所示。在转向架中同时有摇枕弹簧减振装置和轴箱弹簧减振装置，使车体的振动经历二次弹簧减振装置的衰减。

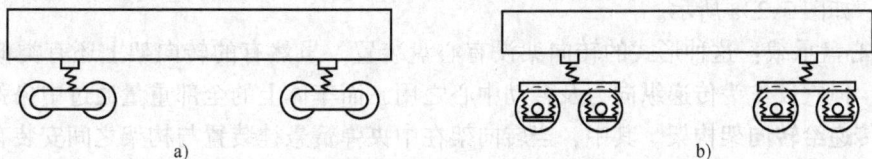

图 3-21 弹簧悬挂装置
a）一系弹簧悬挂 b）二系弹簧悬挂

显而易见：二系弹簧悬挂的转向架结构比较复杂，采用的零、部件数目明显增多，但由于它是从上向下由车体至构架再从上向下由构架到轮对，先后两次充分利用从车体底架至轮对之间的有限空间，只有较大的弹簧装置总静挠度，并对摇枕悬挂和轴箱悬挂分别选择各自的减振阻尼及刚度，确定适宜的挠度比（实质是两系刚度之比），明显地改善了车辆的运行品质。所以，二系弹簧悬挂多在对运行品质要求较高的客车转向架上采用。

二系弹簧悬挂只要设计合理，已能满足车辆运行平稳性的要求。多系弹簧悬挂的转向架，因结构过分复杂，很少采用。

对以心盘支承车体（心盘集中承载）的转向架，根据摇枕悬挂装置中弹簧的横向跨距的不同，悬挂的形式又区分为：

1）内侧悬挂。转向架中央（摇枕）弹簧的横向跨距小于构架两侧梁的纵向中心线之间距离，如图 3-22a 所示。

2）外侧悬挂。这种转向架中央弹簧的横向跨距大于构架两侧梁的纵向中心线之间距离，如图 3-22b 所示。

3）中心悬挂。中央弹簧的横向跨距与构架两侧梁的纵向中心线之间距离相等，如图 3-22c 所示。

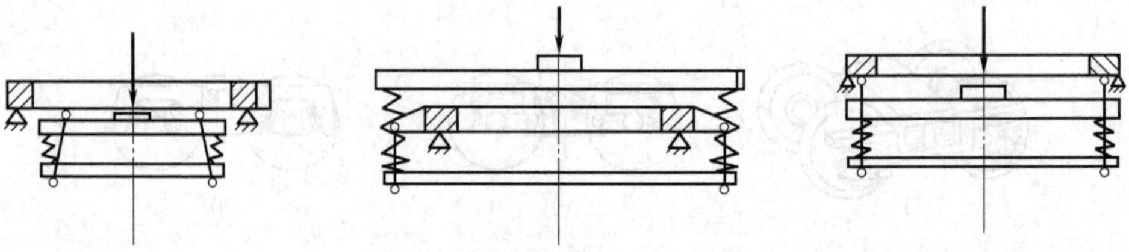

图 3-22　弹簧装置的横向跨距
a）内侧悬挂　b）外侧悬挂　c）中心悬挂

一般客、货车转向架均采用轴承安装在车轮外侧的结构形式，称为外轴箱悬挂转向架。此外，也有将轴承安装在轮对内侧的结构形式，称为内轴箱悬挂转向架。内轴箱悬挂转向架具有质量轻、易于通过曲线的特点，通常在城市轨道交通车辆上采用。

**（3）按垂向载荷的传递方式分类**　转向架结构形式的不同，使车辆垂向载荷传递的方式也多种多样，一般可按各部位载荷传递方式分类。

1）车体与转向架之间的载荷传递。车辆车体与转向架之间衔接部分的结构，要相互吻合而组成一个整体。按不同的载荷分配及载荷作用点，可分为以下三种：

① 心盘集中承载：车体上的全部重量通过前后两个上心盘分别传递给前后转向架的两个下心盘，如图 3-23a 所示。

② 非心盘承载：这种形式的转向架没有心盘装置。虽然有的转向架上还有类似心盘的装置存在，但它仅作为传递纵向力及转动中心之用，而车体上的全部重量通过中央弹簧悬挂装置直接传递给转向架构架。其中，当转向架在中央弹簧悬挂装置与构架之间安装有旁承装置时，又称这种转向架为旁承承载转向架，如图 3-23b 所示，

③ 心盘部分承载：这种承载方式的结构是上述两种承载方式结构的组合，即车体上的质量按一定比例分配，分别传递给心盘与旁承，使之共同承载，如图 3-23c 所示。这种承载方式的旁承结构比较复杂，目前，我国货车主要采用这种承载形式。

在旁承承受全部或局部载荷的情况下，当转向架绕心盘或转动中心转动时，上下旁承之间有摩擦力。这种摩擦力形成的摩擦力矩可以阻止转向架相对车体的转动，适宜的摩擦力矩可以有效抑制车辆蛇行运动。若摩擦力矩的取值过大，则不利于车辆的曲线通过，甚至造成车辆脱轨现象的发生。

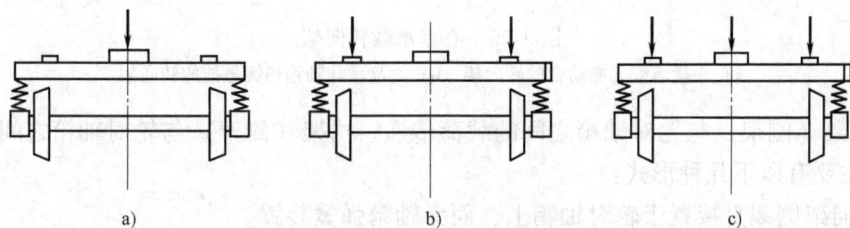

图 3-23　车体载荷传递方式

2) 转向架中央（摇枕）悬挂装置的载荷传递。转向架中央悬挂装置的载荷传递，按其结构特点，大体上可分为有摇动台装置及无摇动台装置两种形式。

① 具有摇动台装置的转向架。如图 3-24 所示，车体通过心盘（或旁承）支承在摇枕上，摇枕两端支承在摇枕弹簧的上支承面，摇枕弹簧下支承面坐落在弹簧托板（或托梁）上，弹簧托板通过吊轴、吊杆与吊销悬挂在构架上；这样，摇枕、摇枕弹簧、弹簧托板、吊轴与吊杆连同车体，在侧向力作用下，可做类似钟摆的摆动，使之相对构架产生左右摇动。转向架中可以横向摆动的部分称为摇动台装置，它具有横向弹性特性。这种结构的载荷传递特点是心盘（或旁承）承载后通过摇动台将载荷传递给构架。

图 3-24　心盘承载的摇动台装置　　　　图 3-25　非心盘承载，无摇动台的装置

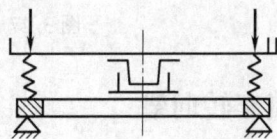

② 无摇动台装置的转向架。按结构特点又可分非心盘承载和心盘集中承载两种。

非心盘承载的无摇动台转向架如图 3-25 所示，车体直接通过中央弹簧将载荷传递给构架，没有摇动台装置，车体的左右摇动位移，以及车辆通过曲线时转向架与车体之间的转动位移均是依靠中央弹簧的横向、纵向弹性变形来实现的。这种结构的特点是无心盘承载，中央弹簧不仅要有良好的垂向弹性特性，还要有良好的横向弹性特性。为此，一般采用的弹簧是空气弹簧或高圆螺旋弹簧，由于它结构比较简单，在一些新型高速客车转向架上得到了应用。

心盘集中或部分承载的无摇动台转向架如图 3-26a 所示，车体通过心盘或旁承坐落在摇枕上，摇枕两端坐落在左右摇枕弹簧上，左右摇枕弹簧又直接坐落在构架的两个侧梁（或左右两个侧架）上。这种转向架设有摇枕弹簧装置，但无摇动台结构，三大件式货车转向架都是这种承载方式。

另外，还有一种结构形式是车体通过心盘或旁承支承在构架上，构架直接坐落在轴箱弹簧上，车体与构架之间没有弹簧减振装置，如图 3-26b 所示，整体焊接构架货车转向架采用这种结构形式。

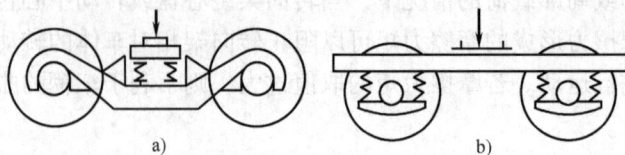

图 3-26　心盘承载转向架
a）心盘承载无摇动台的转向架　b）心盘承载轴箱弹簧悬挂的转向架

3）构架（侧架）与轮对轴箱之间的载荷传递。构架（侧架）与轮对轴箱之间载荷传递的方式，主要有以下几种形式：

① 转向架侧架直接置于轮对轴箱上，而无轴箱弹簧装置。

② 转向架的每侧有一个纵向布置的、较长的均衡梁，均衡梁两端支于前后两个轴箱上。均衡梁上有均衡梁弹簧及弹簧座，转向架构架支悬于均衡梁弹簧之上（图3-27a）。

③ 转向架构架由轴箱顶部的弹簧支承（图3-27b）。

④ 每个轴箱左右两侧铸有弹簧托盘，转向架构架由弹簧托盘上的轴箱弹簧支承（图3-27c）。

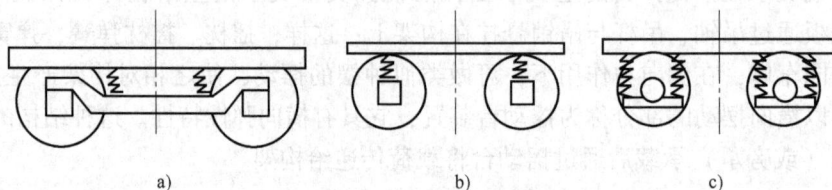

图 3-27　构架与轮对轴箱的载荷传递方式

## 二、货车转向架

铁路货车主要用于运送各种货物，它的载重量一般比客车大得多。货车转向架是铁路货车的关键部件，而且在车辆的组成中是一个相对独立的部件，因而对各型车辆具有较大的适应性。

对货车转向架的一般要求是：结构简单合理，工作安全可靠，运行性能良好，制造成本低廉，维护检修方便等。

一般货车转向架主要由轮对轴箱装置、弹簧减振装置、构架或侧架、摇枕、基础制动装置等几部分组成。货车转向架的数量很大，为了降低制造和检修成本，要求货车转向架具有比较简单合理的结构，一般仅在摇枕和侧架之间或轮对轴箱和构架之间设置一系弹簧装置。近年来，随着货车运行速度的逐步提高，货车转向架弹簧装置静挠度有增大的趋势。在现代货车转向架上一般均安装结构简单的减振装置，以保证转向架具有较好的动力学性能，将货物安全无损地运送到目的地。早期的货车转向架在其轮对和轴箱之间安装滑动轴承，现代货车则普遍采用性能良好的滚动轴承。由于货车的载重量较大，其转向架承受的静、动载荷都较大，因此货车转向架的构架或侧架和摇枕一般都做得比较粗大，以保证具有足够的强度和刚度。货车转向架的基础制动装置一般采用结构简单的单侧闸瓦制动，也有部分货车转向架采用双侧闸瓦制动或其他形式的制动。

**1. 我国货车转向架的发展**

1949 年以前，我国没有设计、制造货车的能力，主要靠进口美国、日本等国 30t 级货车，其转向架以拱板型为主（即转 15、转 16 型），以及少量的铸钢三大件式转向架（转 1、转 2）。新中国成立以后，于 1952 年首先设计制造了载重 50t 货车使用的转 3 及转 4 型转向架，随后又设计制造了 60t 级货车使用的转 5 型转向架。1956 年设计制造了 60t 级货车用的转 6 型转向架。1958 年设计制造了老转 8（原名 608）型转向架。1961～1965 年研究改进老转 8 型，研制成新转 8 型，又称转 8A 型，1966 年定型后大批量生产，成为我国的主型货车转向架，同时还生产了少量改进转 6 型的转 6A 型转向架。我国还先后研制出了 30t 曲梁（转 9）、60t 老曲梁、新曲梁、66 型、67 型、69 型和改 69 型转向架，以及设计研制了带有常摩擦减振器的控制型转向架、自导向、迫导向径向转向架，带轴箱悬挂装置的构架式转向架等新型转向架，特别是 1994 年我国公布的铁路主要技术政策中，明确提出要积极发展轴重 25t 低动力作用的大型货车，提高货运速度，满足国民经济的发展需要。

自 1996 年以来，各工厂先后引进了侧架交叉支撑技术、侧架摆动式技术、整体焊接构架技术、副构架自导向技术等，并结合我国国情，先后开发了用于 60t 级货车的 21t 轴重的转 K1 型、转 K2 型、转 K3 型、转 K4 型转向架，以及用于 70t 级通用货车和 80t 级专用货车的 25t 轴重的转 K5 型、转 K6 型和转 K7 型转向架，并正在开发时速为 160km 的快速货车转向架。

**2. 转 8A 型转向架**

转 8A 型转向架属于三大件式转向架，是我国 2004 年前大量运用的一种主型货车 D 轴转向架。这种转向架的主要优点是：结构比较简单、坚固，检修方便，在新车状态时速 90km 的速度范围内具有较好的运行品质。转 8A 型转向架由轴承、轮对、侧架、楔块、摇枕、枕簧、滑槽式基础制动装置、旁承及下心盘等主要零部件组成，如图 3-28 所示。

**（1）轮对和轴承装置**　转 8A 型转向架的轮对轴承装置全部采用标准 $RD_2$ 型滚动轴承、$RD_2$ 型车轴和整体辗钢车轮。$RD_2$ 型滚动轴承轮对的容许轴重为 21t，故采用该型转向架的货车其自重和载重总和不能超过 84t。

**（2）侧架和摇枕**　转 8A 货车转向架的构架是由左右两个独立的侧架与一个摇枕组成的三大件结构。每一侧架联系前后两个轮对一侧的轴箱，左右两个侧架之间在中央部位用一根横向放置的摇枕联系在一起。摇枕和侧架可以有上下方向的相对移动，而前后、左右方向的相对位移则限制在间隙容许的范围之内，一般移动量

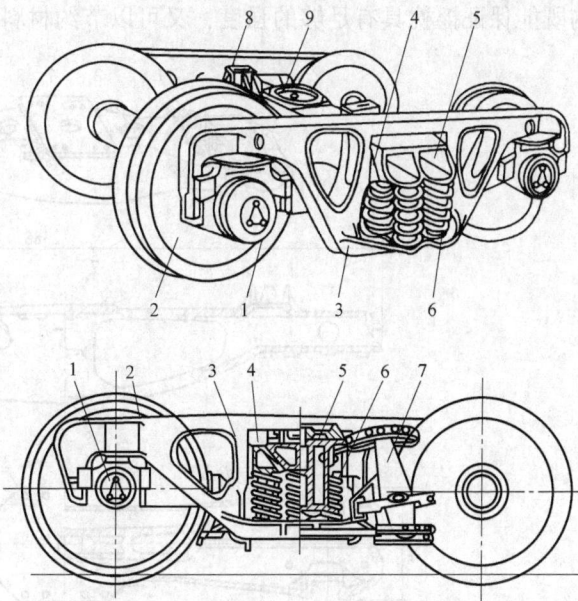

图 3-28　转 8A 型货车转向架
1—轴承　2—轮对　3—侧架　4—楔块　5—摇枕
6—弹簧　7—制动装置　8—旁承　9—下心盘

很小。

转 8A 型转向架的侧架和摇枕均采用 GB 11352—2009《一般工程用铸造钢件》规定的 ZG230-450 碳素钢铸钢件。该铸件应能保证机械性能，而化学成分容许略有偏差。

转 8A 型转向架采用导框式轴箱定位，这种侧架的两端具有宽度较大的导框，这就是导框式转向架名称的由来。侧架的导框插入承载鞍（或轴箱）的导槽之内。导框和导槽的作用限制了轴箱与侧架之间前后、左右方向的相对位移。侧架中部有一较大的方形孔，在这个空间内安装摇枕和摇枕弹簧。在方孔两侧的立柱内侧平面上固定安装磨耗板。装有磨耗板的面就是与楔块相接触的主摩擦面，主摩擦面与铅垂线的夹角为 2°30′。

在侧架方孔后面焊有两个楔块挡，它们的作用是在摇枕弹簧横向失稳或轴瓦垫板脱出（对于滑动轴承轴箱）时，防止左右两侧架与摇枕分离。当上述情况发生时，楔块挡贴靠楔块的一侧，而楔块又嵌在摇枕内，因此，侧架不能脱出摇枕之外，保证摇枕和侧架连在一起，方形孔的下部为面积较大的弹簧承台，承台上铸出 7 个固定弹簧用的圆脐子。在侧架内侧面还铸有制动梁滑槽。采用滑槽式制动装置比悬吊式制动装置零件少，安全可靠，制造也方便，这也是转 8A 型转向架区别于以往生产的老转 8 型转向架的一处重要差别。铸钢侧架两边开有三角形检查孔，一方面可以减轻侧架质量，另一方面，从检修运用的角度来看，侧架上设置检查孔便于检修基础制动装置和更换闸瓦。

为了合理地利用材料，减轻侧架自重，侧架各部分截面均做成槽形或空心箱形。铸钢侧架的壁厚为 16mm 左右。

摇枕的作用是将车体作用在下心盘上的力传递给支承在它两端的枕簧上，另外，它还用来把转向架左右两侧架联系成一个整体。

转 8A 型转向架的摇枕为封闭的箱形截面，沿长度方向呈鱼腹形，如图 3-29 所示。这种结构既能保证摇枕具有足够的强度，又可以节约材料和减轻自重。

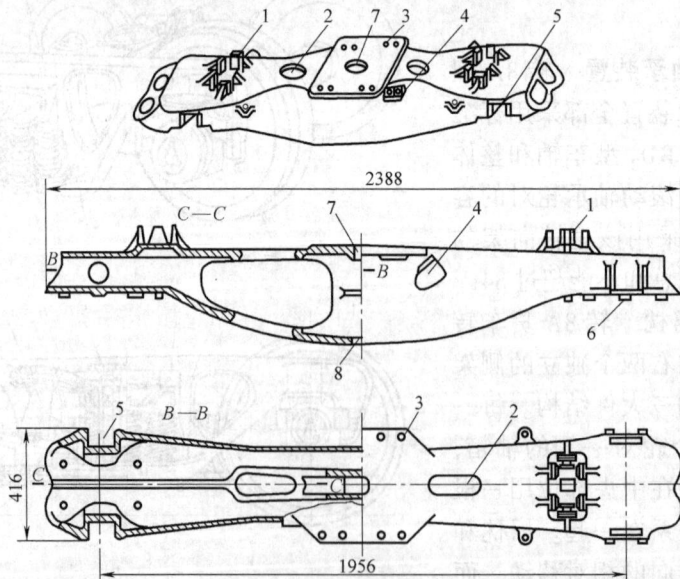

图 3-29　转 8A 型转向架摇枕

1—下旁承座　2—泥心孔　3—心盘螺栓孔　4—固定杠杆支点座　5—楔块槽　6—圆脐子　7—中心销孔　8—排水孔

下心盘（图3-30）和装在车体枕梁下面的上心盘相互配合，一方面承受来自车体的垂向力和水平力；另一方面，车辆通过曲线时，转向架的下心盘和车体的上心盘之间可以自由地转动，以减少车辆通过曲线时的阻力。为了避免与下心盘脱开，两心盘之间垂向安插一根锻钢中心销。

下旁承铁采用铸铁平面摩擦式刚性旁承（图3-31），结构比较简单。当车辆处于正常状态时，上下旁承之间要保持一定的间隙。有关规程规定：段修落车后，同一转向架左右旁承允许游间之和为10～16mm，但一侧最小不少于4mm，在运行过程中允许游间之和为2～20mm。间隙过大则增加车体的侧滚和倾斜；过小则上下旁承接触过早，增加转向架回转阻力，不利于转向架通过曲线。

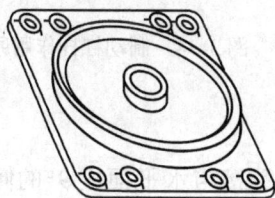

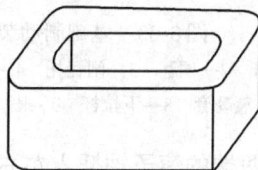

图3-30　下心盘　　　　　　　　　　　　　　图3-31　下旁承铁

**（3）弹簧减振装置**　转8A型转向架采用一系中央悬挂，它的弹簧减振装置包括弹簧和减振器。

每台转8A型转向架有两套弹簧减振装置，分别装在两侧架中央的方形空间内。每套装置由7组双卷螺旋弹簧（圆弹簧）和两块三角形楔块所组成。7组双卷螺旋弹簧全部支承在侧架弹簧承台的圆脐子上，其中5组弹簧的上端由摇枕端部处的圆脐子定位，另外两组弹簧的上端由前后两个摩擦楔块上的圆脐子定位。摩擦楔块的斜面（成45°角）部分嵌入摇枕的楔块槽中，两竖直面（实际上是与铅垂线成2°30′角的斜面）紧贴侧架立柱上的磨耗板。

在转向架振动过程中，楔块与摇枕、楔块与立柱磨耗板之间产生相对移动和摩擦力，从而使振动和冲击的能量在零件的相互摩擦过程中转化为热能，散逸在空气中，于是振动得到衰减。

转8A型转向架弹簧减振装置中双卷螺旋弹簧的数目和布置可根据不同吨位的车辆作适当调整。转8A型转向架用于60t敞车、棚车、平车时，采用7组双卷螺旋弹簧（图3-32a），50t棚车和罐车时，抽去中央1组双卷螺旋弹簧（图3-32b）。

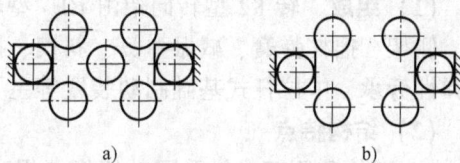

a)　　　　　b)

图3-32　弹簧布置

**（4）基础制动装置**　转8A型转向架的基础制动装置与以前制造的其他类型转向架有所不同，采用单侧滑槽式弓形制动梁，其结构包括制动杠杆、闸瓦、闸瓦托、制动梁、安全吊、滚子轴、滚动套、下拉杆、固定杠杆支点及安全链，如图3-33所示。

基础制动装置的作用是将制动缸的作用力放大后传给轮对。当列车制动时，制动缸的作用力通过车体下的制动杠杆、上拉杆以及转向架上的制动杠杆，将制动梁连同闸瓦贴靠车轮，阻止车轮转动（图3-34）。车轮与闸瓦之间的摩擦，使列车运行的动能转化为热能散逸在大气中。列车制动时，制动缸传至转向架的作用力经转向架杠杆机构扩大的倍数，称之为

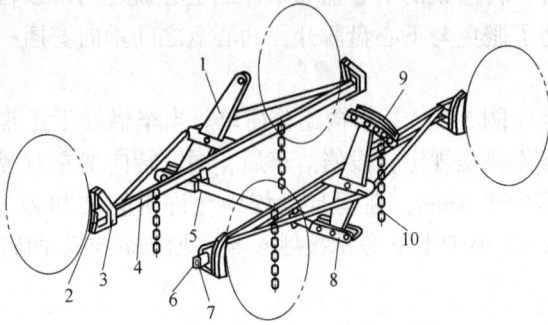

转向架的制动倍率。

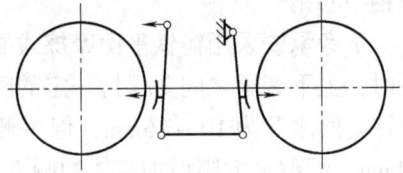

图 3-33　基础制动装置　　　　　　　　图 3-34　制动杠杆作用原理图

1—制动杠杆　2—闸瓦　3—闸瓦托　4—制动梁　5—安全吊
6—滚子轴　7—滚动套　8—下拉杆　9—固定杠杆支点　10—安全链

制动梁两端的滚子轴插入左右两侧架的滑槽内，侧架滑槽与水平面成 9° 的倾斜角，缓解时制动梁借重力复原。转 8A 型转向架基础制动装置存在的主要问题是制动梁强度不足、闸瓦偏磨和缓解不良等。在以往的设计和生产中曾对这些问题提出了一些改进措施，如加大制动梁某些截面的尺寸，对一些易断裂部位进行局部补强等，但收效不大，没有从根本上解决问题。目前，已经设计出了一种结构简单、重量轻、强度刚度大、制造检修方便的新型制动梁，并已在我国铁路的新造货车转向架上广泛使用。

**3. 转 K2 型转向架**

转 K2 型转向架和转 K6 型转向架已分别成为我国 21t 轴重和 25t 轴重主型货车转向架，下面重点介绍 K2 转向架的主要结构特点。

转 K2 型转向架是在转 8A 型转向架的基础上，采取在两侧架间加装弹性下交叉支撑拉杆装置、空重车两级刚度弹簧、双作用常接触弹性旁承、心盘磨耗盘等技术设计而成的，其结构与转 8G 型转向架类似。大量试验表明其具有较好的动力学性能。

**（1）组成**　转 K2 型转向架由 RD$_2$ 型轮对、TBU-CSD-SKF-197726 圆锥滚子轴承、承载鞍、侧架、摇枕弹簧、减振弹簧、斜楔、摇枕、下心盘、侧架下交叉支撑装置、双作用常接触弹性旁承、中拉杆式基础制动装置等主要零部件组成。转 K2 型转向架如图 3-35 所示。

**（2）结构特点**

1）摇枕和侧架材料采用 D 级钢，提高了摇枕、侧架的强度；摇枕中部腹板上开设椭圆形孔，便于制动装置中的拉杆穿过；在侧架斜悬杆下部组焊交叉支撑座；侧架导框采用窄导框结构；采用卡入式滑槽磨耗板等。焊接在侧架上的支撑座受力复杂，是一个关键的部件，因此，其与侧架的焊接质量将影响侧架的寿命。

2）转 K2 型转向架在两个侧架之间沿水平面加设了弹性下交叉支撑装置，交叉支撑装置组成如图 3-36 所示。交叉支撑装置由两根相互交叉连接的上下交叉杆、上下交叉杆扣板、X 形和 U 形弹性垫组成。

交叉支撑装置的 4 个弹性结点连线呈矩形，限制了两侧架之间的菱形变形，提高了转向架的抗菱刚度，有利于提高转向架的运动稳定性。

3）采用双作用常接触弹性旁承。双作用常接触弹性旁承由调整垫板、弹性旁承体、旁

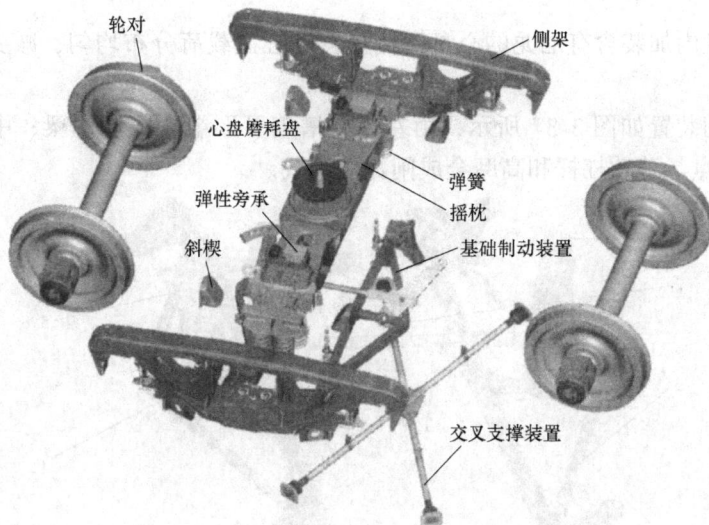

图 3-35　转 K2 型转向架三维实体组装图

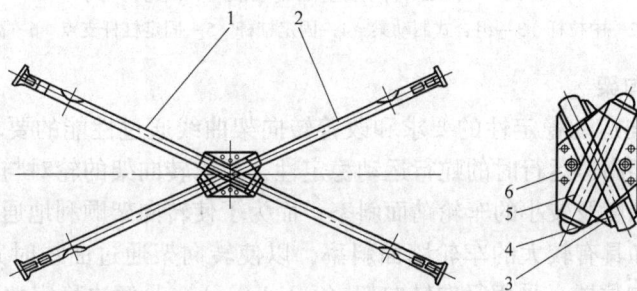

图 3-36　交叉支撑装置组成
1—上交叉杆　2—下交叉杆　3—交叉杆下扣扳　4—X 形弹性垫　5—U 形弹性垫　6—交叉杆上扣扳

承磨耗板、垂向垫板、旁承座、滚子、纵向垫板等组成。常接触弹性旁承在预压力作用下，上、下旁承摩擦面间产生摩擦力，左、右旁承产生的摩擦力矩方向与转向架相对车体的回转方向相反，从而达到抑制转向架蛇行运动的目的，可提高蛇行运动的失稳临界速度。

4）摇枕悬挂采用自由高不等的摇枕内圆弹簧和摇枕外圆弹簧。在空车状态下，只压缩摇枕外圆弹簧，由于摇枕外圆弹簧刚度较小，使空车状态下的弹簧静挠度增大，可改善空车的动力学性能。重车时，摇枕外圆弹簧的压缩量增加，当其高度与内圆弹簧自由高一致时，内圆弹簧开始与外圆弹簧一起承载，弹簧总刚度增大，形成两级刚度悬挂特性。

一般情况下，空车状态应在第一级刚度下工作，重车状态应在第二级刚度下工作。这样在满足空、重车连挂的前提下，即空、重车挠度差一定时，尽可能地增大了空车状态的弹簧静挠度，使空、重车状态下均具有较好的动力学性能。

转 K2 转向架的减振内、外圆弹簧均高于摇枕内、外圆弹簧，有较大的压缩量，即使在斜楔磨耗后，仍有一定的压缩量，有利于保持减振性能和抗菱刚度的稳定。

5）减振系统采用斜楔式变摩擦减振装置，由组合式斜楔、磨耗板和减振弹簧等组成。组合式斜楔由斜楔、垫圈、磨耗板组成。主磨耗板采用耐磨材料，提高了减振装置的生命周期。

6）在下心盘内加装含有尼龙的心盘磨耗盘，使心盘载荷分布均匀，减少了上、下心盘的磨耗量。

7）基础制动装置如图 3-37 所示，由左、右槽钢弓形组合式制动梁、中拉杆、固定杠杆、固定杠杆支点、游动杠杆和高摩合成闸瓦等组成。

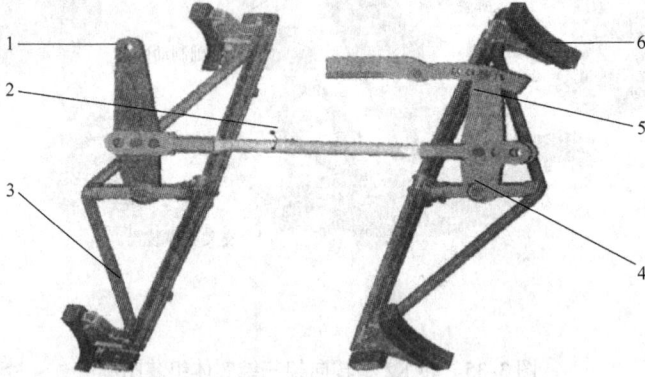

图 3-37　转 K2 转向架基础制动装置三维实体图

1—游动杠杆　2—中拉杆　3—组合式制动梁　4—固定杠杆　5—固定杠杆支点　6—高摩合成闸瓦

#### 4. 货车径向转向架

提高转向架横向运动稳定性的要求和改善转向架曲线通过性能的要求往往是互相矛盾的。为了保证转向架高速运行时的蛇行运动稳定性，要求转向架的轮对与轮对间、轮对与构架间有足够的定位刚度及较小的车轮踏面斜率；而为了使转向架顺利地通过曲线，又要求轮对的定位尽量柔软和具有较大的车轮踏面斜率，以使转向架通过曲线时其轮对能处于（或接近）纯滚动的径向位置。采用径向转向架（radial truck）是解决稳定性和曲线通过能力矛盾的最有效措施。

车辆通过曲线时，所有轮对都具有趋于曲线径向位置的能力的转向架，称为径向转向架。根据导向原理不同，径向转向架分为自导向转向架（self-steering truck）和迫导向转向架（forced-steering truck）两大类。自导向径向转向架是依靠轮轨间的蠕滑力进行导向的，它利用进入曲线时轮轨间产生的蠕滑力，通过转向架自身导向机构的作用使转向架的前、后轮对"自动"进入曲线的径向位置。迫导向径向转向架是利用进入曲线轨道时车体与转向架构架间的相对回转运动，通过专门的导向机构（如连接车体与轴箱或副构架的杠杆系统）使前、后轮对偏转，强迫轮对进入曲线后处于曲线径向位置。

**（1）自导向机构**　自导向机构的作用是使车辆通过曲线时，同一转向架前后两轮对呈八字形，其摇头角大小相等，方向相反，通过蠕滑力的作用使转向架上两轮对趋于径向位置，如图 3-38 所示。

自导向机构使前后轮对产生相反的摇头角，其中杠杆比为 1:1。

**（2）迫导向机构**　迫导向机构的原理是利用车辆通过曲线时转向架相对车体所做的摇头角位移，迫使

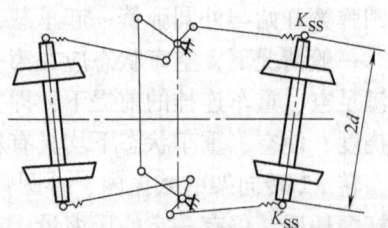

图 3-38　自导向机构

轮对处于径向位置。

迫导向机构实际是通过杠杆不同长度的比例关系实现的，如图3-39所示。图中，$A_1$、$A_2$为迫导向杠杆与车体联结点，$B_1$、$C_1$、$B_2$、$C_2$为杠杆与轮对联结点，$O_1$、$O_2$为杠杆在转向架的固定支点。

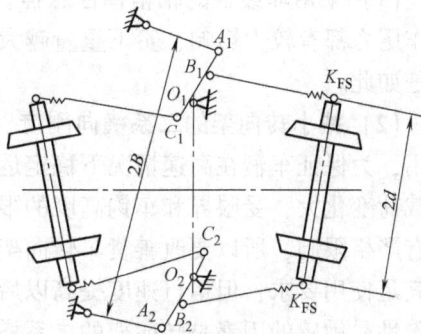

图3-39　迫导向机构

**5. 快速货车转向架**

为充分利用高速线路的运输能力和适应快速货物运输的需要，一些国家研制出了多种形式的快速货车转向架。比较成功的有法国的Y37型、德国的DRRS型、意大利的Fiat快速货车转向架等。

为提高货车的运行速度和开行快速货物专列，法国国铁于20世纪80年代在Y25和Y30型转向架的基础上研制成功了时速为160km的Y37型货车转向架。Y37转向架的构架为整体焊接构架，由左右侧梁及两侧梁之间由两根无缝钢管组成的横梁构成，在横梁上安装基础制动装置；该转向架的轴箱定位同Y25型转向架相似，增加了类似客车转向架摇动台形式的二系悬挂，以降低其横向刚度。为限制车体的最大横向位移，减小了轴箱与导框之间的横向间隙。基础制动采用盘型制动加踏面清扫器，每轴上安装两个制动盘。由于采用了摇动台结构和盘型制动，故将轴距加大至2.3m。较大的轴距虽增加了构架质量，但可大大提高转向架的临界速度，具有结构简单和动力学性能理想的特点。

20世纪90年代，德国联邦铁路（DB）在高速铁路线上成功开行了时速为250km以上的ICE高速旅客列车。为充分利用线路和加快货物运输，联邦铁路要求在客运间隙和夜间开行速度为160km/h的货运列车。为此，德国Talbot公司研制了一种时速为160km的快速货车转向架——DRRS转向架。该转向架是在Y25型转向架的基础上采用双层圆环形橡胶弹簧（Double Rubber Rolling Spring）进行轴箱定位，利用橡胶弹簧的非线性特点来保证空重车性能，并以横向柔性定位来改善曲线通过性能的。和Y25型转向架一样，DRRS转向架采用单腹板的整体焊接构架、常接触弹性旁承和球面心盘。为满足不同运行速度下制动距离的要求，DRRS转向架有两种基本结构形式，运行速度为120km/h时采用双侧踏面制动，运行速度为160km/h时采用盘型制动，每轴上安装三个制动盘单元，并安装有机械式或电子防滑器。DRRS转向架主要用于集装箱车和公铁两用车，其最高试验速度达230km/h。

Fiat快速货车转向架是意大利Fiat公司研制的，其最大商业运行速度为140km/h，轴重22.5t。其轴箱悬挂采用轴箱两侧螺旋钢弹簧和拉杆式轴箱定位装置，这种悬挂方式也可使轴箱结构简化，有效地减轻了簧下重量，实现无磨耗设计。在轴箱弹簧内部安装垂向液压减振器；构架为由箱形侧梁和横梁组焊的整体焊接结构；二系悬挂采用橡胶堆悬挂，车体的全部载荷由位于左右两侧梁的橡胶堆承载；基础制动装置采用轴盘制动，每轴安装两套制动单元。

综上所述，世界各国铁路根据实际运输的需要，研制了多种不同结构、具有良好动力学性能的快速货车转向架，这些转向架能满足120～160km/h的运行要求，其中法国Y37型转向架最高试验速度达281.8km/h，创造了货车运行速度的世界纪录。

从上述几种快速货车转向架的结构中可知，快速货车转向架有以下主要技术特点：

（1）**采用非线性的轴箱弹性悬挂，减轻簧下重量**　簧下重量对车辆的动力学性能和轮轨作用力都有较大影响，簧下重量越大，动力学性能越差，轮轨作用力越大，在高速情况下更是如此。

（2）**减小转向架的二系横向刚度**　转向架轴箱定位刚度对车辆的运行稳定性起着关键作用，为保证车辆在高速情况下稳定运行，轴箱定位的刚度不能太小。而货车在空重车工况下载荷变化大，受限界和车钩高度的限制，货车转向架垂向总挠度及空重车状态下垂向挠度差有严格限制，所以要改善货车转向架的垂向性能困难较大。目前这些转向架的垂向性能均能满足使用要求，但运行速度提高以后，对车辆的横向平稳性提出了新的要求，而影响横向平稳性最敏感的因素是转向架的二系横向刚度，所以 Y37 型、Fiat 快速货车转向架采取不同措施来降低转向架的二系横向刚度。

（3）**减少悬挂中的磨耗件**　随着运行速度的提高，转向架各部件的振动加剧，如转向架中磨耗件太多，将严重影响车辆运行性能的稳定，缩短维修周期，加大维修工作量和维修成本。所以快速货车转向架应尽量减少悬挂中的磨耗件，最好实现无磨耗。在结构上可采用弹性定位、液压减振器等方式来实现。

（4）**采用整体构架**　三大件转向架的菱形变形是影响车辆运行稳定性的主要因素，因此采用三大件式结构的快速货车转向架应在结构上采取相应措施增加转向架抗菱形变位的能力。而整体构架则彻底消除了菱形变形，具有良好的横向运动稳定性，同时整体构架也为安装双侧踏面制动和盘型制动提供了条件，使转向架具有较好的制动性能，所以整体构架在快速货车转向架中得到了广泛的运用。

（5）**采用常接触弹性旁承**　货车速度提高以后，对稳定性的要求相应提高，由于货车结构和制造成本的限制，在车体和转向架构架间安装油压式的抗蛇行减振器目前还不易推广，而加装常接触弹性旁承对于提高车辆的运动稳定性也是非常有效的。常接触弹性旁承还能有效地抑制车体的侧滚运动，避免车体侧滚出现刚性冲击和降低轮重减载率。但常接触弹性旁承过大的回转力矩会恶化车辆的曲线通过能力，因此在选择常接触弹性旁承的回转阻力矩时要同时兼顾运动稳定性和曲线通过能力。

（6）**采用盘型基础制动装置**　车辆速度提高后，对转向架的基础制动装置也提出了新的要求。由于不同国家对制动距离的要求不尽相同，所以快速货车转向架的制动方式也有较大区别。如欧洲铁路对制动距离要求较高，120km/h 以下的转向架采用单侧或双侧踏面制动；当速度提高到 140km/h 以上时，普遍采用盘型制动加防滑器的方式。三大件式转向架受其结构特点的制约，实现盘型制动或双侧踏面制动是十分困难的。

**6. 四轴货车转向架**

二轴转向架在铁路车辆上的应用最为广泛，目前，各国的铁路货车一般以采用两台二轴转向架的四轴车为主。但是，二轴转向架的最大承载能力受到其容许轴重的限制，转向架自重和心盘载重之和最大不能超过其两根轴的容许轴重之和。

努力增加货运列车载重量是提高铁路运输能力和经济效益的一个重要方面，而增加转向架的承载能力是提高车辆载重进而提高整个货物列车载重量的最有效途径之一。另一方面，运送各种笨重货物（如大型机床、大型发电机及汽轮机转子、成套设备等）的要求也需要尽量提高转向架和货车的承载能力。

提高转向架承载能力的办法有两个：一个方法是提高转向架的容许轴重。每根轴的承载能力提高了，整个转向架的承载能力也就提高了。另一个方法是增加转向架的轴数，即采用多轴转向架。多年来，我国铁路的车辆和线路部门，一直在为提高线路的承载能力和转向架容许轴重而努力。由于受我国现有线路条件（如轨重、桥梁承载能力等）的限制，所以，要快速提高容许轴重是困难的，而且，在目前的经济条件和技术水平下，也不可能在短期内对所有的既有线路进行彻底改造。因此，采用三轴或三轴以上的多轴转向架是我国铁路发展特大型货车的一条重要途径。

多轴转向架可以增加车辆的载重量，但其结构比二轴转向架复杂得多。为了充分利用每根轴的承载能力，在多轴转向架上应尽量使每根轴均匀承载。此外，转向架的轴数增多了，其固定轴距也就增加了，在设计转向架时就必须考虑如何使车辆能灵活地通过曲线，如何减少轮缘磨耗和轮缘力，以及如何防止脱轨等问题。

我国现有的多轴转向架品种很多，下面以四轴货车转向架为例进行介绍。

**（1）Z10 型四轴构架式转向架**　Z10 型转向架是我国于 1977 年为载重 210t 的 $D_2$ 型凹底平车而设计的四轴构架式转向架。它有两种形式：一种是位于 $D_2$ 车上一、四位转向架（图 3-40），其上面装有牵引梁、车钩缓冲装置和手制动装置；另一种是位于 $D_2$ 车上的二、三位转向架，它无钩缓装置和手制动装置。除了这些不同点以外，这两种转向架的其他结构是一致的。

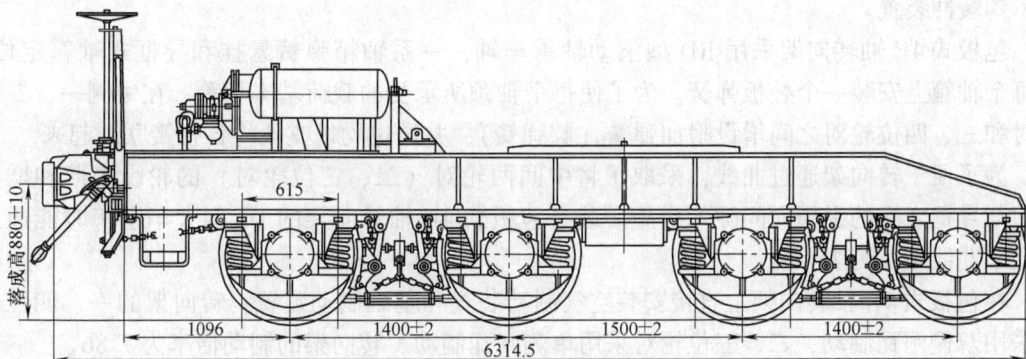

图 3-40　Z10 型四轴构架式转向架

Z10 型转向架的构架系由钢板组焊而成，它包括两根侧梁，一根下凹的心盘梁和两根同样下凹的横梁。在每根侧梁下焊有 4 副导框，心盘梁上装有 $R=750\text{mm}$ 的球面心盘。二、三位转向架的一端有端梁，而一、四位转向架的一端则装有牵引梁，车钩缓冲装置就装在牵引梁内。这种构架具有较大的垂向刚度，利用构架的这一特性，并在制造检修时严格控制各零部件的尺寸偏差及装配位置误差，就可基本上做到使转向架的 4 根车轴比较均匀地承载。

Z10 型转向架采用 4 个标准滚动轴承 $RE_2$ 型轮对，一系轴箱弹簧悬挂和导框式轴箱定位。轴箱弹簧装置具有两级刚度，它由圆弹簧 1、2、3 和弹簧挡 4 组成，如图 3-41 所示。空车时，圆弹簧 2、3 并联后再与圆弹簧 1 串联在一起承载，弹簧装置的刚度较小，可以获得较大的空车静挠度；重车时，圆弹簧 1 首先被压死，然后由圆弹簧 2、3 并联承载，这时弹簧装置的刚度是圆弹簧 2、3 的并联刚度，比空车时要大，这样就实现了空、重车两级不同的弹簧刚度。由于空车时弹簧装置的刚度小，静挠度较大，可以获得较好的空车动力性能和空车抗脱轨稳定性。

117

在 Z10 型转向架上还直接装有三通阀、副风缸和制动缸等空气制动装置，一、四位转向架还装有手制动装置。制动缸（或手制动装置）的作用力通过一系列的杠杆机构放大，传递至每一车轮处的闸瓦上。

**（2）包板式 4E 轴转向架**　包板式 4E 轴转向架是一种四轴包板式转向架，用于载重 450t（后降为 350t）的 $D_{35}$ 型钳夹式长大货车。所谓包板式转向架指的是转向架构架的侧梁为较高开口截面的板梁式结构。这种转向架一般采用导框式轴箱定位和轴箱叠板弹簧悬挂（有时也带有圆弹簧）。

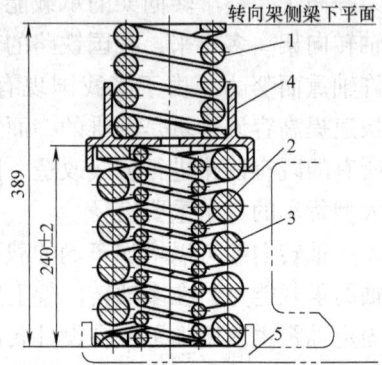

图 3-41　Z10 型转向架轴箱弹簧组成
1、2、3—圆弹簧　4—弹簧挡　5—轴箱

包板式 4E 轴转向架也有两种形式：一种是用于 $D_{35}$ 长大车两端的一、八位转向架（图 3-42），它带有车钩缓冲装置和手制动装置；另一种是位于 $D_{35}$ 长大车中间的二～七位转向架，它不带钩缓和手制动装置。

包板式 4E 轴转向架的构架采用钢板和梁件焊接成板梁一体式结构，它由 2 根侧梁、1 根心盘梁、2 根横梁、2 根端梁和纵向补助梁组成。在一、八位转向架的一端端梁上还安装有车钩缓冲装置。

包板式 4E 轴转向架采用 RD 型滚动轴承车轴，一系轴箱弹簧悬挂和导框式轴箱定位。在每个轴箱上安装一个叠板弹簧。为了使每个轴颈所承受的载荷基本相等，在每侧一、二位轮对和三、四位轮对之间增设附加弹簧（圆弹簧），并通过均衡支架将各弹簧联结起来。

为了便于转向架通过曲线，采取了将中间两轮对（二、三位轮对）的轮缘减薄和增大轴箱与导框之间的纵横向间隙等措施。装有包板式 4E 轴转向架的 $D_{35}$ 型大车空车时能通过的最小曲线半径为 150m。

在包板式 4E 轴转向架上直接安装空气制动装置和基础制动装置：转向架的一、四位轮对采用双侧闸瓦制动，二、三位轮对采用单侧闸瓦制动。转向架的制动倍率为 7.86。

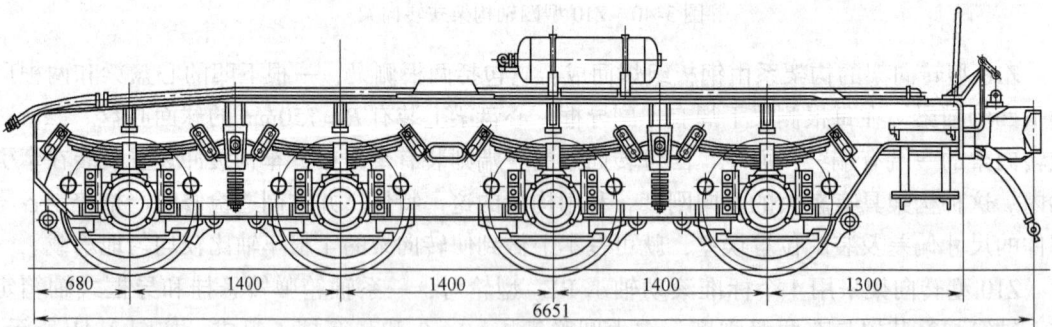

图 3-42　包板式 4E 轴转向架

## 三、客车转向架

客车是用来运送旅客和为旅客服务的，因此，对客车转向架的要求比对货车转向架的要求更严格。客车转向架不仅要有足够的强度，而且还要有良好的运行平稳性和较高的运行速

度，以便将旅客安全、快捷、平稳、舒适地送到目的地。

实践经验和理论分析表明，转向架上采用合理的结构和柔软的弹簧可以得到较好的动力学性能。为了改善车辆的垂向动力性能，一般要求客车转向架的弹簧静挠度大于170mm。由于转向架结构的限制，只用一系钢质弹簧很难达到这样大的静挠度，因此，客车转向架通常采用二系弹簧悬挂装置，在摇枕（或车体）与构架之间设有第二系弹簧悬挂（又称中央悬挂），在轴箱和构架之间设有第一系弹簧悬挂（又称轴箱悬挂）。

为了改善客车转向架的横向动力性能，早期的客车转向架专门设有横向弹性复原装置，如由吊杆、吊轴和弹簧托板等组成的摇动台装置。现代客车转向架利用了空气弹簧的横向弹性复原作用，因而采用了无摇动台的结构。

为了耗散车辆振动所产生的能量，客车转向架通常都设有减振装置，如采用各种类型的油压减振器和空气弹簧的节流孔技术等。

此外，在高速运行的客车转向架中采用各种形式的轴箱定位装置，以抑制转向架在线路上的蛇行运动，确保车辆运行的稳定性。

客车转向架的基础制动装置，速度在120km/h以下时，一般采用双侧闸瓦踏面制动，以改善制动性能和车轴的受力状况。在高速客车转向架上则采用盘型制动或盘型制动加踏面制动的复合制动装置以及其他形式的制动装置。

客车转向架的种类很多。无论何种客车转向架基本上都由轮对轴箱悬挂装置、摇枕悬挂装置、转向架构架和基础制动装置等四个部分组成。

**1. 我国客车转向架的发展及现状**

我国客车转向架的发展经历了以下几个阶段：

1）20世纪50年代，我国开始自行设计客车转向架，主要型号有101型、102型、103型，构造速度为100km/h，用于21型客车，但其结构复杂、笨重、运行性能差，已被淘汰。

2）20世纪70年代，四方机车车辆厂研制了U形结构的206型转向架，浦镇车辆厂研制了H形构架的209型转向架。206型转向架采用侧梁中部下凹的U形构架，干摩擦导柱式轴箱定位装置，带横向拉杆的小摇动台式摇枕弹簧悬挂装置，双片吊环式单节长摇枕吊杆外侧悬挂以及吊挂式闸瓦基础制动装置等。1993年开始在中央悬挂部分加装横向油压减振器以及两端具有弹性节点的纵向牵引拉杆，形成206G型转向架，后加装盘型制动装置，形成206P型转向架。

209型转向架是浦镇车辆厂研制的，于1975年开始批量生产。它采用H形构架，导柱式轴箱定位装置，摇动台式摇枕弹簧悬挂装置，长吊杆，构架外侧悬挂，摇枕弹簧带油压减振器，吊挂式闸瓦基础制动装置等。1980年后，又生产了具有弹性定位套的轴箱定位结构和牵引拉杆装置的209T型转向架。在此基础上，还生产了采用盘型制动装置的209P型转向架。

在209T型转向架的基础上，浦镇车辆厂又开发了供双层客车使用的209PK型转向架。主要在以下方面进行改进：采用盘型制动装置和单元制动缸，取消踏面制动装置；设空重调整阀；采用空气弹簧和高度调整阀；安装抗侧滚扭杆等。

3）206KP型、206WP型转向架是四方机车车辆厂为广深线准高速客车和发电车设计的转向架，二者除中央悬挂部分和构架侧梁局部不同外（206WP型转向架中央悬挂为无摇动台高圆簧外侧悬挂，206KP型转向架则为空气弹簧，并加装抗侧滚扭杆），其他部分完全相同。其构架、摇枕均为焊接结构，U 形侧梁，采用单转臂式轴箱定位装置、盘型制动装置和踏面复合制动装置。

4）四方机车车辆厂在 206KP 型、206WP 型转向架的基础上研制成功了 SW-160 型转向架，它主要有以下特点：构架由两片 U 形压型梁改为四块钢板拼焊结构；轴距由 2400mm 增加到 2560mm；采用空气弹簧；空气弹簧横向间距由 1956mm 增加到 2300mm，以改善车辆抗侧滚性能。

209HS 型转向架是浦镇车辆厂在 209PK 型转向架的基础上研制的，构造速度为 160km/h，主要有以下改进：轴箱定位结构中弹性摩擦套定位改成无磨耗的橡胶堆定位；摇动台吊杆端部由销孔结构改为无磨耗弹性吊杆结构；改心盘支重为全旁承支重；取消空气弹簧阻尼孔，加装垂向油压减振器；轴箱悬挂系统加装垂向油压减振器；采用钢板焊接型构架以减轻自重；加装电子防滑器等。

5）CW-1 型、CW-2 型转向架是长春客车厂在吸收英国的 BT10 型转向架技术后，设计的两种准高速转向架，其中 CW-1 型转向架中央悬挂采用螺旋钢弹簧和油压减振器，供准高速空调发电使用；CW-2 型转向架中央悬挂为空气弹簧和可变节流阀，用于准高速列车其他车种。

CW-2 型转向架的构架、摇枕为焊接结构；装有转臂轴箱定位装置和控制杆；全旁承支重；中央悬挂为有摇动台结构；设带橡胶套的中心销轴牵引拉杆、横向挡、横向拉杆、横向油压减振器、抗侧滚扭杆；轴箱悬挂系统设垂向油压减振器；基础制动装置为单元盘型制动，设电子防滑器。1998 年起，各工厂相继推出了时速超过 200km 的高速转向架，例如，浦镇车辆厂的 PW-200 型转向架，长春客车厂的 CW-200 型、CW-300 型转向架，四方机车车辆厂的 SW-200 型、SW-220K 型、SW-300 型转向架等。

**2. 209HS 型客车转向架**

为了适应旅客运输发展的需要，在 20 世纪 90 年代初期，我国先后研制成功几种类型的准高速客车并投入了运营。与之配套的准高速客车转向架分别为 209HS 型、206KP 型、CW-200型和 SW-160 型转向架。下面以 209HS 型客车转向架为例介绍其结构原理和技术性能。

209HS 型转向架（图 3-43），就其结构来说，属于 209 系列客车转向架，它是在 209T 型和 209PK 型转向架的基础上研制成功的。209HS 型客车转向架，目前主要用在准高速双层客车上。

209HS 型客车转向架由轮对轴箱悬挂装置、摇枕悬挂装置、转向架构架、基础制动装置等四个部分组成：

**（1）轮对轴箱悬挂装置** 轴箱悬挂装置由轴箱体、油压减振器、轴箱圆弹簧、弹簧导柱、橡胶堆定位器、支持环、缓冲橡胶垫及防松吊座等组成，如图 3-44 所示。

轴箱油压减振器为单向油压减振器，通过相应的安装座安装在轴箱与构架侧梁之间。橡胶堆定位器通过下部连接件与导柱连为一体。当轮对相对于构架运动时，橡胶堆定位器在三个方向均有弹性定位作用。为了实现纵向定位刚度大于横向定位刚度，橡胶堆在横向开有缺口。

**（2）摇枕悬挂装置** 209HS 型转向架的摇枕悬挂装置由摇枕、空气弹簧装置、弹性摇枕吊杆装置、弹簧托梁装置、抗侧滚扭杆装置、横向油压减振器、横向缓冲器、中心销牵引装置、牵引拉杆装置、旁承支重装置和安全吊等组成，如图 3-45 所示。

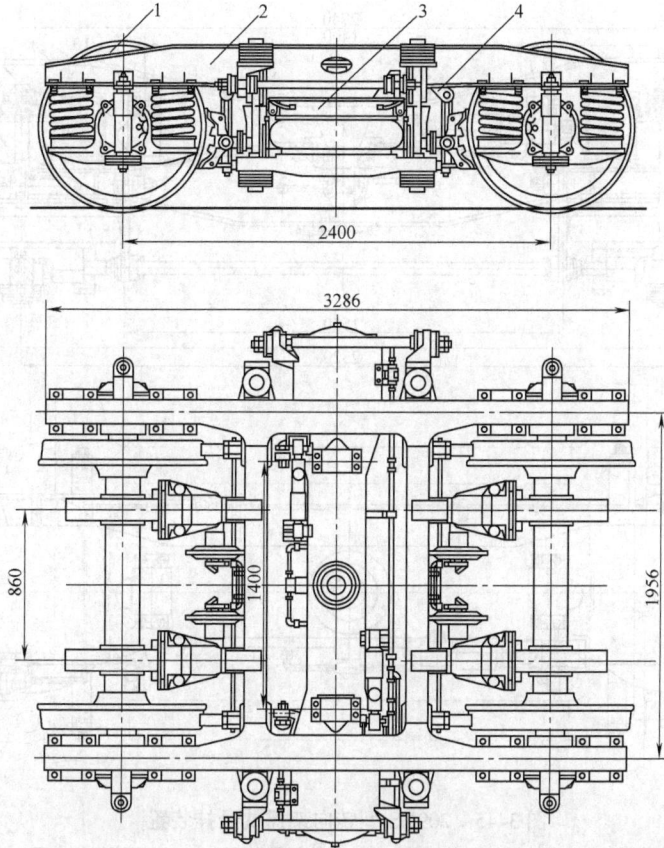

图 3-43 209HS 型客车转向架

1—轮对轴箱悬挂装置 2—转向架构架 3—摇枕悬挂装置 4—基础制动装置

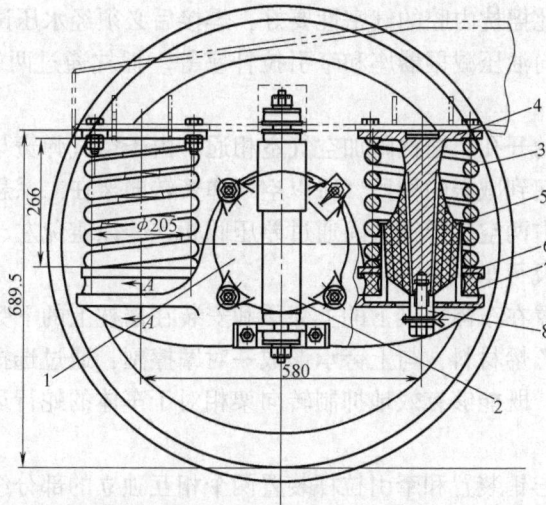

图 3-44 209HS 型转向架轴箱悬挂装置

1—轴箱体 2—油压减振器 3—轴箱圆弹簧 4—弹簧导柱 5—橡胶堆定位器

6—支持环 7—缓冲橡胶垫 8—防松吊座

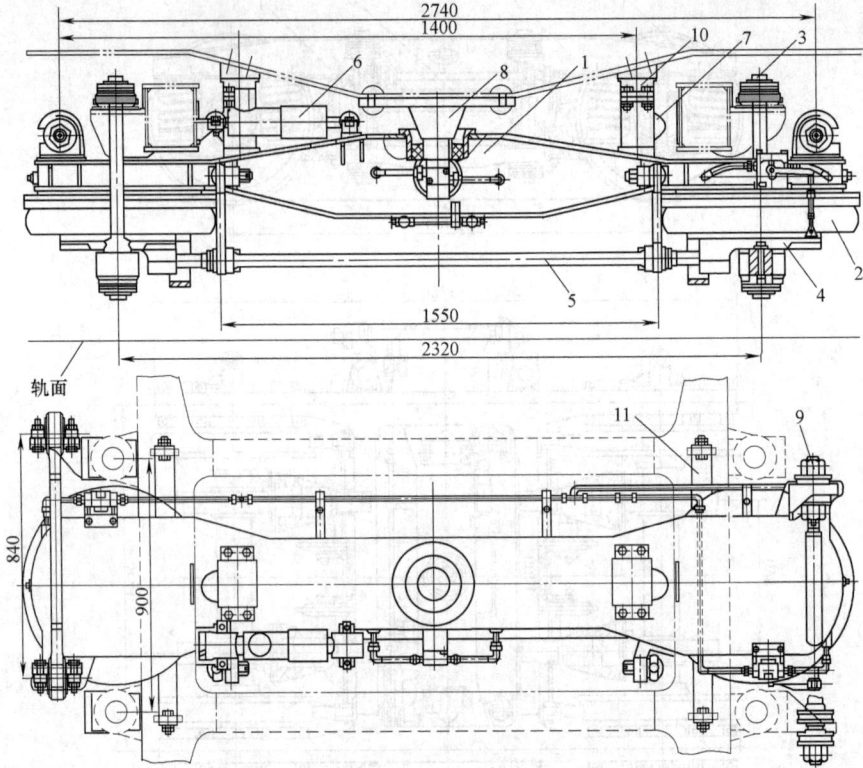

图 3-45    209HS 型转向架摇枕悬挂装置

1—摇枕　2—空气弹簧装置　3—弹性摇枕吊杆装置　4—弹簧托梁装置　5—抗侧滚扭杆装置　6—横向油压减振器
7—横向缓冲器　8—中心销牵引装置　9—牵引拉杆装置　10—旁承支重装置　11—安全吊

摇枕由 16MnR 钢板焊接成鱼腹形。内腔分隔成左、右两个独立的空间，作为两个空气弹簧的附加空气室，因此摇枕内腔的气密性要好，焊接后必须经水压试验。在摇枕上焊有下旁承座、中心销座、横向油压减振器座和牵引拉杆座等。摇枕通过两端的下平面坐落在左、右两个空气弹簧上。

空气弹簧通过上盖的开孔与摇枕附加空气室相通。由于空气弹簧与附加空气室之间设有可变节流孔，可以起到减振的作用，所以空气弹簧转向架在二系悬挂中不再设置垂向油压减振器。此外，左、右两空气弹簧之间通过差压阀相连，以避免左、右空气弹簧之间的压力差超过一定限度而危及行车安全。

旁承支重装置由设置在车体枕梁下的上旁承和安装在摇枕上的下旁承、旁承板构成。旁承板表面涂一层聚四氟乙烯材料，与上旁承形成一对摩擦副，通过选择适当的摩擦系数，可得到理想的摩擦阻力矩，既能够有效地抑制转向架相对于车体的蛇行运动，又可使车辆顺利通过曲线。

牵引装置由牵引中心销装置和牵引拉杆装置两个相互独立的部分组成。

牵引中心销装置由固定于车体枕梁下的中心销和设置在摇枕中部的中心销座组成。中心销与销座之间设有牵引橡胶堆，用以缓和由中心销传递牵引力时所引起的冲击作用。牵引中心销装置既是转向架相对于车体的转动中心，又可以把牵引力由车体传至转向架摇枕。它的作用类似于上、下心盘，但不承受车体的重量。

牵引拉杆装置一端以弹性节点与摇枕相连，另一端与构架侧梁上的牵引拉杆座相连。牵引力经牵引拉杆由摇枕传给构架，最终传给轮对。牵引拉杆一般不妨碍摇枕的上下运动。抗侧滚扭杆装置设置在摇枕与弹簧托梁之间。它由固定杆、扭臂、扭杆等组成。当车体作浮沉振动时，抗侧滚扭杆装置对车体不产生任何附加作用力，当车体出现侧滚角位移时，连接在摇枕一端的固定杆向上运动，而另一端的固定杆则向下运动，通过扭臂的作用扭杆发生扭转变形，由此产生的反力矩阻止车体的侧滚角位移，从而改善了车体的横向动力性能。

在摇枕与构架侧梁之间设有两个横向油压减振器，以改善高速运行时的横向动力性能。设置在摇枕上的横向止挡为非线性的弹性橡胶块，它与构架侧梁内侧面的调整垫之间保持 40mm 的间隙，当摇动台的横摆量超过 40mm 时，横向缓冲器将起到阻挡和缓冲的作用。

确定横向止挡自由间隙大小的原则是：车辆在直线上运行时，横向止挡应该不与构架接触，以确保直线高速运行时的横向舒适性，此时转向架的二系横向刚度为中央悬挂弹簧的横向刚度；当车辆通过曲线，特别是小半径曲线时，为使车体不产生过大的横向位移，确保车辆通过曲线时的运行安全性，横向止挡应与构架接触，此时转向架的二系横向刚度为中央悬挂弹簧的横向刚度与横向缓冲器的并联刚度。

**(3) 转向架构架** 209HS 型转向架构架仍为传统的 H 形构架，采用箱形焊接结构，材料为 16Mn 低合金钢。构架由两根侧梁和两根横梁组焊而成。在构架上设有弹簧导柱座、摇枕吊座、轴箱减振器座、横向油压减振器座、牵引拉杆座、盘型制动单元吊座、闸瓦托吊座和闸瓦制动缸吊座等。

**(4) 基础制动装置** 209HS 型转向架的基础制动装置，采用单元盘型制动加单侧踏面制动的复合制动系统。

盘型制动系统由安装在车轴上的制动圆盘和悬挂在构架横梁上的制动单元组成（图3-46）。每台转向架设有相互独立的制动单元 4 个。

每个盘型制动单元由制动缸，内、外侧杠杆，杠杆吊座，闸片托，闸片，闸片托吊，吊销等组成。制动缸采用 $SP_2$ 型膜板式单元制动缸，带有间隙自动调整器，能自动调整闸片与制动盘之间的间隙。

单侧踏面制动系统也是由 4 个独立的踏面制动单元构成。每个车轮的内侧设置一个踏面制动单元，悬挂在构架横梁下。每一个踏面制动单元由 $SP_4$ 型膜板式单元制动缸、闸瓦、闸瓦托和闸瓦托吊组成。同一轮对内侧的两个闸瓦托用一根连杆连接在一起，以保证动作的同步。踏面制动装置主要起清扫车轮踏面的作用，同时也提供一定比例的制动力。

单元盘型制动装置与以往的杠杆式基础制动装置相比，不仅制动力较大，而且减少了大量的销、套之间的磨耗，为检修运用带来方便。在基础制动装置中同样设有手制动机构。

209HS 型基础制动装置的制动力比较大，为了防止紧急制动时车轮抱死，通常在车轴端部装有电子防滑器。

**3. SW-220K 转向架**

SW-220K 型转向架是在 SW-220 型转向架的基础上，根据 160km/h 速度客车的要求，经局部改造而成的。SW-220 型转向架是原南车四方车辆有限公司与日本川崎重工业株式会社合作，由原南车四方车辆有限公司制造的一种高速客车转向架。

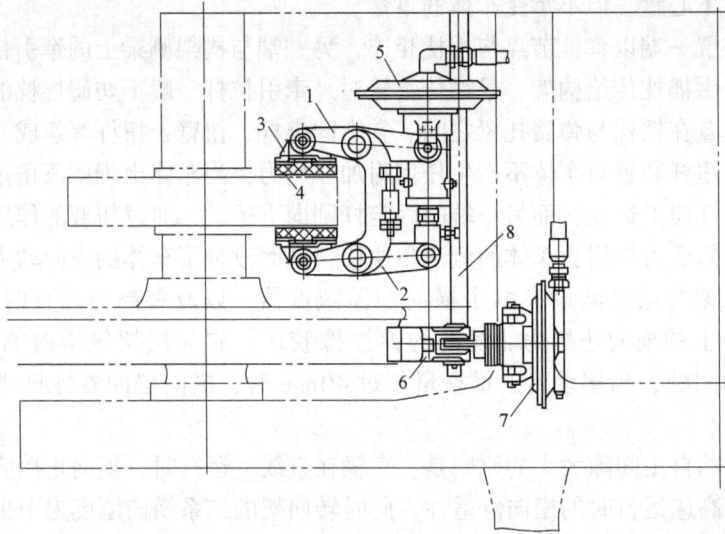

图 3-46　209HS 型转向架基础制动装置

1—内侧杠杆　2—外侧杠杆　3—闸片托　4—闸片　5—SP₂ 型膜板式制动缸

6—闸瓦托　7—SP₄ 型膜板式制动缸　8—闸瓦托连杆

SW-220K 型转向架采用无摇动台、无摇枕、单转臂无磨耗弹性轴箱定位、空气弹簧、盘型制动等技术，可适应各种 160km/h 速度等级的客车，其结构如图 3-47 所示。

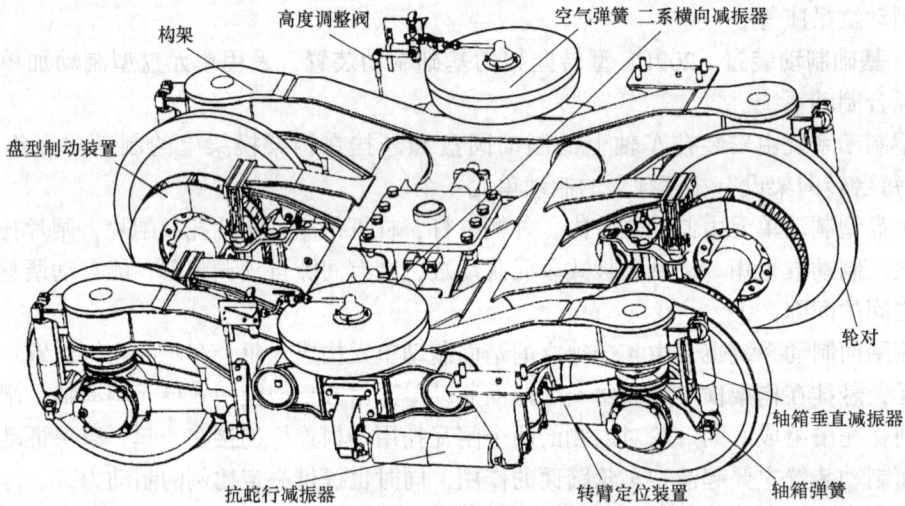

图 3-47　SW-220K 型转向架

SW-220K 主要由构架、轮对轴箱定位装置、中央空气弹簧悬挂系统、盘型制动装置及轴温报警装置等组成。

# 第四节　轨道交通车辆车端连接装置

车端连接装置是车辆编组成列最基本的也是最重要的部件组合之一，其作用是实现相邻两车辆或机车和车辆连挂，并且减缓列车的纵向冲动（或冲击力）、传递列车运行过程中的牵引力和制动力、通信控制信号和连接列车风管。

车端连接装置主要包括车钩、缓冲器、风挡、车端阻尼装置、车端电气连接装置等，一些货车和动车组上还使用牵引杆装置。目前的客、货车车辆上均装有车钩和缓冲器，通常将二者合称为车钩缓冲装置，它是车端连接装置中起牵引连挂和缓合冲击作用的主要部件。风挡和车端阻尼装置仅在客车车辆上使用，而牵引杆则是随着重载运输发展起来的新型铁路车辆的连接方式，一般仅运用在重载货车车辆上。电气连接器是列车动力和控制通信的重要设备。

## 一、车钩缓冲装置

最初的车端连接装置只是一副简单的挂钩，并无缓冲装置，至今仍能从欧洲铁路的链子钩上发现它的缩影。为了减轻车辆冲击，开始采用带缓冲装置的车端连接装置。随着列车技术装备的进步，车端连接装置的性能不断提高，其形式也不断变化。至今，已形成了形式多样，能适应各种机车车辆需要的车端连接装置。

在车钩缓冲装置中，如果牵引连挂和缓和冲击的作用是由同一装置来承担的，那么该装置称为牵引缓冲装置；如果它们的作用分别由不同的装置来承担，则分别称之为牵引连挂装置和缓冲装置。牵引连挂装置用来实现车辆之间的彼此连接、传递和缓和牵引（拉伸）力的作用；缓冲装置（缓冲盘）用来传递和缓和冲击（压缩）力的作用，并且使车辆彼此之间保持一定的距离。

### 1. 车钩缓冲装置的组成及功能

车钩缓冲装置由车钩、缓冲器、钩尾框、从板等零部件组成。图 3-48 所示为车钩缓冲装置的一般结构形式。在钩尾框内依次装有前从板、缓冲器和后从板（有时不需后从板），借助钩尾销把车钩和钩尾框连成一个整体，从而使车辆具有连挂、牵引和缓冲三种功能。

在车钩缓冲装置中，车钩的作用是用来实现机车和车辆或车辆和车辆之间的连挂和传递牵引力及冲击力，并使车辆之间保持一定的距离的。缓冲器是用来减缓列车运行及调车作业时车辆之间的冲撞，吸收冲击动能，减小车辆相互冲击时所产生的动力作用的。从板和钩尾框则起着传递纵向力（牵引力、制动力或冲击力）的作用。

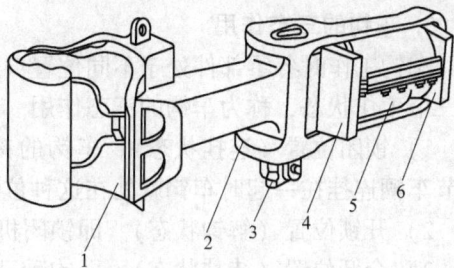

图 3-48　车钩缓冲装置
1—车钩　2—钩尾框　3—钩尾销
4—前从板　5—缓冲器　6—后从板

### 2. 车钩的类型

按照牵引连挂装置的连接方式，可分为自动车钩和非自动车钩。自动车钩不需要人工参与就能实现连接，非自动车钩则要由人工完成车辆之间的连接。我国铁路车辆均采用自动车钩。

自动车钩又可分为两种基本类型：非刚性自动车钩和刚性自动车钩（密接式车钩）。非刚性车钩允许两个相连接的车钩在垂直方向上有相对位移（图 3-49a），当两个车钩的纵轴线存在高度差时，连接着的两车钩呈阶梯形状，并且各自保持水平位置。刚性车钩不允许两个相连接车钩在垂直方向彼此存在位移，但是在水平方向可产生少许转角（图3-49b），如果在车辆连挂之前两车钩的纵向轴线高度存在偏差，那么在连挂后，两车钩的纵向轴线处在同一直线上并呈倾斜状态。两车钩的尾端采用销接，从而保证了两连挂车辆之间的位移和偏角。

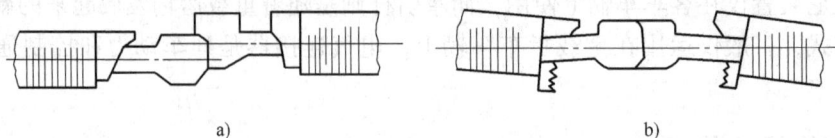

图3-49　非刚性车钩与刚性车钩
a）非刚性车钩　b）刚性车钩

刚性车钩减小了两个连接车钩之间的间隙，从而大大降低了列车运行中的纵向冲动，提高了列车运行的平稳性，同时也降低了车钩零件的磨耗和噪声。另外，刚性车钩有可能实现车辆间的气路和电路的自动连接。非刚性车钩结构较简单，强度高，重量轻，与车体的连接较为简单。

我国铁路一般客、货车均采用非刚性的自动车钩，对于高速列车和城市轨道交通车辆则应采用刚性自动车钩，即密接式车钩。

牵引杆装置作为新型的铁路车辆连接方式已经在国外重载运输的单元列车中得到成功应用，如美国、澳大利亚、南非、加拿大和巴西等国均不同程度地在长大重载货物列车上采用了牵引杆装置。由于牵引杆装置取消了车钩，因此减轻了重载列车的间隙效应对纵向动力学性能的影响。

**3. 车钩的三态作用**

车钩工作时各零部件处于不同位置，起着不同的作用，从而使车钩具有闭锁、开锁和全开三个工作状态，称为车钩的三态作用。

1）锁闭位置（连挂状态）。车钩的钩舌被挡住不能向外转开的位置，称为锁闭位置。两节车辆连挂在一起时车钩就处在这种位置。

2）开锁位置（解钩状态）。即锁闭机构被打开，钩舌只要受到拉力就可以转开的位置。

3）全开位置（待挂状态）。即钩舌已经完全转开的位置。

## 二、风挡装置

为了防止风沙、雨水侵入车内及运行时便于旅客和乘务人员安全地在两车辆间通行，同时由于客车在高速运行状态下，客车厢体内外极易形成负压，大部分冷空气及灰尘通过车辆连接处进入车厢，造成客车热量损失和车内空气质量浑浊，直接影响列车的运用质量，车辆两端连接处装有一可折弯的柔性通道，称为风挡装置，也称折棚装置。它具有防雨、防风、防尘和隔音的功能，保证乘客能安全方便地从一个车厢到另一个车厢。

目前我国铁路客车所采用的风挡装置主要有三种形式：铁风挡、橡胶风挡及密接式风挡。

**1. 铁风挡**

铁风挡装置由面板、风挡、风挡弹簧、缓冲杆和圆弹簧组成。车辆连挂后，借弹簧的弹力，使两风挡面板紧密贴合，在列车通过曲线时，面板左右滑动，不会产生间隙，从而保证安全。这类风挡具有结构简单，工艺要求低，经久耐用等优点。但是，铁风挡的密封性、安全性、保温性以及隔热性均较差，并且会产生较大的噪声。另外，这类风挡连挂后，带有错动间隙的摩擦面边缘均裸露在车内，容易挤伤手脚，对旅客造成人身伤害。因此，该类风挡已无法满足现代客车的要求，正逐步地被橡胶风挡或密接式风挡所取代。

**2. 橡胶风挡**

橡胶风挡主要组成部分有：横橡胶囊，左、右立橡胶囊，防晒板，横、立橡胶垫，渡板及缓冲装置等。与铁风挡相比，橡胶风挡的密封性能有较大程度的提高，并具有良好的纵向伸缩性和横向、垂向弹性，能适应车辆通过曲线和缓冲振动，且噪声较小。橡胶风挡的以上特点使其可以应用于 25 型客车、准高速客车、双层客车。但是由于橡胶风挡气密性方面的缺点不能应用于高速客车。

**3. 密接式风挡**

随着客车运行速度的不断提高，密接式风挡在提速客车上得到了大量的应用。密接式风挡又称为折叠风挡，其主要由连接架、拉杆、折棚、挂钩、通道、踏板、板簧、锁盒等 8 个组件组成，主要用在 25K 型客车上。其主要零部件都采用了不锈钢和高强度铝合金材料，具有耐腐蚀、不受气候影响的特点。该风挡和橡胶风挡相比，密封性能进一步提高，较好地解决了传统列车连接处噪声大，灰尘多，气密性差以及保温、隔热不良等问题。

## 三、车端阻尼装置

列车运行速度的提高使得车体的摇头、侧滚等振动问题更加突出，成为影响列车运行品质的主要因素。车端阻尼装置主要起着衰减车辆间相对振动的作用，其对车辆各个自由度振动的约束作用显得尤为重要，能大大提高运行舒适度。车端阻尼装置一般指除了车钩缓冲装置以外的车辆端部具有阻尼特性、能够衰减车辆间相对振动的连接设备，其中最主要的是车端减振器。车端减振器包括纵向减振器和横向减振器。其中，纵向减振器主要衰减车体间的相对点头及纵向运动；横向减振器主要衰减车体间的相对横移、摇头和侧滚运动。

此外，车端电气连接装置和总风软管连接器也是车端连接装置的重要组成部分，且对列车的运行和安全起着举足轻重的作用。车端电气连接装置包括电力连接器、通信连接器、电空制动连接器等。其与邻车的连接器相连，以沟通列车的供电回路、通信回路和电空制动回路。客车或货车制动时需要风（压缩空气），客车的风动门、空气弹簧、集便器等设备的正常工作也需要风，而总风软管连接器就是连接相邻车辆的总风管，以便机车向客车或货车供风。

# 第四章

# 轨道交通机车

## 第一节 轨道交通机车概述

机车是轨道交通运输的基本动力。客货列车的牵引及车站上的调车作业，都要由机车来完成。因此，机车的保有数量、牵引性能、保养和检修质量以及正确组织对机车的运用，对于铁路能否顺利完成国家运输任务有很大影响。在轨道交通运输中，共有三种牵引形式的机车：蒸汽机车、内燃机车和电力机车，其中蒸汽机车已经很少使用。

### 一、机车概述

#### 1. 内燃机车

内燃机车（亦称柴油机车）是以内燃机（大多为柴油机）作为原动力的一种机车。内燃机车通常由三部分组成，即柴油机及其辅助系统、传动装置、车体与转向架。目前在铁路上运用的大功率内燃机车，按其传动方式的不同可分为电传动内燃机车和液力传动内燃机车。

电传动内燃机车，首先由机车的原动机（柴油机）带动一台发电机，把燃料（柴油）的热能转换成为曲轴的机械能，再由发电机把机械能转换成为电能，然后将电能送给驱动轮对的牵引电动机，通过牵引电动机又把电能转换为机械能，最后再通过齿轮传动装置驱动机车运行。

在这种机车上，如果用的是直流发电机和直流牵引电动机，就称为直-直流电传动内燃机车；如果用的是交流发电机和直流牵引电动机，则称为交-直流电传动内燃机车；后者在技术、经济指标上要比前者更进一步，我国的主要车型有东风系列（DF＊）。此外，还有一种更为先进的电传动机车，即采用交流发电机和交流牵引电动机的交流电传动内燃机车，我国的主要车型有和谐系列（HXN＊）。把交流电动机用在内燃机车上，不但可以提高单节机车的功率，而且还可以防止机车动轮打滑。

由于机车限界的影响，内燃机车上柴油机的尺寸不能太大，柴油机功率也受到限制，所以内燃机车的功率受柴油机功率的限制，不可能太大。但是内燃机车由于自带动力，不受外界能源限制，所以机动、灵活，而且线路投资小。

**2. 电力机车**

电力机车是从接触网获取电能，用车内牵引变压器和整流器将获取的高压交流电转换成可供牵引电动机使用的电能，用牵引电动机驱动的机车。电力机车如果用的是直流牵引电动机，就称为交-直流电力机车，我国的主要车型有韶山系列（SS＊）；如果用的是交流牵引电动机，则称为交流传动电力机车，我国主要车型有和谐系列（HXD＊）。电力机车具有以下特点：

**(1) 可广泛利用多种一次能源** 如可以由热力、水力、天然气甚至于地热、原子能、太阳能等转换而来，只要有相应的发电站，便可以利用相应的能源。

**(2) 功率大** 由于在电力机车上没有产生能量的装置，也没有燃料储备，因而在同样的机车质量下，其功率要比自给式机车大。机车按单位质量所具有的功率称为机车的比功率，它是衡量电力机车技术水平的一个标志。目前电力机车的比功率一般为 40～60kW/t。

**(3) 速度高** 由于电力机车功率大，因而可以获得较高的速度。目前，一般客运电力机车运行速度已达 160～300km/h，货运电力机车也达到 120～140km/h。

**(4) 效率高** 电力机车本身的效率为 80%～85%。但考虑到整个电力牵引系统，其平均效率则不是固定的，它与供电系统的电能来源有关，在由水力发电站供电的情况下，电力牵引的效率可达到 60%～70%。

**(5) 运输成本低** 电力机车抢修工作量小，维修周期长，每两次大修之间运行公里数为内燃机车的 2 倍。由于电力机车运输能力的增加足以补偿电气化初期投资，所以铁道电气化的长远经济效益好。

**(6) 司机劳动条件好，无烟气排放污染** 电力机车不冒烟，不排废气，通过长大隧道时，乘务人员和旅客可免受烟气之苦，从而为广大旅客创造清洁的旅行条件。此外，电力机车可以将接触网电能转供列车使用而不影响牵引功率，不用装设车下柴油发电机组，也不用发电车，提高了列车的舒适度和经济性。

**(7) 不受外界条件限制** 在山区和高寒地区，电力机车功率发挥得更好。

## 二、机车的分类

轨道交通机车可按运用和牵引动力等来划分。

**(1) 从运用上划分** 轨道交通机车从运用上划分，有客运机车、货运机车、调车机车和工矿机车。

客运机车也就是牵引客车的机车。相对于货运机车来说，客运机车的牵引力要小一些，速度要快些。这是因为客车的编组较少，一般为 20 多节，载重量也比货车小得多，没有必要"大马拉小车"，造成浪费。

货运机车当然是用来牵引货车的。我国除了重载列车外，一般的货运列车编组为 60 节，载重量约为 3500t。显然，货运机车的牵引力要比客运机车大得多，但速度没有客运机车那么快。

调车机车主要在车站完成车辆转线以及货场取送车辆等各项调车作业。它的特点是机动灵活，因此车身较短，能通过较小的曲线半径，而速度要求相对不高。

工矿机车，用于厂矿内部运输。

**（2）按牵引动力来划分**　轨道交通机车按牵引动力来划分，有蒸汽机车、内燃机车和电力机车。

## 三、机车型号

### 1. 机车车型的构成

机车车型由基本型号和辅助型号两部分组成。

**（1）基本型号**　我国制造机车的基本型号采用基本名称或基本代号表示，也可同时使用。

1）基本名称用汉字表示，如东风、韶山、和谐。

2）基本代号用车型名称每个汉字拼音的第一个大写字母表示，如 DF、SS、HX。

国外进口机车的基本型号采用基本代号表示，内燃机车和电力机车的基本代号分别用下列方法表示：

① 内燃机车的基本代号由动力类别和传动方式的两个大写汉语拼音字母组成。如，ND 表示电力传动内燃机车；NY 表示液力传动内燃机车。其中，N 表示内燃机车；D 表示电力传动；Y 表示液力传动。

② 电力机车的基本代号由机车车轴数量和代表电源整流方式汉语拼音的大写字母组成。如，6G 表示六轴硅半导体整流的电力机车；8K 表示八轴可控硅整流的电力机车；6Y 表示六轴引燃管整流的电力机车。其中，G 表示硅半导体整流方式；J 表示交-直-交变流方式；K 表示可控硅整流方式；Y 表示引燃管整流方式。

**（2）辅助型号**　机车的辅助型号由车型顺序号和车型变型号组成。

车型顺序号用阿拉伯数字表示，车型变型号用大写的拉丁字母表示。车型变型号位于车型顺序号之后，两者均写在基本型号的右下角。

车型顺序号按该型机车设计或从国外进口的顺序依次排列。

车型变型号按该型机车变型的顺序排列，如 $DF_{4B}$、$SS_{3B}$。

### 2. 机车车号的编定

我国制造的机车车号用五位阿拉伯数字表示，第一位表示制造厂代号，后四位表示机车制造顺序号；国外进口的机车车号用四位阿拉伯数字表示，按进口顺序依次排列。机车车号由铁路总局编排给定。

按一台机车编定车号的双节机车，应分别在两节机车车号后缀以节号，节号分别用大写拉丁字母 A 或 B 表示，如 SS4X0096A、SS4X0096B。

## 四、机车轴列式

所谓轴列式，就是用数字或字母表示机车走行部结构特点的一种简单方法。我国规定车架式机车的轴列式用数字表示，转向架式机车的轴列式用字母表示。

### 1. 轴列式的表示

轴列式主要使用下列数字、字母和符号：

1）1、2、3 表示走行部（转向架）随动轴数目；A、B、C、D 表示走行部（转向架）动轴数目（相应动轴数目为 1、2、3、4）。

2）下角"0"表示转向架轮对单轴驱动，一般为电传动；无下角"0"表示转向架轮对成组驱动，一般为液力传动。

3）"－"表示两转向架间无活节联结；"＋"表示两转向架间有活节联结。

**（1）车架式机车的轴列式表示法**　表示的顺序是：导轴数-动轴数-从轴数。
我国使用的蒸汽机车，轴列式有 1-4-1、2-3-1、1-5-1 等几种。

**（2）转向架式机车的轴列式表示法**　表示的规则是：以英文字母表示动轴数，$DF_{4B}$ 型电传动内燃机车的轴列式为 $C_0-C_0$。北京型液力传动内燃机车的轴列式则为 B-B。

如果三轴转向架内中间轴为非动轴，两端轴为动轴，则该转向架的轴列式为 A1A，该机车的轴列式为 A1A-A1A，其中字母 A 表示一根动轴，数字 1 表示一根非动轴；

**2. 机车轴列式系列**

机车轴列式系列主要有下列几种：

1）A-A 和 A-A-A 表示车架式机车，有 2 组和 3 组独立的动轮对。

2）B-B 和 $B_0-B_0$ 表示转向架式机车，有 2 台二轴转向架，每台转向架有 2 组动轮对。前者为成组驱动；后者为单轴驱动。

3）C-C 和 $C_0-C_0$ 表示转向架式机车，有 2 台三轴转向架，每台转向架有 3 组动轮对。前者为成组驱动；后者为单轴驱动。

4）（B-B）和 2（$B_0-B_0$）表示 2 节 B-B 机车重联和 2 节 $B_0-B_0$ 机车重联。

5）2（C-C）和 2（$C_0-C_0$）表示 2 节 C-C 机车重联和 2 节 $C_0-C_0$ 机车重联。

6）$B_0-B_0-B_0$ 表示机车具有 3 台二轴转向架，中轴驱动。

7）$B_0+B_0-B_0+B_0$ 表示八轴机车，有 4 台二轴转向架，两端 2 台转向架间各有活节相连，轮对单轴驱动。

8）$B_0-2$ 表示前面一台转向架为 2 组动轮对，单轴驱动；后面一台转向架为 2 组随动轮对。前者称为动力转向架，后者称为随动转向架。

9）$A_01A_0-A_01A_0$ 表示六轴机车，有 2 台三轴转向架。每台转向架前后 2 组轮对为动轮对，中间为随动轮对，单轴驱动。

# 第二节　轨道交通机车设备布置

## 一、轨道交通机车设备布置概述

机车上有多种设备，主要有转向架、动力设备、电抗器、整流装置、各种高压设备、辅助机组、各种电气设备、空气制动设备和车体等。在总体规划时，为了方便制造和检修，常把零散的元器件组合成相对独立的单元。总体布置从广义上讲，是将这些设备合理布局；从狭义上讲，按车顶、车内、车下三部分，合理地将设备安装于车体上，并且要考虑它们同电气、管路的连接。

总体布置的方案可以是多种多样的，而且每一方案在得到优点的同时，总伴随其相应的缺点。所以设计师总在权衡其利弊，以求取得一个合理的方案。机车设备布置要求如下：

**（1）质量分配均匀**　目的在于使机车的轴重均衡，牵引力能充分发挥出来。为了达到机车轴重相同的目的，通常总是以机车的纵轴和横轴为基准，对称地布置各种设备。大而重的单独设备（如电力机车上的牵引变压器和内燃机车上的柴油机）则放在机车的中间部位，这样有利于均衡质量。但是因为质量大的设备其重心不一定在其形状中心，必须采用其他设备来平衡。当不能遵循这一原则时，则必须采用配重的办法来实现机车轴重均匀的原则。此外，当机车总重不足设计要求时，可考虑用平衡铁（即通常所说的压车铁）来达到必要的黏着质量和使各轴间的轴重（载重）相同。

**(2) 安装和拆卸方便** 设备要尽可能成套组装，容易接近，特别是在运用中经常要接近的设备，应合理地布置并留有足够的作业空间。合理地布置电气设备能使安装方便，减少导线和管道的敷设困难，从而保证最短的机车总装周期。此外还要保证拆卸方便，尤其是采用互换性修理的部件。在安装和拆卸时应尽量减少电气接线，因为常常会因误接而产生故障，故常用电气接插件来解决。这样能保证各组电气设备在车内的安装工作量最小。此外，个别电机或电器若发生故障需要拆下时，应尽力保证不必拆除其他设备。

**(3) 便于维护和检修** 必须保证能够方便地接近机车中所有需要进行检修和维护的电机、电器，如电器触头部分（就有触点电器而言）、电空阀、传动机构以及电机换向器等。尤其要设法保证能够自由地接近控制电路中的全部元件和触头（因为机车停车事故往往由控制电路中元件或触头的故障造成，需要立即排除）。

**(4) 安全** 凡是危及人身安全的设备，要有防护措施。不耐热的设备和器件应与热源远离或隔离。

**(5) 经济** 设备布置时，要充分利用空间，缩短车体长度，按主电路走向布置相应设备，使大截面的电缆或母线尽可能短，少迂回或不迂回；风管、风道尽量短，以简化施工、节约用料，且通风管道的弯曲要少（避免压力头损失过多）。因此在总体布置时，要尽可能把在电路图和风路系统图上相邻的有关设备靠近一些，但必须保证电气设备带电部分与车体及带电部分之间的绝缘距离。

**(6) 舒适** 机车的空间小，工作时又是运动的，为乘务员提供一个舒适的工作环境，对安全操纵机车是十分重要的。在舒适方面，重点考虑司机室的设备布置，要求人机之间的作业范围合适，操纵方便，线角度合理，容易正确观察仪器、仪表及信号灯的指示，噪声源远离司机室，并留出必要的工作和生活空间。

**(7) 保证机车结构简单** 为此，不能将车体过多地分成若干个小室，否则会使车体结构复杂化，从而难以保证机车结构简单。

## 二、HXD₃型电力机车设备布置

HXD₃型电力机车是六轴交流传动货运电力机车，机车全长 20.864m，机车轴输出功率 7200kW，最大起动牵引力 570kN，最高速度 120km/h。该车可以 3 组重联控制运行，是我国目前主要货运机车，能够满足我国铁路重载、快捷货物运输的需要。

机车的两端各设有一个司机室，中间为机械室。在机械室内设有 600mm 宽的中央通道，在通道左右两侧安装有变流器、通风机、空气压缩机等设备。在车体下设有 2 台三轴的转向架及 1 台主变压器，在顶盖上设有高压电器。车内设备布置以平面斜对称布置为主，设备成套安装，有利于机车的质量分配、制造、检修和部件的互换。全车分为司机室设备、车顶设备、车内机械室设备和车下设备等五部分，机车主要设备布置如图 4-1 所示。

**1. 司机室设备布置**

司机室的结构和设备布置按规范化司机室要求设计，按照人机工程学理论设计司机的座

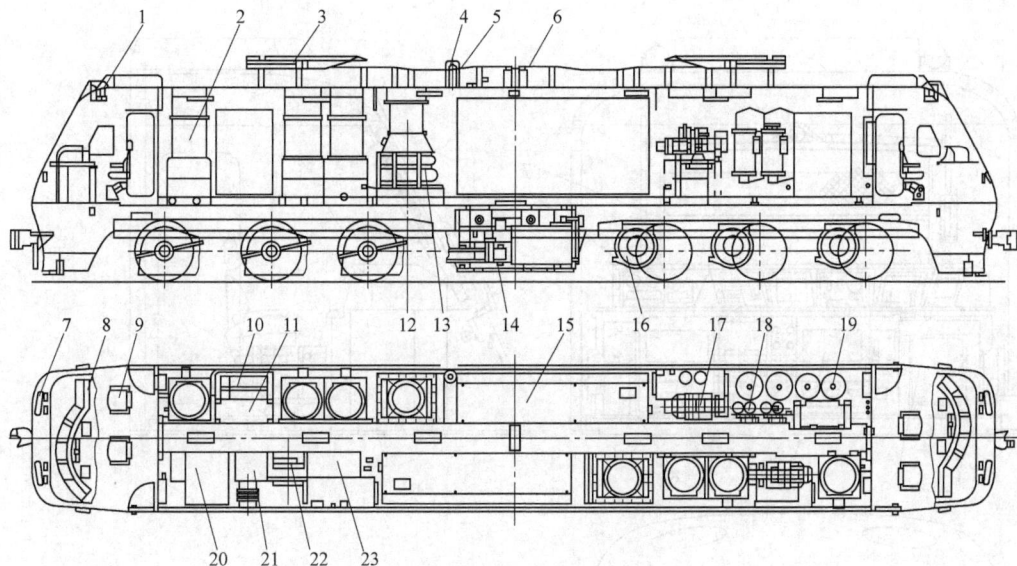

图 4-1　HXD₃ 型机车主要设备布置图

1—前照灯　2—牵引电机通风机组　3—受电弓　4—主断路器　5—高压电压互感器　6—高压隔离开关
7—标志灯　8—操纵台　9—司机室座椅　10—滤波柜　11—蓄电池充电器　12—复合冷却器通风机组
13—复合冷却器　14—主变压器　15—变流器　16—牵引电机　17—空气压缩机　18—空气干燥器
19—总风缸　20—卫生间　21—综合通信柜　22—计算机及监控柜　23—控制电器柜

椅位置、腿部空间及司机的瞭望视野。主司机座椅尽量靠近司机室中间，保证司机两侧的视野范围。司机室大量采用降噪材料，保证司机室的噪声降到 75dB 以下。司机室采用隔热材料进行防寒处理，采用空调和风扇等进行通风和防暑。司机室设置有冰箱、饮水机、微波炉、电水壶、灭火器等各种用品。

**(1) 司机室设备**　司机室内设有操纵台、八灯显示器、司机座椅、端子柜、饮水机、紧急放风阀、灭火器、暖风机等设备。司机室顶部设有空调装置（冷热）、风扇、头灯、司机室照明等设备。司机室前窗采用电加热玻璃，窗外设有电动雨刮器，窗内设有电动遮阳帘，侧窗外设有机车后视镜。司机室设备布置如图 4-2 所示。

在司机室后墙上设置有司机生活必要设备，这些设备在机车的运行中一般不参与机车的运行控制，只是用来更好地为司机提供服务。在后墙上设置有饮水机、暖风机、空调控制箱、灭火器等，此外，后墙上装有一个紧急制动阀。

**(2) 操纵台**　操纵台是机车人机交换设备，司机通过操纵台上各装置发出控制机车指令，完成机车牵引、制动等各项工作，通过操纵台上各个仪表、显示器等观测机车运用状态。操纵台设备布置如图 4-3 所示，在操纵台上设有 TCMS 显示器、ATP 显示器、压力组合模块、司机控制器、制动控制器、扳键开关组、制动装置显示器、冰箱等设备。

**2. 机械室设备布置**

机械室分为 I 端机械室、中央机械室和 II 端机械室。

**(1) I 端机械室**　I 端机械室紧邻 I 端司机室，室内布置有牵引电机通风机组、更衣箱、卫生间、蓄电池充电装置、蓄电池柜、滤波装置、微机及监控柜、控制电器柜、综合通

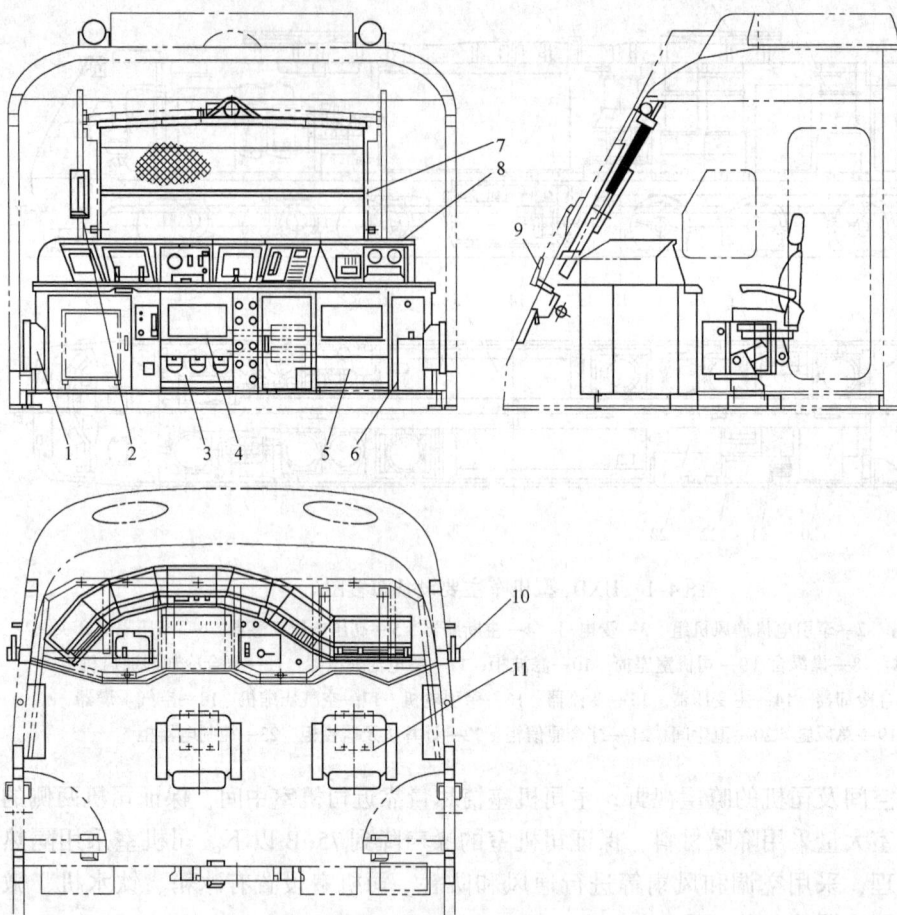

图 4-2　司机室设备布置

1—壁炉　2—八灯显示器　3—脚炉　4—主台膝炉　5—副台脚炉　6—雨刮器水箱　7—遮阳帘

8—操纵台　9—雨刮器　10—后视镜　11—司机室座椅

信柜、辅助变压器等设备。设备布置以电气系统设备为主，各装置和机械设备按功能和电压等级进行分区集中布置，这样布置有利于布置特高压、高压、低压、传送信号类等各种配线和减短各装置之间的连线，提高系统可靠性，降低故障率。

**（2）Ⅱ端机械室**　Ⅱ端机械室紧邻Ⅱ端司机室，室内布置有牵引电机通风机组、空气压缩机、总风缸、辅助风缸、干燥器、制动屏柜等设备。设备布置以空气系统设备为主，这样布置有利于布管作业和尽量缩短空气管路；尽量减少不必要的交叉配管；组合成单元，以提高作业效率。

**（3）中央机械室**　在Ⅰ端机械室和Ⅱ端机械室之间设有中央机械室，室内布置有主变流装置、复合冷却器及复合冷却器通风机组等设备。为了保证机车的质量分配，机车安装有两套完全一样的牵引变流器和两台用于冷却牵引变流器和主变压器的复合冷却器。中央机械室内设备按斜对称布置。为了保证牵引变流器冷却系统的可靠性，尽量缩短冷却管路，在室内将牵引变流器和复合冷却器作为整体单元布置在机车中心位置，与复合冷却器和牵引变流

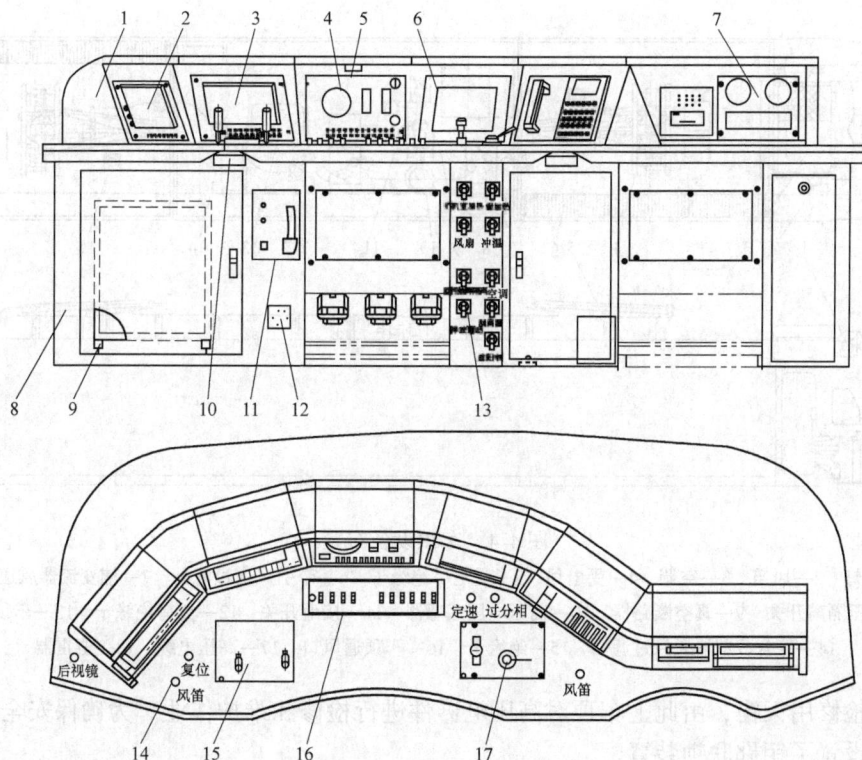

图4-3 操纵台设备布置

1—面板 2—制动显示屏 3—监控显示屏 4—多功能状态组合模块 5—计点灯 6—计算机显示屏
7—压力仪表模块 8—柜体 9—冰箱 10—烟灰缸 11—重联电话 12—电源插座 13—万转开关
14—按钮 15—电空制动控制器 16—扳键开关组 17—司机控制器

器相连接的牵引控制系统也按左右配置。因牵引变流装置的输入端子部位直接连接在主变压器的二次端子上，主变压器的二次端子的排列顺序和牵引变流装置的主回路端子的排列顺序一致，并且尽量缩短与复合冷却器的连接管路。主变压器的二次线圈侧的端子互相隔开，配置在主变压器的中央部位，即将主变压器的二次端子设置在牵引变流器端子正下方。

**3. 车顶设备布置**

机车顶盖设计成大顶盖结构，有利于机车设备的安装。机车顶盖由3个顶盖组成，车顶设备布置分为Ⅰ端顶盖设备布置、Ⅱ端顶盖设备布置和中央顶盖设备布置，机车车顶设备布置如图4-4所示。

**（1）Ⅰ、Ⅱ端顶盖设备布置** Ⅰ端顶盖设备布置与Ⅱ端顶盖设备布置完全一样，顶盖上布置有受电弓和空气绝缘子。两个顶盖的结构和安装尺寸也完全相同，但在Ⅰ端顶盖上开有卫生间通风口，因此两个顶盖不可以互换安装。顶盖上设置有牵引电机冷却风进风口，顶盖通风道横向贯通顶盖，通风口开在通风机相对侧，车体侧墙不设通风口，有利于提高车体强度。通风道与顶盖在车下整体焊装，有利于提高机车组装的工作效率。顶盖设有与外界交换空气的换气孔，有利于夏季车内降温。

**（2）中央顶盖设备布置** 机车上的主要高压设备大部分都布置在中央顶盖上。中央顶

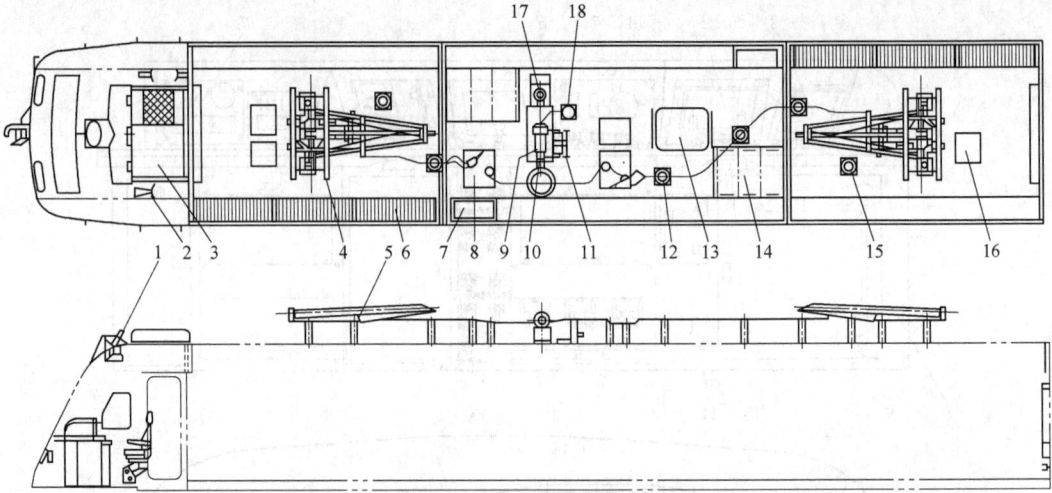

图 4-4　车顶设备布置

1—前照灯　2—风笛　3—空调　4—受电弓　5—受电弓绝缘子　6—牵引风道过滤器　7—辅变流器风道过滤器
8—高压隔离开关　9—真空断路器　10—高压电压互感器　11—接地开关　12—支持绝缘子　13—车顶天窗
14—复合冷却器通风过滤网　15—绝缘子　16—车顶通风口　17—高压电缆　18—避雷器

盖上设有检修用天窗，由此上车顶对高压电器件进行检修和维护作业。为确保安全，天窗与接地开关设置了钥匙联锁装置。

中央顶盖上布置的高压电器设备有受电弓高压隔离开关、高压电压互感器、真空断路器、接地开关、避雷器、高压电缆及连接母线等，同时设置有辅助变流器通风口和过滤网。

**4. 车下与车端设备布置**

主变压器悬挂在机车车下中部，以主变压器为中心对称布置了两台转向架。在转向架上配置有牵引电动机等设备。另外在车下还配置了动车用插座、辅助/控制电路外接电源插座、行灯插座、机车电子标签、速度传感器等设备。车下与车端设备布置如图 4-5 所示。

## 三、DF₈型内燃机车总体布置

DF₈型内燃机车为交-直流电力传动货运内燃机车，由戚墅堰机车车辆厂研制和生产。机车上装有 16V280ZJ 型柴油机及 TQFR-3000C 型同步主发电机。柴油机的标定功率为 3675kW，最大运用功率为 3310kW。机车的总体布置如图 4-6 所示。

机车上部有六室，即第Ⅰ司机室（前）、电器室、动力室、冷却室、辅助室及第Ⅱ司机室（后）；下部为转向架、燃油箱，燃油箱两侧安装蓄电池组，燃油箱前后各安装一个总风缸。

电器室内装有电器柜、主硅整流柜、空气制动系统阀类组装及工具箱。在电器室左右侧壁上，装有百叶窗式通风窗，空气经滤网滤清后进入电器室，供给主硅整流柜和同步主发电机的通风机及前转向架牵引电动机通风机吸风之用。动力室中的柴油发电机组由四个锥形橡胶弹性支承作为基座，装于车架平面上。在同步主发电机两侧的支承面处，装有两个弹性辅助支承。柴油机的增压空气滤清器，安装在动力室两侧壁的上部。空气经过一级旋风筒滤清及二级铝板网浸油滤清后，进入柴油机气缸。柴油机的废气经排气道由车顶排入大气。

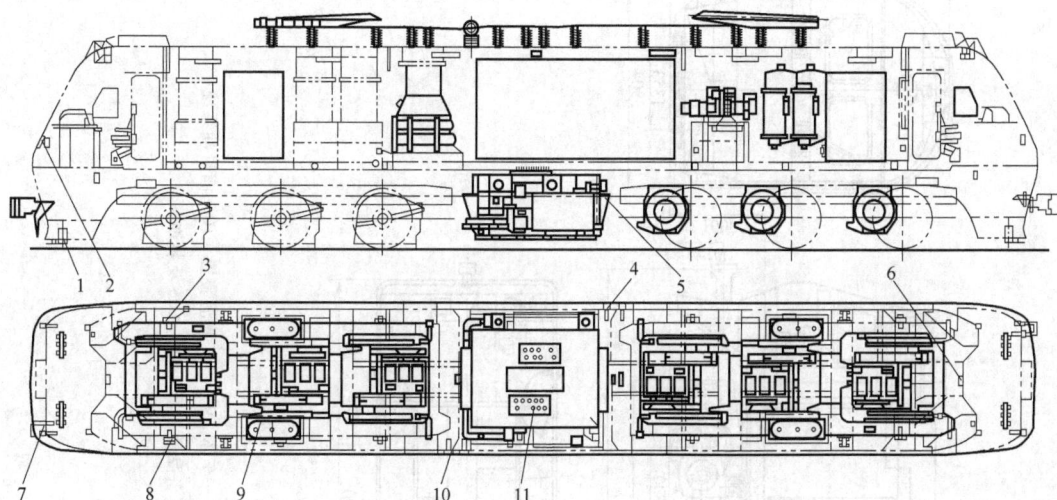

图 4-5　车下与车端设备布置

1—信号互感器　2—标志灯　3—速度传感器　4—110V 充电插座　5—电子标签　6—车底灯　7—重联插座

8—接地装置　9—转向架　10—动车插座　11—主变压器

同步主发电机为他励强迫通风交流发电机，由柴油机驱动，其发出的电流，经主硅整流柜变为直流电，供给牵引电动机。

同步主发电机输出端经万向轴带动前变速箱。前变速箱前端，一是驱动主硅整流柜与同步主发电机共同的通风机；二是驱动前转向架牵引电动机的通风机及测速发电机。前变速箱后端带动 ZQF-80 起动发电机及 GQL-45 型感应子励磁机。在这些机组上方，安装电阻制动装置。

柴油机自由端的输出轴上，装有弹性联轴节，经万向轴驱动安装在冷却室中的后变速箱，带动两个静液压泵及后转向架牵引电动机通风机。在机车车体内的两侧走廊地板上，柴油机左侧安装两台燃油输送泵、一组燃油粗滤器及燃油预热器；柴油机右侧安装预热用的辅助机油泵。

动力室的前端侧壁装有励磁整流柜，后端侧壁装有测量仪表。左右侧墙的上方，装有两个换气用通风机。动力室顶盖上开有 8 个小窗盖，以方便检修。

在冷却室中，以车顶顶弦杆为支承，安装有 V 形结构的冷却装置。冷却风扇为吸风式，它安装在 V 形构架的上部。散热器组沿机车纵向分成两个系统：高温水系统 18 组（前半部）、低温水冷却系统 36 组（后半部）。在冷却室前壁 V 形架左右侧各安装有静液压系统油箱。冷却室地板上，左侧安装有机油粗滤器和机油热交换器，右侧安装起动机油泵和机油滤清器。冷却室后端安装两台空气压缩机组及静液压油热交换器。

在辅助室内，安装预热锅炉和膨胀水箱。水箱一端为预热锅炉用的小燃油箱。辅助室间壁上，装有预热锅炉控制柜及机车无线电话、自动停车装置、机车信号装置的电器箱。另外，在间壁上装设扶梯，在顶盖上开有人孔，以便直达车顶进行维护保养。车架由横梁、端梁及两侧梁焊接而成，与车体侧壁、间壁组焊成一整体，组成框架式承载车体，具有足够的强度和刚度。

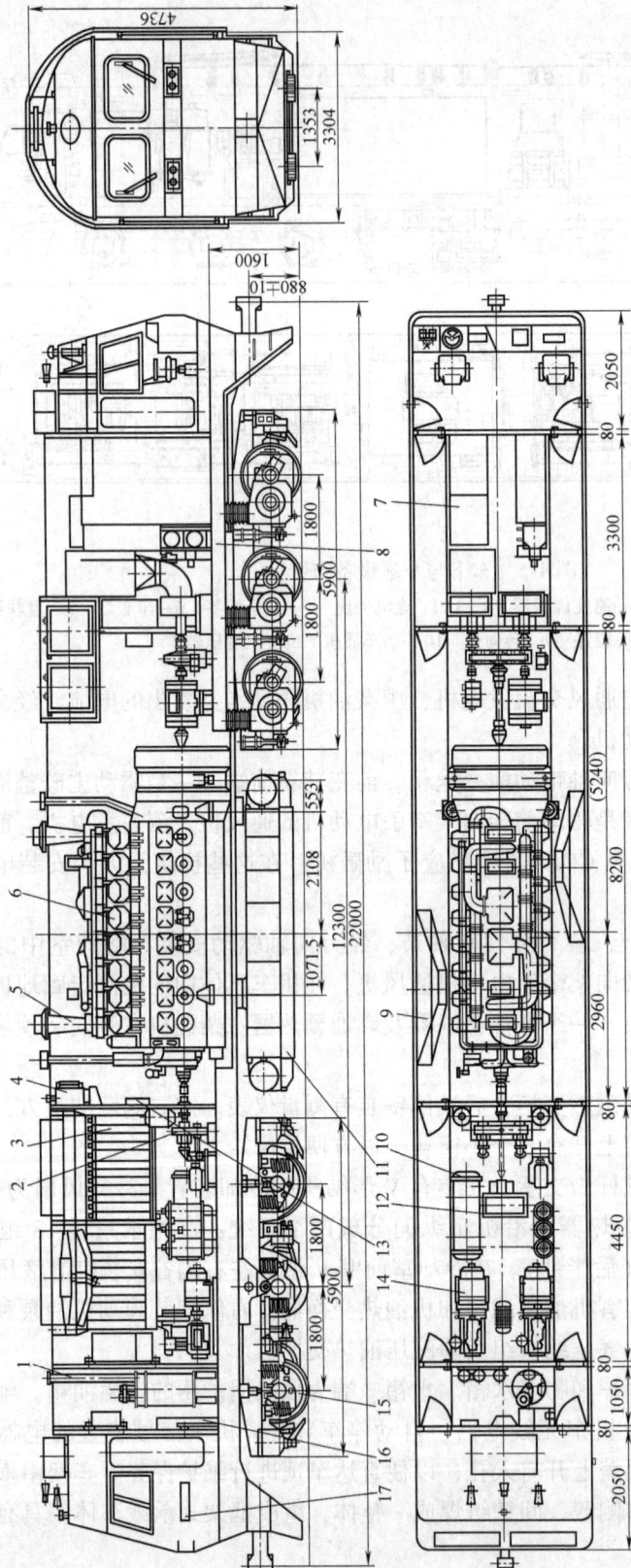

图 4-6  DF₈ 型内燃机车总图

1—预热系统  2—传动机构  3—冷却装置  4—冷却水系统  5—排气管  6—柴油机  7—电器设备  8—车体  9—空气滤清装置  10—润滑油系统  11—燃油系统  12—通风机  13—测量仪表  14—空气管路系统  15—转向架  16—随车备品及工具  17—油漆及装饰

机车两端安装上作用式 13 号车钩及 MX-1 型摩擦式橡胶缓冲器。机车走行部由 2 台三轴无心盘、无导框、轴箱拉杆定位的转向架组成。每台转向架构架的上平面，装有 4 个橡胶堆旁承。车体支承于前后转向架的 8 个橡胶堆旁承上，以承受垂直载荷。转向架用一组低位牵引杆机构与车架相连，以传递牵引力、制动力等纵向载荷。在转向架与车体间设有弹性侧挡，使其与牵引杆机构一起，可使转向架在一定范围内，以一无形中心绕车体作回转运动。

机车的第二轴左端和第五轴右端轴箱上，安装机车速度表的测速发电机。转向架的构架上，装有砂箱、制动缸、基础制动装置、液压减振器等。

$DF_{8B}$ 型机车与 $DF_8$ 型机车的主要差别是柴油机装车功率增为 3680kW；车底架两侧可按需要加压铁，使轴重由 23t 增为 25t，起动牵引力更大，适于重载牵引，是我国目前生产的主型货运内燃机车。

# 第三节　轨道交通机车转向架

## 一、轨道交通机车转向架的主要任务和技术要求

机车转向架是机车的走行部分。它用来传递各种载荷，并利用轮轨间的黏着保证牵引力的产生。转向架结构性能的好坏，直接影响机车的牵引能力、运行品质、轮轨的磨耗和列车的行车安全。

**1. 现代机车转向架的"五大任务"**

1）承载车体上部的全部质量，包括车体、动力装置以及各种辅助装置和电机电器设施。

2）保证必要的轮轨间黏着，以传递牵引力和制动力，使机车运行和停车。

3）缓和线路对机车的冲击，保证机车运行的平稳性，使垂向和水平向均有较好的运行平稳性。

4）保证机车能顺利通过曲线和道岔。

5）保证机车在牵引力、制动力和各种外力作用下的安全运行。

**2. 现代机车转向架的技术要求**

**（1）保证最佳的黏着条件**　保证最佳的黏着条件，轴重转移尽量小，以满足提高客、货运机车牵引力的要求（一般要求黏着重量利用率不低于90%）。

**（2）良好的动力学性能**　要求在直线或曲线区段运行时，具有良好的动力学性能，尽可能地减小对线路的作用力和减少轨道及车轮的应力与磨耗。对客、货运机车的簧下重量应有不同的要求，客运机车每轴簧下重量应不大于 30kN，高速机车的簧下重量应小些；货运机车每轴簧下重量不大于 40~50kN。干线机车应采用二系悬挂装置，并增大弹簧装置的静挠度，以适应高速运行的需要。一系悬挂只用于调车机车。

**（3）自重轻，工艺简易**　要求转向架构架在满足强度和刚度要求的前提下，尽可能减轻自重；制造工艺简易，各梁之间不允许用螺栓连接。

**（4）良好的可接近性**　要求转向架各部分具有良好的可接近性，在保证运用可靠的前提下，结构简单；采用无磨耗及不需维修的结构形式，以减少维修工作量及延长两次维修间的走行公里数。

（5）零部件材质统一　设计转向架时，要求各零部件结构和材质尽可能统一化。

## 二、HXD₃ 型电力机车转向架

### 1. 转向架结构及总参数

**（1）转向架的组成**　HXD₃ 型大功率交流传动货运电力机车转向架为无心盘、无导框、独立弹性悬挂的三轴转向架。其电动机采用滚动抱轴式半悬挂。它是为了适应我国铁路运输的需要而采取技术引进，与日本东芝公司合作设计的新型转向架。HXD₃ 型电力机车采用前、后两个结构相同的转向架作为它的走行部，转向架如图 4-7 所示，其主要组成包括：构架、轮对、一系（轴箱）悬挂、电动机悬挂装置、基础制动装置、二系（支承）悬挂、牵引装置、转向架配管和转向架附件等。

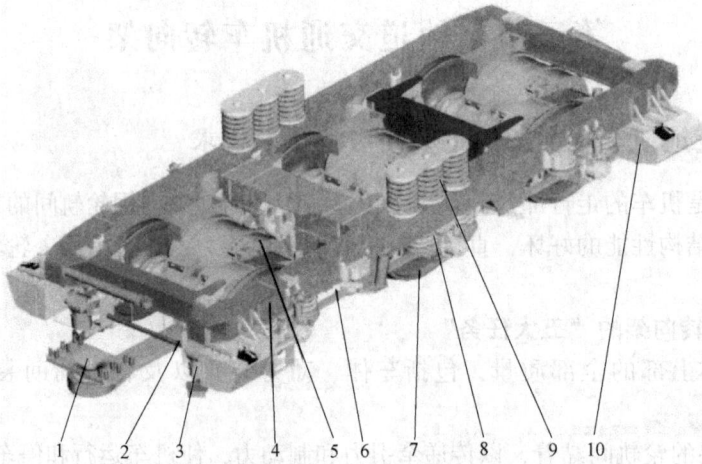

图 4-7　HXD₃ 型电力机车转向架总图

1—牵引装置　2—排石器　3—基础制动装置　4—构架　5—电动机悬挂装置　6—轮缘润滑装置
7—轮对　8——系（轴箱）悬挂　9—二系（支承）悬挂　10—砂箱

**（2）转向架力的传递**　机车运行时，该转向架传递机车的垂向力、横向力、纵向力，各力的组成及传递途径如下：

1）垂向力，包括机车的静载荷和动载荷。

其传递途径为：车体→二系弹簧组及减振器→构架→一系弹簧组及减振器→轴箱→轮对→钢轨。

2）横向力，包括机车通过曲线时的离心力、外轨超高引起的机车重力在横向的分力以及机车横向振动引起的动作用力等。

其传递途径为：车体→侧挡→构架→轴箱止挡→轴箱→轮对→钢轨。

3）纵向力，包括机车运行时的牵引力和制动力，以及机车在起动和制动时引起的纵向冲动。

其传递途径为：钢轨→轮对→轴箱→轴箱拉杆→构架→牵引杆→车体→车钩。

**（3）转向架主要结构特点**　该转向架具有以下的结构特点：

1）牵引电动机采用内顺置布置。这种布置可使机车在牵引工况获得较小的轴重转移，为此现在大多数机车转向架均采用牵引电动机内顺置。

2）低位推挽式单牵引杆结构。加以合理的悬挂参数选择，使机车轴重转移减小，满足机车牵引要求。

3）构架刚度和强度高。侧架与端梁、横梁连接处采用圆弧连接的结构形式，降低连接处的应力集中。

4）二系悬挂高圆弹簧组每侧一组由3个弹簧组成，这种布置使弹簧接近回转中心，可减小弹簧的回转位移，降低弹簧的切应力。

5）一系弹簧采用单圈、小静挠度值，这使一、二系弹簧参数搭配趋于合理。

6）基础制动采用 KNORR 公司的轮盘制动，使轮对受力形式较踏面制动更加合理。

7）驱动装置采用德国 VOITH 公司设计的滚动抱轴式半悬挂结构。抱轴箱体采用高强度、高冲击韧性的球墨铸铁材料，与 U 形管式抱轴箱相比，装配结构更加简单，适用性强。

**(4) 转向架主要结构技术参数**

| | |
|---|---|
| 总长 | 7468mm |
| 总宽 | 3110mm |
| 构架上平面距轨面高度 | 1290mm |
| 高圆弹簧组横向中心距 | 2050mm |
| 轨距 | 1435mm |
| 轴距 | 2250 + 2000mm |
| 车轮直径 | 新轮 1250mm |
| | 半磨耗 1200mm |
| | 到限轮径 1150mm |
| 轮对内侧距 | 1353mm |
| 踏面宽度 | 140mm |
| 轴式 | $C_0$-$C_0$ |
| 轴重 | $23^{+1\%}_{-3\%}$ t |
| 加压铁后轴重 | $25^{+1\%}_{-3\%}$ t |
| 构造速度 | 120km/h |
| 转向架总质量 | 30.193t |
| 每轴簧下重量 | 5.3t |
| 牵引点距轨面高度 | 240mm |
| 通过最小几何曲线半径 | 125m（机车速度≤5km/h） |
| 牵引齿轮传动比 | 101/21 = 4.8095 |
| 悬挂装置总静挠度（23t 轴重） | 153.66mm |
| 转向架相对车体横动量 | |
| 自由横动量 | ±20mm |
| 弹性横动量 | ±5mm |
| 构架相对轴箱横动量 | ±10mm- ±10mm- ±10mm |
| 轮对相对轴箱横动量 | 0- ±15mm-0 |
| 基础制动方式 | 轮装式盘型制动 |

| 制动倍率 | 3.23（一、六轴） |
| --- | --- |
|  | 2（二、三、四、五轴） |
| 机车空气制动率（23t） | 25.38% |

**2. 转向架构架**

构架是转向架众多部件联结的主体骨架，也是承载和传力的基体。通过构架能保证转向架内各部件的相互定位和必要的运动关系。当机车运行时，构架承受来自车体及其上部设备自重的垂直载荷和由于机车振动引起的垂直附加动载荷；并承受机车牵引或制动时产生的牵引力或制动力，以及机车通过曲线时的水平横向力和离心力等。因此，构架必须具有足够的强度和刚度。

构架是由左右对称布置的两个侧梁、前端梁、后端梁、牵引横梁、横梁和各种附加支座等组成的。构架组焊后，成为完全封闭的框架式"目"字形箱型结构，如图4-8所示。

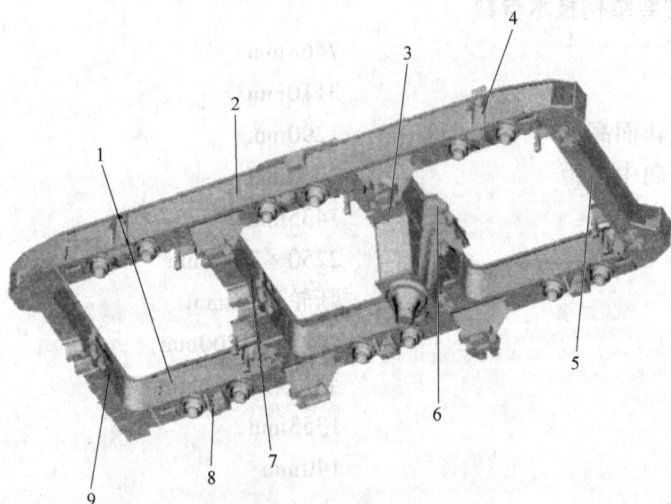

图4-8　转向架构架

1—左侧架　2—右侧架　3—牵引横梁　4—减振器座　5—前端梁
6—电动机吊杆座　7—横梁　8—轴箱止挡　9—后端梁

为了保证构架在机车正常运用中具有足够的强度、刚度和疲劳寿命，设计中有必要对构架进行有限元结构强度分析和模态分析，并且通过试验，来验证设计和计算的正确性。为满足相关试验标准的要求，HXD$_3$型机车转向架构架按照TB/T 2368—2005《动力转向架强度试验方法》进行了静强度和1000万次抗疲劳强度试验。

为了满足重载货运牵引性能的要求，降低整车的质心，同时满足轴重要求，考虑电力机车车体上部质量较轻，适当增加了一系悬挂以上的质量。在构架设计时，为保证构架有足够的强度和刚度，侧架、横梁的下盖板采用了30mm厚的钢板。各梁受力部分的内腔均设有10mm厚的筋板。

牵引横梁承受较大的扭矩，设计成如图4-9所示的结构。横梁内除设有筋板，还用钢管串联，以增加牵引梁的刚度和强度。

侧架与端梁、横梁采用圆弧连接的结构形式，以降低连接处的应力集中，如图4-10所示。为了增加侧架与端梁、横梁的连接强度，连接处的上下盖板交错，并且在横梁受力较大

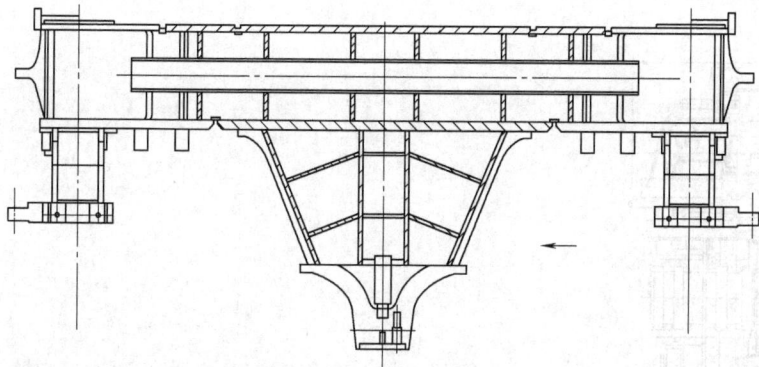

图 4-9　构架牵引横梁

的四个连接处，采用双面焊。为实现整体起吊功能，在侧架内和轴线相交处还设有断面为 H 形的筋板结构，以保证吊装时此处的强度。端梁连接处下盖板用排障器座板和砂箱座板补强。

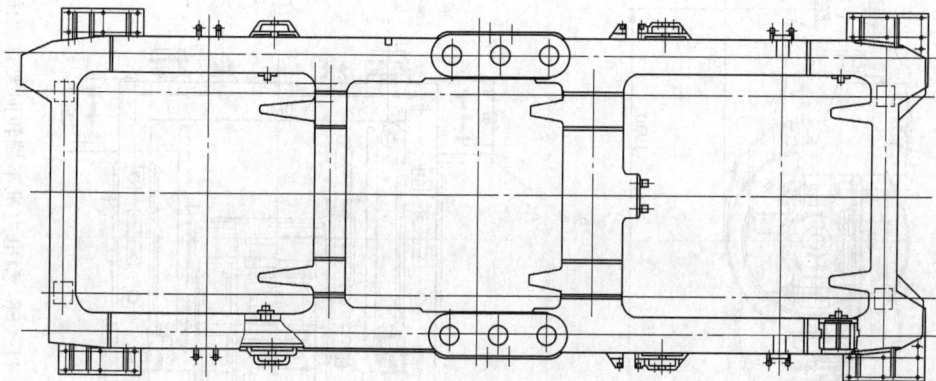

图 4-10　构架俯视图

构架作为组焊件，在整体组焊后，整个构架进行回火处理。该构架采用整体加热方式，消除焊接过程中产生的焊接应力。

## 三、SS$_7$ 型电力机车转向架

SS$_7$ 型电力机车是我国自行研制的 B$_0$-B$_0$-B$_0$ 轴式的大功率客货两用交-直流传动电力机车。其走行部由两台端转向架（图 4-11）和一台中间转向架（图 4-12）组成。每台转向架由构架、轮对电机、轴箱、一系弹簧悬挂、齿轮传动装置、牵引电动机悬挂装置、二系弹簧悬挂装置、基础制动装置、牵引装置等主要部件组成。其中两端转向架还设有储能制动装置、轮缘喷油润滑装置、撒砂装置；中间转向架设有滚子装配装置，以实现机车通过曲线时产生较大的横向偏移量。

**1. SS$_7$ 机车转向架的主要特点**

1）由于是 B$_0$ 式转向架，因此相对于 C$_0$ 式转向架的固定轴距要小得多，曲线通过性能好，尤其在小半径多弯道的线路上运行时具有明显的优越性。

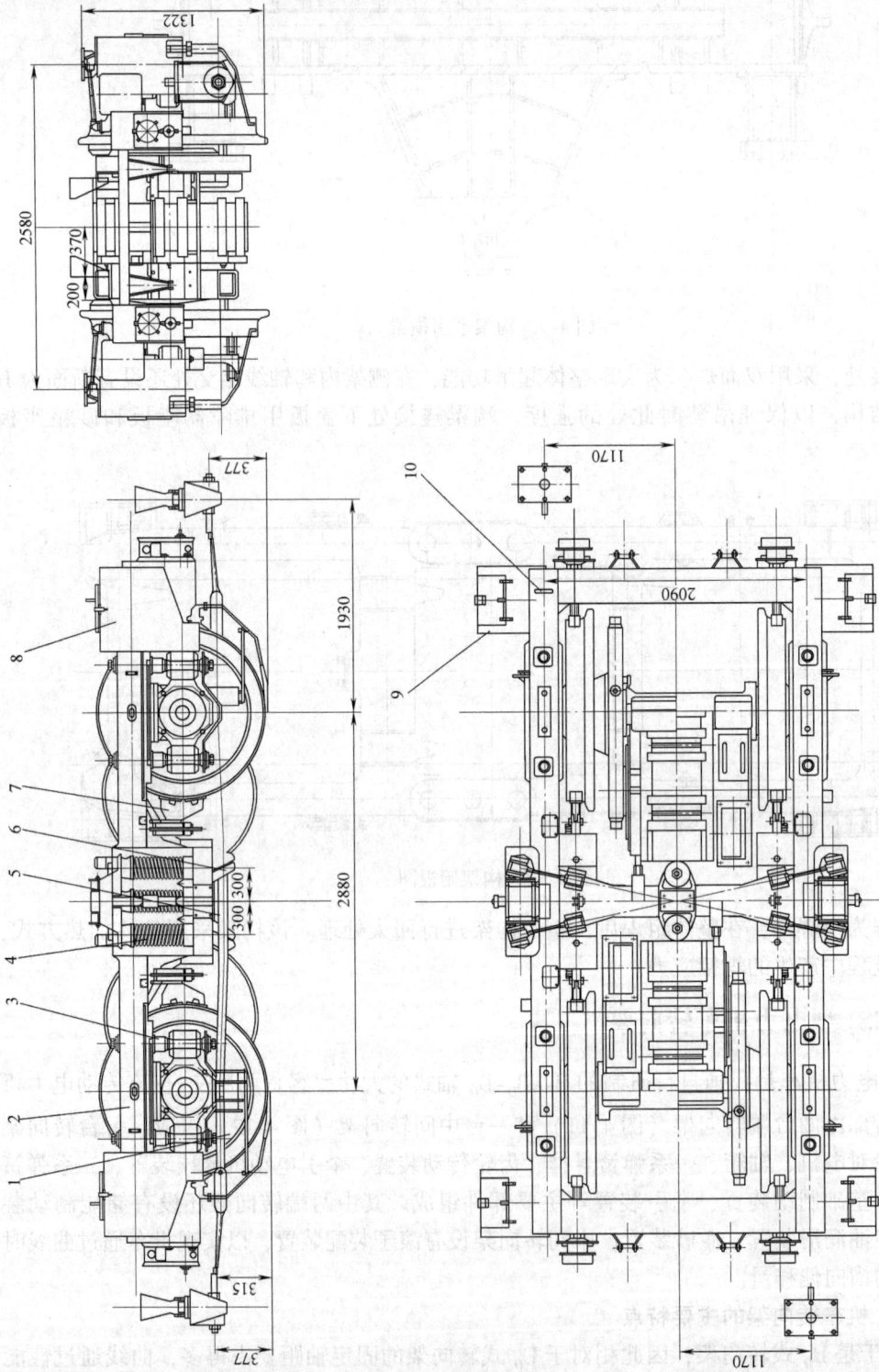

图 4-11　SS₇ 型电力机车端转向架总装图

1—轮对电机　2—构架　3—一系悬挂装置　4—二系悬挂装置　5—牵引装置　6—电机悬挂装置　7—基础制动装置　8—储能制动装置　9—转向架附件组装置　10—转向架起吊装置

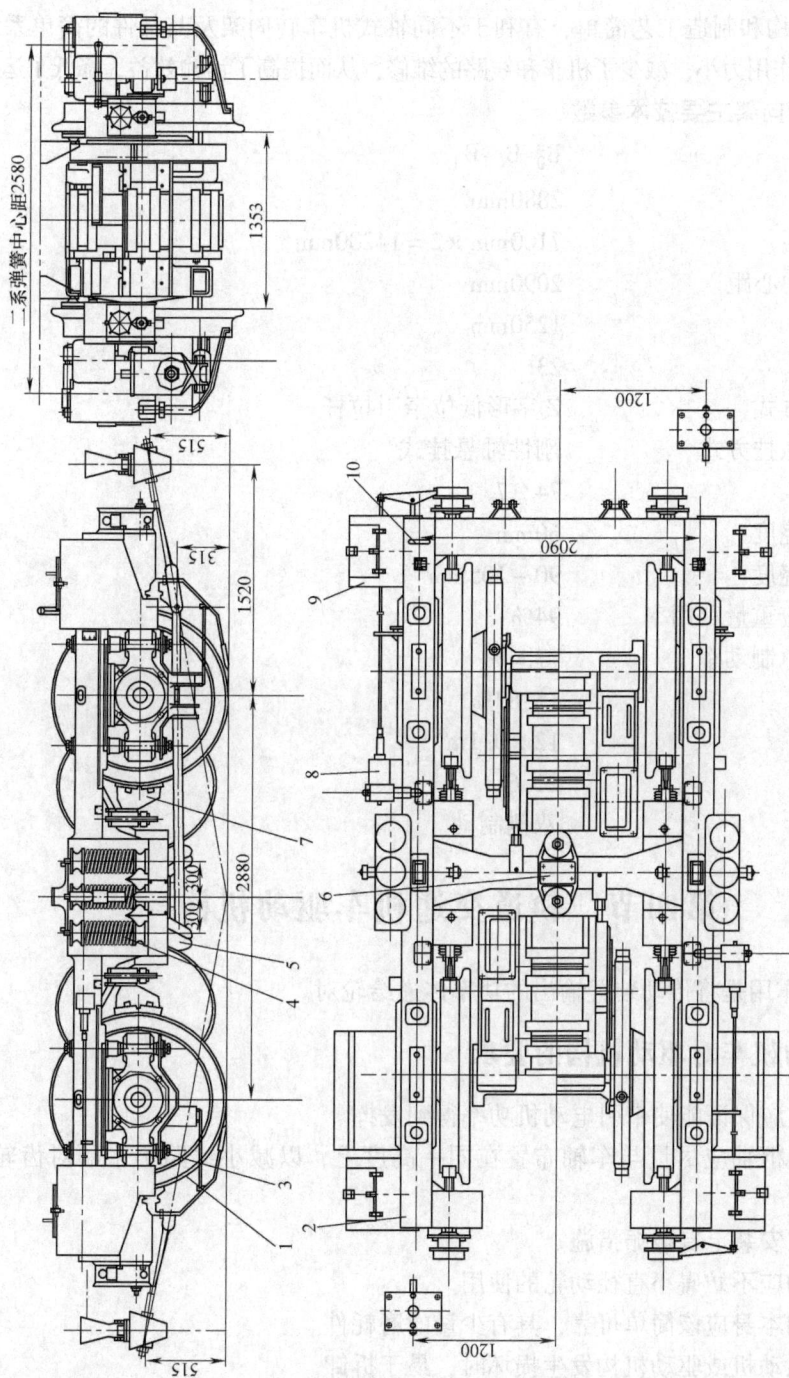

图 4-12 SS₇ 型电力机车中间转向架总装图

1—轮对电机 2—构架 3—一系悬挂装置 4—二系悬挂装置 5—牵引装置 6—电机悬挂装置 7—基础制动装置 8—储能制动装置 9—转向架附件组装置 10—转向架起吊装置

2）转向架由于采用低位牵引拉杆结构，保证了机车有良好的黏着性能。

3）两端转向架由于基本相同，可实现互换；中间转向架由于具有特殊性，只能与端转向架的部分零件互换。

4）转向架结构和制造工艺简单，有利于不同轴式机车转向架及其部件的简单系统化。

5）对线路的作用力小，减少了机车和线路的维修，从而提高了运输效益，降低了运输成本。

**2. SS₇机车转向架主要技术参数**

轴式 $\qquad$ $B_0 \text{-} B_0 \text{-} B_0$

轴距 $\qquad$ 2880mm

转向架中心距 $\qquad$ 7100mm × 2 = 14200mm

同一轴两箱中心距 $\qquad$ 2090mm

轮径 $\qquad$ 1250mm

轴重 $\qquad$ 23t

牵引力传递方式 $\qquad$ Z字形低位牵引拉杆

牵引电动机悬挂方式 $\qquad$ 刚性轴悬挂式

齿轮传动比 $\qquad$ 74/17

一系悬挂静挠度 $\qquad$ 60mm

二系悬挂静挠度 $\qquad$ 90 ~ 105mm

起动工况黏着重量利用率 $\qquad$ 94%

踏面制动紧急制动率 $\qquad$ 77.4%

储能制动率 $\qquad$ 15.87%

储砂容量 $\qquad$ $12 \times 0.1 \text{m}^3$

转向架质量 $\qquad$ 21.6t

制动方式 $\qquad$ 双侧制动

# 第四节　轨道交通机车驱动机构

驱动机构的作用是将传动装置输出的功率传递给轮对。

## 一、电传动机车对驱动机构的要求

1）驱动机构应保证能使牵引电动机功率得到发挥。

2）电动机电枢轴应尽量与车轴布置在同一高度上，以减小线路不平顺对齿轮的动作用力。

3）电动机在安装上有减振措施。

4）驱动机构应不妨碍小直径动轮的使用。

5）驱动机构本身应该简单可靠，具有少量的磨耗件。

6）当牵引电动机或驱动机构发生损坏时，易于拆卸。

## 二、齿轮传动装置

电传动机车的驱动机构一般采用齿轮传动装置。

**1. 齿轮传动的分类和比较**

（1）**齿轮传动** 齿轮传动分为单侧齿轮传动和双侧齿轮传动。单侧齿轮传动又称为单边齿轮传动，双侧齿轮传动又称为双边齿轮传动，如图4-13所示。

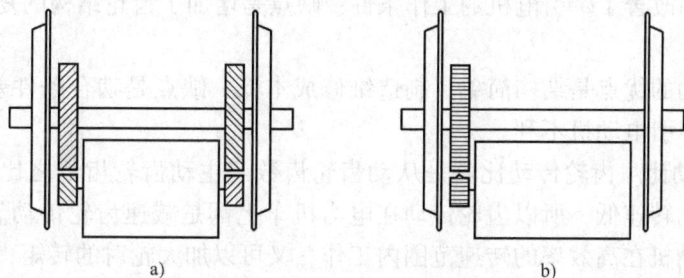

图4-13 齿轮传动示意图
a）双侧斜齿轮传动 b）单侧直齿轮传动

单侧齿轮传动的优点是牵引电动机的轴向尺寸可以加大，结构也较简单，制造成本低；缺点是传动时轮对受到偏于一侧的驱动力，左右轮子的受力不同。双侧齿轮传动的优点是传动时轮对受力均衡，左右轮子同时受到相同的驱动力，有利于提高运行品质；缺点是牵引电动机的轴向尺寸受到限制，结构复杂，制造成本较高。

（2）**按齿轮分类**

1）根据齿轮种类，齿轮传动可分为斜齿圆柱齿轮传动和直齿圆柱齿轮传动。单侧齿轮传动，一般用直齿轮，不用斜齿轮；双侧齿轮传动，一般用斜齿轮，不用直齿轮，而且双侧齿轮的齿斜方向要相反。这是因为直齿轮在啮合时，其啮合力作用在齿轮的切向；斜齿轮在啮合时，其啮合力是垂直于齿斜方向的，不仅有切向分力，而且有较大的轴向分力，如图4-14所示。

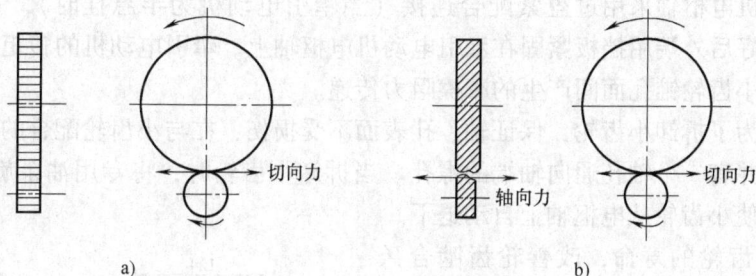

图4-14 齿轮传动示意图
a）直齿轮传动 b）斜齿轮传动

单侧齿轮传动如果采用斜齿轮，其轴向力将可能引起轮对贴靠一侧钢轨运行；双侧齿轮传动如果采用直齿轮，在轮对组装时必须保证双侧大小齿轮形对应的精确性。否则必然引起双侧齿轮不能同时进入啮合，或双侧齿轮啮合力不等的问题。采用斜齿轮，而且双侧齿斜方向相反，则轴向力也相反，齿轮安装的误差，可由轴向力差值引起的轮对微小横动来纠正，这就保证了双侧齿轮传动转矩的均匀性。

2）根据大齿轮轮心的结构，齿轮传动可分为弹性齿轮传动和刚性齿轮传动。如果把大齿轮分为齿圈和齿轮心两部分，互相用弹簧或橡胶弹性地组装在一起，则为弹性齿轮传动；大齿轮心如果制成刚性结构，则为刚性齿轮传动。至于小齿轮，一般都是刚性的。

弹性齿轮传动的优点是改善了沿齿宽方向的应力分布，能缓和来自钢轨的冲击，啮合力的传递比较柔和，改善了牵引电机的工作条件；缺点是增加了齿轮结构的复杂性，增加了制造成本。

刚性齿轮传动的优点是结构简单，制造维修成本低；缺点是啮合条件差，齿轮磨损大，传动冲击大，对牵引电动机不利。

**（3）齿轮传动比**　齿轮传动比就是从动齿轮齿数与主动齿轮齿数之比。由于牵引电动机转速高，轮对的转速低，所以齿轮传动在电力机车上都是减速齿轮传动。减速齿轮传动，既可保持牵引电动机在高效率的转速范围内工作，又可以加大轮对的转矩，使机车在适宜的运行速度下充分发挥牵引力。因小齿轮强度、最小齿数及机车车辆限界对大齿轮直径的限制，一般电力机车齿轮传动比小于5。

一般高速客运电力机车的传动比取值偏低，货运电力机车传动比取值偏高。

$SS_1$ 型、$SS_3$ 型、$SS_{3B}$ 型电力机车采用刚性斜齿轮双侧传动，$SS_2$ 型、$SS_{6G}$ 型电力机车则采用弹性直齿轮单侧传动，$SS_7$ 型、$SS_{7D}$ 型、$SS_{7E}$ 型、$SS_8$ 型、$HXD_1$ 型、$HXD_2$ 型、$HXD_3$ 型电力机车和主型电传动内燃机车采用单侧直齿轮传动。一台干线机车的齿轮传动装置，究竟采用何种形式主要取决于机车的用途、结构和速度。

**2. 齿轮传动装置的组成**

齿轮传动装置由大齿轮、小齿轮和齿轮箱三部分组成。齿轮传动的关键问题是齿轮的质量，它除了要求精度高、齿形正确外，还要求齿轮本身具有齿面硬且内部韧的物理性能，加之齿轮传递功率大，工作条件又比较恶劣。因此，机车的传动齿轮大多采用优质合金钢制作，并对齿轮表面（包括齿根部分）进行渗碳淬火处理，以保证轮齿质量。

**（1）小齿轮**　小齿轮为主动轮，一般都做成刚性整体式，它有一个锥度为 1:10 的孔，它与牵引电动机电枢轴采用过盈紧配合连接（当牵引电动机为半悬挂时），并用热套法安装。小齿轮装好后外端用挡板紧固在牵引电动机电枢轴上。牵引电动机的转矩依靠电枢轴端部的锥形面与小齿轮锥孔面间产生的摩擦阻力传递。

检修时，为了拆卸小齿轮，保证轴、孔表面不受损伤，在与小齿轮配合的电枢轴颈上开有一圈油槽，并有一个轴孔通向轴端的螺孔。当拆卸小齿轮时，将专用油泵旋装在螺孔上，压动油泵便可使小齿轮从电枢轴上自动退下。

为了提高齿轮的寿命，改善轮齿啮合条件，干线机车上使用的小齿轮一般都采用齿向削边（修缘）措施。如图 4-15 所示是 $SS_7$ 型电力机车的小齿轮。

**（2）大齿轮**　大齿轮为从动轮，一般都做成刚性或弹性组合式。组合式齿轮通常由两部分组成，即齿圈（也称齿冠）和齿轮心。齿圈用优质合金钢制造，并对齿表面进行硬化处理；齿轮心为铸钢件。齿圈与齿轮心的配合，在刚性齿轮上为具有一定过盈量的热套紧

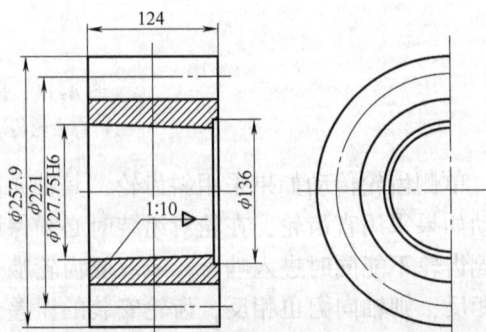

图 4-15　$SS_7$ 型电力机车小齿轮

配合；在弹性齿轮上为转动配合，它不仅要求精度，而且两者最大相对位移不能超过规定数值。整个大齿轮装好后，用冷压力方法压装在车轴上或轮毂的延伸部分上。

检修时，为了退卸大齿轮，保证轴、孔表面不受损伤，在齿轮心的轮毂上设有一个带螺纹的退卸油孔。退卸大齿轮时，先用油泵向此孔内注入高压油，使油充满配合表面，再施加压力即可将大齿轮退出。

弹性齿轮的齿圈与齿轮心通过齿圈上的9个梯形凸块和齿轮心上的9个双层梯形凸块彼此吻合，并借助于各凸块相邻空间内装入9组螺旋弹簧组装在一起。组装后的每组弹簧具有一定的预压力。弹簧由弹簧钢制成，为了避免弹簧断裂，也可用金属橡胶弹簧来代替钢制螺旋弹簧。

$SS_7$ 型电力机车大齿轮用优质合金钢 15CrNi6 制成。在轮齿滚切，同样要进行齿面

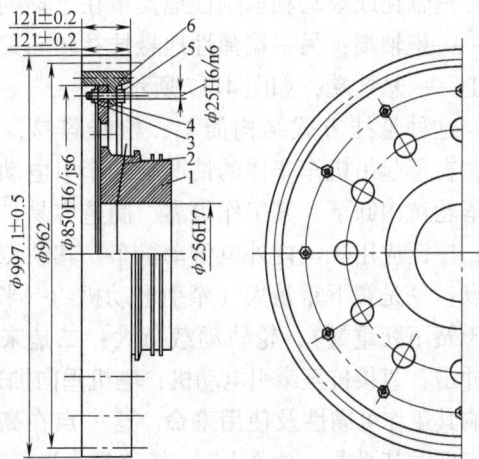

图 4-16 $SS_7$ 型电力机车大齿轮

1—齿轮心　2—橡胶圈　3—防松垫圈
4—螺母　5—螺栓　6—齿圈

淬火渗碳，淬火厚度大于 2.0mm，硬度要大于 60HRC，如图 4-16 所示。大齿轮采用齿圈与齿轮分体结构，用 12 个铰制孔螺栓联接，并在齿轮毂的内侧开有退轮油孔，以便更换齿轮时防止轴和孔的拉伤。

**（3）齿轮箱**　为了对传动齿轮进行润滑以及防止尘土、砂石和污物等的侵袭，需要将大小齿轮密封在齿轮箱内。齿轮箱为钢板焊接结构，也有采用铸铝结构的。结构形式按悬挂方式的不同而不同。箱内注有润滑油，为防止齿轮转动时箱内压力的变化，上箱顶部设有排气孔，以调节箱内压力。此外下箱还设有油嘴，供检查箱内存油量及加注润滑油用。

### 三、牵引电动机的悬挂方式

通常把牵引电动机在机车上的安装称为电机悬挂。机车牵引电动机的悬挂方式根据牵引电机和减速箱在转向架上的安装方式的不同，大致可以分为轴悬式、架悬式、体悬式三类。轴悬式的牵引电动机一端用抱轴承支在车轴上，另一端弹性的吊在转向架构架上，故又称为半悬挂式，适用于中、低速机车，并可分为刚性轴悬式和弹性轴悬式两类；架悬式的牵引电动机全部悬挂在转向架构架上；体悬式的牵引电动机全部或大部分悬挂在车体上。架悬式及体悬式牵引电动机悬挂方式又称为全悬挂式，适用于高速机车。

#### 1. 牵引电动机轴悬式驱动机构

牵引电动机的一端通过抱轴承非弹性地抱在车轴或空心轴上，另一端弹性地悬挂在构架的横梁上。牵引电动机质量的一半支悬在构架上，为簧上质量；另一半压在车轴上，为簧下质量。故这种悬挂方式又称为牵引电动机半悬挂。

抱轴悬挂基本上能保持齿轮中心距不变和电枢轴中心线与轮轴中心线平行，以保证齿轮的正常啮合。但由于抱轴轴承与车轴间存在间隙、电枢轴的弯曲、轴箱载荷引起的车轴变形等原因，往往引起齿轮接触不良。

**（1）刚性轴悬式电机悬挂** 牵引电动机的一端经抱轴瓦或滚动轴承刚性地支承在车轴的抱轴颈上——抱轴端；另一端弹性地悬挂在转向架构架横梁上——悬挂端，如图4-17所示。

这种悬挂方式结构简单，检修容易，拆装方便，在不起吊机车车体的情况下，牵引电动机可以在落轮坑内卸下，其工作可靠、制造容易、成本低廉，广泛应用于国内外电传动机车。其缺点主要有两点：一是簧下重量大（牵引电动机约一半的重量属于簧下死重量），轮轨动载荷大；二是来自线路的冲击，直接传至牵引电动机，电机垂向加速度大，影响其工作可靠性及使用寿命。这一点在高速机车

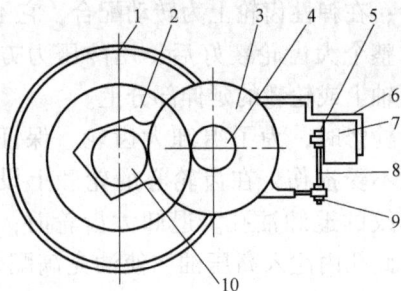

图4-17 牵引电动机刚性轴悬式悬挂
1—车轮 2—大齿轮 3—牵引电动机 4—小齿轮
5—橡胶元件 6—安全框 7—机车横梁
8—吊杆 9—橡胶元件 10—车轴

上表现尤其严重。通常认为，机车最大运行速度超过 $140 \sim 160km/h$，就应该采用牵引电动机全悬挂。我国的大部分货运机车基本上都采用这种方式，如 HXD$_1$ 型，HXD$_2$ 型，HXD$_3$ 型，SS$_{3B}$ 型等电力机车，DF$_4$ 型，DF$_8$ 型等内燃机车，如图4-18所示。

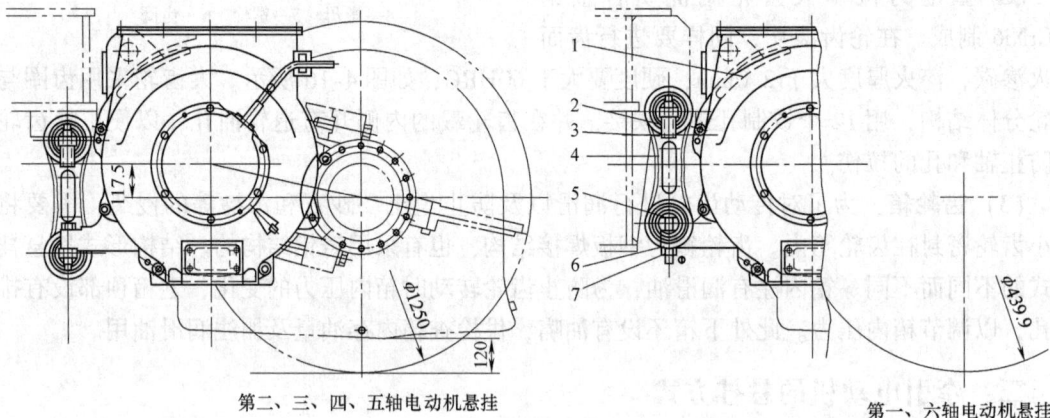

第二、三、四、五轴电动机悬挂    第一、六轴电动机悬挂

图4-18 HXD$_3$ 型电力机车电动机悬挂装置
1—牵引电机 2—螺栓套管 3—螺栓 M30X130 4—吊杆装配 5—螺栓 M30X160 6—垫圈 7—螺母 M30

**（2）弹性轴悬式电动机悬挂** 弹性轴悬式的结构与刚性抱轴式相似，其原理如图4-19所示。

牵引电动机的一端悬挂在转向架构架上，另一端仍通过抱轴承支承，但抱轴承不是直接支承在车轴上，而是支撑在车轴外面套装的空心轴上。从动大齿轮也是固装在空心轴的端部。空心轴的两端再通过弹性元件支承在轮心上。牵引电动机传至齿轮的力矩通过空心轴、弹性元件传至轮对。空心轴随车轴一同旋转。因此，装在轮心上的弹性元件既要支承牵引电动机约一半的质量及空心轴和大齿轮质量，还要传递牵引电动机传来的力矩。

由于牵引电动机的一半质量还是支承在轮对上，但中间经过了弹性元件，故称为弹性轴悬式。这种悬挂方式的优点是：减轻了动作用力的危害，有利于延长电机寿命和保证齿轮的正常啮合，也有利于提高机车的黏着性能。法国的68000系列电传动内燃机车就采用弹性轴悬式结构。

**（3）轴悬式机车的改进**　轴悬式牵引电动机传动装置的大齿轮全部质量以及牵引电动机、小齿轮和齿轮箱等约一半质量是压在车轴上的簧下质量。因此簧下质量较大，它增大了对线路的动作用力，不适应速度较高的运行条件。

轴悬式机车牵引齿轮副及牵引电动机工作条件恶劣，为了改善这种情况，可采用以下两种措施：

1）牵引电动机抱轴承采用滚动轴承。当车轮行经钢轨接头时，轮对发生垂向跳动。牵引电动机以其与转向架构架的悬挂

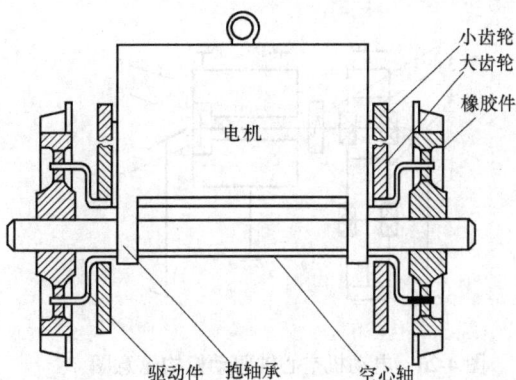

图4-19　弹性轴悬式电机悬挂示意图

支点为回转中心上下转动，使大小牵引齿轮的中心距保持不变。实际上因滑动抱轴承与车轴之间存在间隙，齿轮中心距是有变化的，随着机车走行公里的增加，抱轴承的间隙增大。在正常情况下，此间隙为 0.15 ~ 0.4mm。间隙增大时，齿轮啮合条件恶化，影响使用寿命。因此必须严格注意抱轴承的润滑和维护，并保证间隙不超限。近十多年，一些国家为了减少抱轴承间隙以减少维修工作量和延长齿轮使用寿命，把抱轴承由滑动轴承改为滚动轴承。这是一个很有效的措施。

2）使用弹性齿轮。把牵引大齿轮改为弹性齿轮，可以缓冲来自线路的冲击，改善齿轮副的接触情况，减少牵引齿轮的磨耗率，降低牵引电动机的故障率。其缺点是结构复杂，制造成本高，橡胶弹性元件有一定的使用期限，必须定期检查更换。

**2. 牵引电动机架悬式驱动机构**

牵引电动机架悬式驱动机构已广泛应用于世界各国的客运机车和动车上，也有用于重型货运机车上的。其主要特点是将牵引电动机固装在转向架构架上，因而牵引电动机属于簧上部分。

牵引电动机与轮对之间需用能适应各个方向相对运动的弹性联轴器作为中间连接装置并传递扭矩。联轴器在结构上可以采用弹性元件（弹簧或橡胶块），也可以采用具有橡胶金属衬套的连杆关节机构。

在选择架悬式驱动机构时，一般情况下，应满足下列基本要求：

1）保证尽可能小的簧下重量，以获得良好的动力学特性，减少对线路及走行部的动力作用。

2）具有完善的运动学特性，以保证驱动机构在机车振动和曲线运行时所引起的动载荷及附加应力尽可能小。

3）在运用中，对轮对的增减载荷变化要小。

4）保证驱动机构在运用中不仅具有高度的可靠性和耐久性，而且检修方便。

架悬式驱动机构可根据联轴器的结构和布置方式的不同分类。世界各国虽然研制出多种多样的结构形式，但归纳起来基本上可分为电动机空心轴驱动机构（图4-20）和轮对空心轴驱动机构（图4-21）两大类。

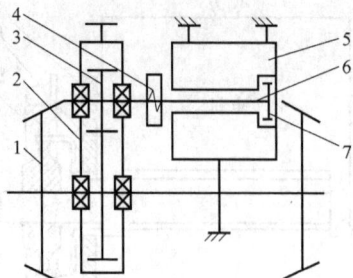

图 4-20　电动机空心轴驱动机构示意图
1—轮对　2—齿轮箱　3—牵引齿轮　4—弹性联轴器
5—牵引电动机　6—扭轴　7—齿型联结器

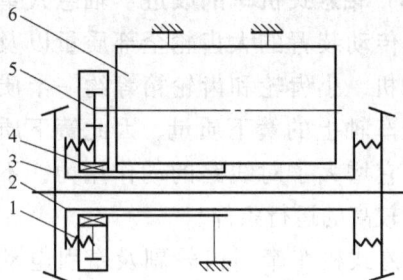

图 4-21　轮对心轴驱动机构示意图
1—弹性元件　2—空心轴　3—轮对　4—轴承
5—牵引齿轮　6—牵引电机

**（1）电动机空心轴驱动机构**　电机空心轴驱动机构如图 4-20 所示。

该装置的特点是牵引电动机悬挂在转向架构架上，而牵引齿轮箱支承在车轴上。弹性联轴器布置在空心的电枢轴与小齿轮之间。电枢轴做成空心，目的是增加扭轴的长度，以适应电机与轮对间各个方向的位移（由扭轴与电枢空心轴间的间隙来补偿）。电动机的转矩经空心电枢轴上的齿形联结端、抓轴、弹性联轴器传递到小齿轮、大齿轮，进而带动轮对转动。

图 4-22 所示是 $SS_5$ 型电力机车的电机中心结构图。由图可知，牵引电动机的电枢轴是空心的，在非换向器端，电枢空心轴通过球面齿式联轴节与传动轴相连，传动轴则穿过空心轴的空腔，最后经弹性联轴器将扭矩传递给齿轮传动装置中的小齿轮。在这里，牵引电动机的转轴与小齿轮的转轴通过球面齿式联轴节、传动轴和弹性联轴器联系在一起，齿轮中心距依靠齿轮箱限制保持不变。当簧上部分的牵引电机与簧下部分的轮对之间产生相对位移时，是依靠弹性联轴器中橡胶块的变形以及齿式联轴器来保证传动齿轮的正常工作的。由图 4-22 可知，电动机空心轴悬挂方式的簧下质量有轮对及传动齿轮箱两部分的质量，但电动机已属于簧上重量。

**（2）轮对空心轴驱动机构**

轮对空心轴驱动机构如图 4-21 所示。

1）轮对空心轴一级弹性驱动装置。弹性联轴器置于空心轴与轮对之间，空心轴包在车轴外面，大齿轮直接固装在空心轴上，大齿轮的扭矩由空心轴两端经弹性联轴器传至左右轮对。

2）轮对空心轴两级弹性驱动装置。$SS_8$，$SS_9$ 型，$SS_{7E}$ 型电力机车和 $DF_{11}$ 型内燃机车轮对电动机组装采用两级弹性双侧六连杆轮对空心轴全悬挂结构，通过牵引电动机架悬减轻机车簧下重量，以满足机车在高速运行时对动力性能的要求。

该装置的特点是大齿轮由滚动轴承支撑在空心轴套上，而空心轴套紧固定在电动机机体上。在空心轴套内又贯穿一根空心轴，而车轴置于空心轴中。空心轴的一端通过连接盘、弹性元件与大齿轮相连，另一端则通过连接盘、弹性元件与轮对相连。电动机的扭矩由大齿轮经弹性元件、空心轴，再经另一端的弹性元件传递给轮对。这种驱动机构的形式，也称为双空心轴的架悬式驱动装置。

空心轴两端的弹性元件设计成弹性六连杆机构，分别与大齿轮和车轮相连，借此来传递转矩和保证具有良好的动力学性能。

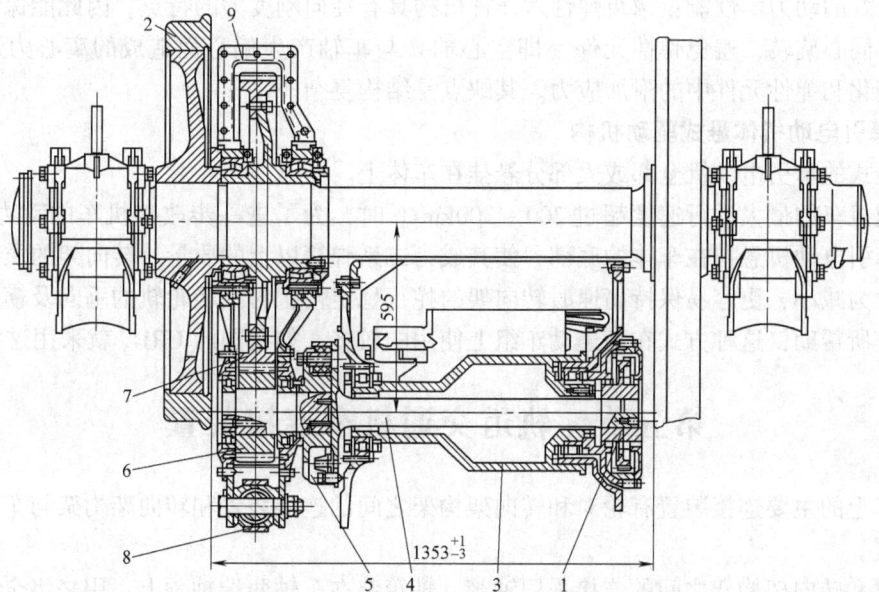

图 4-22　电动机空心轴驱动机构

1—齿形联结器　2—轮对　3—电动机空心轴　4—扭轴　5—弹性联轴器　6—小齿轮

7—大齿轮　8—齿轮箱吊杆　9—齿轮箱

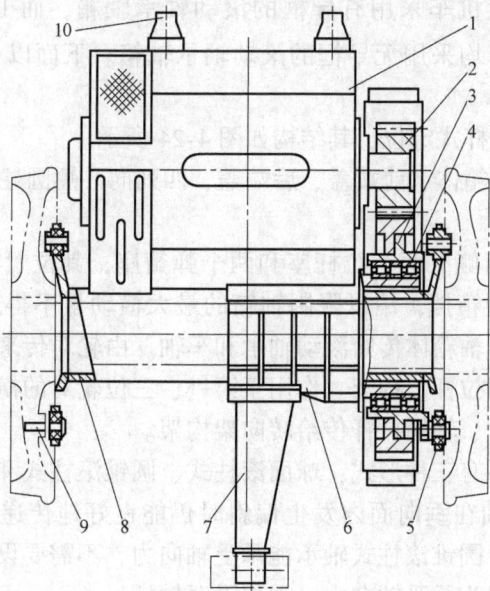

图 4-23　DF$_{11}$型内燃机车轮对空心轴两级弹性驱动机构

1—牵引电动机　2—牵引齿轮副　3—齿芯　4—驱动轴承　5—橡胶球关节

6—空心轴套　7—长吊臂　8—空心轴、传动盘　9—传动销　10—后吊

轮对空心轴两级弹性驱动机构的优点是簧下重量小，轮对与电动机得到两级弹性隔离，因此有较好的动力学性能；两级弹性六连杆机构具有径向刚度大的特点，因此能保证空心轴相对轮对同心旋转，避免弹性元件（即空心轴）与车轴产生偏心而造成的离心力形成轮对的轮重变化和弹性元件中的附加应力。其缺点是结构复杂。

**3. 牵引电动机体悬式驱动机构**

体悬式的牵引电动机全部或大部分悬挂在车体上。

高速机车的最大运行速度超过 200 ~ 300km/h 时，为了进一步改善机车的动力学性能，通常把牵引电动机悬挂在车体的底部，使其成为二系弹簧以上的质量。转向架的质量、转动惯量就大为减小，更容易保持高速时转向架的蛇行稳定性，对减轻轮轨的垂向及横向动载荷也有所帮助，这种方式在高速动车组上使用的较多，如我国的 $CRH_5$ 就采用这种方式。

# 第五节　轨道交通机车连接装置

机车上的主要连接装置有轮对和转向架构架之间的连接装置和转向架构架与车体之间的连接装置。

轮对和转向架构架之间的连接采用轴箱。轴箱装在车轴两端轴颈上，用来将全部簧上载荷包括铅垂方向的动载荷传给车轴，并将来自轮对的牵引力或制动力传到构架上去。此外，它还传递轮对与构架间的横向和纵向作用力。

## 一、轴箱

我国的 DF 型及 $HXN_5$ 型内燃机车采用有导框的滚动轴承轴箱，而 $DF_4$ 型，$DF_8$ 型，$DF_{11}$ 型内燃机车和和谐型电力机车均采用无导框的滚动轴承轴箱。下面以 $DF_4$ 型机车为例介绍。

$DF_4$ 型内燃机车的轴箱采用拉杆式定位，其结构如图 4-24 所示。

$DF_4$ 型内燃机车轴箱主要由轴箱体、前端盖、后端盖、四列向心短圆柱轴承和缓冲支承装置等组成。

轴箱体为铸钢件，在轴箱体两侧有两个拉杆座和两个弹簧座，其位置在轴箱体中心线上、下斜对称处。轴箱顶部设有轴箱挡，用以限制轴箱的最大横动量不得超过 8mm。由圆弹簧传来的垂向载荷，经弹簧座、轴箱体传给滚动轴承和车轴。由轮对传来的牵引力和制动力，经过滚动轴承和箱体传至轴箱拉杆、构架。作用于第一、三位轮对的横向冲击力，经车轴端部、轴挡、橡胶支承、前端盖、轴箱拉杆传给转向架构架。

机车上所使用的滚动轴承主要有三种形式：球面滚柱式、圆锥滚柱式和圆柱滚柱式。理论上球面滚柱式轴承最好，当车轴在垂向面内发生偏斜时仍能良好地传递力，但有加工困难、接触应力大和易磨耗等缺点。圆锥滚柱式轴承能承受轴向力，不需要设置轴挡。圆柱滚柱式轴承构造简单、工作可靠，但为承受轴向力，需要设置轴挡。

$DF_4$ 型内燃机车采用 972832QT 型四列圆柱滚动轴承，轴承内圈宽度（220mm）大于外圈宽度（178mm）。内圈与车轴轴颈过盈配合，它与防尘圈都采用油预热套装。而轴承的外围与箱体采用动配合，以防偏磨。

轴箱密封是防止轴箱体内储存的润滑油向外泄漏和外面灰尘进入轴箱体内引起润滑油污

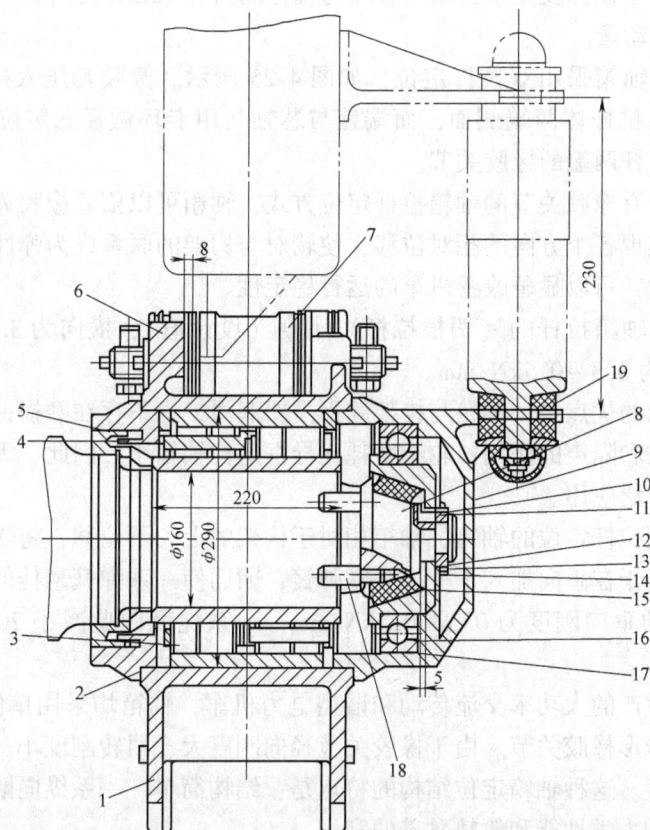

图 4-24　DF₄ 型内燃机车轴箱

1—轴箱体　2—橡胶圈　3—四列向心短圆柱轴承　4—后端盖　5—防尘圈　6—轴箱挡　7—轴箱拉杆
8—轴挡　9—前端盖　10—键　11—卡环　12—挡圈　13—套圈　14—支承座　15—橡胶锥
16—轴箱止推轴承　17—弹簧挡圈　18—传动销　19—液压减振器座

染，以免滚动轴承过早损坏。在 DF₄ 型内燃机车上，轴箱前端用前端盖完全密封，后端盖在轴箱体内并装有防尘圈，其间填充软脂油，形成迷宫式油封，以防尘土侵入轴箱。

　　装在轴箱内的圆柱轴承，仅能承受径向载荷，轴向载荷则由弹性轴挡来承受。为了控制轮对的蛇行，便于机车通过曲线以及缓和机车过道岔、进入曲线时产生的车轮对轨道的横向冲击，在转向架前、后两端轴的轴箱中，在轴挡与外盖之间设有缓冲支承装置。该装置包括轴挡、支承座、橡胶锥、止推轴承等。轴挡与轴端用两根传动销连接，使缓冲支承装置随车轴转动。橡胶锥组装时，对橡胶施加 2mm 的预压缩量，使其产生约 2kN 的预紧力。也就是说，只有作用在轴挡上的轴向力大于 2kN 时，橡胶才能继续压缩变形，在轮对与轴箱间产生相对位移。橡胶锥的最大压缩量为 5mm。

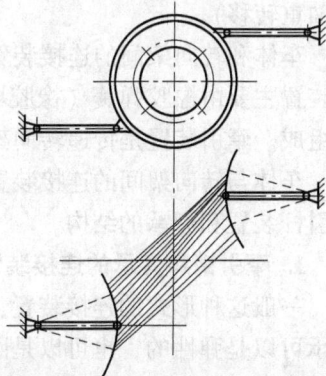

图 4-25　轴箱拉杆定位示意图

转向架中间轴箱不设橡胶支承，而在轴端与轴挡间留有 12mm 的间隙，使轮对相对于轴箱有 12mm 的自由横动量。

DF$_4$ 型内燃机车轴箱采用双拉杆定位，如图 4-25 所示。橡胶套压入拉杆体的端孔中，橡胶垫被端盖压装在拉杆体两端侧面，而端盖与芯轴又用卡环做径向定位。这样，由橡胶套、橡胶垫构成了拉杆两端的橡胶关节。

由于采用这种带有橡胶关节的轴箱拉杆定位方式，轴箱可以依靠橡胶关节的径向、轴向及扭转弹性变形，实现各个方向的相对位移，使轮对与构架的联系成为弹性。适当选择它的横向刚度和纵向刚度，可以显著改善机车的运行稳定性。

DF$_4$ 型内燃机车轴箱拉杆的（两根拉杆）刚度（设计值），横向为 3.83kN/mm；纵向为 25kN/mm；垂向为 0.3～0.5kN/mm。

这种无导框轴箱的优点是：轴箱与构架间不需要润滑，也不存在磨损；轮对与构架的弹性连接具有缓和冲击和隔声的作用；轮缘磨耗比导框定位轴箱小。因此，无导框轴箱已在我国新型机车上获得广泛应用。

应该指出，采用拉杆定位的轴箱，轴箱相对于构架的上、下位移，将受到拉杆橡胶套的约束，实际上就相当于在垂向加入了一个并联弹簧，因而使一系弹簧悬挂的刚度增大。通常每一轴箱两根拉杆的垂向刚度为 0.3～0.5kN/mm，一系挠度因此减小 20%～30%，甚至更大。

我国最近设计生产的大功率交流传动和谐型电力机车，轴箱均采用单侧轴箱拉杆定位。轴箱拉杆两端采用球形橡胶关节。由于橡胶关节径向刚度大、回转刚度小，因而使轴箱纵向只有较大的定位刚度。这种轴箱定位结构的特点是：结构简单、一系纵向刚度大、横向刚度小，有利于机车的动力学性能和轮轨黏着的利用。

## 二、车体和转向架间的连接装置

在车体与转向架间设置连接装置，其目的是保证机车重力、牵引力、制动力、横向力的正常传递，轴重的均匀分配和车体在转向架上的安定。允许转向架进出曲线时相对于车体进行回转运动。故它既是承载装置，又是活动关节。

对高速机车来说，连接装置性能的好坏，直接影响机车动力学性能。要求车体与转向架之间成为横向弹性连接，以改善机车横向的运行平稳性及黏着重量利用率（牵引力作用下的轴重转移）。

车体和转向架间的连接装置由两部分组成：车体支撑连接装置和牵引装置。车体支撑连接装置主要由橡胶弹簧（橡胶堆）、高圆弹簧及减振器（横向、垂向、抗蛇行运动减振器）等组成。牵引装置是传递转向架与车体之间的牵引力和制动力的机械装置。

车体与转向架间的连接装置有很多种结构形式：一类是牵引销和旁承的结构；另一类是牵引杆装置和旁承的结构。

### 1. 牵引销和旁承的连接装置

一般这种形式的连接装置，牵引销只传递纵向力和横向力，车体重量全部由旁承传递。旁承可以是弹性的，也可以是刚性的，HXN$_5$ 型内燃机车采用的是这种结构。

HXN$_5$ 型内燃机车转向架牵引装置（图 4-26 及图 4-27）由中心销、尼龙衬套、牵引座、牵引缓冲垫、横向止挡、牵引箱盖、托架和支承架等组成。

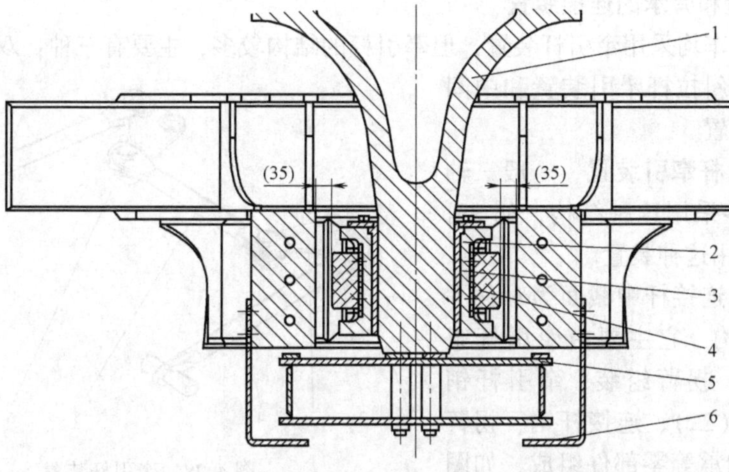

图 4-26　HXN₅ 型内燃机车中心销牵引装置
1—中心销　2—尼龙衬套　3—牵引销　4—横向止挡　5—托架　6—支承架

　　中心销为铸钢件，质量约 246kg，焊装在车体底架下部。

　　中心销与牵引座之间配有自润滑的尼龙衬套。尼龙衬套的内孔与中心销的装配为间隙配合，最小间隙 0.8mm；外圆与牵引座内孔为间隙配合，最小间隙为 0。组装时，事先用一块压板通过 4 个螺钉将尼龙衬套的法兰压装牵引座顶面上。

　　牵引箱盖通过定位销和螺栓安装到转向架构架的牵引梁上，与构架牵引梁后侧中间区域相配合，组成框形的牵引箱结构。

　　牵引箱与牵引座之间，在纵向（转向架前后方向）压装有两个牵引缓冲垫。此缓冲垫为橡胶钢板夹层制成，具有很大的轴向刚度，而且组装时具有较大的预压缩量。这样在传递纵向牵引力和制动力时具有一定的弹性，但刚度很大。另外，两个处于预压缩状态的牵引缓冲垫，还能承受牵引座以及尼龙衬套的重量，保证牵引座不掉落下来。

　　在牵引箱与牵引座之间，牵引座两侧面（横向）各装有一个横向止挡。该止挡用来限制车体相对于转向架过大的横向位移。当中心销相对于牵引箱的横向位移超过 35mm 时，横向止挡将起作用。横向止挡为橡胶与钢板通过硫化粘接在一起的结构，特性为非线性，随着横向位移（压缩量）的增大，刚度也增大。

　　采用三个橡胶堆支承传递车体与转向架之间的垂向载荷。这种橡胶旁承具有结构简单，重量轻，维护方便，吸振隔声性能较好和能获得车体与转向架的横向弹性联系等优点。

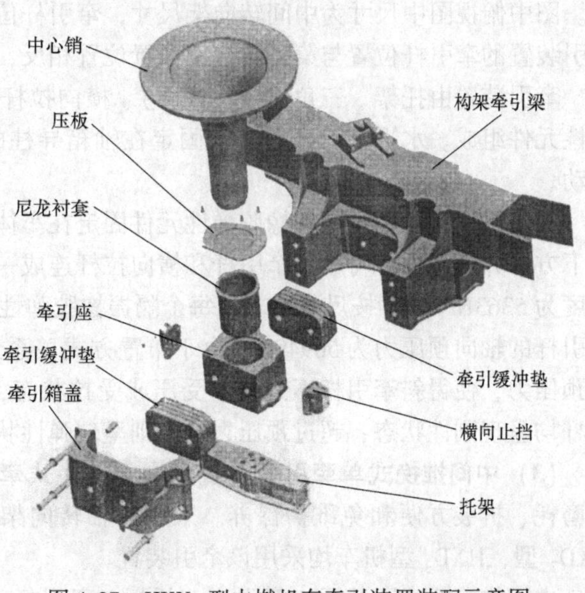

图 4-27　HXN₅ 型内燃机车牵引装置装配示意图

**2. 牵引杆装置和旁承的连接装置**

我国大部分机车均采用牵引杆装置，但牵引杆的结构较多，主要有三种：双侧平拉杆牵引装置、Z形低位斜拉杆牵引装置和中间推挽式单牵引杆装置。

**(1) 双侧平拉杆牵引装置** 一般三轴转向架的机车较多采用这种结构，如 $SS_3$ 型、$SS_9$ 型等均采用这种装置。

牵引装置是以连接杆中截面为对称平面的完全对称结构，它主要由牵引杆组装、连接杆组装、拐臂组装、牵引杆销（一）、牵引杆销（二）、连接杆销、拐臂销、衬套和关节轴承等零部件组成，如图4-28所示。各连接销套、关节轴承处用油脂润滑，以减少连接销套、关节轴承的磨损。

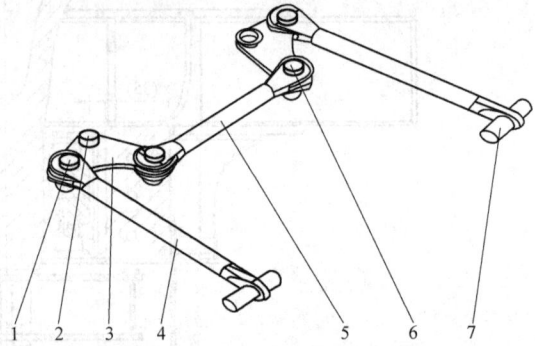

图4-28　牵引杆装置
1—牵引杆销（一）　2—拐臂销　3—拐臂组装
4—牵引杆组装　5—连接杆组装　6—连接杆销
7—牵引杆销（二）

连接杆组装由连接杆、衬套组成，转向架两边的拐臂组装通过连接杆用连接杆销连接起来，以保证两侧牵引杆同步运动，特别是在机车通过曲线时，可对车体产生一个阻力矩，提高机车的曲线通过能力。

牵引力、制动力传递过程：

转向架牵引座→拐臂销→拐臂组装→牵引杆销（一）→牵引杆组装→牵引杆销（二）→车底牵引座。

连接杆连接两拐臂，使左右牵引杆传力均匀，牵引杆两端销孔内均装有关节轴承，以适应转向架相对于车体振动的位移和各杆件的灵活转动。

**(2) Z形低位斜拉杆牵引装置** 我国 $SS_7$ 型电力机车采用这种牵引装置，如图4-29所示。图中俯视图中尺寸为中间转向架尺寸，牵引杆位置为第一转向架的位置，而第三转向架牵引装置的牵引杆位置与第一转向架布置位置相反，但其距轨面的尺寸完全相同。

牵引装置由托架、三角连杆（拐臂）、横向拉杆、水平牵引杆、牵引杆支座和隔振橡胶弹性元件组成。水平牵引杆套装于固定在轴箱导柱的牵引拉杆导框内，并可以在其内横向移动。

斜牵引杆通过两个隔振橡胶弹性元件固定在车体的牵引杆支座上。托架固定在构架横梁的下方，并通过拐臂将水平牵引杆和横向拉杆连成一体，以平衡横向力。隔振橡胶弹性元件刚度为5363N/mm。按尺寸要求，每个隔振橡胶弹性元件的预压缩量为9.5mm，相应地给斜牵引杆的轴向预压力为50949N。由于布置方式关系到两个隔振橡胶弹性元件给予斜牵引杆的预压力，使得斜牵引杆不论处于受压或受拉状态，当外加压（拉）小于预压力时，斜牵引杆均呈现刚性状态；超过预压力时，则呈现弹性状态。

**(3) 中间推挽式单牵引杆装置** 中间推挽式牵引装置结构特点是结构简单、重量轻、无磨耗、拆装方便和免维护保养。采用两轴转向架的机车较多采用这种结构，如 $SS_8$ 型、$HXD_2$ 型、$HXD_3$ 型机车均采用该牵引装置。

中间推挽式牵引装置由牵引座、托板、牵引杆（一）、牵引杆（二）、连接板、关节轴

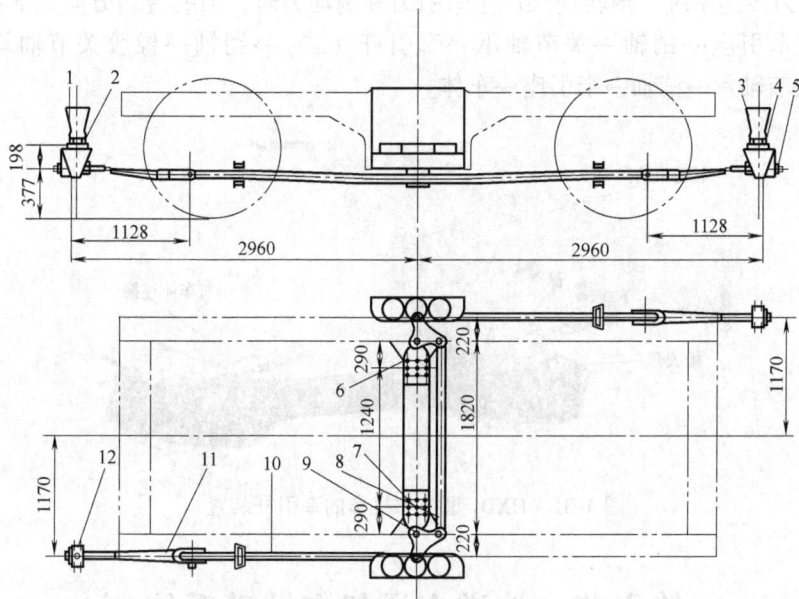

图 4-29 Z形低位斜拉杆牵引装置

1—螺栓 2、4—调整垫 3—橡胶垫 5—螺母 6—销 7—托架 8—横向拉杆
9—三角连杆 10—水平牵引杆 11—斜牵引杆 12—牵引座

承和磨耗板等组成，如图 4-30 所示。

牵引座为 ZG230-450 铸钢件，上方为长方形法兰，法兰上钻有 8 个 φ38mm 的通孔，下方设有锥度为 1:10 的梯形槽。上方与车体相连，下方梯形槽与牵引杆（一）相连。

牵引杆（一）由关节轴承、挡圈和牵引杆体（一）组成。关节轴承由分为三瓣的外套、心轴在它们中间橡胶硫化成一体，形成一个弹性体。牵引杆由一根无缝钢管和两个

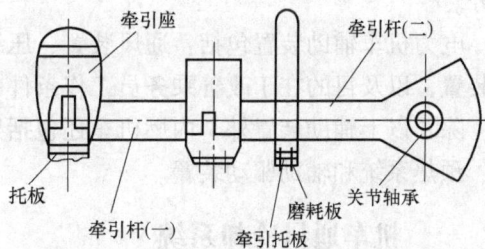

图 4-30 中间推挽式单牵引杆装置

端头组成，三体组焊后应进行全部电磁探伤。不允许有裂缝等任何缺陷存在，并进行 600～650℃ 的退火处理，以消除焊缝区内的焊接应力。关节轴承压装到牵引杆（一）两端，靠挡圈固定在牵引杆（一）上，使牵引杆（一）形成万向联轴器结构。

牵引杆（二）为整体锻造件，材料为 45 号优质碳素钢。一端装有球轴承，通过销轴与构架枕梁下部的牵引座相连；另一端加工成爪形并设有 1:10 的梯形槽，它与牵引杆（一）销轴相连，其中间为矩形截面。靠近爪形结构处用托板和连接板与电机下支座相连，使牵引装置固定在电机上。该支座只起支点作用，不承受牵引力和制动力，而力由牵引杆（二）传至牵引杆（一），然后传至设在车体底架牵引梁上的牵引座。

牵引座通过 8 根 M36 的高强度螺栓固定在车体牵引梁下部，如图 4-31 所示。牵引杆（二）的一端通过球轴承和销轴与构架牵引梁下部的牵引座相连，另一端用托盘支承在电机支座上。此处爪形梯形槽和装在车体上的牵引座下端梯形槽之间用牵引杆（一）连接在一

起，形成牵引力传递系统。当转向架产生牵引力和制动力时，力的传递方向如下：

构架枕梁牵引座→销轴→关节轴承—牵引杆（二）→销轴→橡胶关节轴承→牵引杆（一）→橡胶关节轴承→销轴→牵引座→车体。

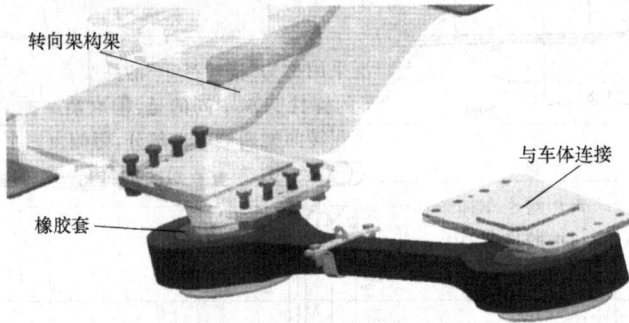

图 4-31　HXD$_2$ 型电力机车的牵引杆装置

# 第六节　轨道交通机车辅助系统

机车辅助系统是保证机车动力装置、传动装置、走行部、制动装置与电气控制设备等正常运转，以及乘务人员正常工作条件的各项装置的统称。它是机车必不可少的重要组成部分。

电力机车辅助装置包括：通风装置、压缩空气系统、空气滤清系统、辅助电源系统、撒砂装置，以及目的在于改善乘务员工作条件的各种设备。

除了以上辅助装置外，内燃机车还包括柴油机辅助系统、冷却系统、机油系统、燃油系统、预热系统和辅助驱动装置。

## 一、机车通风冷却系统

### 1. 通风冷却系统概述

在电传动机车上，各种交直流电机、整流装置的功率和尺寸都是由持续电流和最大电压来决定的。持续电流的大小受电机线圈、整流元件的允许温度的限制。这些电气设备在工作时要产生大量的热，如不能及时散发掉，使电气设备的温度保持在允许的范围之内，就会影响其正常工作，甚至会烧坏设备。而自然通风不能满足散热要求，必须采用强制性通风，以保证这些设备的正常工作。大功率电机、电器一般都要用专门的通风装置来冷却，以保持在允许的温度下工作。事实上，在采取必要的冷却措施后，也会改善零部件的热强度和润滑状况，提高其工作可靠性并延长其使用寿命。

机车上电气设备很多，空间又十分有限，因此机车通风装置通常数量较少，要充分利用有限的风源，还要求进风速度低，减少尘埃侵入；同时要求风道短，弯道少且圆滑过渡，减少风压损失。

机车通风方式通常有两种：一种是独立通风，即设置专用风道，便于集中去尘；另一种是车体通风，即风由侧墙吸入车体内，再自行分配进入各风道。这两种通风方式也可以混合采用。对于分布在车体内不同部位的需要强制冷却的电气设备通常需要将它们就近分为若干个组，根据不同部件和冷却要求，分别采用合适的通风机和冷却风道，共同构成一个布置合理、适应要求的通风冷却系统。

空气滤清装置，在通风系统中普遍采用网式空气滤清器，也有用旋风式除尘器，用玻璃纤维或氯丁橡胶纤维制成的空气滤清器。空气滤清器安装在车体的侧壁上，安装位置与通风方式和各部件进气系统有关。

离心式通风机和轴流式通风机在电力机车通风系统中均被采用。对于一些距离车体较远的设备，如牵引电动机通常用离心式通风机冷却；一些设备因位置局限，如制动电阻柜，通常用轴流式通风机冷却。

**2. 通风冷却系统分类**

通风冷却系统是专为冷却牵引电动机和电器而设置的。该系统由通风机、进（排）风道以及空气滤清装置等组成。按通风系统的结构特征可做以下几种分类：

**（1）按通风空气口位置分类**　分为车内进气式和车外进气式。后者又分为车顶上方进气和侧壁进气。侧壁进气又分为单侧进气和双侧进气。车外进气式通风冷却系统要预先考虑到在恶劣气候条件下改为车内进气的临时措施。

车外进气式牵引发电机的散热条件比车内进气式优越，因此，现代机车多采用车外进气式通风冷却系统。

**（2）按通风系统的供风方式分类**　有单独式、集中式和混合式三种。整流装置、牵引发电机和牵引电动机各有单独的通风机供给冷空气，为单独式。牵引发电机和整流装置各有一台通风机供给冷空气，而两组牵引电动机则由一台通风机集中供给冷空气，为混合式。我国 DF$_4$ 型内燃机车采用类似这种通风方式，其不同点在于前通风机进风口处首先冷却硅整流柜，然后再冷却三台牵引电动机。机车上牵引发电机、整流装置和牵引电动机均由一台集中通风机供风，为集中式。集中式通风系统的优点是通风机驱动装置简化，驱动装置的质量较轻，尺寸较小，占用空间较少；同时可采用高效率、大容量通风机。该系统的缺点是风道长、流体阻力大，驱动装置消耗功率也相应较大。

为了解决机车车体受空间限制的问题，使一台通风机能冷却多台设备，通常采用通风支路的方式，或将冷却设备分别布置在通风机的进风口和出风口一侧，如图 4-32 所示，可以得到同样的冷却效果。不论采用何种方式，都必须计算风道的流通阻力和冷却空气的流量，

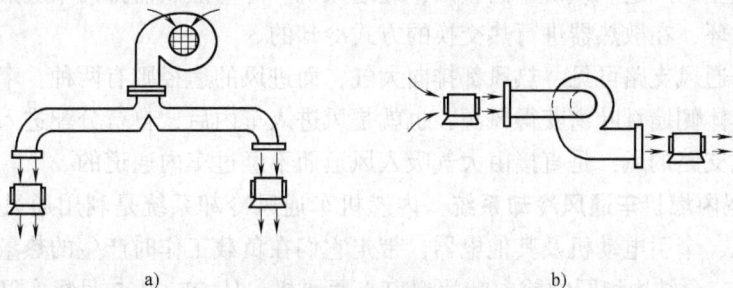

a)　　　　　　　　　　　　　　b)

图 4-32　通风机同时冷却多台设备
a）利用通风支路　b）利用进、出口通风

以保证冷却效果。以上两种冷却方式可以单独使用，也可混合使用。

**3. 典型机车通风冷却系统**

**（1）SS$_{3B}$型电力机车通风冷却系统** SS$_{3B}$型电力机车采用车体通风方式，进风口由侧墙上 $2 \times 14$ 块立式百叶窗组成，有同样数量的无纺编织过滤器，机车百叶窗进风有效面积计算值为 $19m^2$，各百叶窗进风口风速约为 $1.2m/s$。SS$_{3B}$型电力机车通风冷却系统如图 4-33 所示。

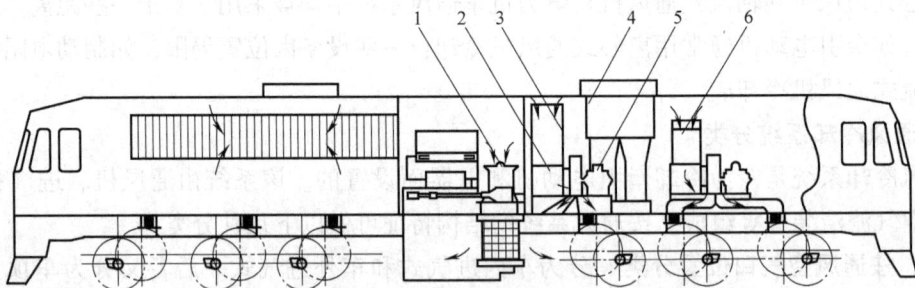

图 4-33 SS$_{3B}$型电力机车通风冷却系统示意图

1—变压器通风机组 2—风柜 3—硅机组 4—制动电阻柜 5—通风机 6—平波电抗器

机车通风冷却系统按主要冷却对象分类划分，有三大通风支路：

1）牵引通风支路。该系统进风口是车体百叶窗，其后有两种类型的通风支路。一种风由平波电抗器吸入并带走热量，然后经通风机组加压输出，由两路风道对一、二（或五、六）位牵引电动机冷却，再从牵引电动机非换向器端排向大气。另一种风由硅整流器装置吸入并带走热量，然后经通风机组加压输出，由一路风道对三（或四）位牵引电动机冷却，从牵引电动机非换向器端排向大气；另一路风道直接排向大气，这样处理是为了减小通风机输出阻力，提高通风机输出能力，保证牵引电动机有足够的风量。

牵引通风支路都采用电动离心通风机组鼓风，全车共有 4 台。

2）制动通风支路。该支路由通风机、过渡风道、制动电阻柜组成一个独立的通风支路，由车底下方吸入空气，经通风机、过渡风道直接吹向制动电阻，热风由车顶活动百叶窗排向大气。该通风支路采用 TZTF6.0（A、B）型轴流式电动通风机，全车共有 4 台。

3）变压器通风支路。该支路由牵引变压器油散热器和 TZTF6.0（C）型轴流式电动通风机组成一个独立的风道。风由车内吸入，经通风机、冷却散热器排向车底大气空间，变压器油是经油泵循环，在散热器进行热交换的方式冷却的。

由上述三条通风支路可见，热风都排向大气，而进风的途径则有两种：牵引和变压器通风支路，都由车体侧墙百叶窗获得风源，也就是风进入车内后，自行分配进入这两条通风支路；而制动通风支路的风，是直接由大气吸入风道而不经过车内通道的。

**（2）DF$_{11}$型内燃机车通风冷却系统** 内燃机车通风冷却系统是利用通风机迫使空气通过同步主发电机、牵引电动机及其他电器，带走它们在负载工作时产生的热量。

机车共采用三台结构相同的前向叶片型离心通风机。从 DF$_{11}$-182 号机车开始，为了保证通风性能的要求，前转向架牵引电动机通风机改用 DF$_{8B}$型内燃机车用的前向叶片型离心通风机。

## 二、空气管路系统

机车空气管路系统是保障列车运行安全，提高列车运行速度和铁路通过能力的极为重要的装置。机车空气管路系统按其功能划分为风源系统、制动管路系统、控制管路系统、撒砂系统和辅助管路系统五大部分。

为确保机车各用风系统的正常工作，并具有必要的可靠性和耐久性。首先要求风源系统所提供的压缩空气必须是足够的、符合质量要求的清洁和干燥的压力空气。其次是安全可靠性。除了空气管路系统各主要零部件的设计结构应充分具有安全可靠性能以外，还必须对整个结构和装置采取完备的安全措施。例如，对关键容器必须备有安全阀，空气压缩机的容量储备及多重控制装置等。

**1. 风源系统**

风源系统的主要任务是准时供给列车制动系统足够的、符合规定压力和高质量的压缩空气；同时也供给机车撒砂系统、风喇叭和雨刮器系统、控制用风系统和其他用风装置所需的压缩空气。

机车风源系统由空气压缩机、风源净化装置、总风缸、止回阀、高压安全阀、调压器和油水分离器等主要部件组成。

**2. 制动管路系统**

JZ-7 型空气制动机在我国内燃、电力机车上广泛采用。

空气制动系统由自动制动阀（俗称大闸）、均衡风缸、中继阀、过充风缸、单独制动阀（俗称小闸）、分配阀，作用阀、工作风缸、降压风缸、紧急风缸、变向阀、滤尘止回阀、紧急制动阀、双针双管压力表、管道滤尘器和各种塞门等组成。

自动制动阀是全列车空气制动的控制机构。司机操纵手柄的 7 个位置，即过充位、运转位、最小减压位、最大减压位（常用制动位）、过量减压位、手柄取出位和紧急制动位，来实现制动机的各种性能和作用。

**3. 控制管路系统**

用来供气动电器（如受电弓、主断路器、位置转换开关及电空接触器等）动作的压缩空气管路及其附属部件，统称为控制管路。风源一部分通过由空气管路柜引入，另一部分通过与辅助压缩机组出风口连通获得。由于气动电器分布在全车，其管路纵横布置于车内上方，沿各立杆及横梁安排，便于就近接管。

控制用风系统由调压阀和低压风缸等组成。来自总风缸的压力空气经调压阀减压至 $500\sim600\text{kPa}$ 后，储存在容量为 20L 的低压风缸内。当电气系统中的各电空阀的动力风缸等用风时，低压风缸内的压力空气便经空气管道进入各电空阀的动力风缸。

**4. 撒砂系统**

机车动轮在受到污染（水、油和冰霜）的钢轨上起动或运行时，由于轮轨黏着状态的恶化，会产生空转；在紧急制动时，由于制动力较大，车轮往往也会产生滑行。空转和滑行会损坏轮轨，影响行车安全。为了改善轮轨的接触状态，提高黏着系数，司机应适时在轮轨接触处进行撒砂（在施行紧急制动时，撒砂系统会自动撒砂），制止动轮空转或滑行，使机车顺利起动和正常运行。为此，在机车上设置撒砂系统，它由砂箱、脚踏开关、手动按钮、撒砂阀和喷嘴等组成。

砂箱安装在转向架构架端部的四个角上，每个砂箱的装砂量约为100kg，砂箱顶部设小盖，便于装砂、搅拌（砂潮湿结块）和观察。机车撒砂装置不仅能受司机的控制，也能与制动机、防空转滑行及断钩保护等装置配合作用。脚踏开关安装在司机室操纵台下，当需要撒砂时，司机踏脚踏开关或按手动按钮，来自总风缸管的压力空气进入撒砂阀，吹动砂子，使其随压力空气顺着撒砂管经喷嘴喷出，将砂均匀地撒在机车前进方向车轮踏面下的轨面上。当机车施行紧急制动时，自动制动阀上撒砂管路的压力空气进入压力继电器，使电磁阀得电，与司机脚踏的作用一样，自动撒砂。当解除紧急制动、松开脚踏开关或松开手动按钮时，撒砂结束。

钢轨与车轮的表面状态对黏着系数的影响是很大的，在雨、雾、雪、冰冻的气候条件下行车，轮轨黏着系数会降低20%~30%；当轮轨上粘有油污时，对轮轨间的黏着状态更为不利，黏着系数的减小会更加严重。在这种状况下，良好的撒砂会使黏着系数达到0.22~0.25。砂箱及撒砂器如图4-34所示。

为改善轮轨间的黏着系数，不论在牵引还是制动工况，采取及时而有效的撒砂是必不可少的。为此除保证撒砂器具有良好性能外，对于砂子的质量及撒砂量的要求也是严格的。根据调查资料显示，机车使用的砂子要满足的条件是：至少由90%的石英和不超过2%的黏土所组成的砂子，其结构粒度在0.4~2.8mm间。具有尖棱角的砂粒

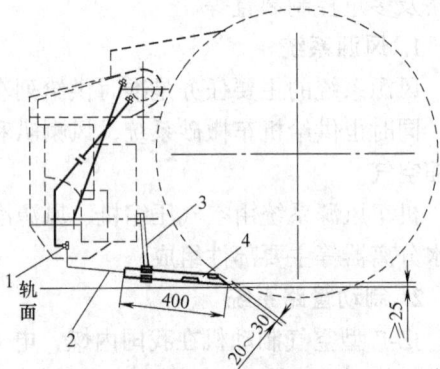

图4-34 砂箱及其撒砂器
1—下砂管 2—撒砂器 3—砂管吊杆 4—软管

同车轮和钢轨接触的接触性能比球形砂粒要好，也就是砂石场或破碎出来的砂子比江河中的砂子更适用。同时砂子必须烘干，以免在运用中堵塞砂管而使撒砂作用失效。对于撒砂量，一般根据机车运行速度而有不同要求，撒砂量除通过调节撒砂器的流通砂量保证外，还可通过控制撒砂时间来保证。低速时，每个撒砂器撒砂量约为1.5kg/min；高速时，每个撒砂器撒砂量取3.75kg/min。

**5. 辅助管路系统**

风喇叭、雨刮器及电气部分的电空阀等的用风，均由机车上的风源系统供风。设在司机室顶部的风喇叭，司机室瞭望窗上的雨刮器用风，司机可根据需要操纵有关按钮，由总风缸的压力空气（750~900kPa）直接供给，使风喇叭发出鸣叫和雨刮器进行动作。

## 三、机车辅助电源系统

机车辅助电源系统是机车的重要组成部分，担负着除机车牵引系统主电路以外各种装置的供电任务，是空气压缩机、空调、通风机等辅助电动机的三相交流电源，也是电热器、冰箱、信息显示装置的电源等。为此，列车上必须有三相交流辅助电源系统。同时，列车的控制系统及照明系统等则需要由直流电源供电。三相交流电源系统和直流电源系统二者统称为辅助电源系统。

机车主要用电设备有机车控制系统辅助电机、电器照明系统、车头大灯、列车空调与电器。对这些用电设备有以下要求：要具有一定的稳定性和可靠性；不能影响牵引供电；要能

保证主要动力设备不工作时的基本用电。

早期的电力机车三相交流辅助电源装置采用电功发电机（MG）或旋转劈相机方式，这种电源装置体积大，质量大，响应性差，效率低，噪声大，故障率高，需经常检查、维修。随着电力电子和开关器件的发展，采用 IGBT 的新型辅助逆变系统正在替代传统的劈相机三相交流系统。辅助逆变系统不仅为机车各辅助电机提供对称三相电源，同时可满足辅助电机软起动、软制动，不受电网波动影响。机车直流电源系统主要由整流装置、蓄电池组成，为机车的控制系统及照明系统等提供所需直流电源，为蓄电池充电，在升弓前或高压设备、牵引变压器故障时，由蓄电池给上述设备供电。

**1. 交流辅助电源系统**

该系统多采用辅助变流器生成三相交流电压为机车辅助电气设备供电。辅助变流器根据输入侧的不同将主电路可分为交-直-交型和直-交型；根据输出的不同，可分为恒压恒频（CVCF）逆变器和变压变频（VVVF）逆变器；根据主电路电压级数的不同，可分为两电平辅助变流器和三电平辅助变流器。

**（1）交-直-交型辅助变流器**　交-直-交型辅助变流器是由牵引变压器辅助绕组供电，与牵引变流器相同，一般也是由网侧变流器、中间直流回路、三相逆变器三部分组成。为了获得稳定的中间直流回路电压，辅助变流器的网侧必须采用可控整流电路。以前多采用相控整流电路，其电路和控制简单，造价较低，但网侧的功率因数较低，对电网的影响大。随着电力电子技术的发展，脉冲整流器已开始取代相控整流器，它可使网侧的功率因数接近 1，且动态响应性好。

交-直-交型辅助变流器的缺点是过分相时将失电，所有三相辅机均停止运行。

**（2）直-交型辅助变流器**　直-交型辅助变流器是从直流电网（DC750V 或 DC1500V）或直接从牵引变流器的中间直流环节取电，由逆变器实现直流电到三相交流电的转换。直-交型辅助变流器在机车、动车组、城市轨道交通等场合得到了越来越广泛的应用。

由于输入电压较高，为达到输出辅助电气设备所要求的电压等级，一般需要增加降压设备。有两种控制方式：一种是先逆变，再通过三相降压变压器将较高的交流电压降到所要求的电压等级；另一种是先通过降压电路将直流输入电压降低到合适的值，再进行逆变。

为得到品质良好的三相交流电源，通常需要增加滤波环节。

与交-直-交型辅助变流器相比，直-交型辅助变流器具有两个显著特点：①无须牵引变压器提供辅助绕组，而是直接从牵引变流器的中间直流环节取流；②必须采取降压措施来满足输出电压的幅值要求。

**2. 直流电源系统**

直流电源系统为列车照明和控制系统供电（含应急供电），它十分重要，其电压等级常为 DC110V。CRH$_5$ 型动车组采用了 DC24V，虽然省去了 110V 到 24V 的变换，但直流母线电压低，发挥同样功率时电流大，所用的线缆较粗，损耗大，且抗干扰能力差。

直流电源系统包括蓄电池和蓄电池充电机。正常时，由蓄电池充电机为直流负载供电，并给蓄电池充电；电网没电时，由蓄电池供给直流负载。

蓄电池充电机的输入常为辅助逆变器输出的三相恒压恒频交流电，也可为交-直-交型辅助变流器的中间直流电压或牵引变流器中间直流电压经降压斩波后的电压。

目前，轨道机车上直流电源系统有相控型（AC/DC）直流电源系统和 IPM 高频开关

（DC/DC）电源系统。传统的相控型直流电源由于器件和技术两方面的原因，工作频率低、体积大、噪声高、技术指标和可控性都较差。高频开关电源是采用软开关技术的一种高效、高精度电源，可多模块并联工作。

**3. 其他系统**

电力机车除了三相负载，常见的还有单相 220V、50Hz 负载。通常有两种获得单相 220V、50Hz 电源的途径：①在有三相辅助变压器的系统中，变压器输出三相 380V 交流电，并有中性点，即可取三相交流电的相电压。该方法简单、直接。②采用单相变压器将三相交流电的线电压降为单相交流 220V。该方法多一个变压器，且会引起三相电源负荷不平衡，一般应用在无三相辅助变压器的系统中。

**4. 典型机车的辅助电源系统**

在机车辅助电源系统中，机车直流电源系统比较简单，在进行辅助电源系统比较时主要进行三相交流辅助电源系统的比较。

**（1）内燃机车辅助电源系统** 内燃机车的辅助电源系统由辅助发电机和蓄电池组成。

柴油机起动之前，由蓄电池为机油泵电动机、燃油泵电动机、起动电动机和其他必要设备提供 96V 的直流电源。

柴油机起动后，在辅助发电机正电压调控器的调节下向燃油泵电动机、空压机电动机、控制电路、照明电路和其他辅助设备提供稳定的 110V 直流电，同时向蓄电池充电，并从蓄电池分压出仪表和信号用的 24V 电源。

**（2）电力机车辅助电源系统** 电力机车辅助电源系统主要由劈相机、蓄电池和电源控制柜组成。

升弓合闸之前，由蓄电池为辅助压缩机电动机等必要的升弓合闸设备提供 96V 直流电。

升弓合闸之后，由牵引变压器辅助绕组直接为电源控制柜、取暖炉、电加热玻璃等单相辅助负载供应 220V 单相交流电；由劈相机为通风机电机、空压机电机、潜油泵电动机等三相负载供应三相交流电；由电源控制柜为控制电路、照明电路和其他设备提供 110V 的直流电源，并向蓄电池充电。

SS$_{7E}$ 型电力机车三相交流辅助电源系统，采用四象限整流器将送入的单相 340V 交流电转变为直流 600V 中间电压，再由逆变器将直流 600V 转变为三相 380V，经 EMC 滤波器滤波后输出，一路作为机车用三相辅助电源，另一路经 LC 滤波器再次滤波后为自身冷却风机提供三相电源。

HXD$_1$ 型机车由三相变压器将三相恒压恒频交流电（440V、60Hz）变为三相 230V、60Hz 交流电，供给相应负载。另外，由于 HXD$_1$ 型机车三相交流电压为 440V、60Hz，为与国内设备兼容，设置了 DC110V/单相 230V、50Hz 转换模块。

## 四、内燃机车柴油机辅助系统

**1. DF$_{11}$ 型内燃机车燃油系统**

DF$_{11}$ 型内燃机车燃油系统的作用是储存一定量的燃油并在柴油机工作时向其提供具有一定压力、流量、温度及清洁度的燃油。它与柴油机内部的燃油系统形成一个完整的循环系统，共同保证柴油机的正常工作。另外，在机车上设置了污油箱，以储存喷油泵泄漏的污油。燃油系统由燃油箱、燃油泵电动机组、燃油粗滤器、安全阀、燃油预热器、污油箱、仪表及管路等组成，其原理如图 4-35 所示，示意图如图 4-36 所示，系统框图如图 4-37 所示。

**2. DF₁₁型内燃机车机油系统**

DF₁₁型内燃机车机油系统和柴油机机油系统共同组成供油体系，其作用是对柴油机各运动零部件进行强迫润滑及冷却，从而提高柴油机机械效率及零部件使用寿命。机车机油系统的主要功能是为柴油机机油系统提供具有一定流量、压力、温度及清洁度的润滑油，并负责为柴油机油底壳上油、排油。

机车机油系统主要由机油热交换器、机油滤清器、起动机油泵电机组、阀类、仪表及管件等组成，如图 4-38 ~ 图 4-40 所示。

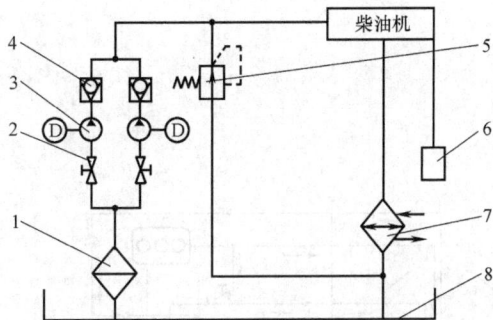

图 4-35　DF₁₁型内燃机车燃油系统原理图

1—燃油粗滤器　2—截止阀　3—燃油泵电动机组
4—止回阀　5—安全阀　6—污油箱
7—燃油预热器　8—燃油箱

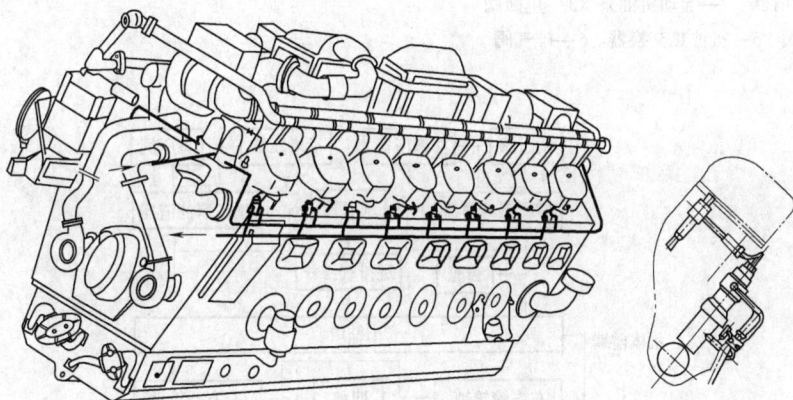

图 4-36　DF₁₁型内燃机车燃油系统

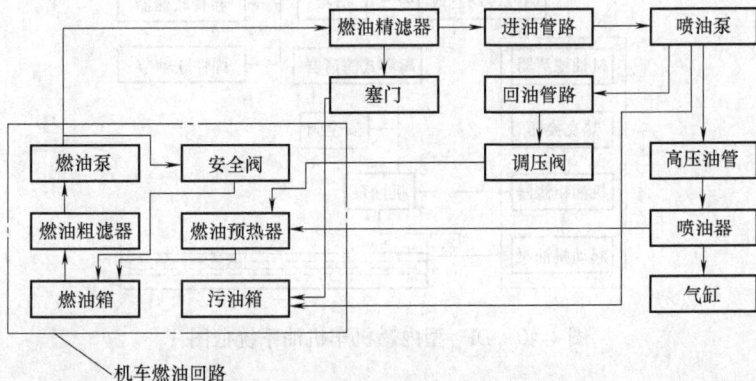

图 4-37　DF₁₁型内燃机车燃油系统框图

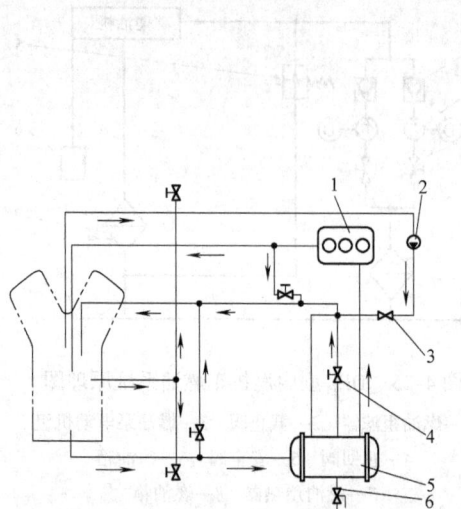

图 4-38 DF₁₁型内燃机车机油系统
1—机油滤清器 2—起动机油泵 3—止回阀
4—截止阀 5—机油热交换器 6—排气阀

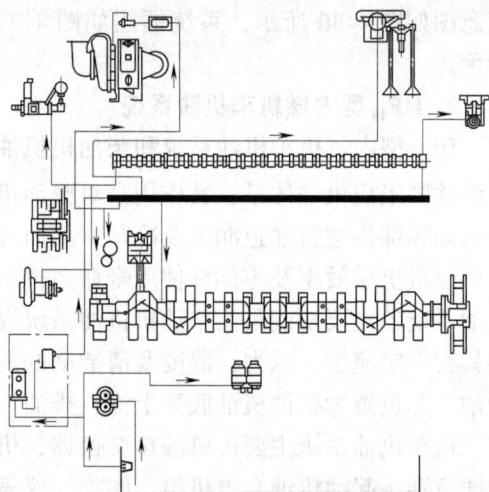

图 4-39 DF₁₁型内燃机车机油系统示意图

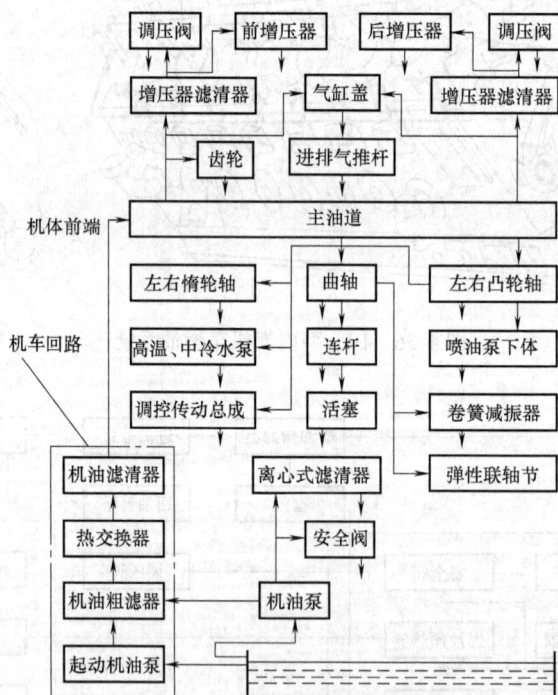

图 4-40 DF₁₁型内燃机车机油系统框图

机油热交换器是以水为冷却介质对机油进行冷却的换热装置。起动机油泵的作用是在柴油机起动之前，向柴油机各润滑处提供润滑油，以减少柴油机起动阻力和磨损，使柴油机容

168

易起动并延长其寿命。

图 4-40 中，短箭头（竖直向下指向空白处的箭头）表示机油依靠重力流向油底壳。

**3. DF$_{11}$型内燃机车冷却水系统**

内燃机车工作过程中，柴油机许多零部件强烈受热，需要强迫冷却，为此设置了机车冷却水系统，如图 4-41 所示。其主要作用是：冷却那些与燃气直接接触的零部件，冷却柴油机机油和增压空气，使柴油机的各零部件、机油及增压空气均保持在适当的温度范围内，保证柴油机正常工作。

根据柴油机所须冷却的零部件、机油和增压空气的不同要求，冷却水系统采用高、低温两个独立的循环系统。高温冷却水系统是冷却柴油机缸头、缸套和增压器等部件的循环水系统；低温水系统是冷却增压空气及柴油机机油的循环水系统。

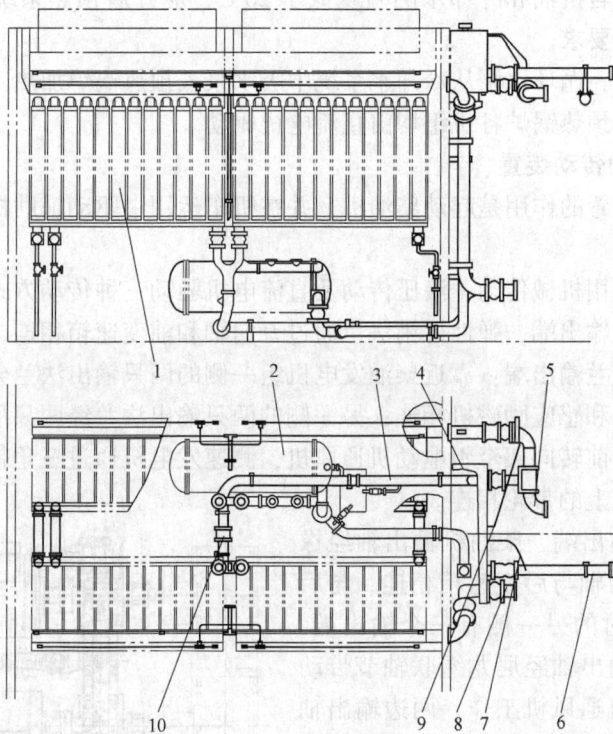

图 4-41　DF$_{11}$型内燃机车冷却水系统

1—双流道散热器　2—机油热交换器　3—低温水泵进水管　4—膨胀水箱　5—柴油机高温出水管
6—中冷器出水管　7—低温放气管　8—高温水泵进水管　9—高温放气管　10—止回阀

冷却水系统采用了半闭式强迫循环形式。高温冷却水系统由高温水泵、柴油机、止回阀、双流道铜散热器组成；低温冷却水系统由低温水泵、中间冷却器、机油热交换器、双流道铜散热器、止回阀等组成。膨胀水箱处于水系统的最高处，随时向高、低温冷却水系统补水。另外，再冷却水系统中布置了一些测量仪表、传感器及放气阀等设备，以保证冷却水系统正常运行。

**4. DF$_{11}$型内燃机车预热系统**

DF$_{11}$型内燃机车预热系统主要由预热锅炉、循环水泵、预热锅炉控制箱、辅助机油泵及阀类、各种直流电机等组成。机车预热系统的作用是用预热锅炉加热冷却水，并用循环水泵使冷却水沿着高、低温水系统不断循环，将冷却水和机油加热到一定的温度，使机车始终处于温热状态，一是便于柴油机随时都能起动，二是在外界温度较低的情况下，使机车停机保温。

预热系统工作时，预热系统的循环水泵将冷却水泵入预热锅炉进行加热，然后分别沿着高、低温水系统循环，使冷却水得到加热；机油在辅助机油泵的作用下，沿机油系统主油道循环，使机油在机油热交换器中得到低温冷却水的预热；燃油在燃油泵的作用下，沿燃油系统经柴油机燃油系统，至燃油预热器中由高温冷却水预热。预热后的燃油流回燃油箱，被燃油泵吸入，继续循环。将冷却水、机油、燃油加热到各自的规定温度范围时，柴油机才允许起动。

柴油机起动前，若机油和冷却水的温度低于 20℃，应开启预热系统，加热冷却水、机油，使其达到规定的要求。

预热锅炉工作时，循环水泵从冷却水系统中吸水泵入预热锅炉加热，加热后的冷却水再回到冷却水系统中。预热锅炉各机组均由直流电机驱动。

**5. 内燃机车辅助传动装置**

机车辅助传动装置的作用是起动柴油机，并在机车运用中驱动辅助机械及电气设备进行工作。

辅助传动装置采用机械传动、液压传动及直流电机驱动三种传动方式。

在柴油发电机组输出端，弹性柱销法兰通过万向轴和前变速箱相连，在前变速箱上的两根输出轴分成四个法兰输出端：靠近柴油发电机组一侧的两只输出法兰分别经两只弹性柱销联轴节与起动发电机和感应励磁机相连；另一侧的两只输出法兰经两只尼龙绳联轴节分别驱动主发电机通风机和前转向架牵引电动机通风机，测速发电机通过三角带与起动发电机相对的尼龙绳联轴节法兰上的带轮相连。

在柴油机自由输出端，柴油机输出轴经橡胶弹性联轴节和万向轴与后变速箱相连。与后变速箱输入法兰相对的另一侧有三个输出端，后变速箱中间下部输出轴经尼龙绳联轴节带动后转向架牵引电动机通风机工作。两边输出轴的内花键分别带动两只液压泵，后者驱动液压马达带动冷却风扇一起工作。

因此，牵引电动机通风机、同步主发电机通风机、励磁机、起动发电机和测速发电机采用机械传动；冷却风扇采用液压传动；其余机车辅助机械如空气压缩机、起动机油泵、燃油泵等采用直流电机直接驱动。下面主要介绍机械传动装置和液压传动装置。

**(1) 机械传动装置** 机械传动装置主要由前变速箱、后变速箱、万向轴、弹性联轴节、弹性柱销联轴器及尼龙绳联轴节等组成，如图

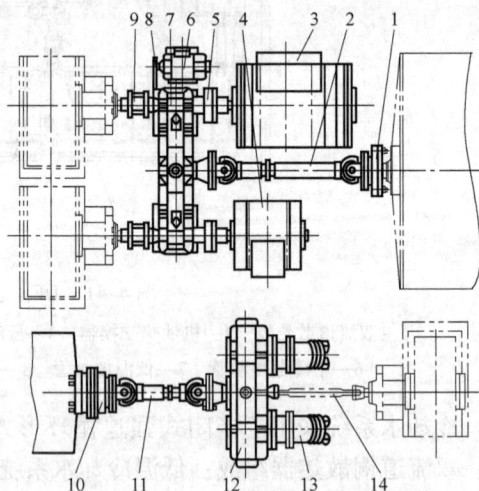

图 4-42　DF$_{11}$型内燃机车传动机构

1、5、10—弹性联轴节　2、11—万向轴　3—起动发电机
4—感应子励磁机　6—测速发电机　7—前变速箱
8—三角带　9—尼龙绳联轴节　12—后变速箱
13—液压泵　14—尼龙绳联结轴

4-42 所示。

变速箱使用的润滑油与柴油机使用的机油完全相同,其油位必须保持在油尺上下刻线之间,机车运用 50000km 左右,须换新油。

万向轴各摩擦副,采用锂基润滑脂。机车每运行 15000km 左右,必须对万向轴各个油杯注油,直至十字销头各个端部向外冒油为止。若十字销头某个轴承端面不冒油,应拆检该万向节,设法弄通注油通道。

**(2)液压传动系统** 液压传动系统是用来驱动冷却风扇的,并能自动控制冷却风扇的运转、停止及转速变化,把冷却水系统的水温控制在要求的范围内,从而保证柴油机工作的可靠性。

机车有两只冷却风扇,每只冷却风扇各自具有一套独立的液压传动系统,包括液压泵、液压马达、温度控制阀、安全阀、油空散热器、空气滤清器、液压缸和油箱等组成,如图4-43 所示。

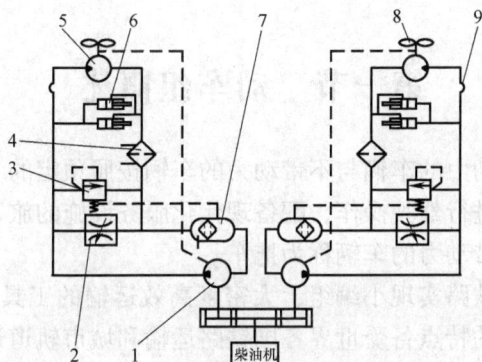

图 4-43 液压传动系统原理图
1—液压泵 2—温度控制阀 3—安全阀 4—油空散热器 5—液压电动机 6—液压缸
7—油箱 8—冷却风扇 9—高压软管

# 第五章

# 轨道交通动车组

## 第一节　动车组概述

动车组就是把几节带动力的车辆与不带动力的车辆按照预定的参数组合在一起，固定编组，两端分别设有司机室进行驾驶操作，配备现代化服务设施的旅客列车的单元。其中，带动力的车辆称为动车，不带动力的车辆称为拖车。

动车组是城际和市郊铁路实现小编组、大密度高效运输的工具，以其编组灵活、方便、快捷、安全、可靠、舒适的特点备受世界各国铁路运输和城市轨道运输的青睐。

### 一、动车组分类与模式

按动车组动力来源分类，一般将动车组分为电动车组（Electric Multiple Unit，EMU）和内燃动车组（Diesel Multiple Unit，DMU）两大类。受柴油机功率限制，现代高速动车组一般采用电动车组。

列车中，有动力的车轴所承载的车重与无动力的车轴所承载的车重之比称为动拖比。列车动拖比小于 1:3 为动力集中；小于 1:1 但不小于 1:3 为弱动力分散；大于和等于 1:1 为强动力分散。当列车编组中，动车全部车轴均有动力、每节动力车轴数与非动力车轴数相同且轴重接近的情况下，可以用动车数量与非动车节数之比粗略计算动拖比。

动力分散型动车组是将由电机驱动的动力轮对分散布置在列车的全部或部分轮对上，同时将列车的主要电气和机械设备吊挂在各车下部，列车全部车辆可载客。与动力集中型动车组相比，动轴数量的增加一方面降低了牵引电动机质量，使其轴重分配均匀，同时，其较小的黏着系数要求也提高了动车组的黏着性能。这可以保证恶劣气象条件下动轮不空转，避免损坏钢轨和轮对，也提高了电动车组的加速能力。此外，动力分散型电动车组还具有以下优点：可充分利用列车载客；由于动力设备分散设置在各车体下，可以减小动轴轴重；牵引、制动性能较好等。但是，车下吊装动力设备将影响动力分散性动车组车内舒适性，并带来设备布置困难，设备工作环境差等新问题；动力布置模式的变化也给我国传统机车车辆维修与保养体制带来挑战。

　　动力集中型动车组非常少见，目前只有德国 ICE1 型的 2 动车 12 拖车编组动车组和我国"新曙光"的 2 动车 9 拖车编组动车组，前者曾用于城际特快，现用于长途直达班次，后者被用于城际线路。

　　弱动力分散型动车组相对多见，多用于城际和中长途线路。法国的 TGV 型、德国的 ICE1 型的 2 动车 10 拖车编组动车组和 ICE2 型、美国的 Acela 型、瑞典的 X2000 型及我国的"中华之星""蓝箭""神州"等大多数推挽、推拉式动车组都是这种类型。

　　强动力分散型动车组最为常见，多用于通勤场合，但也常用于城际和中长途线路。地铁与轻轨中的动车组，法国的 AGV 型、TGV-V150 型，德国的 ICE3 型、我国的"春城""先锋""中原之星""长白山"以及 CRH 型系列均属此类。

　　动力集中型动车组是指将列车电气和动力设备集中安装于位于列车两端的动力车上，仅动力车的轮对是动力轮对，动力车不载客或仅设置较小的客室，旅客主要在中间拖车乘坐的动车组。其与传统列车模式相似，便于按传统习惯进行运营和维修管理。故障相对较高的电气与机械设备集中在动力车，便于保养，工作环境较清洁。由于拖车不设置牵引电气、机械设备，故拖车内噪声、振动小；其动力车可以进行摘挂与转换，可以满足电气化区段与非电气化区段的直通运行需要。但动力集中型动车组也存在着一些固有缺陷：动力集中方式使列车相对载客量减少；动力车轴重大，与高速动车组运行要求的小轴重和低轮轨动力作用形成矛盾；黏着重量不及动力分散型动车组，速度的进一步提高将受到功率和黏着的限制；列车制动性能欠佳。

　　按车辆之间连接方式可以将动车组分为铰接式和独立式两类。

　　独立式动车组每节车辆的车体都置于两台转向架上，车辆之间采用车钩连接，每节车辆从列车上解挂后，可以独立行走。德国 ICE1 型、ICE2 型、ICE3 型动车组和日本新干线主要动车组均采用独立式。采用独立式转向架的动车组间连接结构简单，制造、维修与保养工作简单，但无法充分利用相关标准所规定的轴重限制。

　　铰接式动车组的车辆车体间以弹性铰相连接，在相邻车辆的连接处放置一个共用转向架，因此每节车辆不能从列车中解开成为独立的车辆。铰接式动车组的主要代表是法国 TGV 型、AGV 型高速动车组。与独立式动车组相比较，铰接式动车组车辆重心低，能够充分利用轴重限制，车辆间间隙小，连接刚度大，能提高车辆运行稳定性和安全性。以法国 TGV 型动车组为例，1993 年 12 月 21 日，一列 TGV-R 动车组以 300km/h 的速度通过因暴雨造成塌陷的线路时引发车辆脱轨，但列车未出现倾覆，且旅客中仅三人受轻伤。但是，采用该模式的列车车辆间连接设备复杂，给风挡等车辆设备的布置带来了一定的难度，增加了制造与维修工作量。受轴重限制，铰接式动车组车辆的长度一般较独立式动车组车辆短。

　　动车组分类与模式如图 5-1 所示。

　　速度大于 200km/h 的动车组称为高速动车组，高速动车组主要运行在城际和长途高速铁路上。地铁列车和轻轨列车一般采用中低速动车组，属于独立式动力分散型。

## 二、动车组组成

　　为适应运行需要，现代高速动车组一般由以下部分组成（图 5-2）：

　　**(1) 车体**　车体分有司机室车体和无司机室车体两种。其作用是安装基础和承载骨架。车体是容纳乘客和司机（对于有司机室的车辆）的地方，又是安装与连接其他设备和

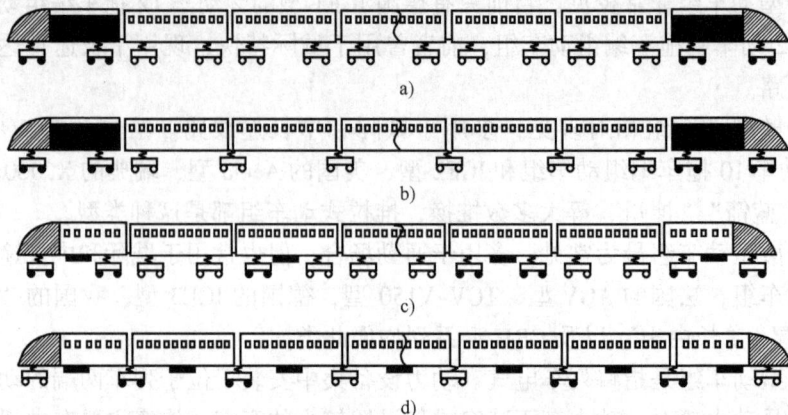

图 5-1　动车组分类与模式示意图
a）独立式动力集中型　b）铰接式动力集中型　c）独立式动力分散型　d）铰接式动力分散型

部件的基础和骨架。通常车体由底架、端墙、侧墙和车顶等组成。现代动车组车体均采用整体承载的钢结构或轻金属结构，以实现在最轻的自重条件下满足强度和刚度要求。

**（2）转向架**　转向架有动力转向架和非动力转向架之分。其作用是承载、转向、平稳（减振）、制动，而动力转向架还有驱动（牵引）作用。转向架位于车辆的最下部、车体与轨道之间。它牵引和引导车辆沿着轨道行驶，并承受和传递来自车体及线路的各种载荷，同时缓和其动力作用，它是保证车辆运行品质的关键部件。转向架一般由构架、弹簧悬挂装置、轮对轴箱装置和基础制动装置等组成。而动力转向架还装设有驱动装置（包括牵引电动机和传动齿轮）。

**（3）牵引传动及控制系统**　其作用是实现电能有效传递和转换，以及控制列车正常运行。

动车组的牵引传动及控制系统主要是指动车电气设备，包括动车（或拖车）上的各种电气设备及其控制电路。按其作用和功能又可分为主传动电路系统、辅助电路系统和电子与控制电路系统三部分。其中，主传动电路系统主要包括：主变压器、变流装置和牵引电动机等；辅助电路系统主要包括各种通风冷却装置；电子与控制电路系统主要包括与牵引传动系统有关的各种控制装置。

**（4）制动装置**　该装置包括机械部分、空气管路部分和电气控制部分。其作用是产生一定的制动力，使列车在规定的距离或时间内减速或停车。制动装置是保证列车安全运行所必不可少的装置。不仅在动车上设制动装置，而且在拖车上也要设制动装置，这样才能使运行中的车辆按需要减速或在规定的距离内停车。现代动车组通常以再生制动为首选制动方式。

**（5）车端连接装置**　该装置包括各种车钩缓冲装置、铰接装置和风挡等。其作用是连接车辆成列及缓和纵向冲击。一般车辆编组成列必须借助于连接装置，即车钩。当然，铰接式动车组通常采用铰接装置来代替车钩。为了改善列车纵向平稳性，一般在车钩的后部装设缓冲装置，以缓和列车冲动。另外还必须借助于简便且可靠的连接头将车辆之间的电气和空气管路很好地连通。

牵引缓冲连接装置的形式有：全自动车钩和缓冲器，半自动车钩和缓冲器，半永久牵引

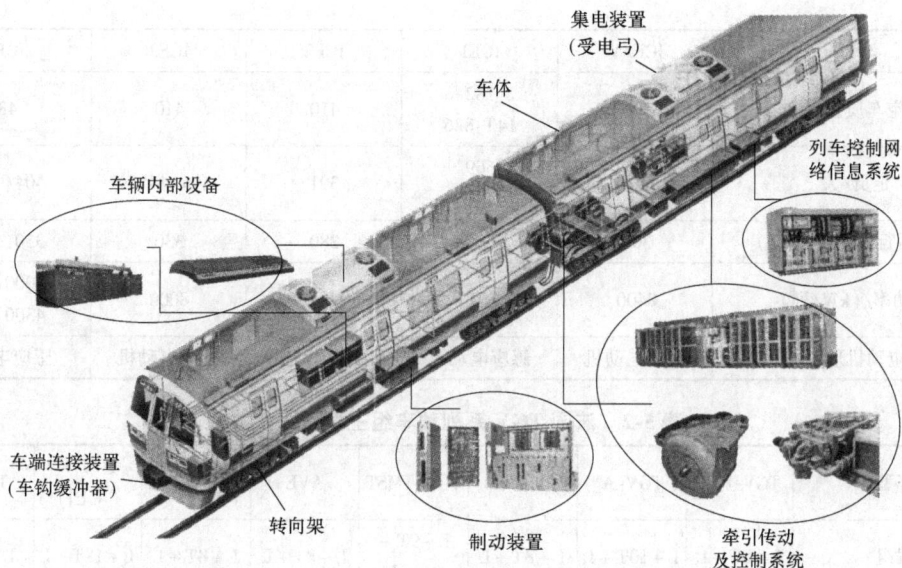

图 5-2　动车组的基本组成

杆，各种形式的铰接装置。

（6）**受流装置**　该装置作用是将电流（能）顺利地导入动车。从接触导线（接触网）或导电轨（第三轨）将电流引入动车的装置称为受流装置或受流器。受流装置按其受流方式可分为多种形式，但高速动车组通常采用受电弓式受流器。这种方式属上部受流，受电弓可根据需要进行升降。在受流制式上，目前世界各国高速铁路既有采用直流供电（1500V、3000V）的，也有采用交流供电$\left(16\frac{2}{3}\text{Hz}、15\text{kV}；50\text{Hz}、25\text{kV}\right)$的。我国客运专线全部采用单相交流 50Hz、25kV。

（7）**车辆内部设备和驾驶室设备**　其作用是保证乘客乘坐安全舒适和车辆运行平稳。车辆内部设备包括服务于乘客的车体内的固定附属装置和服务于车辆运行的辅助设备。属于前者的有：车电、通风、取暖、空调、座椅和拉手以及旅客信息系统等。属于后者的有：蓄电池（箱）、继电器（箱）、主控制（箱）、空气压缩机、总风缸、电源变压器、各种电气开关和接触器（箱）等。

（8）**列车控制网络信息系统**　该系统作用是对整个列车的牵引、制动和车内所有设备进行控制、监测和诊断。其主要由列车信息中央装置、列车信息终端装置、列车信息显示器（IC 卡架）、各种列车总线、网关以及车内各种设备的监控、诊断和显示装置等组成。

## 三、世界典型动车组简介

世界上具有代表性的高速动车组主要技术参数见表 5-1 ~ 表 5-3。

表 5-1　德国 ICE 系列动车组主要技术参数

| 车型 | ICE/V | ICE1 | ICE2 | ICE3 | ICEM |
|---|---|---|---|---|---|
| 编组 | 2I3T | 2L12T | 1L7T | 4M4T | 4M4T |
| 车长/m | 114 | 357.92<br>14T:410.70 | 205.40 | 200.0 | 200.0 |

(续)

| 车型 | ICE/V | ICE1 | ICE2 | ICE3 | ICEM |
|---|---|---|---|---|---|
| 空车质量/t | 300 | 782<br>14T:826 | 410 | 410 | 436 |
| 定员/人 | 87 | 669<br>14T:759 | 391 | 415(441) | 404(431) |
| 最高运行速度/(km/h) | 300 | 300 | 280 | 330 | 330(220) |
| 总功率/(kW/列) | 8400 | 9600 | 4800 | 8000 | 8000(交)<br>4300(直) |
| 电动机形式 | 感应电动机 | 感应电动机 | 感应电动机 | 感应电动机 | 感应电动机 |

表5-2　法国 TGV 系列动车组主要技术参数

| 车型 | TGV-PSE | TGV-A | TGV-R | TGV-TMST | AVE | TGV-PBKA | TGV-K<br>(韩国) | TGV-2N |
|---|---|---|---|---|---|---|---|---|
| 编组 | L+8T+L | L+10T+L | L+8T+L | L+9T+<br>9L+L | L+8T+L | L+8T+L | L+18T+L | L+8T+L |
| 车长/m | 200.12 | 237.59 | 200.20 | 393.72 | 200 | 200 | 387.43 | 200.19 |
| 空车质量/t | 418 | 479 | 416 | 787 | 420 | 418 | 774 | 424 |
| 定员/人 | 368 | 485 | 377 | 794 | 329 | 377 | 1000 | 545 |
| 最高运行速度/(km/h) | 270 | 300 | 300 | 300 | 300 | 300 | 300 | 300 |
| 总功率/kW | 6800 | 8800 | 8800 | 12200 | 8800 | 8800 | 13200 | 8800 |
| 电动机形式 | 直流电动机 | 交流同步电动机 | 交流同步电动机 | 交流异步电动机 | 交流同步电动机 | 交流同步电动机 | 交流同步电动机 | 交流同步电动机 |

表5-3　日本新干线动车组主要技术参数

| 车型 | 0系 | 100系 | 300系 | 500系 | 700系 | E1系 | E2系 | E3系 | E4系 |
|---|---|---|---|---|---|---|---|---|---|
| 编组 | 16M | 12M4T | 10M6T | 16M | 12M4T | 6M6T | 6M2T | 4M1T | 4M4T |
| 车长/m | 400.3 | 402.1 | 402.1 | 404 | 404.7 | 302.1 | 201.4 | 107.65 | 201.4 |
| 空车质量/t | 896 | 857 | 630 | 620 | 628 | 692.5 | 365.9 | 219.7 | 424 |
| 定员/人 | 1398 | 1321 | 1323 | 1324 | 1323 | 1235 | 629 | 270 | 1634 |
| 最高运行速度（km/h） | 220 | 230 | 270 | 300 | 270 | 240 | 275 | 275 | 240 |
| 总功率/kW | 11840 | 11040 | 12000 | 18240 | 13200 | 9840 | 7200 | 4800 | 6720 |
| 电动机形式 | 直流串励电动机 | 直流串励电动机 | 三相笼型异步电动机 | VVVF逆变三相异步电动机 | 三相笼型异步电动机 | VVVF逆变三相异步电动机 | VVVF逆变三相异步电动机 | VVVF逆变三相异步电动机 | VVVF逆变三相异步电动机 |

## 四、我国引进动车组简介

作为一种新兴的机车车辆编组与运营形式，动车组与我国传统机车车辆运用检修体制存在一定矛盾，故在我国起步较晚。动车组最早投入运用是四方机车车辆厂于 1958 年设计制造的"东风号"双层摩托动车组。1962 年，我国曾从匈牙利 Ganz 工厂进口 NC₃ 型内燃动车组用于北京—天津客运运营。此后近 30 年，我国动车组设计制造一直处于停滞状态。

1988 年，长春客车厂、株洲电力机车研究所和铁道科学研究院设计、制造了我国第一列动力分散型电动车组，定型为 $KDZ_1$ 型。该动车组编组 14 辆，采用了焊接构架无摇动台转向架、双侧单拉板式轴向定位装置、密接式车钩等新技术，主电路采用交-直流传动。该动车组于 1989 年在北京环形线试验中最高试验速度达到 142.5km/h，但未投入运用。

我国首列投入商业运行的电动车组是于 1999 年投入运用的"春城号"动车组。为满足 1999 年昆明世界园艺博览会的需要，长春客车厂联合株洲电力机车研究所设计了该动车组。该动车组编组 6 辆，采用交-直流电传动，最高运行速度为 120km/h。

此外，我国机车车辆厂还生产了"长白山号""中原之星""先锋号"动力分散型电动车组和"大白鲨""蓝箭""中华之星"动力集中型电动车组。

**1. 我国引进并合作生产高速动车组的情况**

1）2004 年 10 月原铁道部组织完成了 140 列时速 200km 动车组的采购项目合同签订，成功引进了川崎重工、庞巴迪、阿尔斯通的动车组先进技术。

其中，川崎重工与四方机车车辆股份有限公司（简称四方股份）合作生产 60 列 $CRH_2$ 型动车组；阿尔斯通与长春轨道客车股份公司（简称长客股份）合作生产 60 列 $CRH_5$ 型动车组；青岛 BSP（庞巴迪）股份公司生产 20 列（后来又增加 20 列）$CRH_1$ 型动车组。

2）2005 年 11 月原铁道部又组织完成了 60 列时速 300km 动车组的采购项目合同签订，成功引进了西门子（与唐山机车车辆厂合作）的高速动车组先进技术。同时，四方股份在 2004 年引进技术的基础上，也进行了动车组向时速 300km 的提升。

**2. 引进动车组主要技术参数比较**

时速 200km 动车组分别由四方股份、长客股份和青岛 BSP 股份公司生产，其总体技术条件基本一致，但在个别之处仍存在一定差异。

对比各厂提供的技术参数，三种动车组比较明显的差异主要表现在四个方面：

**（1）速度**　四方动车组的时速可以提升至 300km；长客动车组的最高时速可以达到 250km；BSP 动车组的时速是 200～220km。

**（2）适应台高度**　四方动车组没有设置脚蹬，只能适应 1100～1200mm 高的站台；其他两种动车组可以适应 500～1200mm 高的站台。

**（3）适应环境温度**　四方动车组运行的最低环境温度为 -20℃，不适合在东北高寒地区使用，其他两种动车组可以在最低 -40℃ 的环境下使用。

**（4）地面检修电源**　四方动车组检修用地面电源是单相 400V/50Hz 交流动力电。

**3. 动车组配属使用的主要线路和区域**

动车组的配属由铁路总公司统一管理。动车组在既有线路上使用时，配属给担当的铁路局；动车组在客运专线使用时，配属给担当的客运专线公司。

（1）长客动车组——$CRH_5$ 型适用于短途与中长途运输，速度等级为 200km/h，最高可提升至 250km/h。该动车组主要配置于北京、沈阳和哈尔滨铁路局范围内，用于京哈线，也可部分开行至济南和郑州、武昌方向。

（2）四方动车组——$CRH_2$ 型适用于短途与中长途运输，速度等级为 200km/h，最高可提升至 300km/h 以上。该动车组主要配置于郑州、济南、上海、南昌铁路局和广铁集团公司范围内。主要用于京广线、京沪线和杭州—宁波—深圳间的沿海客运专线，辐射陇海线。

（3）BSP 动车组——CRH₁型适用于短途运输，速度等级为 200～220km/h。该动车组主要用于城际间的短途运输，配属根据使用情况确定。

# 第二节　动车组车体

## 一、动车组车体结构设计要求和轻量化措施

车体既是整个动车组的支撑骨架，又是各种设备的安装基础，同时还必须为广大旅客提供安全、舒适的乘坐空间。

动车组车体分为带司机室车体和不带司机室车体两种。

高速动车组比传统机车车辆的运营速度有大幅度提高，为了满足高速列车的运行要求，动车组车体的设计不同于我国现行通常的客车设计，动车组车体的设计应该在满足铁路限界的条件下，使车体具有良好的空气动力学性能，并具有轻量化的车体结构，很好的密封性能以及安全可靠的使用寿命。具体来讲，就是要求动车组车体结构的设计考虑以下三个方面的因素：

1）为了减小空气阻力，车体外形需设计成流线型。

2）为了提高乘坐舒适度，车体需采用气密结构，并具有足够的刚度。

3）为降低能耗，车体需采用轻量化设计。

**1. 车体结构的构造原则**

动车组车体结构的构造原则体现在以下几个方面：

**（1）车体的轻量化设计**　车体结构既要满足轻量化的要求又必须保证结构的强度和刚度要求，以及较长寿命的安全度和可靠性要求。设计寿命应达到 20 年以上。

车体结构轻量化主要是通过选用轻型的材料及合理的设计实现的。

**（2）良好的空气动力学外形**　动车组应具有良好的空气动力学外形和性能，包括车头和车尾外形的流线化以及车体外表面的光滑化，主要目的是为了减小高速运行时的空气阻力和降低噪声。

**（3）严格的车辆气密性要求**　车辆的密封质量对列车的空气动力学性能及对车内环境控制的影响很大。严格的车辆气密性要求，可使动车组无论是在通过隧道，还是两列车相交会的时候，都能够保证将外部气压的变化挡在车厢以外，以满足乘客对舒适性的要求。

**2. 车体结构设计的具体要求**

车体结构是车辆的主要承载结构，对于动车组车辆的车体结构设计应该满足以下要求：

1）车体承载结构采用车体全长的大型中空铝合金型材组焊而成，或采用不锈钢车体，为薄壁筒形整体承载结构。

2）车体承载结构的底架、侧墙、车顶、端墙以及设备舱组成为一个整体。

3）车头前端鼻部的开闭机构应能在司机室中操纵。

4）车下安装设备应采用吊挂安装方式，保证运行安全和安装方便。

5）车下导流罩与侧墙应圆滑过渡，在限界允许的条件下距轨面的距离应尽可能小。

6）司机室前端下方装有排障器，排障器中央的底部能承受 137kN 的静压力。其距轨面

高度为 $(110+10)\text{mm}$（在车轮踏面磨耗允许范围内可调）。

7）车底架设四个顶车位，以便将车体顶起。

8）脚蹬结构应采用可伸缩式结构，以便适应 $500\sim1200\text{mm}$ 站台高度要求。

9）车体所用材料应符合环境保护和防火的要求。

**3. 车体轻量化措施**

动车组车辆车体结构轻量化可使车辆自重减轻以降低运行阻力，节省牵引和制动动力（能量），也可减小对轨道的压力，从而减少车轮和轨道的磨耗，也能降低车辆和线路的维护保养费用，减少车辆材料的消耗。

动车组车辆车体结构轻量化采取的措施主要有：采用不锈钢材料和采用铝合金材料。

**（1）采用不锈钢材料** 采用半不锈钢（包板为不锈钢，骨架为普通碳素钢）或全不锈钢车体，免除了车体内壁涂防腐涂料和表面油漆，在保证强度、刚度的前提下，板厚可减小，从而达到车体薄壁化和轻量化的目的。一般不锈钢车体质量比普通碳素钢车体可减轻 $1\sim2\text{t}$。

**（2）采用铝合金材料** 由于铝合金的密度仅为钢的 $1/3$，而弹性模量也为钢的 $1/3$，因此，为了充分发挥材料的承载能力，铝制和钢制车体在结构形式上有很大的差异。在铝制车体结构设计中，车体主要承载构件一般采用大型中空宽幅挤压型材，以提高构件的刚度，充分发挥材料的承载能力，最大限度地减轻车体自重。

如果全车的底架、侧墙和车顶均采用大型中空截面的挤压铝型材拼焊，则与钢制车体相比，其焊接工作量可减少 $40\%\sim60\%$，且制造工艺大为简化，质量也可减轻 $3\sim5\text{t}$。同时，可保证车体承载结构在使用期内（$25\sim30$ 年）不必维修或少维修。

**4. 采用碳素钢、不锈钢和铝合金材料制造车体的比较**

车体承载结构分别采用含铜耐腐蚀碳素钢、不锈钢和挤压铝合金型材制造时，其质量、材料价格、制作费用及车体承载结构的总费用比较如下：挤压铝合金型材车体质量最小，仅为钢制车体的 $65\%$，制造费用也是三者中最低的。虽然所用材料的费用较高，但车体结构的总费用与钢制车体持平，且略低于不锈钢车体所需的费用。

如果再考虑到车体自重减轻所带来的运营费用的降低以及维修费用的节约，则铝合金车体的经济效益就更为显著。

## 二、动车组铝合金车体

**1. 动车组铝合金车体结构概述**

使用铝合金作为车体结构材料的最大优点是轻量化。其目的是可以减少运行成本和维护成本，特别是用于高速车辆时，有助于达到高速化。此外，从近年来广受重视的减少环境负荷的观点来看，车辆的轻量化也起到一定的作用。因此，以高速动车组为主的车辆越来越多地采用铝合金制车体结构。

铝合金的纵向弹性模量（杨氏模量）及密度约为钢材的 $1/3$。因此，与全部采用钢制造的车体相比，车体结构质量单因密度的差别就能够减轻很多。但是，车体结构的等效弯曲刚度也降低至钢材的 $1/3$，这无疑增大了车体的挠度，从而影响车辆的基本性能（特别是乘车舒适度）。

因此，为保持车体的刚度，必须增大构成车体的铝合金材料的断面二次惯性矩等。为此，铝合金制的车体结构质量不能减少到钢制车的 $1/3$，而是减少到约 $1/2$ 的程度就可以。

为使铝合金车体结构的刚度达到与钢制车相同的水平，要把侧墙部分车体结构向下部延长，以增加断面二次惯性矩；同时，考虑到材料特性（杨氏模量）的降低而采用适当的辅助方法来改良其结构特性。

总的来说，由于铝合金材料的密度低（只有钢材的1/3左右），质量较轻，并具有足够的强度和刚度的特点，所以在高速动车组车体上得到了广泛应用。

**2. 高速动车组车体用铝合金材料**

高速动车组车体用铝合金材料须具有强度高、焊接性好、挤压加工性能优、耐蚀性好等特性，主要采用了5000系合金的5083、6000系合金的6N01、7000系合金的7N01等。这些合金的主要力学性能见表5-4。

表5-4　高速动车组车体用铝合金材料的主要力学性能

| 材料名 | 纵向弹性模量/MPa | 泊松比 | 弹性极限/MPa | | 疲劳强度/MPa | |
|---|---|---|---|---|---|---|
| | | | 基料部分 | 焊接部分 | 基料部分 | 焊接部分 |
| A5083-P-O | 69 | 0.3 | 125 | 125 | 103 | 39 |
| A6N01S-T5 | 69 | 0.3 | 205 | 120 | 78 | 39 |
| A7N01P-T4 | 69 | 0.3 | 195 | 176 | 135 | 39 |
| A7N01S-T5 | 69 | 0.3 | 245 | 205 | 119 | 39 |

**3. 车体承载结构特点**

由于车体需要承受旅客的重量和各种设备的重量，以及动车组在运行过程中的纵向、横向、垂向和扭转等载荷，所以车体需有足够的强度和刚度。高速动车组车体采用铝合金筒形整体承载结构，这样能够达到必要的强度和刚度，同时实现结构轻量化。

筒形整体承载结构由很多轻便的纵向梁和横向梁组成封闭的环状骨架，并在外面焊接金属包板后形成承载结构。其中，金属包板承担剪切载荷和拉伸载荷，骨架承担压缩载荷和弯曲载荷，筒形结构如图

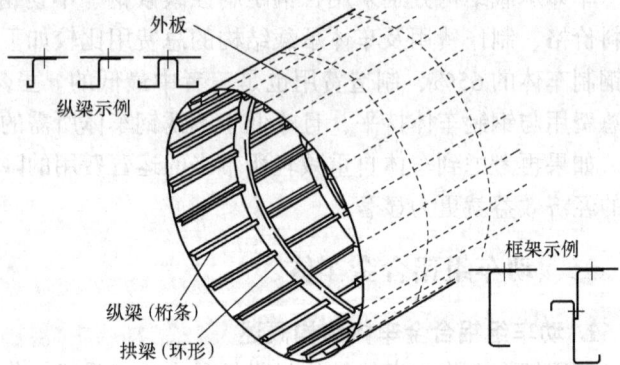

图5-3　筒形结构

5-3所示。图5-3所示为筒形整体承载结构的铝合金车体实例，它由底架、侧墙、车顶和端墙等部件组成一体，形成车体结构。

筒形铝合金车体结构的最大优点是减轻车辆自重、降低能耗、减少运行成本和维护成本。

**4. 现代高速动车组三种典型车体结构比较**

现代高速动车组所采用的三种典型结构包括：薄型材（单壳）、中空型材（双壳）和蜂窝状型材。这三种型材的结构形式、特点和典型使用车型见表5-5。

采用蜂窝状型材的铝合金车体结构无疑能够最大限度地减轻车体重量，但从高速动车组的实际使用情况来看，过度追求高速动车组的轻量化将对乘坐舒适性和列车空气动力学性能有不利影响，再加上材料费用和制造费用大幅度提高，因此，这种蜂窝状铝合金车体结构并没有在后续的动车组（如700系）得到进一步推广应用。

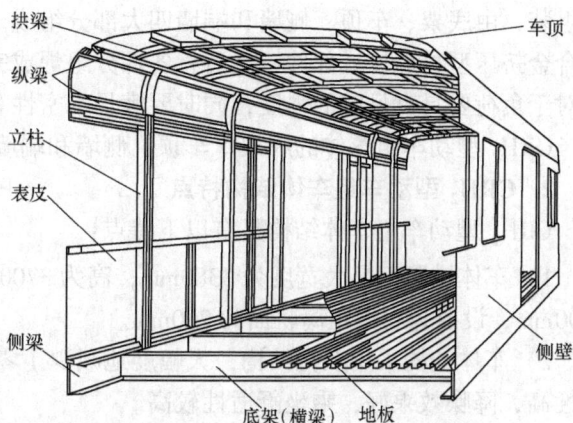

图5-4 采用筒形整体承载结构的车体

双壳结构的优点包括：能够达到高刚性、增加噪声透过损失，从而提高车内乘客的乘坐舒适性；能大幅度地减少零件数量，扩大自动化焊接范围，从而降低制造成本，提高制造质量。

综合来看，双壳结构可以称为目前最好的高速动车组车体结构。我国引进的 CRH$_2$ 型、CRH$_5$ 型和 CRH$_3$ 型动车组均采用大型宽幅中空铝合金挤压型材制造的双壳结构车体。

表5-5 三种型材的结构形式、特点和典型使用车型

| 结构式 | 带加强筋的挤压型材 | 大型中空薄壁挤压型材 | 真空钎焊蜂窝铝板 |
|---|---|---|---|
| 特点 | 加强筋对外板补强，需要侧立柱；立柱与加强筋间焊接 | 内部桁架对外板补强，不需要侧立柱 | 蜂窝对外板补强，不需要侧立柱（有的需要）；蜂窝和外板接合 |
| 使用车型 | 日本300系、E2系 | 日本 STAR21、300X、700系 | 日本 STAR21、300X、500系 |

## 三、引进并合作生产的 CRH$_2$ 型动车组的车体结构

### 1. CRH$_2$ 型动车组的车体结构及主要技术参数

CRH$_2$ 型采用4动4拖共8辆车编组的形式，车体结构主要分为头车车体和中间车车体两种。头车车体由底架、侧墙、车顶、端墙、车体附件及司机室头部结构组成，中间车车体由底架、侧墙、车顶、端墙及车体附件组成。各车体质量见表5-6，车体的主要技术参数见表5-7。

表5-6 CRH$_2$ 各车辆车体质量

| 整列编组车型 | T1c | M2 | M1 | T2 | T1k | M2 | M1s | T2c |
|---|---|---|---|---|---|---|---|---|
| 车体质量/kg | 7643 | 7947 | 7821 | 7831 | 8373 | 7822 | 8042 | 7185 |

表5-7 CRH$_2$ 车体主要技术参数

| 长度/mm | 头车 | 25450 |
|---|---|---|
| | 中间车 | 24500 |
| 宽度/mm | | 3380 |
| 高度（距轨面）/mm | | 3700 |
| 转向架中心距/mm | | 17500 |
| 底板面距轨面高度/mm | | 1300 |
| 车钩距轨面高度/mm | | 1000 |
| 车体弯曲固有频率/Hz | | ≥10 |

CRH$_2$ 型动车组车体采用中空型材（双壳）结构，使用大型中空宽幅铝合金挤压型材焊接组装，由底架、车顶、侧墙和端墙四大部分组成。它们首先各自采用不同形状的双面中空铝合金挤压型材焊接成部件，然后将各部分组焊成完整的车体结构。作为车体整体，其各部分对于负荷要具有足够的强度，同时要满足水密性和气密性对车体结构的要求。

CRH$_2$ 型动车组车体的底架、车顶、侧墙和端墙四大部分的详细结构将在后面介绍。

**2. CRH$_2$ 型动车组车体结构特点**

CRH$_2$ 型动车组车体结构具有以下特点：

1）车体横断面最大宽度为 3380mm，高为 3700mm，属于宽幅车体，地板面距离轨面为 1300mm，设备仓底罩距离轨面为 200mm。

2）车体结构采用双壳结构，大幅度地减少了零件数量，虽相对于单壳结构较重，但其刚性高，降噪效果好，乘坐舒适性较高。

3）其质量比钢制车体轻，大幅度地降低了轴重，从而降低了运营成本。

4）车体使用铝合金材料，可回收，对环境损害低，生命周期成本低。

5）防腐性好，可以实现无涂装设计。

6）采用不燃性材料，防火性能好。

7）能扩大自动化焊接范围，提高生产效率，降低制造成本，提高焊接质量。

**3. CRH$_2$ 型动车组车体组成**

CRH$_2$ 型动车组车体主要由底架、侧墙、车顶、端墙、车体附件（车下设备舱、前罩开闭装置和前头排障装置）等组成，头车还包括司机室头部结构。各型车体根据其功能、附属设备等不同而在车体结构上不尽相同，但其主要结构形式类似。下面针对各大部件组成对 CRH$_2$ 型动车组车体的主要结构进行说明。头车车体如图 5-5 所示，中间车车体如图 5-6 所示。

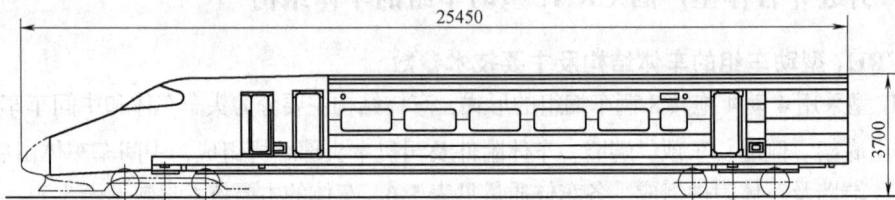

图 5-5　头车车体总图

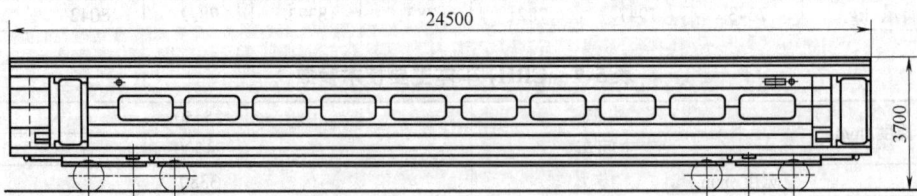

图 5-6　中间车车体总图

**（1）底架**　CRH$_2$ 型车体底架分头车底架和中间车底架。头车底架由车身底架和车头底架两部分组成，头车底架如图 5-7 所示。中间车底架只有车身底架，如图 5-8 所示。

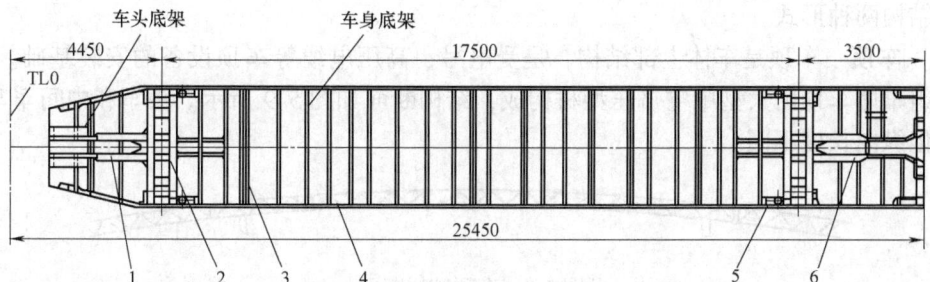

图 5-7　头车底架图

1—头部牵引梁　2—枕梁　3—横梁　4—侧梁　5—救援支撑座　6—中间牵引梁

车身底架包括牵引梁、枕梁、侧梁（边梁）、端梁、横梁和波纹地板等。

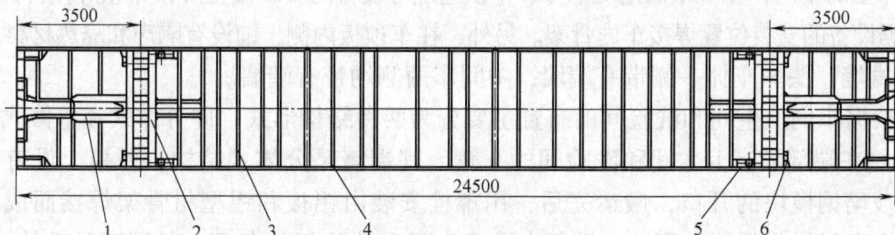

图 5-8　中间车底架图

1—中间牵引梁　2—枕梁　3—横梁　4—侧梁　5—救援支承座　6—高度调整阀安装座

枕梁由铝合金挤压型材和铝板焊接而成，支撑车体载荷。枕梁设置相应结构，保证与转向架悬挂系统的正常联结。枕梁外侧设置顶车座，便于救援和维修时顶车作业。

侧梁（边梁）是位于底架地板下左右两侧的纵向梁，是底架与侧墙连接成筒体的关键部件，它既是侧墙的主要部件，又是底架的主要部件。

端梁由铝合金挤压型材和铝合金板焊接而成。横梁位于底架地板下方，用来支承安装在地板下的设备和支承地板，连接左右两侧梁的横向联系梁。横梁采用铝合金挤压型材。横梁需要根据车下设备的布置情况进行断面和位置的调整。在质量大的设备安装处，还需对横梁进行加强。

底架波纹地板是由普通的挤压铝型材通过 MIG 自动焊焊接而成的，为了增强地板的纵向强度，在纵向设置了加强筋结构。

为适应司机室头部设备的安装，车头底架相对于车身底架，其侧梁（边梁）部分做了相应调整。

头车端部和车辆之间采用密接式车钩缓冲装置。

**(2) 侧墙**　$CRH_2$ 型动车组车体侧墙采用大型中空挤压铝型材，不设车内侧立柱。

侧墙结构分侧门中间部分和门区部分。

侧门中间部分主要由侧板和腰板组成。窗口及其以下部分称为侧板，通长板有 4 块，其中窗口部分由窗上、窗下通长板（预先铣口）与窗间板（小块）拼焊而成，两端通到门区部分。腰板由 3 块通长板组成，均通到外端与端墙搭接，通长板均为中空型材结构。窗口部分根据窗的安装结构关系焊接窗安装座。

门区部分，即侧门出入口部分，根据门口与外端距离的大小分成板梁式结构和板梁加中空型材结构两种形式。

**（3）车顶** 车顶是车体上部结构，是受电弓、高压电缆等车顶设备的安装基础。CRH$_2$型动车组车体车顶由大型中空挤压型材构成，结构断面如图5-9所示。头车和中间车车顶结构相同但纵向长度不同。

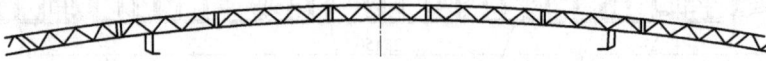

图5-9 车顶结构断面

车顶型材之间的焊接采用在车体长度方向连续焊接。车顶和侧墙的连接采用车内侧、车外侧连续焊接结构。

根据车型的不同，在车顶根据受电弓、车顶电缆等设备的安装位置焊接车顶焊接件，适应其安装。根据设备的安装位置焊接车内骨架。另外，在车顶板内侧，铺设有隔声和隔热材料。

**（4）端墙** 头车车体一侧带有端墙，中间车两侧均带有端墙。

端墙根据车辆卫生间和洗脸间的布置主要分为两种结构形式，即分体式和整体式，如图5-10所示。在端部设有卫生间和洗脸间的车辆，其端墙是分体式结构，外板上设有用于搬运卫生间玻璃钢模块的开口，搬运完后，用螺栓安装由铝板和铝型材骨架焊接而成的闭塞板，并填充密封材料保持气密性。端部未设卫生间和洗脸间的车辆，其端墙是整体式结构，为铝板和铝型材骨架构成的焊接结构。

分体式和整体式外端墙都在外端骨架上设置了适合风挡安装的结构，可以采用螺栓快速联接，使风挡的安装方便快捷，大大降低了施工时间及劳动强度。另外，端墙上还设有登车扶手。

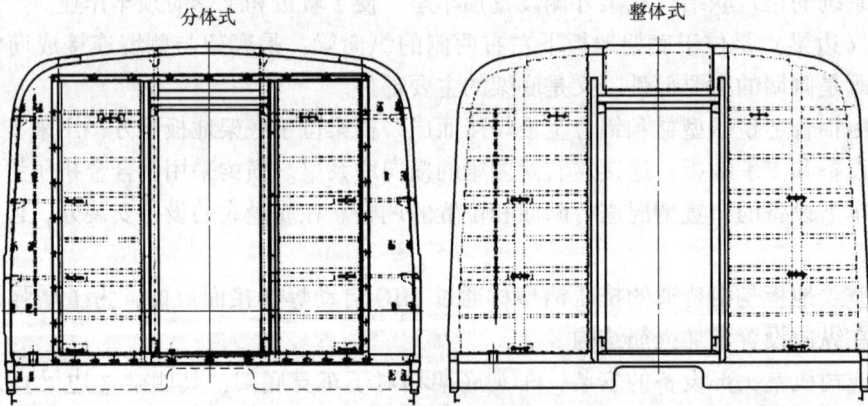

图5-10 端墙结构

**（5）司机室头部结构** CRH$_2$型动车组头车车体前端为司机室头部结构，它以骨架外壳结构为基础，如图5-11所示。头部结构按车头断面形状变化将纵骨架形成环状，与横向骨架又接组焊，骨架外焊接铝制外板。对需要更高强度的部位，采取增加板厚、缩小骨架间距、增加加强材料等措施。整个头部结构焊接严格要求气密性，结构上适应配线、配管及内装需要。

**（6）车下设备舱** 出于保护设备及改善列车空气动力学性能的考虑，CRH$_2$型动车组设有车下设备舱。设备舱主要由侧盖板、盖板安装件和托座等组成，如图5-12所示。

**（7）前罩开闭装置** CRH$_2$型动车组头车设有前罩开闭装置，该装置可通过自动控制实

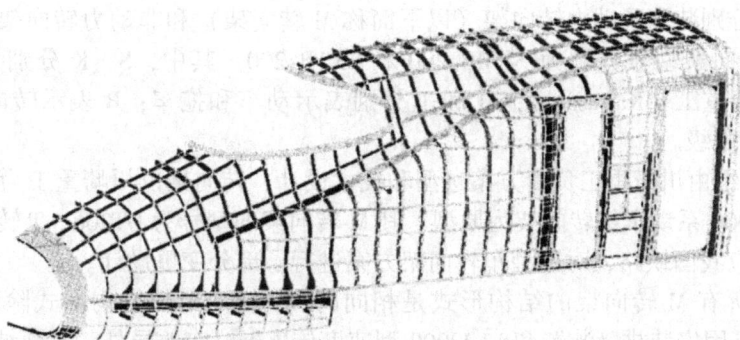

图 5-11 司机室头部结构骨架

现开闭，在打开状态下可以露出车钩装置，完成车辆连挂。整个装置由玻璃钢前罩、前罩动作部分构成。前罩的动作部分由主体框架、气缸、直线轴承、滑板、推拉杆、安装翼、锁紧装置等组成。

**（8）前端排障装置** CRH$_2$ 型动车组在头车车体的前端设置结构坚固的排障装置，该装置能在排障时撞飞障碍物，绝不允许障碍物卷入转向架下。出于保护车体及人员安全的目的，即使造成装置损坏也要保证车体不受损或仅轻微受损。

排障装置由排障板、橡胶排障装置、排障板盖板、缓冲板、缓冲板支撑、缓冲板安装座等部件组成。其中，抗冲击结构外板为钢板制成的排障板，在排障

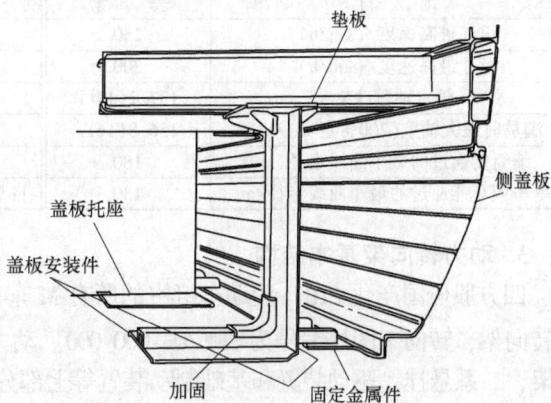

图 5-12 车下设备舱构造

板前端下缘设排雪犁。排雪犁的下部装有辅助排障橡胶，起辅助清扫轨面的作用。缓冲板是铝板叠层结构，装在排雪犁的后方，可以通过自身的变形吸收冲击能量。

1）缓冲装置。在轨距内由于和障碍物的冲撞、排除会产生冲击力，为缓和车辆所承受的冲击力，在排障器后方留有适当的间隙，并设有缓冲装置。

2）橡胶排障装置。橡胶排障装置设在排障器下方左右轨道位置，能排除运行中钢轨顶面上的小障碍物。

以上都是结构上容易产生集中应力的部位，在强度设计时应特别注意。

此外 CRH$_1$ 型和 CRH$_5$ 型动车组也属于引进并合作生产的动车组，其车体结构此处将不再做详细的介绍。

# 第三节　几种典型动车组转向架

## 一、CRH$_2$ 型动车组转向架

### 1. CRH$_2$ 型动车组转向架概述

CRH$_2$ 型动车组采用 4 动车 4 拖车的编组形式，其动车（以下简称 M 车）和拖车（以

下简称T车）分别装用了动力转向架（以下简称M转向架）和非动力转向架（以下简称T转向架）。两转向架型号分别为SKMB-200和SKTB-200。其中，S、K分别代表四方股份（Sifang）和川崎重工（Kawasaki）；M和T分别表示动车和拖车；B表示转向架（Bogie）；200代表运行速度级。

CRH2动车组由川崎重工负责方案选型和技术设计，转向架以川崎重工为东日本铁路公司提供的E2-1000系动车组转向架为原型，其M转向架的型号为DT206，T转向架的型号为TR7004。为适应我国铁路，对原型车转向架方案进行了部分变更设计。

动车组中所有M转向架的结构形式是相同的，T转向架的结构形式除两辆端部头车（T1、T4号车）因安装排障装置和LKJ2000型速度传感器略有差异外，其他结构均相同。

**2. 主要技术参数**

与转向架有关的主要技术参数见表5-8。

表5-8 转向架主要技术参数表

| 项　　目 | 参　　数 | 项　　目 | 参　　数 |
|---|---|---|---|
| 设计最高速度/(km/h) | 250 | 转向架转角/(°) | 4.0 |
| 营业最高速度/(km/h) | 200 | 轴距/mm | 2500 |
| 额定轴重/kN | 137.2(14t) | 车轮直径(新/磨耗到限)/mm | φ860/790 |
| 满员时最大轴重(200%定员)/kN | 156.8(16t) | 轮对内侧距/mm | $1353^{+2}_{-1}$ |
| 编组能通过的最小曲线半径/m | 180 | 适用轨距/mm | 1435 |
| 单车调车能通过的最小曲线半径/m | 130 | 自重下空气弹簧上平面距轨面高度/mm | 1000 |

**3. 动力转向架基本结构**

四方股份国产化CRH2型动车组中的所有M车（第2，3，6，7号车）装用了SKMB-200型M转向架，转向架图样编号为SFEZ03-000-000。动力转向架主要由驱动轮对、轴箱、一系悬挂、构架、二系悬挂、驱动装置和基础制动装置等七部分组成，具体结构如图5-13所示。

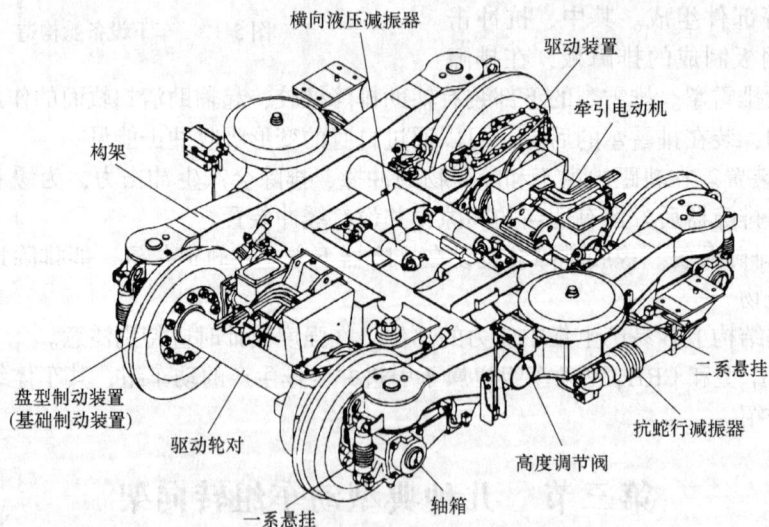

图5-13 动力转向架基本结构

**4. 非动力转向架基本结构**

四方股份国产化CRH2型动车组中的所有T车（第1、4、5、8号车）装用了SKTB-200型非动力转向架，其中第4、5号车所装用的非动力转向架，在轮对的二位侧（A侧）安装了 AG37 型速度传感器，而第 1、8 号车所装用的非动力转向架，其第 2、3 位轮对的二位侧（A 侧）安装了 AG43 型速度传感器，其第 1、4 位轮对二位侧（A 侧）安装了 AG37 型速度传感器，而一位侧（B 侧）安装了 LKJ2000 型速度传感器。此外，分别在第 1、8 号车的最外端四个轴箱下安装了排障装置。

T 转向架实际上可细分为中间车 T 转向架和端部车 T 转向架两种类型，两者结构基本相同，只是端部车 T 转向架上装有排障器。T 车转向架主要由轮对、轴箱、一系悬挂、构架、二系悬挂和基础制动装置等六部分组成，具体结构如图 5-14 所示。

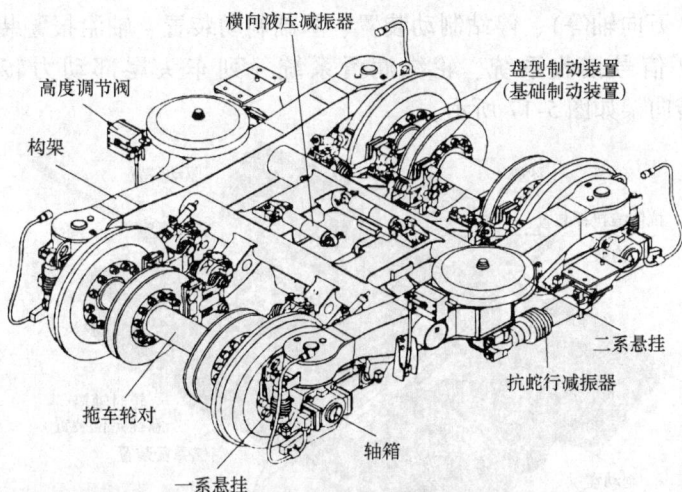

图 5-14　非动力转向架基本结构

## 二、CRH₁ 型动车组转向架

### 1. 动力转向架

动力转向架安装在动车上，由构架，轮对，轴箱，一、二系悬挂装置，基础制动装置和驱动装置等七部分组成。每台动力转向架有两根动力轴，牵引电动机采用挠性浮动齿式联轴器式架悬方式。该动力转向架如图 5-15 所示。

### 2. 非动力转向架

非动力转向架安装在拖车上，由构架，轮对，轴箱，一、二系悬挂装置，基础制动装置等部件组成，如图 5-16 所示。

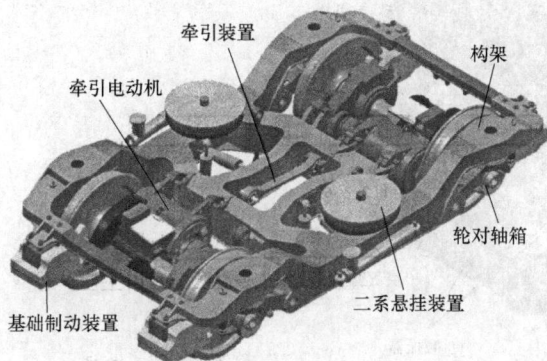

图 15-15　CRH₁ 型动车组动力转向架三维图

图 5-16　CRH₁ 型动车组非动力转向架三维图

### 三、CRH₅型动车组转向架

#### 1. 动力转向架（M）

CRH₅型动车组中的动车（第1、2、4、7、8号车）分别装用了制造图样代号为AX30499、AX109567、AX30500的3种M转向架，其中第1、8号车所装用的为图样代号为AX30499与AX109567转向架。

动力转向架主要由焊接构架，一系悬挂及轮对轴箱定位装置、二系悬挂及牵引装置、驱动装置（齿轮箱、万向轴等）、停站制动装置、基础制动装置、轴温报警装置、接地回流装置、撒砂器、ATP信号接收系统、轮缘润滑系统（列车头尾部动力转向架）等组成。AX30500型动力转向架如图5-17所示。

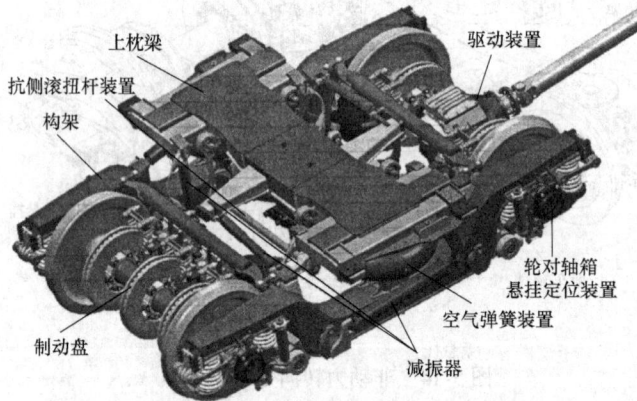

图5-17　AX30500型动力转向架

#### 2. 非动力转向架

CRH₅型动车组中的T车（第3，5，6号车）分别装用了图号为AX30513和AX30514两种T转向架，其中第3，6号车装用T转向架AX30513，第5号车装用T转向架AX30514，两转向架在轴端均装有轴温报警装置和接地回流装置。AX30513型转向架的结构如图5-18所示，它主要由焊接构架、轮对轴箱、一系悬挂、二系悬挂、停站制动装置、基础制动装

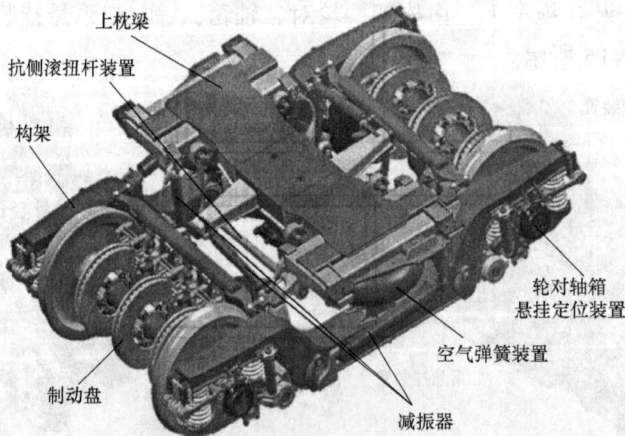

图5-18　AX30513型非动力转向架

置、轴温报警装置、接地回流装置和速度传感器装置等组成。

### 四、SDB-80 型地铁车辆转向架

图 5-19 和图 5-20 所示为四方股份为北京地铁八通线车辆设计制造的 SDB-80 型地铁动力和非动力转向架。该转向架由构架、一系悬挂及轮对轴箱装置、二系悬挂装置、牵引装置、基础制动装置、排障器和 ATP 接收线圈、齿轮减速箱及挠性板联轴器、受流器、制动管路等组成。SDB-80 型转向架的主要特点是：无摇枕，焊接 H 形构架，一系悬挂采用橡胶弹簧，二系悬挂采用空气弹簧，采用 Z 字形牵引杆，单侧踏面制动等。

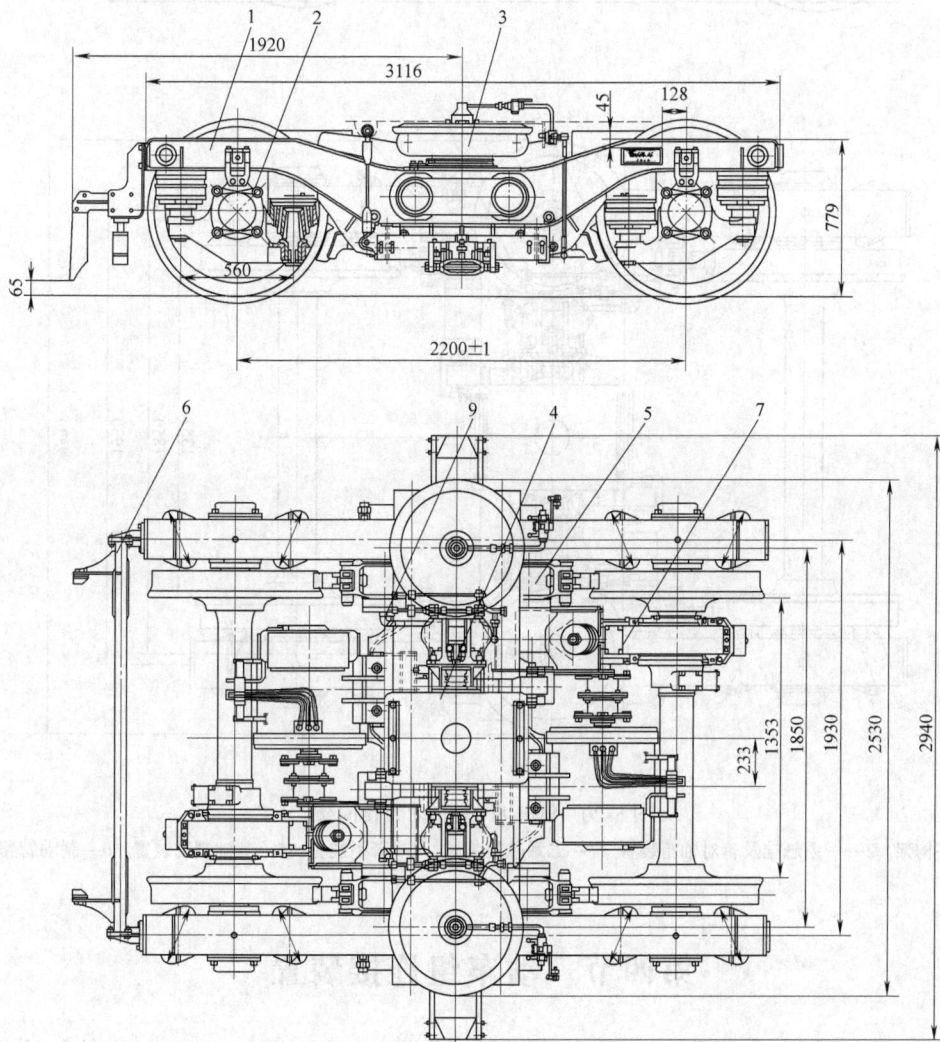

图 5-19　SDB-80 型动力转向架

1—构架　2——系悬挂及轮对轴箱装置　3—二系悬挂装置　4—牵引装置　5—基础制动装置
6—排障器和 ATP 接收线圈　7—齿轮减速箱及挠性板联轴器　9—转向架制动管路

SDB-80 型动力转向架的每根轴上由一台牵引电动机驱动，电动机悬挂在构架上。非动力转向架与动力转向架的不同之处在于构架横梁不设牵引电动机悬挂座和齿轮减速箱悬挂座。

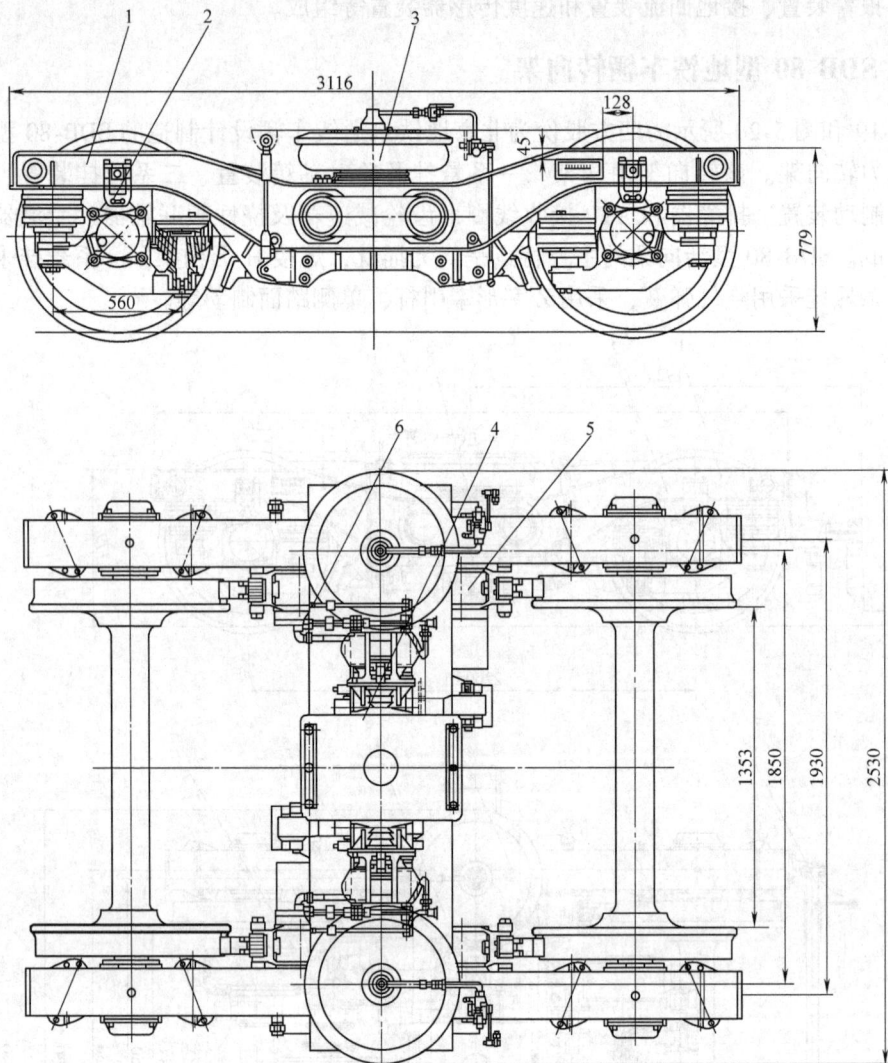

图 5-20   SDB-80 型非动力转向架
1—构架   2——系悬挂及轮对轴箱装置   3—二系悬挂装置   4—牵引装置   5—基础制动装置   6—制动管路

# 第四节   动车组连接装置

动车组连接装置包括车端连接装置和车体与转向架的连接装置。动车组车体与转向架间的连接装置与机车上的该装置较为相似，本节主要介绍较为特别的铰接式车体与转向架间的连接装置。车端连接装置主要介绍密接式车钩缓冲装置。

## 一、铰接式车体与转向架间的连接装置

铰接式车体与转向架间的连接装置在城市轨道交通车辆中运用较广，在高速动车组上使

用的典型代表就是法国TGV。这种连接装置一方面要保证相邻两车体端部彼此连接，传递垂向、纵向和横向载荷；另一方面又要保证相邻两车体端部在通过曲线时能彼此相对转动（垂向和横向）。该连接装置主要有如下三种形式（图5-21）：

**1. 转盘式——具有双排球形转盘的铰接形式**

两相邻车体的一端支撑于内盘，另一端支撑于外盘。而该转动盘通过摇枕弹簧与构架相连，构架坐落在轮对的两轴箱弹簧上。垂向载荷传递途径为：转盘→摇枕→摇枕弹簧→构架→轴箱弹簧→轮对，纵向力（牵引力或制动力）与冲击力通过内外转盘传递。通过曲线时，相邻两车体可通过转动盘彼此相互回转。其工作原理如图5-21a所示。

**2. 球心盘式——具有球心盘的铰接形式**

两相邻车体的端部通过球心盘相互搭接，球心盘座固结于摇枕梁上，摇枕梁通过二系弹簧坐落在构架上，而构架通过轴箱弹簧与轮对相连接。其工作原理如图5-21b所示。

**3. TGV式——TGV高速动车组采用的雅可比铰接形式**

TGV高速动车组采用的铰接装置是由法国工程师雅可比（Jaccobl）发明的，它主要位于动车组的中间拖车之间。每辆中间车的一端为支承端，另一端为铰接端。支承端车体端墙的两侧设有二系悬挂弹簧承台，中央部位设有下球心盘座，该车体的垂向载荷经弹簧承台传至二系悬挂弹簧，再作用到构架上。而相邻车体的端部一定是铰接端，其车体端墙的中央部位设有上球心盘，该上球心盘搭接于相邻车体支承端的下球心盘，车体的一半重量首先经球心盘传至支承端后，再传给二系悬挂弹簧和构架。两车辆之间的纵向力和横向力也通过该球心盘传递。其工作原理如图5-21c所示。

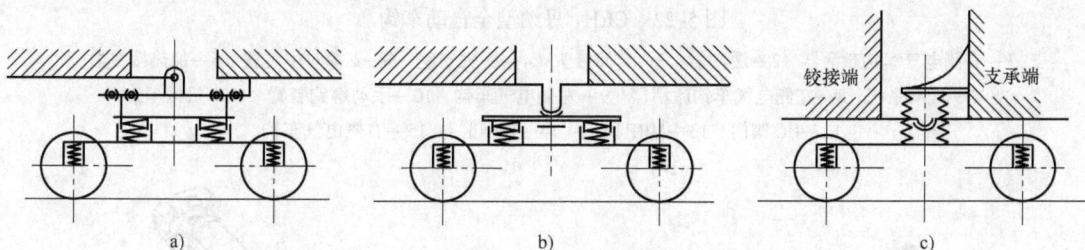

图5-21 铰接式转向架的车体与转向架连接方式
a）具有双排球形转盘的铰接转向架 b）具有球心盘的铰接转向架 c）TGV高速列车铰接转向架

## 二、密接式车钩缓冲装置

这里以CRH$_5$型动车组为例介绍密接式车钩缓冲装置。CRH$_5$型动车组两端装带有电气连接和空气连接的丹纳型全自动车钩，可实现两动车组自动连挂，具体结构如图5-22所示。缓冲器采用气液缓冲器和圆弹簧组合方式，位于车钩后端，可缓冲车辆间的压缩和拉伸的冲击。车钩及缓冲器可以在不架起车体的情况下拆装和检修。两端部头车设气动驱动的开闭机构，并由电子控制单元控制。动车组最大连挂速度不大于5km/h。CRH$_5$型动车组内部车辆间安装半永久性车钩。车钩不产生永久变形时允许的载荷：牵引载荷为600kN，压缩载荷为800kN。该种车钩还分为带有缓冲器的半永久性车钩和不带缓冲器的刚性半永久性车钩。两种半永久性车钩配套使用，它是由气液缓冲器和带有通风装置的圆弹簧实现能量吸收。半永久性车钩结构和工作原理如图 5-23 所示。

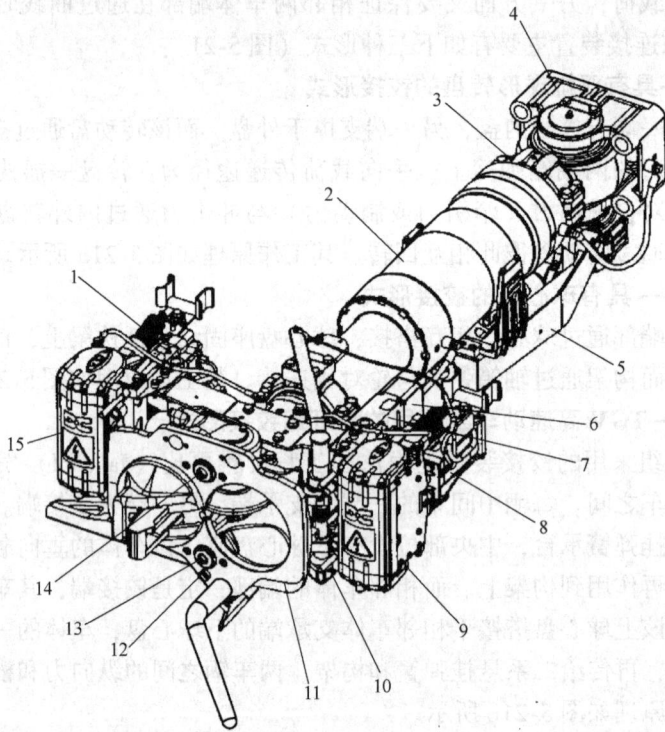

图 5-22　CRH₅ 丹纳型全自动车钩

1—右侧电气车钩激活器　2—缓冲器　3—套筒接头　4—框轴支座　5—支撑对中装置　6—加热接线盒
7—气动系统　8—左侧电气车钩激活器　9—左侧电气车钩　10—手动解钩装置　11—机械车钩
12—UC 阀门　13—MRP 阀门　14—BP 阀门　15—右侧电气车钩

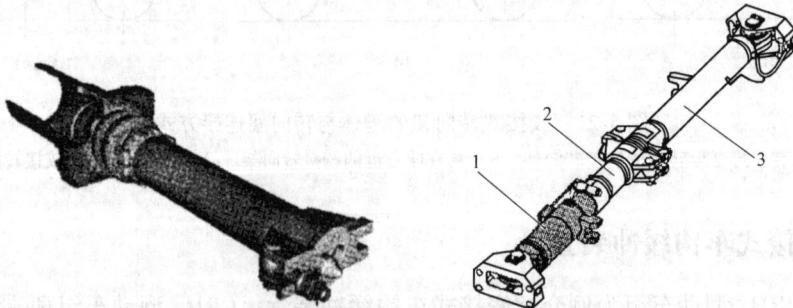

图 5-23　CRH₅ 半永久性车钩结构和工作原理

1—减振器　2—短连接杆　3—长连接杆

# 第五节　动车组电力牵引与电力传动

高速列车的牵引可以采用传统的机车牵引形式，也可采用动车组牵引形式，但是由于动车组的轴重轻，可以减小对线路的破坏作用，因此目前世界上大部分高速列车采用动车组牵引形式。动车组高速运行所需的动能需要由其他形式的能源转化而来。电能是现代铁路电传动动力车的最终驱动能源，按照电能来源的不同，牵引动力分为电力牵引和内燃电传动牵引两种形式，相应地将机（动）车也分为内燃机（动）车和电力机（动）车两种类型。内燃机（动）车能源利用率低，驱动装置功率受内燃机功率限制，基于环保、经济和可靠性等因素综合考虑，高速动车组只有采用电力牵引才能满足高速运行的需要。

## 一、动车组电力牵引的传动方式

轨道交通车辆电力传动方式按照接触网和牵引电动机所采用的电流制进行分类，可分为：直-直流传动，交-直流传动，直-交流传动，交-直-交流传动。早期的电力牵引传动系统中采用直流电动机驱动，但直流电动机的单位功率质量较大，使高速列车既要大功率驱动又要求减轻轴重，特别是要减轻簧下质量，形成了难以克服的矛盾。20世纪80年代末90年代初，高速列车开始采用交流电动机驱动，并存在两种不同的技术路线，即交流同步电动机和交流异步电动机，同步牵引电动机结构上虽然比直流牵引电动机简单，但仍有集电环及电枢绕组，而异步电动机中的笼型感应电动机（简称异步电动机），转子用硅钢片叠压，用裸铜条作为导体，无集电环等磨耗装置，结构简单，可靠性好，体积小，重量轻，可实现电动机无维修。目前，交流传动系统已成为高速列车牵引传动系统的主流。

## 二、高速动车组交流传动技术

### 1. 高速动车组交流牵引传动系统的组成

目前，世界各国高速动车组均采用交流传动技术。高速动车组交流牵引传动系统主要由交流牵引电动机和变流装置等部分组成。

**（1）交流牵引电动机**　20世纪80年代以后，随着交流传动技术的成熟和实用化，世界各国的高速列车均将交流电动机用作牵引电动机。与直流电动机相比，交流传动所采用的三相交流电动机结构简单、可靠性好、单位体积和质量功率大、黏着利用率高、维修保养性好，满足高速动车组大功率、小轴重、低簧下质量的要求。

**（2）变流装置**　为了在高速列车上使用性能优越的三相交流牵引电动机，必须采用比直流传动系统技术复杂得多的变流装置。交流传动系统的变流装置是将单相交流电转变为频率和电压可调的三相交流电。这种大功率牵引变流装置不同于应用在一般工业领域中的变流器，它的技术特点可简要归纳为：

1）调速范围宽。根据列车速度要求，变流装置调频范围从0.4Hz一直到200Hz以上，且调频连续平稳，无冲击。

2）控制特性复杂。一般高速列车的牵引性能由恒转矩区、恒功区及自然特性区组成，并且要求起动转矩大、恒功区宽。

3）有良好的稳态控制特性和快速动态响应特性。电力机车或动车通过弓网传递能量，通过轮轨传递牵引力，空转、打滑、跳弓离线及网压波动等均能引起功率的急剧变化，牵引变流装置应能适应这种负载及外界环境的急剧变化。

4）输出电压波形质量好。为了减少谐波分量对牵引电动机谐波热损耗和转矩脉动的影响，输出波形应尽量接近正弦形。

5）由交流电网供电时，应使功率因数尽可能接近1，电网电流波形接近正弦形，从而降低对供电系统的影响和对外界的干扰。

6）牵引与再生制动频繁转换，能量双向流动。

7）效率高，利用率高，可靠性高。

8）由于安装在车上，对质量、体积和耐振动性能有严格要求。

9）便于安装、调度和维修。

图 5-24 所示为 CRH$_2$ 动车组交流传动主电路简图，采用交-直-交牵引变流器，电网则采用可双向控制能量流动的四象限变流器，使输入端功率因数为 1 且输入电流波形接近于正弦形，大大改善了对电网及沿线设备的影响。电动机侧采用变压变频（VVVF）的三相逆变器，使异步牵引电动机具有良好的牵引特性。

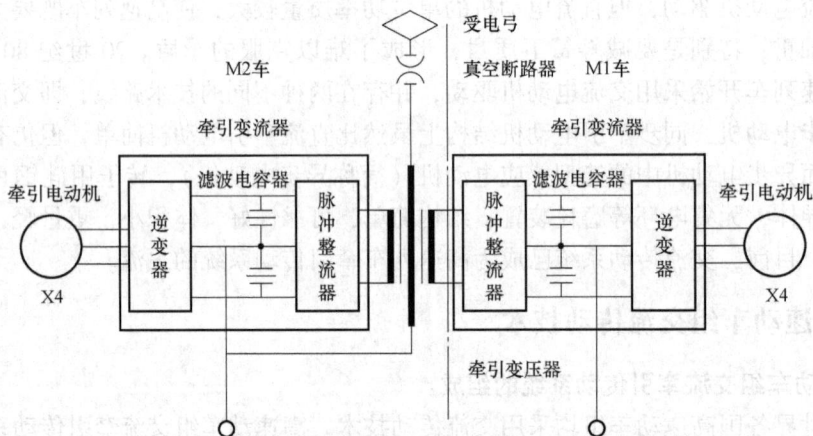

图 5-24　CRH$_2$ 动车组主电路简图

从图 5-24 可看出，由于采用交-直-交牵引变流器，可以十分方便地实现再生制动，且牵引和再生两种工况转换平稳、连续，无冲击，无须主电路换接，可以始终提供大制动力，直至停车。当交流电机转速低于同步转速，即为牵引工况；当电机转速高于同步转速，即转为制动工况。这样，只要控制逆变器的输出频率（即同步转速），即可控制牵引与再生工况转换及牵引力或制动力的大小。

**2. 高速动车组交流牵引传动技术及主变流器**

**（1）电力半导体器件**　大功率交-直-交传动系统性能的提高与电力半导体器件的发展密切相关，电力半导体器件的特性决定了变流装置的性能、体积、质量和价格。从轨道交通牵引的角度看，理想的电力半导体器件应是：断态时能够承受高电压，通态时可流过大电流且通态压降小，可在通态和断态之间进行快速切换，即开关频率高、损耗小、易于控制。应用于轨道交通牵引的电力半导体器件大致经历了晶闸管、GTO、IGBT 三个发展阶段。电力半导体技术的进步，为高速列车牵引动力的发展不断注入生机。

变流电路是随着电力电子器件的发展而发展的，如 20 世纪 60 年代出现了晶闸管，随之而来的是轨道交通牵引领域中的相控机车、动车；20 世纪 70 年代末到 80 年代初大功率自关断器件 GTO 的出现，确立了电压型变流器-交流异步电动机传动系统的优势地位。

在轨道交通牵引交流传动初期，限于当时的电力半导体器件水平（仅有晶闸管），围绕变流系统争论的焦点集中在变流电路的复杂程度，各种元器件的数量，变流器的容量、质量、体积等方面。但随着电力半导体器件的发展，尤其是性能优越的大功率自关断电力半导体器件——GTO、IGBT 的出现，使轨道交通牵引电传动系统的主要矛盾发生了变化，人们关注的焦点转向牵引性能、谐波含量、电磁干扰、控制特性及运用成本等方面，从而影响和推动了变流电路技术的发展。

（2）**变流器**　根据变流系统中直流环节性质的不同可将变流系统分为两种类型：电流型变流系统和电压型变流系统。由于电流型变流器电路比较简单，对电力半导体器件要求不高，控制也相对较为容易，且造价相应便宜，因此，在交流传动初期，电流型变流器主要用于动车牵引。随着电力半导体器件的发展，电压型变流器越来越显示出其优越性。目前，电压型变流器在高速列车牵引领域占据主导地位，法国的欧洲之星、德国的 ICE、日本新干线20 世纪 90 年代以来制造的各种型号的高速动车，均采用电压型异步电机传动系统，我国的CRH 系列动车组也采用电压型变流器。

（3）**两电平电路和三电平电路**　轨道交通牵引变流器功率一般在 1000～2000kW，直流电压最高为 2800V，在这样的功率和电压等级上，牵引变流器一般采用两电平电路为好。与三电平电路相比较，两电平电路线路简单，控制容易，质量、体积小，运行可靠性高，易于维护。因此，只有在电力半导体器件电压水平达不到要求时，才采用三电平电路。在 GTO元件应用初期，出现过 GTO 三电平变流器（瑞士联邦铁路 Re460 型电力机车），但随着GTO 元件阻断电压的提高，很少再有三电平电路了。目前，IGBT 元件的电压为 3300V，在直流环节电压小于 1800V 的情况下，一般采用两电平电路，当超过 1800V 后，多采用三电平电路。三电平电路除了可提高电压水平外，还能带来减少谐波、降低噪声、提高效率等好处，但综合考虑，当 IGBT 电压继续提高（大于 4000V）时，在牵引领域还是两电平电路占有较大优势。

（4）**冷却技术**　电力半导体器件的特性由两方面确定：一方面是电工性能；另一方面是热工性能。冷却技术就是要满足电力半导体器件的热工性能要求，保证器件安全、可靠工作。对高速列车牵引变流器冷却技术的基本要求是：效率高、体积小、重量轻、易于运用维修，且不污染环境。半导体器件的冷却方式多种多样，应根据实际需要选用。

目前，重要的冷却措施主要包括风冷、沸腾冷却、油浸式冷却和热管冷却几种。风冷散热方式结构简单、成本低、维护方便，主要用于额定电流为 50～500A 的器件。沸腾冷却指电力半导体器件浸放在沸腾液（R113）中，冷却器中上半部为沸腾气体，德国 ICE 高速动车采用这一冷却方式。油浸式冷却指半导体器件浸泡在冷却油中，冷却油循环，将热量带到油-空气热交换器中散掉，德国 Adtranz 公司生产的大多数干线机车、动车均采用这种冷却方式。热管冷却是一种高效冷却方式，尤其是采用水作为冷却介质的热管，且具有不污染环境的优点。日本新干线高速动车牵引变流器均采用热管冷却方式。

**3. 高速动车组交流传动控制技术**

（1）**交流传动控制策略**　交-直-交传动控制系统主要由网侧变流器控制和电动机侧逆变器控制两部分组成。其控制策略主要包括：

1）网侧变流器控制。单相交流供电制的电气化铁路，在采用电压型异步电动机传动系统时，一般均需增加网侧变流器。该变流器的基本功能主要包括：将单相交流电转变为稳定的直流电，保证牵引逆变器正常工作；网侧功率因数尽可能接近于 1，且电网电流接近正弦形，以降低对电网的影响和对外界的干扰；可迅速、平滑、无接点地实现牵引与再生制动转换，即能量的双向流动控制。

人们曾尝试过相控、扇控等多种技术，但都难以达到满意的效果。20 世纪 70 年代中期，德国教授 M. Depenbrock 等人提出了四象限变流器方案，很好地满足了上述要求，很快在电力机车、动车上得到普遍采用。

四象限变流器（脉冲整流器）的主电路结构类似于一个单相逆变电路，通过对其输入电压的幅值与相位控制，达到稳定输出电压，功率因数接近于 1 的要求；通过 PWM 调制技术，使电网电流接近正弦形。在具体实现上，四象限变流器的相构件与逆变器的完全相同，这就更有利于运用和维修。

目前，四象限变流器有各种控制方法，如图 5-25 所示是一种采用双闭环的控制方案。主环为中间电压 $U_d$ 闭环，辅环为电网电流相位闭环。中间电压给定值 $U'_d$，与中间电压检测值 $U_d$ 相比较，差值送电压调节器。电压调节器输出即为四象限变流器输入电压 $u'_{s1}$ 的相位 $\psi'_c$。$\varphi'$ 是电网电压 $u_N$ 和电网电流 $i_N$ 之间相位给定值，$i_N$ 和 $u_N$ 分别经有源滤波、整形环节后进到相位检测环节测得二者相位 $\varphi$，与相

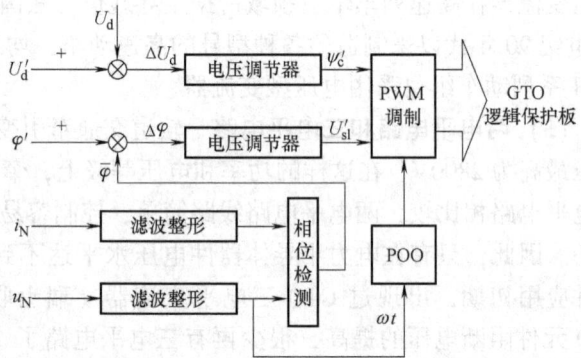

图 5-25　四象限变流器双闭环控制

位给定 $\varphi'$ 的差值送相位调节器。相位调节器输出为四象限变流器输入电压 $u'_{s1}$ 的幅值 $u'_{s1}$。$u_N$ 的同步信号经锁相环后送 PWM 调制环节。PWM 调制环节采用正弦波与三角波相交方法产生 GTO 触发信号。

四象限变流器运行时电网电压、电流波形如图 5-26 所示。

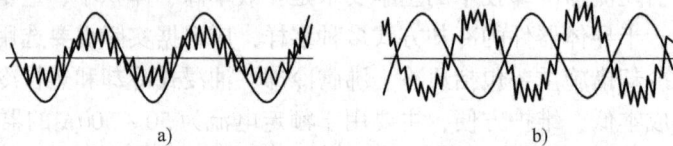

a)　　　　　　　　　　　　b)

图 5-26　四象限变流器运行时电网电压、电流波形
a) 牵引工况　b) 再生制动工况

2）电动机逆变器控制。轨道交通牵引三相交流传动系统的控制对象是三相交流异步牵引电动机，而其牵引力、制动力的发挥又是通过轮轨之间的黏着关系进行的，这就决定了轨道交通牵引控制技术的特殊性。

与一般工业领域变频调速类似，异步电动机控制技术可分为两部分：一是可调频调压的三相交流电的生成，二是异步电动机的调节。

到目前为止，由直流电压生成可调频调压的三相交流电的基本方法是 PMW 脉宽调制法，自 1964 年德国学者 A. Schonung 等人提出分谐波脉宽调制思想以来，为了生成品质良好的三相交流电，人们对这项技术进行了广泛深入的研究，出现了种类繁多的 PWM 调制方法。适用于轨道交通大功率牵引变流器的 PWM 控制技术，除了应满足牵引变流器技术特点

的要求外，还具有下述特征：

1）大功率牵引变流器的电力半导体器件开关频率较低，GTO 元件的开关频率一般为 250～350Hz，IGBT 元件的开关频率也不超过 2kHz，这就要求 PWM 控制策略应在较低开关频率下，获得较好的调制性能，以满足机车、动车牵引性能要求。

2）直流输入电压利用率要高，以便发挥机车、动车的最大牵引力。针对这些特点，在轨道交通牵引变流器中，一方面多采用较为简单可行的 SPWM 正弦波脉宽调制方法，图 5-27 所示是三相 SPWM 逆变器相电压和线电压输出波形。图中，$e_r$ 是三角形载波，$e_{Ra}$、$e_{Rb}$、$e_{Rc}$ 是三相正弦调制波，三相的幅值与频率均相等。由 $e_r$ 与 $e_{Ra}$、$e_{Rb}$、$e_{Rc}$ 波形的交点分别确定逆变器各开关元件的开关状态，从而得到如图 5-27b、c、d 所示的相电压波形。图 5-27e 所示为逆变器输出的线电压波形。另一方面，随着计算机技术和控制理论的发展，出现了许多新的 PWM 调制方法，诸如谐波消除法、磁链轨迹控制法等。这些方法多用在比较先进的电动机控制方法中，像磁链轨迹 PWM 调制方法应用于直接力矩控制，能较好地满足牵引变流器的要求，在较低的开关频率下，获得良好的调制性能，改善了牵引电动机在起动过程和低速下的转矩脉动，整个加速过程平稳、连续，消除了以往调制方法中调频比转换时的冲击和剧烈变化的音频噪声，电压利用率也比 SPWM 提高了 15%。

**（2）交流异步电动机控制技术** 直流电动机的电磁转矩控制可以分别对电枢电流和励磁电流进行独立控制，如图 5-28 所示，它们之间没有耦合，所以直流电动机具有良好的调速性能。异步牵引电动机则不同，可控制的量只有定子电流（因为只有一个供电回路），而定子电流的变化不但影响输出转矩，而且也使气隙磁链发生变化，也就是说异步电动机的转矩控制和磁通控制之间存在着很强的耦合，因此，异步电动机的控制技术是使交流传动系统的调速性能达到直流传动系统水平的关键。目前已成熟地应用于交流异步牵引电动机的控制方法有三种：转差特性控制、矢量变换控制和直接转矩控制。

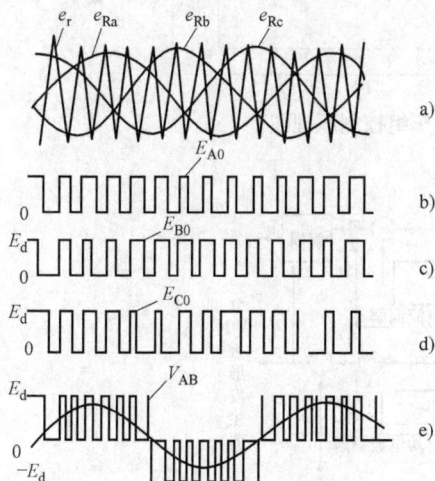

图 5-27　SPWM 调制波形

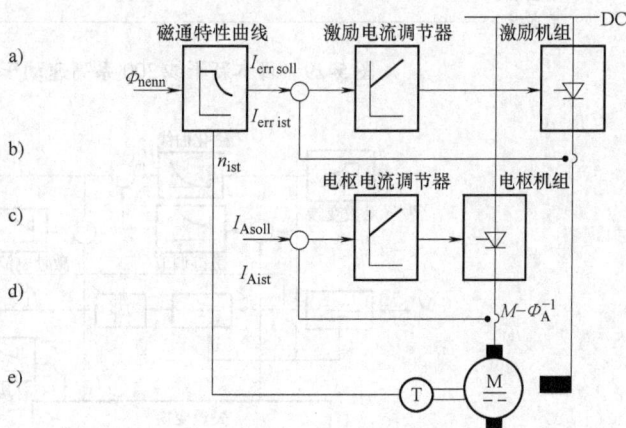

图 5-28　直流传动控制原理图

早期的交流传动车，如德国 E120 型电力机车、日本 300 系高速动车等，都采用转差特性控制（图 5-29）。这种转差控制属于标量控制范畴，是基于异步电动机静态等效电路和静态转矩公式的控制。对于异步电动机这种多变量、强耦合、非线性控制对象，必然会产生较大偏差，尤其是动态性能难以满足要求。

异步牵引电动机的矢量变换控制方法模仿直流电动机调速，将直流电动机换向器的功能通过控制的方法来实现，从而达到对磁通和转矩的分别控制。由于矢量控制是对电压、电流以及它们所产生的磁势、磁链的瞬时值进行控制，因此，使异步牵引电动机获得了可与直流电动机相媲美的动、静态性能。自 20 世纪 80 年代末起，三相交流传动机车、动车普遍采用了矢量变换控制方法，其典型代表是西门子公司生产的 ICE 高速动车（图5-30）。

1985 年德国的 M. Depenbrock 教授提出了异步电动机的直接转矩控制方法，这种方法避开了矢量变换控制方法中的两次坐标变换等复杂计算，而直接在定子坐标系中计算磁链和电动机转矩，通过磁链调节器和转矩调节器对电动机磁链和转矩进行直接控制，同样获得了可与直流电动机相媲美的控制特性。这种方法很快也应用到交流传动机车、动车上。目前，由德国 Adtranz（原 ABB 公司）公司生产的机车、动车，基本上都采用直接力矩控制方法（图5-31）。

轨道交通牵引传动系统先进的控制功能、优越的牵引-制动性能的实现依赖于控制硬件水平的不断提高，回顾其历史，经历了由模拟技术到数字控制技术，由 8 位微机到 16 位微机直到 32 位微机及数字信号处理器，由单机个别控制到车载计算机网络的发展过程。

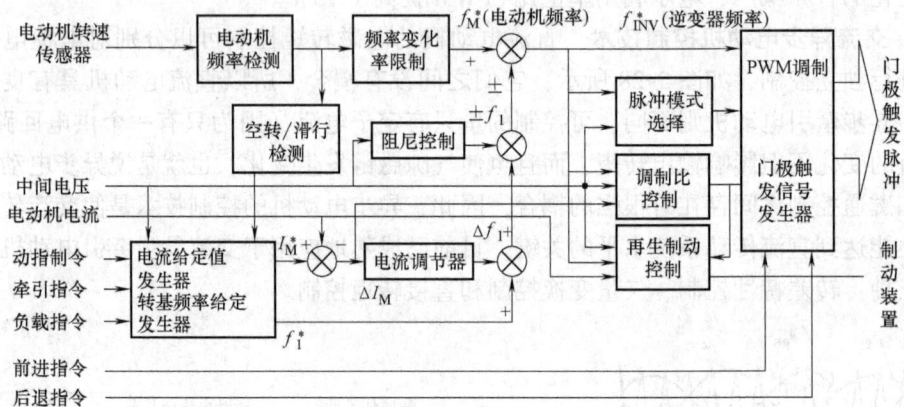

图 5-29　日本新干线 300 系高速动车组控制原理图

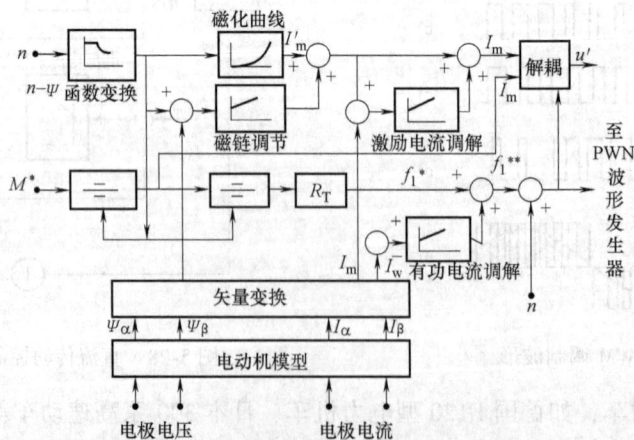

图 5-30　ICE 高速动车矢量控制框图

#### 4. 高速动车组主变压器

主变压器的容量必须考虑到整个系统所需要的功率和热损耗。首先根据列车运行区间线路的坡度，运输对速度和加速度的要求等求出整个线路所需要的实际有效功率；然后再考虑牵引电动机、机械传动机构、变流器、逆变器乃至变压器的效率，得到变压器用于引动力系统的功率；最后，再加上列车的辅助驱动系统所需的功率及列车汇流母线所消耗的功率即为主变压器的额定功率。以德国 ICE 的一台动车为例，主变压器用

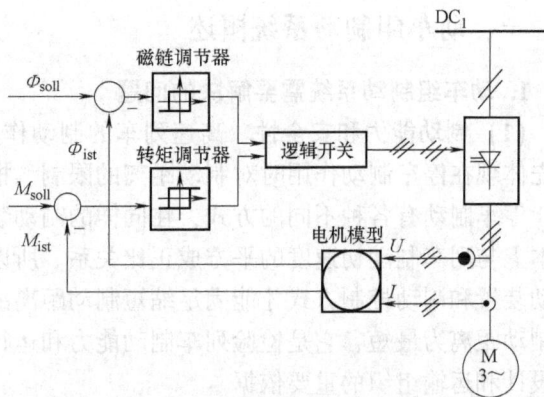

图 5-31　直接转矩控制框图

于牵引的功率（计入效率取 0.8）为 $4 \times 1125 kV \cdot A = 4500 kV \cdot A$，用于辅助系统功率为 $200 kV \cdot A$，用于列车汇流母线的功率 $500 kV \cdot A$，故主变压器的额定功率为 $5200 kV \cdot A$。变压器体积较大，质量约 10t，需要安装在车体中部底架上，油箱则伸向底架下部。主变压器一般有 2 个冷轧硅钢片组成的心柱，每个心柱侧轴向布置了 2 个相邻的二次绕组，2 个并联的一次绕组，一次绕组上面是加热绕组，每个心上还有一个辅助驱动绕组。主变压器铁心和绕组浸在油箱中，油箱中还安放了 2 个吸收电路电抗线圈。

变压器油通过油泵强迫循环，并经 2 个铝散热器冷却。

近年来，全控型高频率开关器件构成的脉宽调制（PWM）整流器和变压变频（VVVF）逆变器控制异步电动机的传动系统得到广泛采用。它对主变压器的特性有一定要求，否则它将对变流器的运行稳定性有较大影响。为此，一般要求主变压器：二次各绕组有很高的阻抗，以抑制二次电流纹波及网侧谐波电流；二次各绕组的电抗值相等；二次各绕组之间必须去耦，如采取磁去耦结构，以抑制二次电流波形产生紊乱；直流偏磁时二次侧励磁电抗减少量尽量小。针对上述要求，可采取以下措施：一次、二次绕组之间设置带气隙的铁心，增大漏磁以提高电抗，同时可抑制直流偏磁时二次绕组电抗的减小；一次绕组并联，二次绕组对称布置在其两侧，相邻的二次绕组之间设置分列式铁心以免二者相互干扰，这样，各二次绕组之间就是一种去耦结构，而且还可以使各二次绕组之间电抗相等。

对于动力分散布置的动力传动系统，需要将主变压器安装在车体下部有限的空间，因此，对体积和质量的要求更加严格。为了小型化和轻量化，主变压器采用外铁心结构。另外，采用硅油代替绝缘冷却油，既保证安全又不用更换，便于维修。

# 第六节　动车组制动系统

通过合理的途径，将运行中列车的动能转化为其他形式的能量，使列车速度降低，以实现调速或停车的过程称为制动。为了施行制动而在机车车辆上安装的一整套相关设备，称为制动装置。

## 一、动车组制动系统概述

### 1. 动车组制动系统需要解决的问题

**（1）制动能力和安全性** 高速列车的制动作用包括调速制动和停车制动，其制动能力首先体现在停车制动作用时对制动距离的限制。根据列车制动系统的结构特点和司机操纵作用，停车制动有各种不同的方式，在同样的制动装置、操纵方式和线路条件下，其制动距离基本上与列车制动初速度的平方成正比关系。所以，随着列车速度的提高，必须相应改进其制动装置和制动控制方式才能满足缩短制动距离的要求。在各种不同的制动方式中，又以紧急制动距离为最短，它是检验列车制动能力和运行安全性的基本技术条件，也是通信信号系统设计和运输组织的重要依据。

紧急制动距离的设计值主要基于轮轨间制动黏着的利用、基础制动装置的热容量以及制动控制性能等各种制约因素所容许的最大紧急制动能力，此外，还应该考虑必要的安全裕量，特别是在动力制动作用不良状态下的紧急制动能力。目前，国外最高运行速度300km/h的高速列车标准状态紧急制动距离一般规定在3000～4000m；我国《铁路主要技术政策》规定，运行速度为300km/h的列车，其平直道紧急制动距离不得超过3700m。

此外，影响制动距离的因素还有列车组成和线路条件，应按不同机车车辆的运行阻力和坡道、曲线阻力进行具体计算。为保证满足紧急制动距离，即列车运行安全性的基本要求，在设计高速列车的制动能力时应留有充分的安全裕量。

**（2）舒适性** 从列车动力学的观点出发，旅客的乘坐舒适性包括横向、垂向和纵向三方面的指标。高速列车纵向运动的特点除起动加速度较快以外，主要是制动作用的时间和减速度远大于普通旅客列车。因此，必须有相应措施来控制旅客纵向舒适性的指标，包括对制动平均减速度、最大减速度和纵向冲动的要求，均应高于普通旅客列车。

我国普通旅客列车和高速动车组制动舒适性对比见表5-9。由该表可见，高速动车组制动舒适性要求较普通旅客列车更为严格。

表5-9 旅客列车纵向舒适性评定指标

| 指 标 | 高速试验列车制动系统技术条件(95J01-E)（报批稿） | TB/T 2370—1993《铁路旅客列车纵向动力学试验方法及评定指标》 |
|---|---|---|
| 紧急制动最大减速度/m·s⁻² | ≤1.4 | ≤1.4 |
| 常用制动平均减速度/m·s⁻² | ≤0.6 | ≤1.2 |
| 最大纵向冲动 | ≤0.6g | ≤1.0g～1.2g |

目前，高速列车制动系统主要通过以下措施提高舒适性：采用微机控制的电气指令制动系统以实现制动过程的优化控制，并在提高平均减速度的同时尽量减少减速度的变化率；对复合制动的模式进行合理设计，使不同形式的制动力达到较好的组合；减少同编组列车中不同车辆制动力的差别以缓和车辆之间的纵向动力作用；采用摩擦性能良好的盘型制动装置和强有力的动力制动装置以提供足够的制动力。

**（3）可靠性** 制动系统作用的可靠性是列车行车安全的基本保证。如果动车组在高速运行时制动系统失灵将造成不堪设想的后果。因此，高速列车一般采用包括设有空气制动、微机控制的电空制动和计算机网络控制制动三种制动控制方式，保证当其中任一系统故障时列车制动系统不失效。此外，高速动车组还通过设置能力足够的弹簧停车制动装置，制动能力冗余量和非黏着制动的保安作用等途径实现制动的可靠性。

**2. 动车组制动方式分类**

按照动车组动能转移方式分类，可分为摩擦制动和动力制动。其中，摩擦制动主要有闸瓦制动、盘型制动和电磁轨道制动；动力制动主要有电阻制动和再生制动。

按照列车制动力是否与轮轨黏着力有关，列车制动可分为黏着制动和非黏着制动。闸瓦制动、盘型制动、电阻制动和再生制动属于黏着制动，电磁轨道制动则属于非黏着制动。

高速动车组制动能量较普通列车大大增加，由于受到制动热容量、机械制动部件磨耗寿命、摩擦材料性能对黏着利用的局限性、制动距离以及对旅客乘坐舒适性的不利影响等因素的限制，传统的纯空气制动能力已不能满足需要。因此，高速动车组必须采用能提供强大制动力并更好利用黏着的复合制动系统。通常，高速动车组复合制动系统由制动控制系统、动力制动、空气制动（包括盘型制动和踏面制动）系统、微机控制的防滑器和非黏着制动装置等组成。

**（1）摩擦制动** 摩擦制动指通过机械摩擦来消耗列车动能的制动方式，主要包括常见的踏面制动、盘型制动和电磁轨道制动等。

1）踏面制动。踏面制动又称为闸瓦制动，是指用铸铁或其他材料制成的闸瓦紧压滚动着的车轮踏面，通过闸瓦与车轮踏面的机械摩擦将列车动能转化为热能，耗散于大气，并产生制动力的制动形式。其结构简单可靠，制动力不因速度过低而丧失，且能够通过改变闸瓦压力予以调整。但由于车轮材料无法改变，仅改变闸瓦材料对改进摩擦副特性效果有限，且高速运行的车辆制动时将造成摩擦副热负荷过大，故该制动方式不适用于高速动车组。

2）盘型制动。盘型制动是以合成材料或粉末冶金材料制成的闸片夹紧装在车轮轮辐或车轴上的制动盘，通过闸片与制动盘之间的机械摩擦消耗列车动能，从而产生制动作用的制动方式，如图5-32所示。与踏面制动相比，由于其摩擦副匹配范围大，制动热负荷能力大大提高，散热性、耐磨性好，能够满足高速动车组的制动需要。但是，不论采取何种安装方式，制动盘质量均属于簧下质量，与高速动车组对低簧下质量的要求形成矛盾；同时，由于没有闸瓦对车轮进行修圆，采用盘型制动的车辆车轮踏面缺陷会不断恶化，造成车辆冲击振动加剧，因此，盘型制动装置一般需要和踏面清扫器、防滑器配合使用。由于盘型制动属于黏着制动，其制动力受轮轨黏着限制，故仅作为高速列车辅助制动装置。

按照安装位置的不同，可将盘型制动分为轴装盘型制动（简称轴盘制动，如图5-33所示）和轮装盘型制动（简称轮盘制动，如图5-34所示）两类。

轴盘制动广泛应用在高速动车组非动力车轴上，其安装、维修方便，散热性能好，并可根据制动力

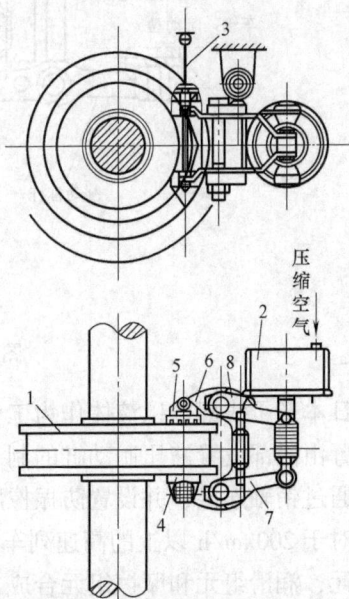

图5-32 盘型制动装置
1—制动盘 2—制动缸 3—吊杆 4—闸片
5—闸片托 6、7—杠杆 8—支点拉板

的不同要求，在每根车轴上安装 2~4 个制动盘。但在高速列车动车的动力轴上，由于受到牵引电动机安装空间及转向架簧下质量的制约，一般采用轮盘制动，即将制动盘直接装在车轮的辐板上，与轴盘制动相比，其缺点是散热条件较差，导致热胀冷缩的应力状态恶化，在同等制动功率条件下摩擦表面的热密度增大而容易引起热裂纹。

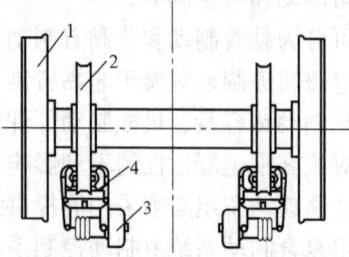

图 5-33　轴装盘型制动装置
1—轮对　2—制动盘
3—单元制动缸　4—制动夹钳

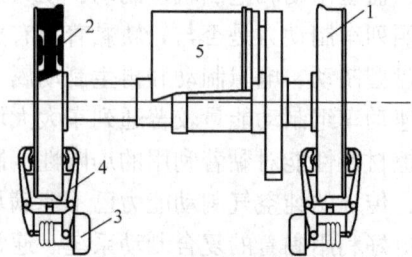

图 5-34　轮装盘型制动装置
1—轮对　2—制动盘　3—单元制动缸
4—制动夹钳　5—牵引电动机

按照盘型制动装置中具体结构的不同，可将其分为杠杆式和卡钳式两类。

我国轨道交通车辆用盘型制动装置主要采用杠杆式。如图 5-35 所示，两杠杆中部连接在转向架构架上，两端分别安装制动缸和闸片，组成 H 形连杆。制动时，制动缸通过制动杠杆使闸片夹紧制动盘产生制动力。

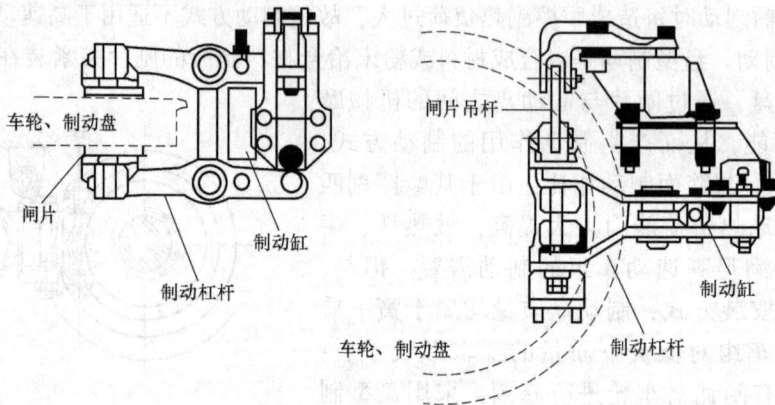

图 5-35　杠杆式盘型制动装置

日本新干线部分以液体作为工作介质的盘型制动装置采用卡钳式模式。如图 5-36 所示，该装置由内部设置液压制动缸的制动卡钳、支架和剪刀形夹紧车轮的本体组成，支架和本体之间通过销轴连接，并设置防振橡胶垫。

对于 200km/h 以上的高速列车，制动闸片通常采用粉末冶金摩擦材料，该类材料由基体组元、润滑组元和摩擦组元合成，不仅具有良好的导热性而能承受较大的热负荷，而且摩擦系数在高温时无明显衰减，受气候和温度条件的影响小，又具有优于高摩合成材料闸片的耐磨性。因此，虽然制造成本较高，仍被高速列车所广泛采用。

设计高速动车组制动盘时必须校核其热负荷能力。

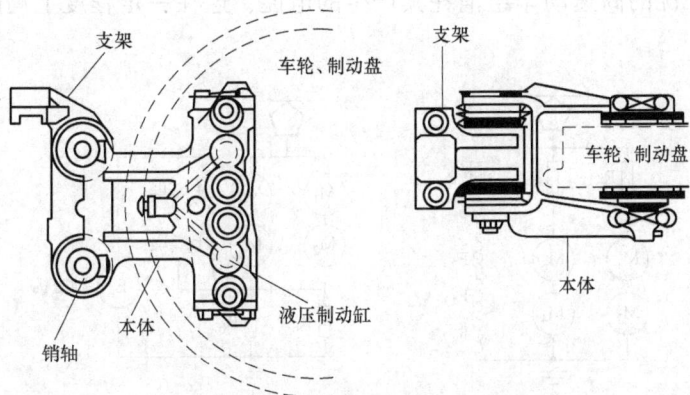

图5-36 卡钳式盘型制动装置

3）电磁轨道制动。电磁轨道制动简称磁轨制动，是指在转向架构架侧梁下方设置制动用电磁铁，制动时将其放下并利用电磁吸力紧压钢轨，通过电磁铁上的磨耗板与钢轨之间的滑动摩擦产生制动力，并将列车动能转化为热能，耗散于大气的制动方式，其结构如图5-37所示。磁轨制动作用时，其制动力通过连杆装置传到转向架上，不经过轮对，与轮轨黏着无关，故为非黏着制动，可为高速动车组提供附加制动力。但是，磁轨制动靠摩擦产生制动力，滑动摩擦力必定小于轮轨黏着力，且磁轨制动耗电量大，带来的摩擦与温升会对钢轨造成损伤并干扰轨道电路，故一般仅作为紧急制动时的辅助制动方式，用于黏着力不能满足紧急制动距离要求的高速动车组。

**（2）动力制动** 利用某种非接触的能量转换装置，将运行中列车的动能转化为其他形式的能量并予以消耗的制动形式称为动力制动，主要包括电阻制动、再生制动和涡流制动（轨道涡流制动、圆盘涡流制动）等形式。

1）电阻制动。电阻制动是利用牵引电动机的可逆性，当列车需要制动时轮对带动牵引电动机旋转发电，电流经制动电路传递到制动电阻，转化为热量耗散掉的制动形式。它具有摩擦部件少，维修工作量小，可反复使用等优点。这种制动方式在我国电传动内燃机车和电力机车上得到了广泛应用。

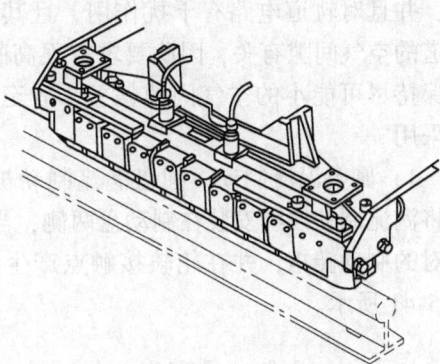

图5-37 电磁轨道制动

2）再生制动。再生制动的原理与电阻制动类似，也是使牵引电动机作为发电机工作而产生制动力，不同之处在于所产生的电能将反馈至接触网，其回路如图5-38所示。由于交-直-交传动技术的发展，网侧变流器能迅速、平滑、无接点地实现牵引与再生制动的转换，即实现能量双向流动的功能，使三相异步电动机由牵引电动机变为发电机，通过动轴传递转矩产生制动作用。其特性主要取决于牵引电动机的特性，功率亦与牵引电动机的功率相当，所以具有多个牵引电动机的动力分散方式往往具有更强大的动力制动能力。但对于再生制动所产生电流的质量需要严格控制，以免污染电网。此外，高速动车组进行再生制动时，附近必须有处于牵引工况的高速动车组消耗其产生的电能，这在一定程度上局限了再生制动的应用。

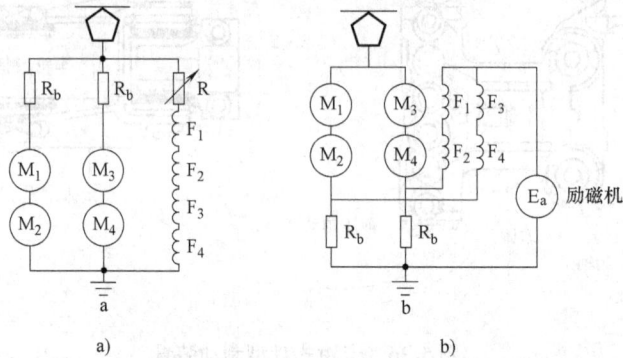

图 5-38 电力再生制动回路

a）接触网励磁方式 b）车载励磁机励磁方式

3）轨道涡流制动。轨道涡流制动也是一种非黏着制动，其作用原理是依靠列车上涡流线圈与钢轨之间的磁力来产生制动力，如图 5-39 所示。由于其属于非接触式制动，故对钢轨没有直接的磨损和破坏作用，并能无级调控制动力的大小。但这种制动方式的缺点是磁场作用会导致钢轨温升，耗电量较大，并且对轨道电路有干扰作用，且其制动效果和轨道的空气间隙有关，因此要求有很高的结构精度，以保持尽可能小的空气间隙偏差，故至今尚未被推广采用。

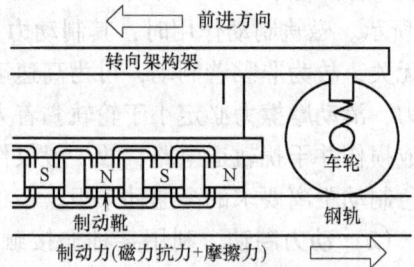

图 5-39 轨道涡流制动

4）圆盘涡流制动。圆盘涡流制动被用于日本新干线 100 系、300 系和 700 系动车组，是将涡流制动线圈安装在制动盘两侧，当线圈通以电流时在转动的制动盘上可以获得作用于轮对的制动转矩，并在轮轨接触点产生制动力的制动方式，其原理和结构分别如图 5-40、图 5-41 所示。

图 5-40 圆盘涡流制动原理

图 5-41 装用于日本新干线动车组的圆盘涡流制动装置

动力制动具有制动功率大，摩擦件少等优点，故被世界各国广泛用于高速动车组，是高速动车组的主要制动方式。但由于其在低速区制动效果不明显，故必须通过摩擦制动予以补充。合理的动力制动和摩擦制动方式相配合，并对其进行合理的制动力分配，构成了高速动车组复合制动系统设计的主要内容。

此外，近年来日本等国还开发了其他制动方式，如日本在新干线 FASTECH360 试验动车组上采用了翼板制动，即在列车制动时，车辆顶部升起制动翼，通过空气阻力耗散列车动能的制动方式，其结构如图 5-42 所示。

### 3. 高速动车组制动辅助设备

轨道交通车辆是利用车轮与轨道之间的黏着力运行的交通工具，虽然具有运行阻力小的优点，但也带来了制动力超过黏着力时车辆滑行的问题。由于滑动摩擦力小，车轮

图 5-42　日本新干线 FASTECH360 动车组装用的翼板制动装置

滑行将造成车辆制动性能下降，引起踏面擦伤和钢轨损伤，使车辆舒适性降低。车轮擦伤还会给车辆其他部件造成较大的冲击振动，缩短部件使用寿命，故必须采取相应措施控制制动力，避免车辆滑行。

避免车辆滑行的主要途径是设置防滑器。按作用原理的不同，可将轨道交通车辆用防滑器分为机械防滑器和电子防滑器两类。现代高速动车组均采用电子防滑器，电子防滑器作用原理如图 5-43 所示。

如图 5-43 所示，防滑器由速度传感器、滑行检测器及防滑电磁阀组成。当车辆制动力超过轮轨黏着力时，车轮运动由滚动变为滑动，车轮转速急剧下降。此时，滑行检测器根据速度传感器送来的转动脉冲信号进行计算、分析和判断，如果判断滑行的大小超过规定阈值，防滑电磁阀动作，制动缸工作介质压力降低，制动力减小，直至车轮恢复滚动后再施行制动。

速度传感器一般采用感应齿轮式，即在每个车轴的轴头上装有感应齿轮，轴箱盖上设置脉冲发生器，脉冲发生器与齿轮间存在间隙，当齿轮旋转一周时将发出代表旋转速度的脉冲信号到滑行检测器。

高速动车组用滑行检测器通过微机控制。当各车轴的速度信号传递到滑行检测器后，将进行即时的监测、比较、修正、补偿和判别，以判别车

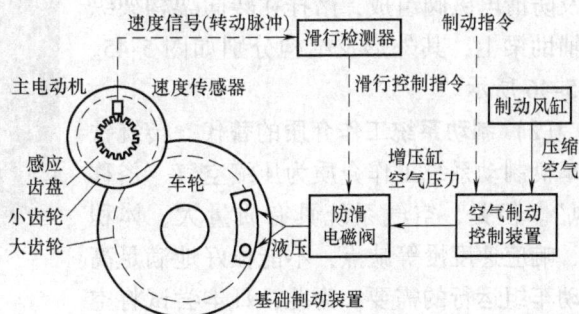

图 5-43　日本新干线动车组用防滑器作用原理

辆是否出现滑行。通常的检测判据包括转速差、角减速度和滑移率三种。

防滑阀实际上是一种大通量双电磁阀，是防滑器的执行单元。在得到滑行检测器的相关指令后，防滑阀将对车辆制动力予以控制。

防滑器在我国车速 120km/h 以上客车上得到了广泛应用，采用盘型制动单元的 25G、

25K、25T 客车均安装了由铁道科学研究院或 WABCO 等厂商生产的微机控制防滑器。

与采用闸瓦制动的传统铁路客车不同，现代高速动车组主要采用盘型制动。单纯采用盘型制动将引起黏着降低。当车辆滑行等原因造成车轮踏面失圆时，盘型制动装置无法通过摩擦对其修圆，踏面缺陷将随着车辆的运行而逐渐恶化，引起车辆振动加剧、乘坐舒适性下降和线路破坏。因此，采用盘型制动的车辆需要设置踏面清扫器（图5-44），以通过摩擦逐渐修复车轮踏面缺陷，提高车辆运行品质。

踏面清扫器的作用原理与踏面制动所使用的闸瓦完全相同，由专用的制动缸、吊杆或杠杆以及清扫闸瓦等部分组成。制动缸工作介质由制动主管提供，其容积较小，因此，踏面清扫器制动缸先于制动盘制动缸动作，实现踏面清扫。

除采用普通清扫闸瓦增加黏着外，日本等国近年来还通过采用增黏研磨块提高黏着性能。试验表明，采用含有硬质颗粒合金材料的增黏研磨块，其黏着系数能够提高30%左右。使用等离子、电火花和电磁方式提高黏着系数的方法也在研究中。

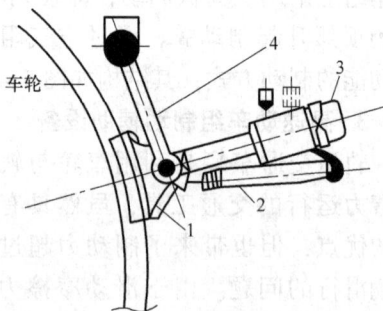

图5-44 踏面清扫器
1—清扫闸瓦 2—缓解弹簧
3—制动缸 4—吊杆

**4. 高速动车组制动新技术**

**（1）基础制动装置采用液体作为工作介质** 四方股份与日本 Kawasaki 等企业合作生产的 CRH$_2$ 型动车组采用了液压基础制动装置。其实质是在保持传统铁道车辆利用压缩空气作为制动系统工作介质的基础上，仅改变基础制动装置工作介质，采用液压实现盘型制动装置的制动与缓解作用。这样既充分利用了成熟的压缩空气制动系统，减少投资，又利用了液压系统体积小，响应快的优点。

实现气压-液压转换是液压基础制动装置的关键环节，CRH$_2$ 型动车组通过采用增压缸实现这一功能。增压缸由空气缸、液压缸及防滑电磁阀组成，吊挂在转向架构架纵向辅助梁上，其外形及结构分别如图5-45、图5-46所示。

**（2）制动系统工作介质的替代** 传统铁道车辆制动系统工作介质为压缩空气，俗称"风"。但是，空气系统具有质量大、体积大、响应速度慢等缺点，不能很好地满足高速动车组运行的需要。为此，日本尝试将空

图5-45 增压缸

气部件更换为液压件，制动与缓解指令通过电信号传递，这样可以在确保新系统具有传统空气制动系统良好可靠性的同时，实现轻量化和快速响应。

液压制动控制过程如图5-47所示。该系统由装在车上的制动电子控制单元和吊挂在转向架纵向辅助梁下部的电液制动装置组成。

电液制动装置包括由液压泵等组成的压力发生部、确保压力的蓄能器、可迅速动作的高速电磁阀、电源断电或液压不足时动作的紧急部及回油部等部分。与传统空气制动系统相

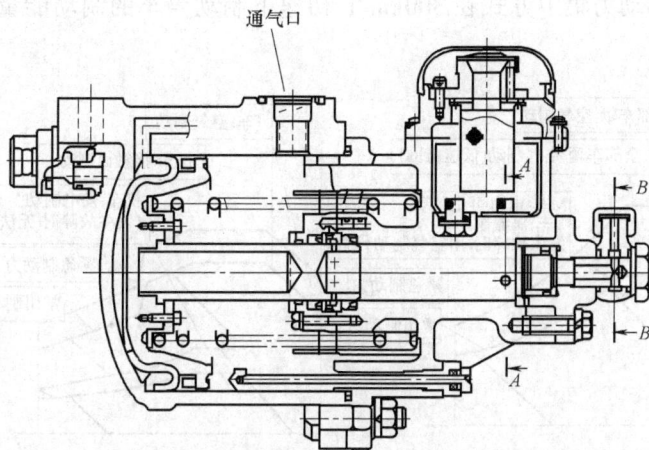

图 5-46 CRH$_2$ 型动车组用增压缸结构

比，由于可以取消风缸、空气阀等部分，故其质量能减少 1/3 左右。

**（3）提高轮轨黏着系数** 国外还尝试通过喷射增黏剂来提高轮轨间的制动黏着系数以提高制动力。使用的增黏材料为氧化铝或陶瓷类的微粒，该方法已通过日本新干线的现车试验，表明可将湿轨状态的制动黏着系数提高 1 倍左右，从而接近干燥状态的黏着系数水平。

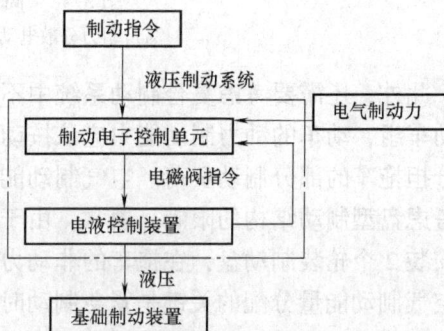

图 5-47 液压制动系统控制过程

## 二、高速动车组复合制动系统

高速动车组复合制动系统指由空气制动、动力制动和非黏着制动综合的制动系统。对于高速动车组，在正常情况下应当优先并充分发挥动力制动能力，空气制动作为辅助；在特殊情况时应以空气制动为主；在紧急制动时除空气制动和动力制动外还有非黏着制动的保安作用。

合理分配各种制动方式的制动能量是复合制动系统面对的首要问题。动力制动能力主要取决于动车的数量和各动力轴的电动机功率。根据国外经验，动力集中型动车组动力轴的动力制动功率可高达 1000 ~ 1200kW/轴；动力分散方式的轴重较轻，其动力制动功率和牵引功率相当，通常在 300kW/轴左右。故动力制动分担制动能量的比例主要和动车组模式、制动方式、制动初速度有关。日本新干线的 300 系和 500 系动力分散式高速列车在调速制动时几乎不用空气制动，在常用制动和紧急制动时也主要依靠动力制动，包括再生制动和涡流制动的能量占全部常用制动能量的 97% ~ 98%，仅在接近停车的低速时才有少量空气制动的机械制动作用。对于动力集中方式的高速列车，如法国的 TGV-R 列车，在调速制动时动力制动也占有较大的比例，但在常用制动时动力制动仅占约 30%，此时动力制动已达极大值，可调的只有空气制动力，特别在常用全制动和紧急制动时主要依靠空气制动作用。此外，在紧急制动时为保证高速列车运行安全附加有非黏着制动，例如，德国 ICE 列车设置磁轨制动装置，其制动能量占全部紧急制动能量的 10% 左右。

动力分散方式和动力集中方式在 300km/h 初速下制动停车的制动能量分配比较，如图 5-48 所示。

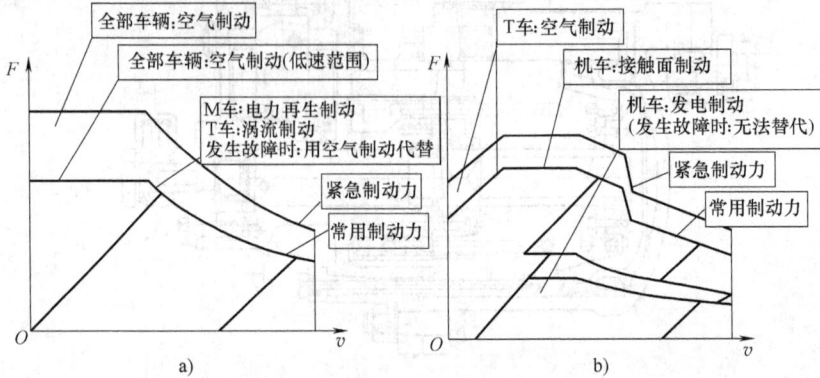

图 5-48　高速动车组制动能量分布

a）动力分散电动车组　b）动力集中电动车组

此外，还需要考虑复合制动系统中不同车辆的制动能量分配和制动热负荷问题。对于高速动车组，动车的动力制动能力应该按动轴电动机的最大制动功率设计，在常用制动时还可以分担拖车的部分制动负荷。空气制动能力的设计主要受到轮轨制动黏着系数的限制，并必须考虑盘型制动结构的限制。通常，由于安装牵引电动机的空间结构所限，每根动力轴上只能安装 2 个轮装制动盘，在拖车的非动力轴上则至多可安装 4 个轮装制动盘。因此，不同车辆空气制动能量分配的关键是紧急制动时的空气制动力设计。无论在复合制动或纯空气制动条件下都应该尽量减少列车编组中不同车辆制动力的差别，这是减轻高速列车纵向冲动和提高旅客乘坐舒适性的重要措施之一。

高速列车的复合制动模式包括不同车辆在不同制动作用工况和各种速度下的制动能量分配关系，应根据列车的动力方式和编组条件进行设计并通过微机控制，这是高速列车的关键技术问题之一。

## 三、高速动车组制动控制技术

基于系统可靠性和响应特性考虑，高速动车组采用微机控制的制动控制系统。该系统由电气部分和气路阀类部分组成。

电气部分包括制动控制器、微机控制系统和安全联锁装置。气路阀类部分由制动电磁阀和缓解阀、紧急制动电磁阀、强迫缓解电磁阀和切换阀、荷重传感器和 EP 传感器、重空车压力平衡阀、紧急限压阀、制动缸压力中继阀、总风缸及电空制动压力开关、空电转换电磁阀等组成。利用这套控制系统可以操纵两种制动装置：其一是正常情况下使用的采用微机控制的直通式电空制动装置，这是一种以动力制动为优先的动力制动、空气制动、磁轨制动的复合制动方式；其二为在电空制动失效的情况下使用的处于热备用状态下的自动空气制动装置。整个制动系统分为网络控制、电空制动控制和空气制动控制三级控制。网络控制通过网络传输控制指令，实现 ATP 列车控制；电空制动控制是以贯穿全列车的电空制动电缆为介质来传输控制指令及电制动力的模拟指令；空气制动是以贯穿全列车的列车管压力为介质来传输控制指令。上述三种控制的安全级别以空气制动最高，其余依次为电空制动和网络制动。而其指挥级别以网络控制最高，电空制动控制次之，空气制动控制最低。

该系统由列车管减压方式变为电气指令式的控制装置，不仅缩短列车制动空走时间，还包括有复合制动控制、空重车调整、制动模式控制、监控信息处理和显示等功能，从而可适应于 ATP、ATC 列车自动控制甚至最新的列车控制信息管理（TIS）装置的运用要求。

日本高速列车制动控制系统如图 5-49 所示，分为常用制动、紧急制动和辅助制动三种工况。常用制动时，列车制动力沿速度-黏着特性曲线连续控制。紧急制动时具有紧急增压作用。制动指令通过各指令线的组合送入制动输出控制装置，同时输入列车速度和动力制动的指令，由控制装置进行制动力的运算，使空气制动力等于指令力减去动力制动力，即空气制动起动力制动的补偿作用，该空气制动力通过电流信号送给 EP 电空转换阀转换成空气压力，再经中继阀变为制动缸压力。

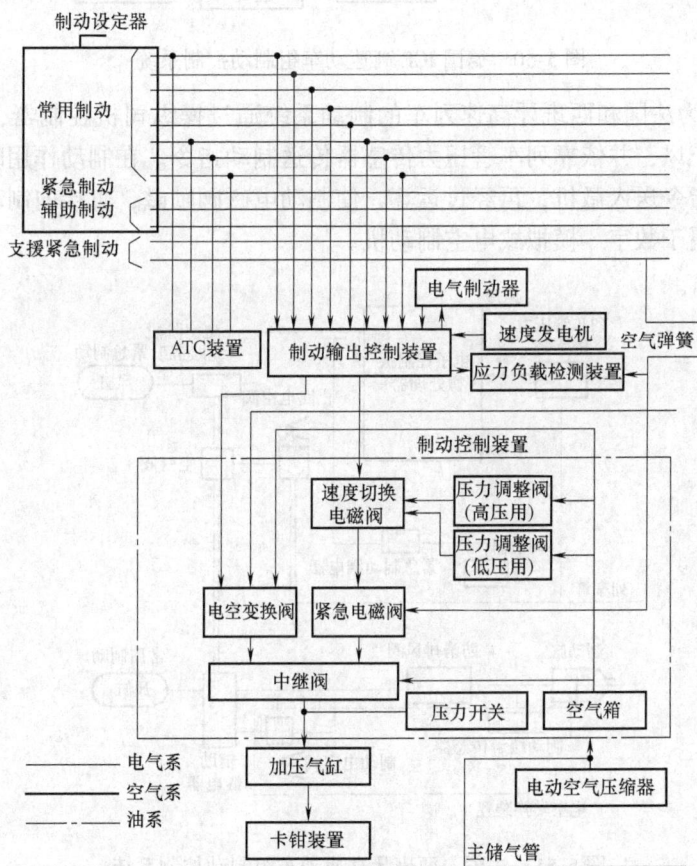

图 5-49　日本高速动车组制动控制系统

德国 ICE 高速列车采用克诺尔（KNORR）公司生产的微机控制的模拟式电气指令直通电空制动系统，其原理如图 5-50 所示。由司机制动操纵单元发出指令，经中继阀单元控制列车管压力；由电空单元控制输入制动缸的空气流量。微机控制制动力分配的优先顺序是：再生制动、线性涡流制动和空气盘型制动，确定制动力分配的主要依据是实际速度和所要求的减速度。

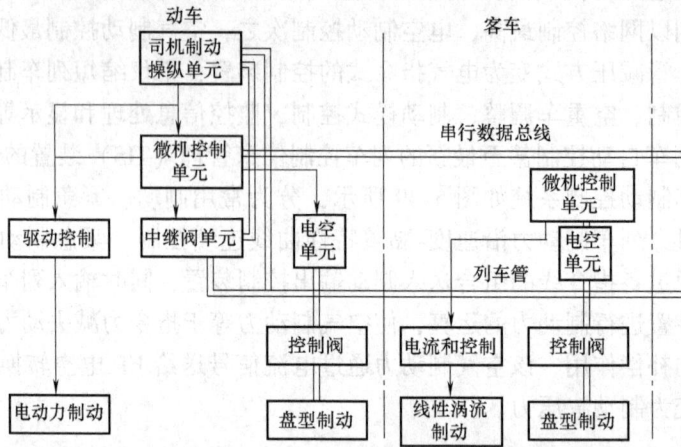

图 5-50　德国 ICE 高速动车组制动控制系统

图 5-51 所示为法国和西班牙高速列车的制动系统通过操纵司机控制器，以电磁阀实现列车管的减压或充风，并依靠列车管压力传感器传送制动指令。在制动作用时根据列车管减压状态，将制动指令送入微机，再经过运算，使制动电磁阀励磁，直接向制动缸充气。该制动控制系统同样属于数字—模拟式电空制动机。

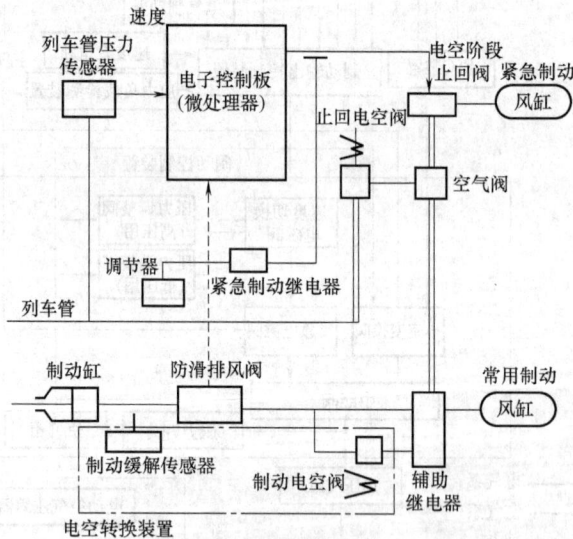

图 5-51　法国、西班牙高速动车组制动控制系统

## 第七节　动车组通信网络与运行控制系统

现代高速动车组趋向于采用动力分散模式，列车牵引、制动等设备分散布置在动车组各车辆上，其控制方式与传统机车牵引客车模式有很大差别，要保证分散布置的电气设备动作与控制指令协调一致，高速动车组内部信息交换就必须由通信网络实现。

## 一、高速动车组通信网络

### 1. 列车通信网络简介

世界各国轨道交通机车车辆生产企业在各自发展过程中使用了不同的列车网络技术。目前，广泛使用的列车通信网络有符合 IEC 标准的 TCN（IEC61375）、符合 IEEE 标准的列车通信网络（IEEE1473），以及其他工业控制网络，如应用于 TGV 高速列车 AGATE 控制系统的 WorldFIP 网络、应用于日本新干线高速列车的 ARCNET 网络等。它们都在各自的应用中取得了成功。

**（1）TCN** TCN 是由 IEC/TC9/WG22 为铁路设备的数据通信制定的一项标准。1999 年 6 月，IEC/TC9/WG22 在 ABB 的 MVB、西门子的 DIN43322 和意大利的 CD450 等运行经验的基础上制订的列车通信网络（TCN）标准 IEC 61375—1 正式成为国际标准。

列车通信网络（TCN）由多功能车辆总线（Multiply Vehicle Bus，MVB）和绞线式列车总线（Wired Train Bus，WTB）组成。其通用的拓扑结构如图 5-52 所示。

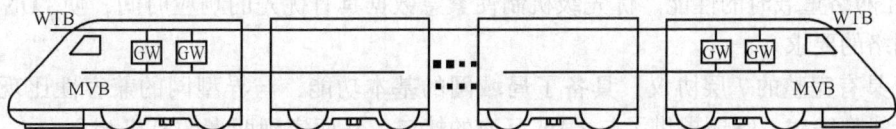

图 5-52 TCN 网络拓扑结构
WTB—绞线式列车总线 GW—网关 MVB—多功能车辆总线

列车通信网络的基本结构是两条总线组成的列车级控制、车辆级控制、设备级控制三层结构，如图 5-53 所示。列车通信网络包含了两种总线：①连接一个车辆内设备的多功能车辆总线（MVB），总线能快速响应，工作速率为 1.5Mbit/s，介质为双绞线或光纤；②连接列车中各车辆的绞线式列车总线（WTB），总线能自己组态，工作速率为 1Mbit/s，介质为双绞屏蔽线。

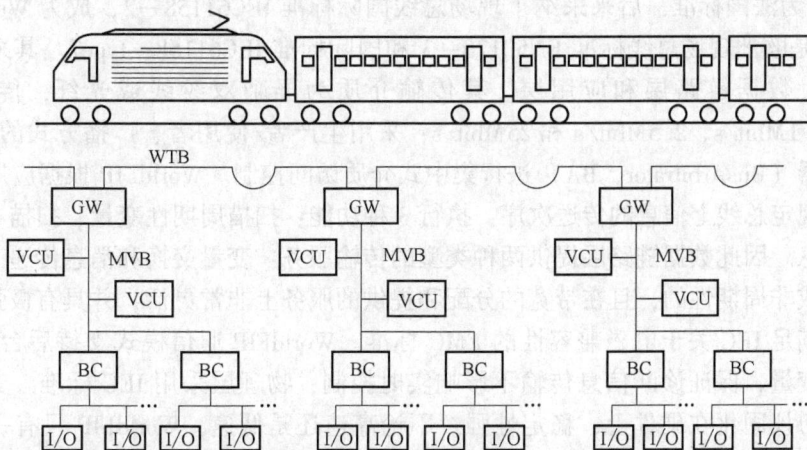

图 5-53 TCN 基本结构

WTB 与 MVB 之间通过网关进行协议转换。列车总线 WTB 是对西门子的 DIN43322 总线的改进，主要用于车辆之间的重联通信，其最大的特点是具有列车初运行和烧结（通信插接器触点去氧化）等功能，能自动识别车辆在列车编组中的位置和方向，从而满足开式列车需要频繁编组等特殊要求；车辆总线 MVB 则来源于德国 Adtranz 公司的 MICAS 总线（后更名为多功能车辆总线 MVB），主要用于车辆内控制设备的互连。TCN 网络采用基于总线管理器（BA）的集中式介质访问控制，并支持介质和总线管理器的冗余，因而具有强实时性和高可靠性等特点。

（2）**LonWorks** LonWorks（以下简称 LON）是美国 Echelon 公司 1991 年推出的全开放智能分布式测控网络技术。LON 采用 LonTalk 协议，其遵循 OSI 参考模型的全部 7 层协议。LonTalk 协议被封装在称之为 Neuron 的神经元芯片中。

LON 支持总线型、星形和环形等多种拓扑结构，网络结构可以是主从、对等或客户/服务式。传输介质可以是双绞线、同轴电缆、电力线、无线电和光纤等。采用双绞线通信时，最高通信速率为 1.25Mbit/s/130m，直线传输距离可达 78kbit/s/2700m。

LON 采用带预测 P-坚持 CSMA 的通信介质访问方式，既具有 CSMA/CD 的实现简单、带宽利用率高、单点故障不影响网络通信和节点可灵活进退网络等优点，又改善了一般 CS-MA/CD 在网络重载时的性能。优先级机制使紧急数据具有优先的响应时间，使 LON 可以适应控制网络的要求。

LON 具有完整的 7 层协议，具备了局域网的基本功能，与异型网的兼容性比现存的任何现场总线都完善。它还提供了与 LAN 互连的接口，从而实现两者的有机结合。

2002 年 7 月，我国原铁道部制订了列车通信网络标准 TB/T 3035—2002，也将 LonWorks 网络作为列车通信网络的一部分，并开始正式在我国机车车辆上进行应用。

目前，LonWorks 网络在北美及亚洲一些国家应用较多，如纽约地铁车辆、"美洲飞人"高速列车、重载列车的 ECP 电空制动系统、日本的单轨车辆，以及我国的一些机车车辆都有应用。

（3）**WorldFIP** WorldFIP 总线是由 1987 年 3 月成立的 WorldFIP 组织以法国几家大公司为主要成员开发的 FIP 现场总线技术。

FIP 最初为法国标准，后来采纳了现场总线国际标准 IEC61158—2，成为 WorldFIP。现在 WorldFIP 是欧洲现场总线标准 EN50170—3 和国际标准 IEC61158—type7。其采用 3 层结构：物理层、数据链路层和应用层。其传输介质为屏蔽双绞线或光纤，传输速率为 31.25kbit/s、1Mbit/s、2.5Mbit/s 和 25Mbit/s；采用生产者/使用者、广播方式的通信模式，由总线仲裁器（BusArbitrator，BA）进行集中式介质访问控制。WorldFIP 根据应用程序所要求的服务来规定总线上信息的传送次序，执行 3 种功能：扫描周期性变量、扫描非周期性变量和传输消息。因此数据链路层提供两种类型的传输服务：变量交换和消息传递。传输可以是周期性的或非周期性的，且在带宽的分配和提供的服务上非常灵活，并具有极强的抗干扰能力，完全满足 IEC 关于电磁兼容性的 EMC 标准。WorldFIP 通信模式支持后台传输信息、周期和事件变量，保证诊断信息传输不影响实时控制；物理层采用 IEC 标准，支持电缆冗余，大部分协议固化在硬件上，稳定性强。不论高速还是低速，WorldFIP 只有一套通信协议，所以不需要任何网桥或网关，低速和高速的衔接只用软件就可以完成。

WorldFIP 技术在铁路上已有成功的应用。法国 ALSTOM 公司将 WorldFIP 作为标准通信协议应用于其发的 AGATE 列车控制系统，并成功应用于 TGV 高速列车。我国上海轻轨明珠线上的轻轨车辆也使用了 WorldFIP 技术。

（4）**ARCNET**　ARCNET（Auxiliary Resource Computer Network）是一种基于令牌传递（Token Passing）协议的现场总线，其最初是美国 Datapoint 公司在 20 世纪 70 年代末作为办公自动化网络发展起来的。该系统具有快速性、确定性、可扩展性和支持长距离传输等特点，非常适合过程实时控制，近年来被广泛应用于各种自动化领域，是一种理想的现场总线技术。

ARCNET 是一个真正开放标准协议。从 OSI 参考模型来看，ARCNET 位于 ISO/OSI 七层网络体系模型中的数据链路层和物理层。它开放底层接口，允许用户自行开发嵌入式设备。每个 ARCNET 物理节点包括一个数据链路层的通信控制器芯片和一个物理层的收发器芯片。在数据链路层，它采用令牌环机制，各节点通过传递令牌来协调网络使用权。节点使用唯一的 MAC 地址标志自己，单个 ARCNET 子网最多可有 255 个节点，ARCNET 支持点对点的定向信息和单点对多点的广播信息。在物理层，ARCNET 支持总线型、星形以及分布式星形拓扑结构。ARCNET 速率为 2.5Mbit/s，传输的介质有同轴电缆、双绞线、光纤，可以满足绝大多数自动控制应用对速度、抗干扰性和物理介质的要求。使用光纤时的新型 ARCNETplus 速率已从原来的 2.5Mbit/s 增加到 100Mbit/s。

在 ARCNET 网中，由于采用了令牌传递协议，任何节点都不能独占网络，只有在持有令牌后才成为网络的临时主节点，才能发送一次有限长的信息。一旦信息发送完毕，必须将令牌传递给逻辑环上的下一个节点，收到令牌的节点就成了网络的临时主节点，如此循环，构成令牌环。ARCNET 使用令牌传递机制来仲裁各网络节点对网络的访问权，不存在竞争，在传递时间上是可预测的（事实上，能够计算出在最坏情况下节点间传递信息所需的时间）。ARCNET 网即使在网络负载重、流量较大的情况下，也不会造成网络阻塞。

ARCNET 支持长度可变的数据帧（0~507B），再加上其数据速率较高，使其具有良好的快速响应性能和适应性。ARCNET 具有内置的 16 位 CRC 校验、出错重传等机制，支持包括光纤在内的多种连接介质，可以适应各种环境下对通信质量的需求。由于数据链路层协议固化在控制器芯片内部，因此，ARCNET 不用软件就能自动完成诸如错误检测、流量控制以及网络配置等功能。

日本的高速列车所使用的列车通信网络主要采用 ARCNET 网络，我国 CRH$_2$ 型动车组也使用了 ARCNET 网络技术。

（5）**CAN**　CAN 全称为 "Controller Are a Network"，即控制器局域网，是国际上应用最广泛的现场总线之一。该总线最初由德国 Bosch 公司在 20 世纪 80 年代初期提出，是为汽车监测、控制系统而设计开发的一种串行数据通信总线。

1991 年 9 月，Philips Semiconductors 制定并发布了 CAN 技术规范（Version2.0）。该技术规范包括 A 和 B 两部分。1993 年 11 月，ISO 正式颁布了道路交通运载工具——数字信息交换-高速通信控制器局部网（CAN）国际标准（ISO 11898）。

标准的 CAN 协议仅定义了 OSI 参考模型中的物理层和数据链路层。CAN 采用多主竞争式结构，其信号传输介质为双绞线、同轴电缆或光纤。采用双绞线通信时，速率最高可达 1Mbit/s/40m，直接传输距离最远可达 5kbit/s/10km，可挂接设备数量为 110 个。

CAN 的通信介质访问方式为带优先级的 CSMA/CD。CAN 信号传输采用短帧结构，每帧的有效字节数为 8 个，传输时间短，受干扰的概率低，错误严重的 CAN 节点能自动切断该节点与总线的连接，避免对总线上其他节点造成影响。

应用层协议可以由用户定义成适合特别工业领域的任何方案，已在工业控制和制造业领域得到广泛应用的标准是 DeviceNet，CANopen 等。

近年来，CAN 与 CANopen 协议在轻轨、地铁、货车等轨道交通车辆以及车门、空调、倾摆、制动、牵引、旅客信息等控制子系统中获得了广泛应用，如 SAB——Wabco 的基于 CANopen 的制动控制系统、德国货运和法国国铁的货车车辆网络、捷克 Unicontrol 公司开发的基于 CANopen 的模块化的控制系统 UnitrackII、芬兰 EKE 电子公司开发的 WTB/CAN 网关、Selectron 在车辆翻新改造项目中使用的基于 CANopen 的分布式控制系统等。另外，Kontron、MEN、SMA 等公司可为用户提供满足铁路要求的带 CAN 接口的 CPU 控制板，Siemens、Alstom、Bomb-dier、Fiat、StadlerRail、GE 等公司在其内燃机车、轻轨车辆、地铁等产品中也使用了 CAN 和 CANopen。

目前，在德国的高速磁悬浮列车上，其连接各个磁浮控制器的车辆总线就采用了 CAN 总线。我国的一些动车组也采用了 CAN 总线完成动车之间的重联控制。

表 5-10 为各种列车通信网络系统特点比较。

**表 5-10　列车通信网络系统比较**

| 通信技术 | 功能与特点 | 可靠性 | 价格 | 适 用 场 合 |
|---|---|---|---|---|
| FSK 列车总线 | 19.2kbit/s，双绞电缆，860m，功能齐全，具有开发、调试、维护、管理工具支持 | 高 | 中 | 列车总线，连接长距离、灵活编组 |
| MVB/WTB | TCN 标准，1.5Mbit/s，光纤，2000m，功能齐全，具有开发、调试、维护、管理工具支持 | 高 | 高 | 车辆总线，机车车辆内信息主干线 |
| CAN | 62.5kbit/s，200m 以上，CMSA/CD 方式，具有高层协议支持，开发、调试工具齐全 | 高 | 低 | 子系统级总线 |
| Lonworks | 78kbit/s，300m 以上，CMSA/CD 方式，具有高层协议支持，开发、调试工具齐全 | 高 | 中 | 列车总线，车辆总线 |

### 2. 列车通信网络在我国的运用

我国列车通信网络的发展可以追溯到 1991 年，当时株洲电力机车研究所在购买 ABB 公司的牵引控制系统开发工具特别是软件开发工具的基础上，与高校合作开发出了我国第一套电力机车微机控制装置，安装于 SS40038 电力机车上。在该装置中，系统被明确划分为人机界面显示级、机车控制级和传动控制级 3 层。层与层之间通过串行总线连接，形成了二级总线的雏形。其中，该机车连接司机台显示器与机车控制级之间的显示总线，在"春城"号动力分散电动车组上扩展为连接各动力车的机车控制级与司机台显示器的列车显示总线；连接机车控制级与传动控制级的近程控制器总线在'先锋'号动力分散交流传动电动车组上扩展为连接动力车节点与传动控制单元和 ATP 的中程控制器总线。

20 世纪 90 年代中期，动车组在我国逐步得到应用，使列车通信网络特别是机车的重联控制通信的需求十分迫切。一方面，原铁道部开展了列车通信网络研究课题，另一方面，路内外许多单位也先后自发地开展了自我开发、联合开发或技术引进工作。这些工作主要在局域网、现场总线、TCN、通信介质、基于 RS485 的通信协议等领域展开。如原上海铁道大学与株洲电力机车研究所合作开发的基于 ARCNET 的列车总线和基于 HDLC 的车辆总线的列车通信网络的研究；原上海铁道大学用 CAN 作为连接司机台和列车控制单元的局部总线的研究；国防科技大学用 CAN 作为磁悬浮列车的列车总线的研究；西南交通大学用 RS485 协议、LonWorks 作为摆式列车倾摆控制总线的研究；原北方交通大学对通信介质及其转换的研究；大同机车厂对列车通信网结构及其协议的研究和对 BITBUS 的研究；株洲电力机车研究所的基于 FSK 的列车通信的研究，基于 RS485 协议的局部总线的研究，基于 LonWorks 的列车总线和局部总线的研究，CAN 总线用于列车监控装置和摆式列车局部控制总线的研究，基于 ModBus 的 ISO 局部总线的研究，MVB、WTB 的研究等，以及国产化的 MVB 产品与其他公司的 MVB 产品的兼容性试验；四方机车车辆研究所、铁道科学研究院、西南交通大学、武进剑湖铁路客车配件厂、武汉正远公司等对 LonWorks、MVB、WTB 进行了研究，购买了 LonWorks、MVB、WTB 的开发工具。部分研究成果在国产机车车辆产品上得到了应用，见表5-11。

表 5-11  采用了列车通信网络的国产机车车辆产品

| 车型 | 列车总线 | 车辆总线 | 子系统总线 | 供货商 |
|---|---|---|---|---|
| 唐山双层动车组 | RS485 | | | Siemens |
| "春城"号电动车组 | 远程 RS485 | | RS485 连接机车级与传动级 | 株洲电力机车研究所 |
| "新曙光"号内燃动车组 | LonWorks 动车重联 | | | 株洲电力机车研究所 |
| "大白鲨"电动车组 | FSK 连接动车和控制车 | MVB 连接显示器和牵引控制 | RS485 连接机车级与传动级 | 株洲电力机车研究所 |
| "蓝箭"电动车组 | WTB 连接全列各车 | MVB 连接单车所有设备 | | Adtranz |
| "神州"内燃动车组 | LonWorks 动车重联/CAN 动车重联 | | | 株洲电力机车研究所/武汉正远 |
| "先锋"电动车组 | FSK 连接全列各车 | MVB 连接制动控制、辅助系统控制、车辆设备控制、显示器 | 远程 RS485 连接牵引控制、ATP | 株洲电力机车研究所 |
| "中原之星"电动车组 | FSK 连接两牵引单元 | MVB 连接一牵引单元内所有设备 | | 株洲电力机车研究所 |
| DJ2 交流传动电力机车 | LonWorks 动车重联 | MVB 连接机车内所有智能设备 | | 株洲电力机车研究所 |

目前，我国列车通信与控制系统的发展已经进入实用化的新阶段。"新曙光"号是首列采用 LonWorks 列车总线技术的内燃动车组。"神州"号的 LonWorks 列车重联通信与此类似，但设置了一路 LonWorks 冗余通道。"先锋"号是首列采用了株洲电力机车研究所的列车通信与控制系统的动力分散交流传动电动车组。"中原之星"号是第二列采用 TEC 技术的动力分散交流传动电动车组。其与"先锋"号项目的主要区别是采用了 MVB 光缆连接一个车组单元内三节车的所有智能控制设备，而整列车仅设置了 2 个列车总线节点，即每个车组单元只设置 1 个列车总线节点。另外，"中原之星"号的车辆总线、列车总线、列车控制单元、某些重要设备控制用的数字输入/输出通道（如继电器）等采取了冗余措施。

### 二、高速动车组运行控制系统

#### 1. 列控系统构成及功能

由列控中心、闭塞设备、地面信号设备、地车信息传输设备、车载速度控制设备构成的用于控制列车运行速度保证行车安全和提高运输能力的控制系统，称为列车运行自动控制系统，简称列控系统。列控系统技术是现代化铁路的重要标志之一。

列控系统通常具有线路的空闲状态检测、列车完整性检测、列车运行授权、指示列车安全运行速度、监控列车安全运行等功能。

列控中心通过电缆与铁路线上的轨道电路、信号机、应答器等地面设备相连，主要完成列车位置检测、形成速度信号及目的距离信号等列车控制所需要的全部基础数据，并将信号传递给列车，车载设备（主要包括天线、信号接收单元、制动控制单元、司机显示器、速度传感器等）则通过媒体将地面传来的信号进行信息处理，形成列车速度控制数据及列车制动模式，用来监督或控制列车安全运行。列控系统车地间传输媒介主要包括：轨道电路、无线传输和点式设备。

#### 2. 列控系统分类

进入 20 世纪 90 年代，世界上已有许多国家开发了各自的列车运行控制系统，其中，在技术上具有代表性且已投入使用的主要有：德国的 LZB 系统，法国的 TVM300 和 TVM430 系统，日本新干线的 ATC 系统等。这些系统的共同特点是：可以实现自动连续监督列车运行速度，可靠地防止人为错误操作所造成的恶性事故的发生，保证列车的高速安全运行。它们之间的主要区别体现在控制方式、制动模式及信息传输形式等方面。

按照不同的分类方式，列控系统可分为不同的类型。

**（1）按照地车信息传输方式分类** 按照地车信息传输方式列控系统可分为三种类型：连续式列控系统（如德国 LZB 系统、法国 TVM 系统、日本数字 ATC 系统）、点式列控系统（如瑞典 EBICAB 系统）和点-连式列车运行控制系统（如 CTCS2 系统）。

**（2）按照列车速度控制模式分类** 按照列车速度控制模式列控系统可分为阶梯控制方式和曲线控制方式两种类型。

**（3）按照人机关系分类** 按照人机关系列控系统可分为设备优先控制的方式（如日本新干线 ATC 系统）和司机优先控制方式（如法国 TVM300/430 系统、德国 LZB 系统）两种类型。

**（4）按照闭塞方式分类** 按照闭塞方式列控系统可分为：固定闭塞和移动闭塞。

**（5）按照功能、人机分工和自动化程度分类** 按照功能、人机分工和自动化程度，列控系统可分为列车自动停车（AutomaticTrainStop，ATS）系统、列车超速防护（Automatic-TrainProtection，ATP）系统、列车自动控制（AutomaticTrainControl，ATC）系统和列车自动运行（AutomaticTrainOperation，ATO）系统四种类型。

#### 3. 列车速度控制模式

**（1）阶梯控制方式** 阶梯控制方式中，每个闭塞分区设计为一个目标速度。在一个闭塞分区中无论列车在何处都只按照固定的速度判定列车是否超速。阶梯控制方式可不需要距离信息，只要在停车信号与最高速度间增加若干中间速度信号，即可实现阶梯控制方式。因此轨道信息量较少，设备相对比较简单，这种传统的控制方式是目前高速铁路最普遍采用的控制方式。

阶梯控制又分为出口速度检查和入口速度检查两种方式。

法国 TGV300 系统采用了出口速度检查控制方式。该方式要求列车在闭塞分区内将列车速度降低到目标速度，设备在闭塞分区出口进行检查。如果列车实际速度未达到目标速度以下则设备自动进行制动。阶梯控制出口速度检查方式如图 5-54 所示。

日本新干线传统 ATC 系统采用入口速度检查控制方式。新干线采用速度分级、人工制动、自动缓解的控制方式。该方式要求列车在闭塞分区入口处接收到目标速度信号后立即以此速度进行检查，一旦列车超速，则进行制动使列车速度降低到目标速度以下。

阶梯控制入口速度检查方式如图 5-55 所示。

**（2）曲线控制方式** 曲线控制方式又分为分级曲线控制方式和速度-距离模式曲线控制方式。

1）分级曲线控制方式。该方式要求每个闭塞分区入口速度（上一个闭塞分区的目标速度）和出口速度（本闭塞分区目标速度）用曲线连接起来，形成一段连续的控制曲线，曲线控制方式和阶梯控制方式一样，每一个闭塞分区只给定一个目标速度。控制曲线把闭塞分区允许速度的变化连续起来。地面设备传送给车载设备的信息是下一个闭塞分区的速度、距离和线路条件数据，没有提供至目标点的全部数据，所以系统生成的数据是分级连续制动模式曲线（即以分级小曲线的变换点连成的准一次制动模式曲线）。法国 TVM430 系统采用了这种方式，TVM430 是 TVM300 的换代产品，地面采用 UM2000 型轨道电路。

法国 TVM430 速度曲线控制方式如图 5-56 所示。

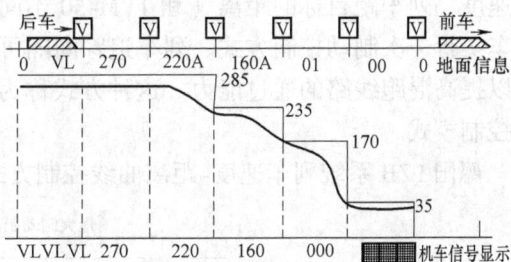

图 5-54 阶梯控制出口速度检查方式示意图
VL—线路空闲（一个绿灯）
A—警告（一个黄灯） V—区间标志

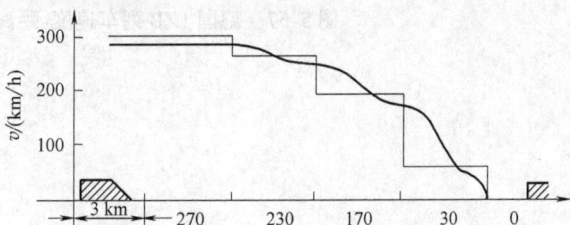

图 5-55 阶梯控制入口速度检查方式示意图

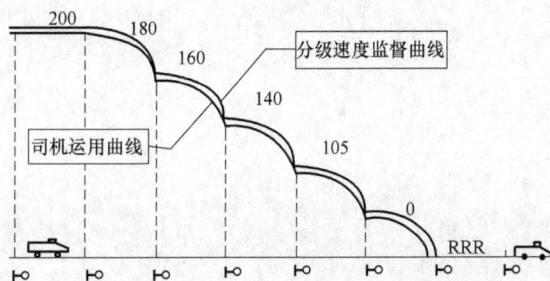

图 5-56 法国 TVM430 速度曲线控制方式示意图

2）速度-距离模式曲线控制方式。该方式是一次制动方式，它根据目标速度、目标距离、线路条件、列车性能生成的目标-距离模式曲线进行连续制动，缩短了运行间隔，提高了运输效率，增加了旅行舒适度。为了实现这一方式，地面设备必须向列车发送前方列车的位置、限速条件等动态数据，以及线路条件等静态数据。

速度-距离模式曲线控制不再对每一个闭塞分区规定一个目标速度，而是向列车传送目标速度、列车距目标的距离（和 TVM430 不同，它可以包括多个闭塞分区的长度）的信息。列车实行一次制动控制方式。列车追踪间隔可以根据列车制动性能、车速、线路条件调整，可以提高混跑线路的通过能力。这种方式称为目标速度-目标距离方式，是一种更理想的运行控制模式。

德国 LZB 系统列车速度-距离曲线控制方式如图 5-57 所示。

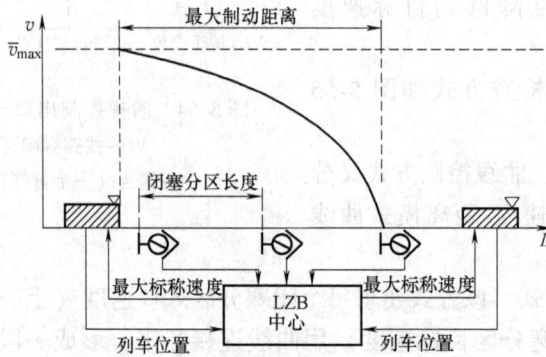

图 5-57　德国 LZB 列车速度-距离曲线控制方式示意图

# 第六章

# 轨道交通车辆造型设计简介

## 第一节　轨道交通车辆造型美学因素

尽管轨道交通车辆造型一直受到诸如气动性能、生产工艺等技术因素的制约，但并没有阻碍人们对其美感的追求。纵观世界各国、各时代的轨道车辆，尤其是近些年发展迅猛的高速列车，其造型设计无不精彩纷呈。美学特征较之于科学技术具有更加外化的特征，更容易被乘客直观感受。在技术发展到一定阶段之后，美学因素对轨道交通车辆造型设计的影响就愈发显著。尤其在消费模式的核心有了悄然转变的当下，在情感需求胜于实际需要的消费模式下，诸如美学因素、文化因素等非物质设计的要素被提到了新的历史高度。

### 一、轨道交通车辆造型的美学特征

工业产品的美至少具有下列两个显著特征：一是以其外在的感性形式所体现的形式美；二是以其内在的理性形式所呈现的技术美。此外，当产品脱离物质的层面，结合人们的认知体验与期望，还具有一定的象征能力或意指作用，因此产品便往往具有除形式美、技术美之外的第三种美学特征，即意象美。高速列车是轨道交通车辆的典型代表。

#### 1. 形式美

形式美是产品的形式因素本身的结构关系所产生的审美价值，是对产品的形状、质地、色彩以及构成某种空间秩序的相斥关系和外在形象的感性认知。形式美最基本的法则是多样统一性，它体现了形式结构的秩序化。而且这种秩序恰好与自然规律相契合。

（1）均衡与稳定　均衡主要是一种视觉上的平衡，是两个及两个以上的元素之间形成一种势均力敌的状态，从而构成心理上的平衡感觉，它是产生稳定感的基础。

高速列车运行速度快、体量大，尺度远大于人们日常生活所见之物，其造型设计尤其要注意形式的均衡与稳定，这样才能给人以安全的心理暗示，使乘客及旁观者产生值得信赖的心理感受。

在轨道交通车辆造型整体稳定的基础上，通过细节之处的对比可以突出不同造型因素之间的差异性，从而使列车造型形式富有生命力，弥补列车在追求稳定的过程中可能带来的造型单调、呆板或生硬感。如 ICE2 头车造型以方为主，而 ICE3 头车造型以圆为主并有一定的弧度，在造型的细节处理中特别注意方与圆的对比关系，其车灯造型如图 6-1 所示，圆形的大灯与方形的边框结合，通过对比增强了形式与整体的协调性。

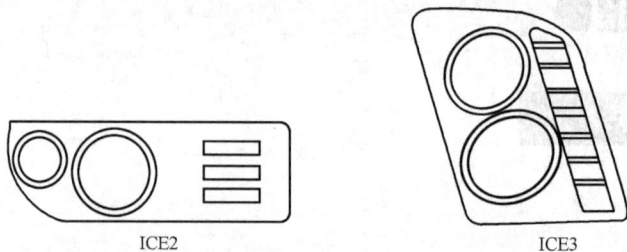

ICE2                                                        ICE3

图 6-1  车灯造型

**（2）比例与尺度**  比例构成了事物之间以及事物的整体与局部、局部与局部之间的匀称关系，它是形式多样性统一的首要条件，使造型得以保持一种合理的逻辑关系，成为协调构图关系的基本手段。在轨道交通车辆的造型设计中，比例表现为车体各部分的分割规律，以产生一种数理性与秩序感。

尺度作为一种衡量标准，反映在车辆内室人机环境尺度的协调关系上。轨道交通车辆车内尺度的把握是以人体尺度为参考的，以人的感觉、直觉以及心理感受为标准，来满足乘客对于空间感、领域感、私密感、安全感的要求。在造型设计中，只要能将合适的比例尺度关系运用到整体与局部造型的排列分割中，就能获得强烈的秩序感与条理感。

**（3）对比与协调**  对比指对差异性的造型因素（色彩、灯光、材质、机理、图形、形体等）运用连续并置、间隔性并置的方式来塑造产品形式，形成造型因素之间的强烈反差，以求获得强烈的感官刺激，进而产生视觉上的中心感受。对比能够打破简单和一致所带来的乏味感，进而产生一种变化的愉悦。

当然，对比过强或过多会使形式走向美的另一端，给人一种多样性的混乱，破坏形式的整体性。为避免对比过强而破坏整体秩序美，则需要对造型因素进行协调。协调是指在对比中找出统一的因素，使各造型元素间产生联系，相互呼应，动静互补，调和一致，使差异强烈的造型元素达到整体上的完整与统一。有关对比与协调这一美学原则的运用，在轨道交通车辆的色彩设计中表现较为突出。

**（4）节奏与韵律**  节奏是产品造型元素按照一定规律有秩序、有规律地反复出现或排列而形成的富有趣味的节奏感和秩序感。在产品造型中，韵律是不同节奏的巧妙而复杂的结合。造型元素有秩序、有规律地重复排列产生了节奏，如进一步扩展变化这种节奏，便产生了韵律。在轨道交通车辆造型设计中，无论是外在形式还是内室布置，都常采用重复出现的造型元素来形成一种节奏感，并巧妙利用人的视觉特性，使这些有节奏感的造型元素形成按一定规律递增或递减、密集或疏散的视觉感知印象，进而产生韵律感。

**2. 技术美**

科学技术是人类在利用、控制和改造自然的过程中，依据自然界及社会的规律和自身的目的所创造的物质手段以及知识、技能的系统。它是人与自然的中介，任何人与物的创造都离不开技术。从本质上说，艺术作为精神生产手段着力于反映人的心理感受和审美体验，而技术作为物质生产手段着重于强调其物质效用的实现。由此，技术产品就可能融合了两种不同性质的美：技术美体现了该产品的合规律性，在本质上反映了自然深层的"真"；而功能美则体现了它的合目性，在形式和谐中表现了事物的"善"。

高速列车技术美的特征体现在其机械加工工艺的精确，以及由此散发出来的强大力量。轨道交通车辆所体现出的精确与强大，正体现着人们对高科技发展的希望与耐性，高速列车实现了人类对高速度的憧憬。除了形式的创新设计，列车头部造型要考虑诸多技术限制，例如列车头型的长细比越大则减阻效果越好，但这也有一定的限值；为了降低列车交会压力波，头型造型设计还要考虑引流的问题，由此又会带来气动噪声问题。因此，轨道交通车辆头型设计是围绕减阻、降噪、降低交会压力波、降低气动升力等目标的系统寻优过程，而其造型也就自然流露出技术与逻辑推理的痕迹。

**3. 意象美**

意象美是我国传统美学的重要内容。在符号消费时代，轨道交通车辆（尤其是高速列车）不仅是在物质层面提供人们旅行的交通工具，而且也是时代发展的象征符号。在特定的关系中，产品造型、色彩等感官要素以其独特的象征意义激发人们的意象联想，传递出或喜悦或悲伤的心理状态，或高贵或廉价的产品品质，或时尚或古朴的生活气息，或热烈或祥和的环境气氛。作为先进科学技术的代表符号之一，高速列车传达着速度、安全、时尚、科技等意象语意。

速度感是高速列车极为重要的乘坐体验，是提高铁路客运市场竞争力的有效手段，因此塑造车体速度感的意象联想尤为重要。在产品造型符号中，斜线、平滑且有方向性的弧线、流畅连续的曲线都容易产生运动感，当运动的线条向同一方向汇聚，就会形成张力感，张力感与运动感结合便会产生一触即发的力量和速度的意象联想。运用色彩表现高速列车的速度感，最理想的处理方式是涂饰与整体车身连贯呼应、流畅平滑、方向感强的色带，这些色带在车头部位向下倾斜，与流线型的车头轮廓形成汇聚态势，产生强烈的方向暗示，类似箭头的形式指示了向前的冲动。

## 二、轨道交通车辆造型设计的美学要素

心理学家唐纳德·诺曼认为，美会对情绪有正面的影响，当人感到快乐时，更能容忍遇到的一些问题。轨道交通车辆外观及内装的美观性对改善乘客的情绪有着重要的影响，在设计时应充分利用形、色、光、质、情这五个要素来创造轨道车辆的美感体验，塑造轨道车辆的美学形象。意大利著名造型设计师瑟基欧·彼宁法利说："无论什么车，如果失去了形象也就失去了市场。"因此，在竞争日趋激烈的交通运输行业，从形、色、光、质、情等美学要素出发进行轨道车辆造型设计越发显得重要，它对塑造列车品牌形象、提供舒适的乘坐体验等方面有积极作用。

**1. 形**

轨道交通车辆造型是列车高速化、现代化形象的体现，其新颖独特的外形在受到气动性能、材料工艺等技术因素制约的同时，一直在努力创造着速度感、科技感和艺术美感。任何类型的轨道交通车辆外形无论简单或复杂程度如何，都是由最基本的形态要素——点、线、面构成的。在轨道交通车辆设计中，点、线、面都是相对的，奔驰在广袤田野间的轨道车辆形成线，相对于车头流畅的主体面，车灯就是点的体现。线是造型的基础，是决定形态基本

性格的重要因素。鉴于此，对轨道交通车辆造型的美学要素——形的分析，不妨也从线的角度进行思考。

**（1）线要素** 在构成轨道车辆造型的众多曲线中，总有几条线的形态与空间组合关系直接决定了整车的最终造型和美学感受，是整车造型的核心精神所在。这些线可以被称为轨道交通车辆造型的关键线，主要包括构成车体造型的轮廓线、不同部件结构的分形线及形体转折线。车体轮廓线，尤其是正侧面车头半水滴状轮廓线成为速度最为形象的视觉语言。相比于新干线300系，新干线500系车头侧面轮廓线更趋于直线，并有俯冲之势，锐利、直率、快速（图6-2）。车体不同结构部件的分形线，如车头车钩、车灯等部件的分形线所形成的视觉缝隙能够突显工艺的精湛与器械的精密。形体转折线主要有两种形式，一种形式是不同方向曲面相交形成的坚挺线条，这种形体转折线能看得到摸得着，强调了曲面转折的突兀，体现出力量与速度。另一种形式是控制以圆润为主的有机造型曲面走势的主要曲面结构线，这种形体转折线没有明确的视觉和触觉效果，强调了曲面的起伏变化、延展围合。

**（2）审美感受** 由点、线、面有机组合构造的轨道车辆车体造型最为典型的审美特征：一是婉转流动的柔，二是锐利强劲的刚。两种审美特性取决于车体造型关键线的显隐，取决于关键线条的可感知性。车体造型的关键线明确、锋利，整车尽显阳刚之美。第一代TGV-PSE与TGV-A在高速列车流线型造型中可谓独树一帜：在整体保证流线造型的基础上，大胆地运用硬朗的线条造型，使整个车型尽显锐不可当的阳刚之美。如前所述，法国TGV高速列车通过彰显不同部件结构分形线，强化了整车的精密感。反之，将关键线消隐，形成有机顺畅曲面，整车就会呈现婉转流动的柔美。无论是新干线E1系、Hayabusa，或者是德国的ICE3，抑或是我国和谐号高速列车，

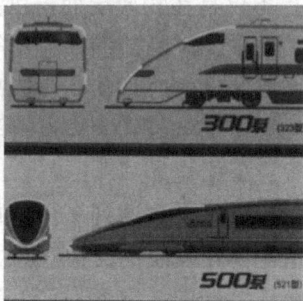

图6-2 新干线300系与新干线500系轮廓线

车头用弯转曲折、连续流畅的整体纯有机曲面，连贯流畅，一气呵成，婉转流动的曲面使整车造型韵味丰富，在灵动、高速的同时多了一丝柔美。

## 2. 色

色彩作为第一视觉印象常常具有先声夺人的力量，成为反映产品形象最直观的因素。色彩效应存在于设计的各个领域，在高速列车整车造型中尤为突出。列车车体造型是列车高速化形象的体现，流线型的外形在创造速度感、科技感和艺术美感的同时，一直受到气动性能、材料工艺等技术因素的强烈制约。相比于外形，列车车体色彩设计往往有着更大的自由度，它是一种更为感性的设计活动。

轨道交通车辆的色彩一方面具有吸引注意、渲染气氛、美化车身与内室环境等审美功能；另一方面，色彩成为某种社会意识形态的载体，被赋予了特殊的寓意，成为沟通和表达的有效媒介，具有了语意传达的效用。充分利用色彩的这一特性，从视觉心理的角度进行轨道车辆涂装设计，能够有效地塑造列车品牌形象、创造文化归属感，并能更好地提高乘车信息的可读性。

**（1）审美功能** 轨道交通车辆色彩的审美功能主要体现在合目的性（即色彩设计应符合列车的开行特点）和合情感性（即色彩设计符合人的心理特点）。色彩的合目的性与合情感性在轨道交通车辆内装设计中表现尤为突出，内装色彩设计必须考虑列车的开行特点，不

同的开行特点需要不同的色彩基调，以营造恰当的环境氛围。

除列车内装设计外，色彩的合目的性与合情感性还体现在车体色调涂饰与色彩布局分割方面，常采取横向色彩分割的方法来强化列车速度、形体特征。因为同一几何形状、同一尺寸的东西，由于采取不同的分割方法，就会使人感到它们的形状和尺寸都发生不同的变化，从而形成不同的视觉心理效果。

**（2）语意功能**　轨道交通车辆色彩设计的符号语意功能体现在信息传达、文化归属及品牌塑造三个方面。首先，轨道交通车辆善用色彩传达导向信息。色彩既是一种感受，又是一种信息。色彩的这一特性也被应用到了产品设计领域，如利用色彩表现产品功能、提示操作方式以及暗示价值定位等。

高速列车车体色彩同样具有信息传达的功能，在列车车体涂装中文字肩负着传达列车车次、车厢类别等信息的责任，很多国家列车车体色彩都具有传达列车信息的功能。这样，旅客可以根据列车车体的颜色来辨识所乘车次或车厢，色彩传递了乘车信息，满足了人们"辨认的需要"。用色彩传递列车信息，目的是协调人们的视觉反应，有效地提高列车远、中、近距离的良好明示性与辨识性，提高旅客上车速度，减少误乘，改善旅行环境。

其次，轨道交通车辆运用色彩营造文化归属感。色彩在不同地域文化中有着不同的象征意义，每一个民族、每一个国度都有独特的色彩喜好和色彩寓意。如红色，中国人喜欢用红色渲染热闹气氛，认为红色是吉祥色，意味着喜庆和幸福。把握色彩的文化属性，为高速列车赋予特定的内涵，能够形成群体的文化依靠和心灵归属，产生情感上的共鸣。很多国家的高速列车车体色彩设计都非常注重从民族文化符号中提取色彩元素来表达特定的含义，激发人们的文化归属感，进而提高人们对高速列车的情感认同。

另外，轨道交通车辆常借用色彩进行品牌塑造。目前很多国家都致力于高速列车技术研发，并逐步提升至品牌战略设计，表现为一种对品牌的打造与推广。除安全、服务、经济、舒适等能够塑造高速列车品牌形象外，车体形象的继承性也是行之有效的品牌塑造手段。高速列车的"形象特征"作为一种延续品牌"生命力"的设计要素也正成为高速列车的核心竞争力之一。高速列车外形与色彩成为品牌归属的一种语言，反过来外形与色彩的继承性又强化了品牌意识。各国高速列车正是借用色彩来凝练自身独特的品牌形象。我国现代轨道交通车辆发展过程中开发出的"蓝箭"号、和谐号等车体色彩涂装基本以"清新淡雅"为主，车体大面积留白成为我国现代轨道交通车辆车体涂装的共同特征，大有延续中国山水绘画虚实相生的表现技法。

**3. 光**

把光作为轨道交通车辆美学要素之一，除了源于光能够影响色彩的视觉感知之外，更在于轨道交通车辆内装中由自然光及人造光所形成的光环境对整个乘坐体验有着至关重要的影响。国外高铁内装照明设计所形成的光环境逐渐形成了一定的风格体系，如法国 TGV 内装照明设计彰显奢华、浪漫的感觉，甚至在灯光的颜色上也喜欢追求梦幻的意境，照明灯具的形式感也颇有情趣。

轨道交通车辆内室照明以提供舒适性乘坐体验为依据，针对车内不同的功能布局来选择灯具的照度、光色及组织形式，尽量能让旅客在列车内室这一有限空间环境中产生安全、宽松、稳定、温馨等舒适感和视觉美感。

**（1）照明方式**　根据不同的分类标准，车内照明有不同的分类方式。按照功能，车内照明可以分为环境照明、局部照明和装饰照明。环境照明提供整体环境的基础亮度，并使整个车厢获得均匀的水平照度，一般由顶部两侧柔白荧光灯提供。环境照明注重与环境的适配性。首先体现在照度与车厢功能的适配关系上，运用环境照明奠定不同车厢的光照基调，营造恰当的情绪氛围。其次，强调照度与环境的适配性，还要考虑自然环境的影响。环境照明在提供车内整体基本照度的同时，也奠定了环境的整体光感色调。因此，环境照明与环境的适配性还体现在色温与环境的协调关系方面。

为满足某些部位的特殊光照要求，在较小范围内或有限空间内，常采用局部照明的方式。在考虑环境照明的基础下，局部照明注重与乘客的适应性。首先，局部照明要考虑行为的差异性。其次，局部照明要考虑个体自身机能的差异性。

装饰照明主要是进行空间、色调和层次的气氛表现，使之与环境造型风格相一致，达到光线与色彩的协调。适当地增加装饰照明能塑造车厢的层次感和空间感，提升艺术效果。

按光照的形式不同可分为直接照明与间接照明。我国传统轨道交通车辆整体照明主要采用直接照明，高速列车整体照明主要采用间接照明。需要高照度的局部照明主要采用直接照明，为烘托气氛对光照无特殊要求的装饰照明采用间接照明居多。此外，照明方式按光源形式可以分面光照明、点光照明和线光照明。按光的投射方式可以分泛光照明、内透光照明、轮廓光照明。

**(2) 照明的审美感受**　恰当选择和设计照明的色温、照度、照射方式、照明的空间布置，能够形成积极的审美感受。光源的颜色常用色温这一概念来表示，低色温光源通常为暖光，色温提高后，逐渐转向冷光。对较小的车厢空间使用色温较高的冷色光源，在心理上可以扩大空间感，形成安静氛围；而选用色温较低的暖色光源，可以减少心理上的空旷感，看上去更加的温馨。

照度反映了光的照射强度，照度的高低决定人们感觉被照物体的明暗。高照度的环境让人兴奋、思维活跃，给人延伸感和扩张感；低照度的环境容易让人感到亲切，产生浪漫情怀，同时形成后退感和收缩感。

不同的照明方式能够营造出不同的空间感，直接影响人的视觉心理。在具体的灯光设计中，通过灯光的明暗、隐现、抑扬、强弱等有节奏的控制，采用透射、反射、折射等多种照明方式手段，可以创造出或温馨柔和或节奏明快的效果，同时能够营造空间大小，产生或宽敞舒适或紧凑局促的感觉。

轮廓光与内透光照明形式能够营造更加多变的内室环境，打破长时间乘车所形成的单调感。车内轮廓光一般用在窗户边、行李架、行李箱、车顶造型的加强处等。

灯光的空间组织较为丰富，按形制可以分为点光、线光、面光和体光。一系列点光按照一定的组织模式排列，能够产生秩序感。此外，点光（如卧铺车壁安装的点光）的聚焦性能够指示方向，并引导乘客的行为，进而产生稳定感。线光有一种连续性，尤其当线光与桶形车厢方向一致时，简洁通畅的特性更能延展桶形空间，并且其纵向运动强化了轨道交通车辆的速度感和力量感。面光、体光也有不同的心理感受，但在轨道车辆中应用相对较少。

在实际的车辆照明设计中，照明方式越丰富，则车内环境越生动，但也要考虑到照明的秩序性，避免产生杂乱感觉。在列车内室这一有限桶形空间环境中，照明设计尽可能要让旅客产生安全感、宽松感、稳定感、温馨感等积极的心理感受。

**4. 质**

材料作为产品造型的物质基础和情感表征，一直备受关注。材料的美感是人们的主观判断，是人们对各种材料的凹凸感、纹理感、平滑度、细密度、光泽度、透明度等的心理联想和审美感受，是视觉、听觉、触觉共感的结果。轨道交通车辆造型材料质感的美学塑造正是以视觉、触觉、听觉所形成的共同感受激发乘客的直觉联想，形成美感体验。质感各有其独自的秩序，对质感的体验是不能被其他东西代替的，需要直接地用肌肤接触、用耳朵聆听或用眼睛看，才能有生理的直接的感觉。借助经验基础上的共同联想，材料往往使人产生不可名状的美感。

**（1）质感审美**　材料本身特有的性质能使人在视觉、触觉上直接产生一种不同的美感。轨道交通车辆设计，无论是车体外观还是内装设施都非常善于运用材料自身属性来强化自身美感特征。除车体外观材质美感表现外，不同材料应用于内装设备会形成不同的环境氛围，如以棉、麻、丝、绒等纺织品做成的列车内装座椅蒙面，相较于我国绿皮车内装座椅的仿皮座椅蒙面，触觉感知更加柔软、温暖，更容易激发亲切、舒适的心理感受，更善于营造或华丽，或典雅，或热烈，或静谧等环境氛围。

此外，材料加工的表面处理工艺可以赋予材料更加丰富的外观效果和更加多样的功能，可以大大丰富人们的审美感受。

**（2）质感期待**　轨道交通车辆材料质感设计要把材料特性与旅客的感受结合起来考虑，满足乘客在有限桶形空间及旅途过程这一特殊情景下的情感需要。轨道交通车辆车体外观与内装设备的质感设计主要从触觉舒适性、操作指示性和心理愉悦性三个方面来进行，以达到作为现代化高科技产物产品特性及现代社会人性化设计需要的情感期待。

1）触觉舒适性期待。手感直接影响人们对产品的总体评价，良好的手感所带来的触觉舒适性能够形成好用的心理暗示，提高产品的使用性和宜人性。在轨道交通车辆内装质感设计中，无论是提供抓握、凭靠的扶手，还是用于坐卧的座椅、卧铺，其质感的触觉舒适性直接关联乘客对轨道交通车辆好用、舒适、先进等的整体性评价。列车上一些频繁受力的部件，如门挡、玻璃隔断的护栏，都常采用不锈钢材质，光洁度高，很容易突出产品的阳刚美；地铁上那些可供乘客用来抓握的扶手大多选用磨砂质感，增加抓握的摩擦感、实在感，产生舒适、可靠的心理印象。

2）操作指示性期待。材料之"美"离不开"用"，料质感设计同样离不开用的功能。质感用的功能主要体现在操作指示性方面，即运用不同材料搭配对比或同一材料不同工艺形成的质感对比引导乘客使用车内相关设施，提高车内设施的易用性。产品操作部位的质感设计要能够传达出如何正确操作的语意，能够暗示使用方式。现代轨道交通车辆内装设计越来越重视乘客的差异性需要，提供了越来越多的差异化、细节化的服务设施，如新型列车增设婴儿护理台、座椅底座电源插座及侧壁挂钩等。对这些新增的内装产品务必要注重其使用方式的引导性设计，使产品易于操作、辨认与使用，那么产品就会有更好的适用性，充分发挥其功用。

3）心理愉悦性期待。人们对不同的产品有着不同的情感期待，这种期待的实现常借助于质感的表现。作为现代高科技的代表、速度的象征，人们对轨道交通车辆有着鲜明的亲切感、先进感、精确感的共性心理期待。

在轨道车辆内装设计上常常用仿木纹的装饰贴面板来消解乘客旅途中的焦躁情绪，运用极富自然感觉的木材质感，创造温暖的感受，实现亲切的心理愉悦性期待。金属容易传达出冰冷的视觉感知，但同时也易于形成高档、理性、可靠的心理认知。车厢内室各部件细节造型用光泽感强的金属压边，既能打破旅途中的沉闷，又能提升内室档次的总体印象，利用金属的现代工业特性折射出理性、可靠、科技等视觉心理感受，实现先进的心理愉悦性期待。通过拉丝和磨砂等现代工艺处理的金属表面，以精致的表面肌理体现出工艺的精准，传达出可靠的信息，实现精确的心理期待。

**5. 情——列车表情**

表情本来是用于描述人的脸部特征的，它是最能表达人物内心和精神状态的部位。如果从拟人化的角度来考察，我们就会发现，不同的轨道交通车辆头型也构成了列车"脸部"形状的不同情态。这种由机车头部的线条、色彩搭配、结构线分隔、功能部件的巧妙安排拟合出来的情态就形成了列车的表情，渗透着车辆的"性格"，并唤起人的抽象心理体验和感觉，最终达到一种情感的共鸣。

## 三、轨道交通车辆造型的美学设计理念

品牌化产品造型设计总是保持一定的继承性，往往具有家族化的典型特征，如明晰的产品线形、较为一致的配色格调等，以便凝练其产品形象。在轨道交通车辆设计领域，这种凝练的家族化造型设计极其显著，并形成了鲜明的美学特征。纵观各国轨道交通车辆造型设计，其美学特征都不同程度地体现出对该国审美态度的传承、对其历史文脉的延续、对其国民性格的诠释，成为反应国家文化性、民族性的一个窗口。我国高速列车乃至其他轨道交通车辆的家族化造型设计刚刚展开，还没有形成典型的、鲜明的民族品牌性格。因此，我国有必要在轨道交通事业发展迅猛的当下，从传统美学视角思考轨道车辆造型设计的理念及美学特征。

**1. 我国的传统美学精神**

儒、释、道是我国传统文化的基石，对中华民族文化心理结构和性格特征的形成产生深刻的影响。

在我国众多的传统美学思想中，可以说"和谐"是我国美学思想的核心。以孔孟为代表的儒家提出一系列旨在实现人际与社会和谐的道德原则及建设大同社会的远景理想。道家的核心思想是"道"，而道的重要特征也是"和谐"，追求人与自然的和谐，重视顺其自然，强调遵循自然规律，与自然和谐相处，以达到"天地与我并生，而万物与我为一"的境界。

"和谐"作为我国传统文化的核心观念，凝聚了中华民族的精神，几千年来连续不断、生生不息。"和谐"美学精神早已成为我国传统造物艺术的设计理念。作为一种设计理念，"和谐"反应在人造物的形式与目的两个方面：一是形式的规律适应性，产品的形态要符合自然规律；二是产品的目的适应性，产品既要满足人的需求，又要与自然环境和谐共生。轨道交通车辆造型设计可以秉承"和谐"的美学思想，促进其艺术与技术、形式与功能的统一，实现人、车与自然的和谐，以创造产品的善。

此外，气作为中国古代哲学的基本范畴，同时也是传统美学的基石。时至今日，与原始儒家、道家、阴阳五行、朱子学等相互连贯中发展而来的"气韵生动"，已成为我国普遍适应于绘画、书法、诗歌等艺术门类的一个美学概念。轨道交通车辆造型设计遵循"气韵生动"的美学思想，可以使其在"和谐"上增加一丝流动与变化，以创造自内而外的美。为

使我国轨道交通车辆造型具有"气韵生动"的美、"和谐"的善，使轨道交通车辆造型成为华夏文明的一种隐喻或象征符号，造型设计需要根植于传统美学与造物观念，从传统文化的土壤中汲取营养，并以生长造型设计理念为指导。

**2. 道家美学思想的外化——生长造型设计理念**

依据道家的美学思想，尽管世间万物都有不同的描述与表现方式，但相同的是它们都是基于"原点本体"——内心形象建立起来的。造型设计应该回归到事物的最初状态，意识到造型之萌发、发展的过程，其本质是一个"意识—内心的灵动—自然与社会规律的限制—理性"相互作用并不断成长的过程。

一个好的造型绝不是从外形轮廓出发的，而是从原点或轴心生长出来的，而造型设计最重要就是要找到轴心（原点、起点）与轴线（生长的路径）。从这个角度来说，造型设计正是天地的共创，它起源于原点（设计造物的冲动），随着时间的推移，不断受到周边环境的影响而发生着微妙的变化。所以，我们需要用敏感的心灵去体会这种变化，并跟随这种微妙的感悟不断塑造合适的造型。

在造型设计的过程中，设计师常常被形体的边界轮廓所迷惑。其实，边界是一个变化多端的东西，很难准确把握。而只有抓住轴心，抓住"核"，才能抓住事物的本质，把握事物内部"骨"的东西。生长造型理论以种子从土中长出然后生长壮大为启发，注重把握造物的核心，把握事物之根本，最终从本质出发寻找事物的外延轮廓。对于中国的设计师来说，这个应该把握的轴心始终根植于璀璨夺目、绵延上至五千年的传统文化土壤之中，传统的"道""阴阳""太极"等观念均包容于其中。造型应该汲取文化土壤的营养，从最自然的根本出发，从心中的观念出发，不断生长，发展变化。

而轴线则是设计中产生秩序感的途径，体现为造型整体与部分、部分与部分之间的关系：配置的秩序—对称、照应，数量的秩序—比例、尺度，运动的秩序—节奏、韵律，安定的秩序—平衡、重心，多样的秩序—调和、主次。其中，形体的方圆关系是造型的关键，方是因为人类的理性，方的出现是因为人类找到了由方到圆的途径，这个途径是由造型的理性规律所决定的。在具体的设计中，造型生长的途径表现为一系列可操作的方法，如仿生设计的方法、文化诉求的方法、主题表现的方法、形体推敲的方法等。

**3. 对我国轨道交通车辆造型设计的启示**

生长造型理念正是在洞悉我国传统美学观念的基础上发展起来的，它将造型看成是一个有灵性、有生命的成长过程，用发展的眼光考察造型，关注人与造型的和谐统一，在造型中强调方圆、阴阳、正负、天地等关系的分析，这些正是传统文化与道家的主要主张。因此，用生长造型理论来指导轨道交通车辆的造型设计是十分恰当的。

这与造型设计的实践经验也是一致的。在形体要素的处理中，设计师不得不面对各种技术因素的限制，尤其是对于像轨道交通车辆这样强大的工业化产物，在其设计中技术的因素始终都占据着举足轻重的地位，初步设计的造型必须经过人机关系、空气动力学、加工制造工艺等技术限制的检验。但是，设计师却不能就此被束缚了手脚，造型的过程中应该遵循我国传统文化的要求，忠于自己的内心，形由心生，勇于面对技术的挑战，从而达到艺术与技术的和谐、人与自然的和谐，并最终生长成为造型适度、气韵生动的形态。轨道交通车辆的造型设计应注重以下几个方面：

1）注重形体方圆关系的处理。设计应以圆为主，圆中带方，整体圆润饱满。饱满的形态符合我国传统文化对和谐的要求，一直都是我国造型设计的主要特点。

2）注重点线关系的处理。流线型的车体造型不但符合空气动力学的要求，而且富有动感，很好地体现了轨道交通的速度感。线的方向、曲直、粗细等可以产生流动、绵延等不同感觉；线的推敲可以使高速列车在静止不动的时候表现出一种气质，使人感受到一种呼之欲出的动势，而这点正是"气韵生动"的要求。动感、速度感应该是高速列车造型的根本要求，造型要体现高速的意义，要传达"和谐"的思想，要形神俱备。

3）注重主次、呼应关系的处理。任何杂乱、无序、支离破碎或相互冲突的造型都不会给人以美的感受，这与我国传统文化的"和谐"观念背道而驰。因此造型设计中要处理好主次、呼应的关系，不能忽略哪怕是车窗、车门、车灯、雨刷等细小的部位，要将它们作为整体造型的有机组成部分仔细推敲。

## 第二节　轨道交通车辆造型文化因素

文化这个词我们并不陌生。卡西尔说："人有超越自然世界的一面，那就是文化的世界。"也就是说，人是文化的动物，人类的全部文化都是人自身以他自己符号化的活动所创造出来的产品。科学、艺术、语言、神话等都是这个产品的一部分，而它们内在的相互联系构成了一个有机的整体——人类文化。设计是一种人类特有的有意义的造物活动，这种造物活动由来已久，自从人诞生的那一刻起，实际的造物活动就一刻也没有停止过。人们有意识地改造自然界，并以自然为摹本创造了产品世界的第二自然。因此可以说，设计本身就是人类文化的一部分，是人类改造世界的实践活动与创新成果。正是在这个意义上，维克多·巴巴纳克在其著作《为真实世界的设计》中认为："设计是为赋予有意义的次序所做的有意识的和有动机的努力。"

### 一、轨道交通车辆造型设计的文化性

#### 1. 车辆造型与文化传统

轨道交通车辆造型设计是民族文化的真实写照，如日本以兼收并蓄的"舶来精神"与朴素、崇高的"自然观"造就了其高科技、神秘感的造型与内室环境无微不至的人文关怀。以浪漫著称的法兰西文化通常被认为是艺术的发源地与朝圣地，法国人具有天生的民族自信心，他们崇尚精英文化并追求精致的生活品质。这些文化特质在其现代造物设计活动中均有体现，这使法国列车造型设计总体上呈现一种科技时代的艺术化关怀，主要体现在车辆造型与内室色彩的选用，法国列车明显迥异与他国，乐于采用红、黄色等暖色调和较高纯度来表现一种洒脱与感性的文化特质。而对于德国来说，轨道交通车辆造型设计又体现出个性鲜明而卓越的日耳曼民族文化特色。德国人将"美"视为生活中的重要组成部分，他们注重整洁，钟爱黑、白两色，珍视文化传统，注重理性分析，在造物思想上表现为理性、庄重、简洁、流畅与实用融为一体的造型美学表现形式。

#### 2. 车体涂装与民族性格

轨道交通车辆的涂装设计是列车设计中重要的环节，主要包括车体选色、确定色块分割形式以及其他装饰图形的布局等。高速列车的造型形式更多地受制于空气动力学的束缚，而车体涂装则通常被认为是表面的、肤浅的设计，常被冠以被称作"技术花纹"的附属设计。

然而，近年来席卷世界的"高铁热"以及强烈的民族品牌构建意识将车体涂装设计重新提上日程，特别是面对如今设计界千人一面的机械复制时代，人们强烈呼吁设计的感性转向民族灿烂各异的本土文化。只有这样，才能建立全世界多样化的设计格局，彰显世界各国迥异的璀璨文明。

在所有感性因素的背后，民族性在较大程度上左右着产品的设计的风格。民族性是指人们在同一地域环境中由于气候、生活方式、风俗习惯的大同而造就的审美思想及观念意识的类同，是一种民族文化基因（也称民族性格）。对于车体涂装设计而言，选色及装饰色带的划分都应当体现本民族的审美心理及民族情怀。

装饰元素的运用与布局通常可以反映出该民族对装饰的热衷程度，这一点与该民族的人文性格和装饰历史传统相关。

衣、食、住、行是人们生活中不可或缺的四大组成部分，正如不同的着装风格体现不同的人物性格一样，轨道交通车辆的车体涂装设计往往是该民族性格的外显。

**3. 内室设计的文化气息**

轨道交通车辆内室环境是与乘客直接接触的第一环境，隶属于公共空间设计领域，有人将轨道交通车辆内室环境设计形象地比喻为"流动的建筑设计"，可见列车内室设计的重要性。在内室设计中涉及广泛的人机工程学、心理学、生理学和环境科学等众多领域，然而这些知识的运用最终均要以列车内室和谐、宜人的人文环境呈现出来。因此对人文因素的研究必不可少，它将有助于提升列车宜人性与舒适度，为乘客提供愉快的乘车体验。

在车辆内部设计中，应综合设计以座椅为代表的各类服务设施的造型、材质、色彩以及环境中的灯光甚至声效与乘客舒适度等环节。设计的原则是结合本国或本地域传统民族性与人文因素特征，同时需结合时代特征，在突显新工艺与新材料魅力的同时力行节约资源、耗能低、绿色环保等理念，使列车内室造型设计既是民族性的又是世界性的。

## 二、我国传统文化与轨道交通车辆造型设计

**1. 我国传统文化的特点**

我国传统文化作为东方文化的一部分有着悠久而璀璨的历史，孕育了古老而神秘的"中华美学"，尤其是我国古代的造物思想对现代设计思想产生了持久而深远的影响。我国传统文化是在我国漫长的封建社会时期形成并延续至今的民族思想观念，其中儒家、道家两大哲学流派对国人的后世观念产生了重大的影响。作为封建社会统治阶级的主流思想，儒家思想由孔子创立，以"仁"为其核心思想。仁，忍也，即对他人要包容、宽容与忍让，在这种思想的引导下国人普遍形成了一种谦和、礼让、含蓄的国式的待人接物礼节传统，也使中华民族以礼仪之邦而著称于世。此外，儒家文化讲求"中庸"，"中"即适合，"庸"即按照适宜的方式做事，意为按照适宜的方式做事便可以长久，可见在我国古代思想中蕴含着农耕文化的"和善"及"与世无争"的大一统观念。道家思想是我国春秋时期诸子百家中最重要的思想学派之一，创始人为老子，其思想以"道"为世界的最后本原，由此称之为道家。道家思想的有无相生理论对其绘画艺术的造诣产生了不可磨灭的贡献。"道生一，一生二，二生三，三生万物"，这种以小见大的思想观念成就了我国文化细腻、空灵之美。

如上所述，我们姑且将我国传统文化的特质归纳为一个"和"字，此处有两种释义。一为"温和""谦和"。我国文化以自给自足的农耕文化为根基，地大物博及辛勤劳作共同

造就了中华民族特有的温和气质，这一点与西方依赖海外掠夺资源得以安生的航海文化大不相同，主要表现为思想观念等意识形态不会过于尖锐、极端，而是崇尚折中、中庸之道。二为"和谐""和善"。在我国传统文化中，有关"和谐"的思想源远流长。他们从不同角度宣扬了和谐的意念，表明了中华民族自古以来便热爱和平、期盼和顺、崇尚和美以及追求和谐的理念。

我国传统的造物文化同样体现出"和"的思想，具体体现为尊重自然与自然和平相处。如春秋战国的《考工记》很早便有记载："天有时，地有气，材有美，工有巧。合此四者，然后可以为良。"它传达了一种尊重自然，尊重材质特性，同时积极发挥主观能动性的设计方法论，提倡的是一种人、物与自然三者合一的自然和谐造物思想，这些思想与现代设计中的绿色设计有着相同的理论基础。

最后，我国传统文化具有极强的包容性和广泛性，它融合了历史上各个民族、各个区域的文化，并对域外不同质态的文化不断地进行改造加工、消化进而吸收，我国传统文化的最主要特点是它延绵不断的生命力。

**2. 我国轨道交通车辆设计的传统**

我国轨道交通从早期蒸汽机车的舶来品到现代自主创新的新一代和谐号高速列车，历经一个半世纪的发展历程。伴随着新中国的成长与发展，轨道交通车辆在我国实现了从蒸汽机车、内燃机车、电力机车，到现代城市轻轨、地铁与高速列车乃至动车组等新型轨道交通工具的飞跃式发展。正如科技的每一次进步都推动了人类生活方式的变革一样，轨道交通的创新在时间上缩短了城市间的距离，从而拉近了人与人、人与自然的距离。同时，轨道交通作为大众出行工具必然打上时代的烙印，并且与本民族的传统文化息息相关。

以我国20世纪70~80年代的主打车型"绿皮车"（那种挂着墨绿色车厢行驶的铁路客车）为例，它曾经承载着几代中国人走南闯北的梦想，承载着一段写满温情的记忆。自20世纪60年代开始中国真正进入了蓝、灰、绿的无彩色服装时代，服装款式一致、色彩单一，不分男女、不分职业的军装盛行，全国上下呈现一片蓝绿色的海洋。这与当时军事化或半军事化的管理密切相关，全国上下（尤其是广大有志青年群体）普遍怀有对军队的崇拜与敬仰之情，在20世纪60~70年代的青年眼中无不以拥有一套绿军装而自豪，他们有军帽情结与英雄崇拜情怀，雷锋等偶像精神起到了榜样的推动力量并影响着当代青年的时尚取向。同时由于改革初期物质的有限性，艰苦朴素成为该时代的主流时尚。

我国20世纪60~70年代运营的内燃机车的造型特点为：整体造型以箱体为基础，车身较高，车身色彩以象征军队的军绿色和蓝色为主，配合简单装饰线，线条多以直线或折线形式呈现，车体块面分割清晰可辨，车窗为方角矩形形式。其车辆造型和车身色彩给人的总体感知意象为：严肃、谨慎、理性，带有强烈的军人气质和威慑力。

进入21世纪以来，迅速发展的以地铁、轻轨、城际列车以及磁悬浮列车为代表的新型轨道交通车辆开始进入人们的视线。这一时期，人们的衣食住行都发生了翻天覆地的变化，首先表现在可用资源的极大丰富与自由选择性。其次，在物质生活极大丰富的同时，高效、快捷成为人们更高的目标追求。科技的日新月异让人应接不暇，异彩纷呈的商品经济使社会如同陀螺般运行不止，瞬息万变的外部世界因素给现代人的生活方式带来了巨大的变迁，其中"快节奏"成为时代的最强音。与此同时，外来文化又起到了推波助澜的作用，西方无孔不入的传媒产业将其文化迅速推销到世界的每个角落，也终于在20世纪漂洋过海涌入我国。洋快餐、速溶咖啡、成衣卖场、智能手机、电子邮件以至于那些预制件钢筋水泥摩天大楼，这些一挥而就的物件，一时间竟成了现代人每天的生活必需品。它们由于与现代人追求快节奏的生活观念相契合而得到人们的垂青。

现代人的文化观念催生了轨道交通车辆的革命性变革，21世纪初轨道交通车辆的发展进入高速、多元化发展阶段。轻轨、地铁、城际列车、高速动车组、磁悬浮列车等新型交通工具系统开始在全国各地持续涌现，快捷、高效是其主要卖点，因此新时期的轨道交通车辆在造型上体现为便捷、高效。

**3. 基于我国文化传统的轨道交通车辆造型设计要求**

综上所述，中国传统的"和"文化在造物思想上集中体现为创新与传承并行，具体体现在轨道交通车辆设计中即要求列车造型设计能够继续秉承我国传统文化的和谐气质，和蔼而不张扬。只有在继承传统的基础上，力求突破与创新，紧跟时代的脉搏，不断将传统文化的现代思辨注入列车设计中，才能实现中国特色的民族品牌。以下是基于我国传统文化分别对轨道交通车辆系统设计中的头型设计、涂装设计以及内室设计提出的几点建议，以供设计参考。

**(1) 头型设计**　轨道车辆的头型关乎车辆的气动性能，同时也是语义传达的主要阵地，合理利用本民族的造型语言可在空气动力学的基础上增加列车造型的形式自由度，创造具有民族地域特色的造型风格。首先，基于中国文化传统的特色，应汲取中华五千年传统文化之精髓，以意象表征法将我国传统文化的"神""气""韵"注入产品设计中，使产品真正鲜活起来。对于轨道交通车辆来说，主要体现为秉承我国传统文化"和"的理念，在形态上应倡导"中庸之道"：大小适中、温和而不张扬，神态威而不怒、汇而不乱。其次，中华民族自古便以礼仪之邦而著称于世，这种意象可以幻化为产品的内在气质，通过造型语言传达出来。最后，基于运行中的车辆头型与空气之间形成一种意象上的空间互动耦合作用，因此，形态上应当体现为一种中和、妥协之美，宛若一眼流动的水，孱弱又坚强，纵使千沟万壑的牵绊却又百折千回，延绵千里而不决，正所谓"上善若水、厚德载物"。

如图6-3所示，该头型源自我国传统文化的基本精神——和合。我国古代先哲们通过对天地自然界、人类社会普遍存在的和合现象作大量观察和探索，从而提出了"和合"的概念。和合文化有两个基本的要素：一是客观地承认不同，如阴阳、天人、男女、父子、上下等等，相互不同；二是把不同的事物有机地合为一体，如阴阳和合、天人合一、五教和合、五行和合等。"和合"不仅突出了不同要素组成中的融合作用，更强调了矛盾的事物中和谐与协调的重要性。"和合"这一传统哲学概念已成为我国传统文化的精髓，广泛而深入地融合于我国文化之中。

该造型运用"和合"思想，将锐利、速度、严肃（侧面造型形态）与温润、闲适与亲切（正面造型形态）和合为一。侧面车窗随势而走的、硬朗边界的车窗以及具有新锋锐造型特征的、汇聚下冲的锐利曲面造型，理性严谨中渗透着无比的冷静与超凡的速度。正面整体意象与侧面迥然不同：圆润的整体形态辅之以

图6-3　我国速度超500km/h高速
列车头型概念设计方案

圆润的车前窗，圆融中略带稚气的曲面，圆融汇聚以及恰如憨笑眯眼的车前灯，一种温润的、快乐的、亲切的整体形象与侧面赫然迥异。该方案将矛盾的两面通过列车不同视角巧妙地呈现出来，将冲突巧妙地进行了消解，不是具象的模仿，而是传统哲学思想意象的再现。

**（2）涂装设计**　尽管我国历史上没有产生过欧洲的巴洛克、洛可可及至近代以来美国的商业主义和英法的新艺术运动、装饰艺术运动等装饰风潮，然而，勤劳勇敢的华夏民族自古便对美有着独特的体认。我国传统文化通常将美与道德联系起来，将美上升为一种道德上的"善"，即"美德"。因此在文人画中借笔墨而言志的艺术实践最终形成了迥异于西方的绘画流派——中国画，形成了独特而深邃的东方美学。在轨道交通车辆涂装设计中我们应当将这种精神予以借用，将中国画的构图与用色原则与写意的手法并用，创造出一种与现代工业产品相适应的简洁涂装语汇。另外，由我国传统文化历经千年沉积而成的中华传统纹样是现代设计汲取养分的艺术宝库，如飘逸的飞天、有无相生的太极图等。

此外，由于地域与传统文化的差异，每个民族都有自己所偏爱、惯用的色彩，我们称之为民族色或地域色，这些色彩通常以意象的方式储存在我们的记忆深处，如银装素裹的北国风光、江南的白墙黛瓦、西南的青山绿水以及西北的大漠孤烟等。将这些意象还原为相应的色彩体系并进行搭配，可以为不同地域的轨道交通车辆涂装提供具有该地域特色的配色方案。

**（3）内室设计**　轨道交通车辆的内室设计主要包括座椅、端门、顶棚、车窗侧墙以及座椅地板等纺织品设计等几个方面，由于轨道交通车辆内室通常被知觉为一个公共空间领域，因此设计应讲求整体氛围的营造，所有元素为营造氛围而服务，系统论思想贯穿其中。我国传统文化在轨道交通车辆内室设计中的运用，应当分为两个部分：空间布局方式设计与装饰设计。首先，在空间布局方式设计上要结合我国传统的生活方式和理念进行设计。如我国传统的合餐制饮食文化、会客礼仪等。我国传统的居室文化，如为避免登堂入室的照壁、玄关的设置理念，长幼尊卑的礼节与扶老携幼喜欢群居的胡同文化等。其次，对于装饰设计的要求，如中华民族自古以来对自然及祖国大好河山的喜爱歌咏之情，传统文化中对梅、兰、竹、菊品德高洁四君子的象征意义等。此外，不同地域景观及地域主流文化的装饰符号化表达对列车地域性氛围的营造可起到提升与烘托的作用。

# 第三节　轨道交通车辆造型的人机工程

轨道交通车辆的内室设计，不能只限于对车体及内部设施本身之造型、色彩、装饰及美学的考虑，而应该在设计中围绕使用者进行探讨，从使用者与设施、设备的关系出发，着重考察车辆内部设施与设备的人机工程学性能。本节以此为目的，探讨轨道交通车辆造型设计中的人机工程学问题。

## 一、人机工程学概述

人机工程学是一门尚处于发展中的新兴学科，该学科的显著特点是在认真研究人、机、环境三要素自身特性的基础上，不单纯着眼于单一要素的优化与否，而是将使用机的人、所设计的机以及人与机所共处的环境作为一个人-机-环境系统来研究，其目标就是科学地利用三要素之间的相互作用、相互依存的有机联系来寻求系统的优化。

　　具体地说，轨道交通车辆设计中的人机工程学要求在设计中从人的生理和心理特性出发，研究与解决人-机-环境系统协调统一的有机联系，使车辆设施、设备满足人的生理与心理要求，从而使乘坐及作业环境更加安全与舒适。

**1. 人机工程学的命名与定义**

**（1）学科的命名**　由于人机工程学研究和应用的范围极其广泛，各个领域的研究人员都试图从自身的研究角度给该学科命名和下定义，因此该学科名称并未完全统一，常见的叫法有人类工程学（HumanEngineering）、人因工程学（HumanFactorsEngineering）和人机工程学（Ergonomics）等。其中，"Ergonomics"一词由希腊词根"ergon"（即工作、劳动）和"nomos"（即规律、规则）复合而成，其本义为人的劳动规律。由于该词能较全面地反映本学科的本质，词义也能保持中立性，因此目前较多地采用"Ergonomics"一词作为该学科的命名。

　　在我国，人机工程学的研究从20世纪70年代末开始兴起，为了同国际接轨，我国大多采用"人机工程学"这一名称进行对外交流。同时，由于该学科在国内主要被用于协调产品与人之间的关系，最早在机械设计、工程设计领域得到应用与发展，因而普遍采用人机工程学这一名称。此外，常见的名称还有人机学、人类工效学、人类工程学、工程心理学、宜人学等。

**（2）学科的定义**　国际人机工程学会（International Ergonomics Association）对该学科所下的定义为：人机工程学是研究人在某种工作环境中的解剖学、生理学和心理学等方面的各种因素，研究人和机器及环境的相互作用，研究在工作中、家庭生活中和休假时怎样统一考虑工作效率、人的健康、安全和舒适等问题的学科。由此可见，人机工程学主要包括了三个方面的内容：一是人（操作者、使用者）的特性，包括生理特性、心理特性；二是人-机-环境系统，从系统的角度出发来进行考察，研究人与机及环境的相互作用；三是考察不同人-机-环境系统中的工作效率及人的安全、健康和舒适问题。

　　综上所述，可以认为人机工程学是以人的生理、心理特性为依据，应用系统工程的观点，分析研究人与产品、人与环境以及产品与环境之间的相互作用，为创造操作简便省力，安全，舒适，人-机-环境的配合达到最佳状态的产品系统提供理论和方法的科学。

**（3）人-机-环境系统**　人-机-环境系统是指由共处于同一时间和空间的人与其所使用的机器以及其周围的环境所构成的系统，简称人-机-环境系统。在人-机-环境系统中，人、机、环境相互依存，相互作用，相互制约，从而完成某一特定的生产或生活过程。

　　图6-4所示的人-机-环境系统中，人是指操作者或使用者；机泛指人可操作与可使用的物，可以是机器，也可以是用具或生活用品、设施、计算机软件等各种与人发生关系的一切事物；环境是人与机共处的环境，如作业场所和作业空间、自然环境和社会环境等。

**2. 人机工程学的发展**

　　英国是世界上最早开展人机工程学研究的国家，但该学科的很多奠基性工作实际上是在美国完成的。虽然人机工程学的起源可以追溯到20世纪初期，但它作为一门独立的学科只有50多年的发展历史，在其形成与发展的过程中，大致经历了三个阶段。

**（1）经验人机工程学**　20世纪初，美国学者泰勒（Freder-

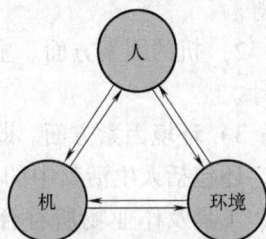

图6-4　人-机-环境
系统简图

ick. W. Taylor）在传统管理的基础上，首创了科学管理的方法和理论，据此制订了一整套以提高工作效率为目的的操作方法，并考虑了人使用的机器、工具、材料及作业环境的标准化问题。从泰勒的科学管理方法和理论的形成到第二次世界大战之前，称为经验人机工程学的发展阶段。

**（2）科学人机工程学**　第二次世界大战期间，许多国家都大力发展效能高、威力大的新式武器和装备，但由于片面注重新式武器和装备的功能研究，而忽视了其中"人的因素"，因而由于操作失误而导致失败屡见不鲜。例如，由于战斗机中座舱及仪表位置设计不当，造成飞行员误读仪表和误用操纵器而导致意外事故；由于操作复杂、不灵活和不符合人的生理尺寸限制而造成命中率低等现象经常发生。

这些失败的教训引起了决策者和设计者的高度重视。通过分析研究，人们逐步认识到在人和武器的关系中，最主要的限制因素不是武器而是人，并深深感到人的因素在设计中是不能忽视的一个重要条件。同时，要设计好一个高效能的装备，只有工程技术知识是不够的，还必须有生理学、心理学、人体测量学、生物力学等学科方面的知识。

科学人机工程学从第二次世界大战起一直延续到20世纪50年代末。由于战争的结束，人机工程学的综合研究从军事领域向非军事领域发展，并逐步把应用在军事领域中的研究成果用来解决工业与工程设计中的问题，如飞机、汽车、机械设备、建筑设施以及生活用品等。人们还提出在设计工业机械设备时也应集中运用工程技术人员、医学家、心理学家等相关学科专家的共同智慧。因此，在这一发展阶段中，人机工程学的研究课题已开始超出工程学的研究范畴，强调工业与工程设计中人的因素，力求使机器适应人。

**（3）现代人机工程学**　20世纪60年代，经过战后的恢复阶段，欧美各国进入了大规模的经济发展时期，科学技术的进步使人机工程学获得了更多的发展机会，许多用于战争和军事的技术转向民用，各种机器、工具、日用品的设计都开始考虑人机工程学。同时，在科学领域中，由于控制论、信息论、系统论和人体科学等学科中新理论的建立，应用新理论和新技术来进行人机系统的研究应运而生。这不仅给人机工程学提供了新的理论和新的实验场所，同时也给该学科的研究提出了新的要求和课题，从而促使人机工程学进入了系统的研究阶段。从20世纪60年代至今，可以称为现代人机工程学发展阶段。

**3. 人机工程学的研究内容与方法**

**（1）研究内容**　人机工程学的研究内容主要包括：

1）人的因素方面。作为研究主体的人既是自然的人，也是社会的人。包括人体生理限制、人体测量数据及生物力学、人的操作可靠性、人的行为及反应特征、心理感知与情感需求等。

2）机的因素方面。主要包括显示器、控制器、工作台、座椅等与人的操作有关的物的设计。

3）环境因素方面。既包括采光、照明、尘毒、噪声等对人身心产生影响的物理环境因素，还包括人生活其中的社会总体价值观念、群体行为、人文环境等，其目的是使机器设备、工具及作业场所符合人的价值取向，为使用者创造安全、舒适、健康和高效的工作条件。

4）人机系统的综合研究。包括研究人机系统的整体设计、工作设计、岗位设计、信息设计、交互方式设计、环境设计、作业方法及人机系统的组织管理等。

（2）**研究方法**　人机工程学的研究广泛采用了人体科学和生物科学等相关学科的研究方法及手段，也采用了系统工程、控制理论、统计学等其他学科的研究方法，从而形成了一些独特的研究方法以探讨人、机、环境要素之间的复杂关系问题。目前，常用的人机工程学研究方法包括：

1）自然观察法。自然观察法是研究者通过观察和记录自然情境下发生的现象来认识研究对象的一种方法。观察法是有目的、有计划的科学观察，是在不影响事件的情况下进行的，观察者不参与研究对象的活动，这样可以避免对研究对象的影响，保证研究的自然性与真实性。自然观察法也可以借助特殊的仪器进行观察和记录，这样能更准确、更深刻地获得感性知识。

2）实测法。这是一种借实验仪器进行实际测量的方法，也是一种比较普遍使用的方法。

3）实验法。实验法就是当实测法受到限制时所选择的实验方法，实验可以在作业现场进行，也可以在实验室进行。

4）分析法。分析法是对人机系统研究已取得的资料和数据进行系统分析的一种方法。目前，人机工程学领域常用的分析法有瞬间操作分析法、知觉与运动信息分析法、动作负荷分析法、频率分析法、危象分析法和相关分析法等。

5）计算机辅助仿真研究。随着计算机技术、数字技术和虚拟现实技术的发展，在数字环境中建立人体模型成为可能，这样就可以利用人体模型模仿人的特征和行为，描述人体尺度、形态和人的心理（如疲劳等），数字人体模型和虚拟现实技术可以使产品设计与产品的人机分析过程可视化。

**4. 人机工程学在工业设计中的应用**

人机工程学和工业设计在基本思想与研究内容上有一些共同之处：人机工程学的基本理论"产品设计要适合人的生理、心理因素"与工业设计的基本观念"设计以人为本，产品应同时满足人们的物质与文化需求"，其意义基本相同，只是侧重点有所不同；人机工程学与工业设计都着重研究人与物之间的关系，研究人与物交互界面上的问题。但同时工业设计在发展历程中融入了更多的关于艺术、美学、创意等探求文化象征意义的因素，其工作领域还包括视觉传达设计、环境艺术设计等方面，而人体工程学则主要在劳动与管理科学中广泛应用，这是二者的主要区别。

尽管如此，现代人机工程学还是在工业设计领域中得到了广泛的应用，主要表现在以下几个方面。首先，人机工程学的研究为工业设计中考虑人的因素提供了人体尺度测量数据。应用人体测量学、人体力学、生理学、心理学等学科的研究方法，对人体结构特征和机能特征进行研究，提供人体各部分的尺寸、质量、体表面积、密度重、重心以及人体各部分在活动时的相互关系和可及范围等人体结构特征参数，提供人体各部分的发力范围、活动范围、动作速度、频率、重心变化以及动作时的惯性等动态参数，分析人的视觉、听觉、触觉、嗅觉以及肢体感觉器官的机能特征。图6-5所示为工作空间设计示例。分析人在劳动时的生理变化、能量消耗、疲劳程度以及对各种劳动负荷的适应能力，探讨人在工作中影响心理状态的因素及心理因素对工作效率的影响等。

其次，人机工程学的研究为工业设计中产品的功能合理性提供了科学依据。现代工业设计强调以用户为中心，如果局限于纯物质功能的创作活动而不考虑人机工程学的需求，那就将是创作活动的失败。因此，如何到达产品与人相关的各种功能的最优化，创造出与人的生理和心理机能相协调的产品，将是当今工业设计在功能问题上的新课题。

另外，人机工程学的研究为工业设计中考虑环境因素也提供了设计准则。通过研究人体对环境中各种物理因素的反应和适应能力，分析声、光、热、振动、尘埃及有毒气体等因素对人体的生理、心理以及工作效率的影响，确定了人在生产和生活活动中所处的各种环境的舒适范围和安全限度，从保证人体的健康、安全、合适

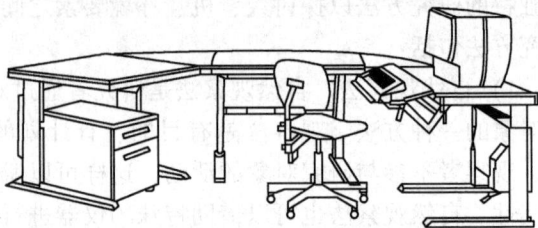

图 6-5　工作空间设计

和高效出发，为工业设计中考虑环境因素提供了设计方法和设计准则。

人机工程学为工业设计开拓了新设计思路，并提供了独特的设计方法和理论依据。社会发展，技术进步，产品更新，生活节奏紧张，这一切必然导致产品质量观的变化。人们将会更加重视方便、舒适、可靠、价值、安全和效率等方面的评价，作为边缘学科的人机工程学的发展和应用，也必会将工业设计水准提到人们所追求的高度。

人机工程学在工业设计中的应用还有一个量的问题。它在有些产品中的应用要多一些，在另一些产品中的应用要相对少一些。有些产品中的人机工程学应用相对简单，不需要进行复杂的人机工程学研究，而有些产品则需要进行比较复杂的人机工程学研究，如飞机的驾驶舱、列车的司机室等。

## 二、人机工程学与乘坐空间设计

乘客的生理尺度、动作幅度限制及其在车厢内的活动是轨道交通车辆内室设施设计的主要依据，在设计时应首先依据人体测量数据进行人机关系分析，为主要设施与设备的设计提供参考范围。

### 1. 车辆内室布局设计

乘客总是期望拥有尽可能大而舒适的车内空间，因此内室设计时选择怎样的结构和布局就显得尤其重要。比如，车辆座椅的排列可以就采取很多不同的布局，纵向整齐排放还是成组排放。座位全部朝前还是可以部分朝后等，这些基本的布局影响到空间利用率，也影响旅客的体验。因此，应根据乘客的行为特点进行车辆内部空间的布局设计。

### 2. 座椅设计

座椅是乘客休息使用的主要设备，要求良好的舒适性，如保持脊柱正常的生理弯曲、合理的体压分布等，从而保持全身肌肉放松及血液正常循环，同时抵抗振动以减少疲劳。因此，座椅的设计应符合人体的生理尺度，使乘客能保持正确的坐姿，并提供可供方便活动的空间。

人在乘坐状态下脊椎的相应位置应该得到支撑，否则人就容易产生疲劳感。因此，座椅的靠背曲面主要在两个方面应能满足要求：一是人体腰部位置应得到支撑，二是颈部应得到足够的支撑（尤其是乘客在需要休息的时候更是如此）。如图 6-6 所示为一个座椅靠背参考曲线。

另外，座椅的尺寸是否合适，直接关系到座椅的舒适性。理想的座

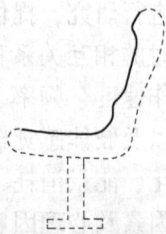

图 6-6　座椅靠背
参考曲线

椅必须根据使用目的及人体尺度进行多方面的考虑，应满足以下几点要求：

1）良好的静态特性。具体包括以下几个方面：①座椅的尺寸必须参照人体测量学数据确定，保证人体具有合适的坐姿。②根据体压分布不均衡原则，身体的主要重量应由臀部、坐骨结节承担，座椅前缘处大腿与椅子之间压力应尽量减小。③靠背的合理支承。腰椎、骶骨、椎间盘及软组织应承受上半身的大部分负荷，应根据不同功用的座椅来选择不同支承方式的靠背，如低靠背、中靠背、高靠背、全靠背。靠背与人体脊柱贴合程度要高，接触面积要尽量大。④乘坐者应能方便地变换姿势（不必起身），但必须防止滑脱。

2）视野良好。

3）能动态调整尺寸和位置，以保证视野变化的需要和操作方便，但是应尽可能少地调节尺寸和位置，座椅能对乘客的动作与姿势做出自动响应。

4）良好的动态特性，以缓和与衰减由地面或地板传来的振动和冲击，保证乘客长时间乘坐不疲劳。列车行驶中的水平振动会给人体横向力，而人又不能在车上过度摇摆，必须维持一定的姿势，这就需要中枢神经系统指挥人体有关部位做功，以维持人体的平衡。如果通过座椅来约束人体的晃动，则可以减少人体因此做功的消耗。在设计座椅时，必须考虑使其具有抵抗横向振动的能力。座椅靠背应向后倾斜，使腰、背部得到依靠，加之靠背衬垫的适度柔软性，可缓冲横向振动对人体的冲击，同时靠背两侧稍隆起，也能减轻人体的横向移动趋势，使人感觉乘坐舒适。

5）有足够的结构强度、刚度和寿命，能保证人的安全。

6）结构紧凑，外观与色彩美观、大方，并尽可能减轻质量，有良好的结构工艺性。

一般来说，座椅设计时应考虑的主要尺寸有座高、座宽、座深、座面倾角、靠背尺寸、靠背倾斜度、扶手、座面硬度等。

座高是地面至座面上坐骨支承处的高度。合适的座高应使大腿保持水平，小腿垂直，双脚平放在地面上。座高一般相当于胫骨点高度（约为人体总身高的1/4），或略低于小腿长1cm左右，这样可以使下肢着力于整个脚掌，并有利于两脚前后移动。座面过高会使小腿悬空，而大腿受椅面前缘压迫，腿部血液循环受阻，长时间后造成小腿麻木肿大；座面过低则会使腿长的人盆骨后倾，从而使腰椎曲线拉直，长时间后会使人感到腰部不适。

座宽是座面的左右距离，应满足臀部就座所需的尺度，使人能自如地调整坐姿。如果座面过窄，会使人产生拥挤和压迫的感觉；而座面过宽则会使人不自觉地把肘部向外伸展以寻求支撑，引起肩部疲劳。

座深是座面的前沿至后沿的距离。正确的设计应使臀部得到全面的支撑，腰部得到靠背的支持，座面前缘与小腿间应留有适当的距离，保证小腿可自由活动。其深度一般相当于臀部至大腿全长的3/4。

座面与水平面的夹角称为座面倾角。舒适的坐姿应使体重落在较大的承受面上，但不是平均分布，坐骨结节处应压力最大，从坐骨结节向外，压力逐渐减小，直到与座面前缘接触的大腿下面压力为最小。为了使压力集中于大腿后部的坐骨结节周围，应略提高座面与水平方向的夹角，以5°~10°为宜。此夹角还有防止行车中乘客臀部向前滑行的趋势，减少肌肉静力收缩，减少因这一滑动趋势而造成的生理和心理的疲劳感。

靠背倾斜度，即靠背与座面的夹角，是保证得到舒适姿势的必要条件。为了使腹部与大腿之间的血管不受压迫且血流畅通，躯干与大腿之间应保持钝角，一般在115°左右，调节靠背一般在 95°~135°，这一生理要求同样需要座椅靠背略向后倾。靠背倾斜还能使躯体的部分体压分布在靠背上，使腰背部有所依托，腰背部肌肉得以放松，从而减缓疲劳的发生。但若靠背倾角过大，也会使乘客起坐不便，向窗外视物倾斜，并使颈部有向前弯曲上抬的趋势，不仅会造成颈部疲劳以及心理上的不适感和疲劳感，而且还会影响车内有效面积的合理使用。

与座面接触最紧密的是人体坐骨结节处的两个点，在这两个点周围约 250mm 范围承受人体约 70% 的重量，所以久坐以后会感觉臀部酸痛。若在座面上加上软硬适度的坐垫，则可增加接触面积，从而减小压强。但太软太高的坐垫，易造成身体不稳；坐垫太硬又易造成人体接触部分的压力集中，使某些部位的肌肉长时间处于紧张状态或血液循环受到阻碍而发麻，产生疲劳，如图 6-7 所示。所以，要求坐垫能有效地衰减 20Hz 以上的振动即可。

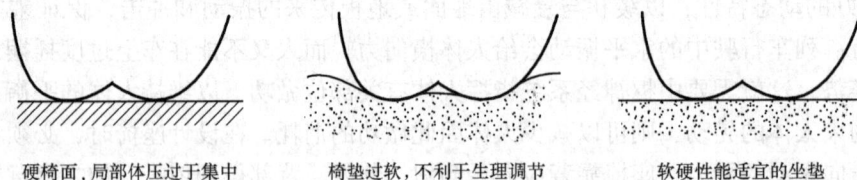

硬椅面，局部体压过于集中　　椅垫过软，不利于生理调节　　软硬性能适宜的坐垫

图 6-7　坐垫的软硬性能

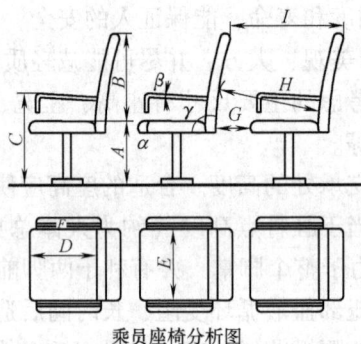

乘员座椅分析图

图 6-8　座椅主要尺寸分析图

综上所述，座椅作为轨道交通车辆中乘客使用最为频繁的设施，其设计的效果对乘客的总体满意度关系密切。理想的座椅设计应尺寸合适，靠背倾角可调，腰部和肩部应有支撑，一个可供参考的座椅设计如图 6-8 所示。

影响座椅设计的尺寸见表 6-1，其中 $A$、$B$、$C$、$D$、$E$、$F$、$\alpha$、$\beta$、$\gamma$ 为单个座椅本身的尺寸，$H$、$I$、$G$ 为座椅间距的主要度量。

表 6-1　VIP 座椅参考尺寸分析

| 尺寸代码 | 尺寸名称 | 尺寸参考范围 |
|---|---|---|
| $A$ | 座高 | 372~463mm |
| $B$ | 靠背高度 | 729~868mm |
| $C$ | 扶手高度 | 595~709mm |
| $D$ | 座深 | 450~510mm |
| $E$ | 座宽 | 485~486mm |
| $F$ | 扶手宽度 | 72~85mm |

(续)

| 尺寸代码 | 尺寸名称 | 尺寸参考范围 |
|---|---|---|
| $G$ | 座椅背距后椅边距离 | 347 ~ 486mm |
| $H$ | 座深到前椅背最大距离 | 797 ~ 1096mm |
| $I$ | 前后椅背距离 | 1195 ~ 2478mm |
| $\alpha$ | 椅座面角度 | 5° ~ 15° |
| $\beta$ | 扶手倾斜角度 | 5° ~ 10° |
| $\gamma$ | 座面与椅背可调节角度 | 100° ~ 180° |

### 3. 行李架、拉手设计

行李架是每位乘客都要使用的车内设施，而行李架的高度则是其设计的主要尺寸要求，该尺寸与乘客的摸高直接相关。摸高是手举起时所能达到的高度，垂直作业域和摸高是设计各种框架、扶手、搁板、行李架的主要依据。图 6-9 所示为对身高 155mm、160mm 的女性和身高 170mm、175mm 的男性的摸高进行的分析。

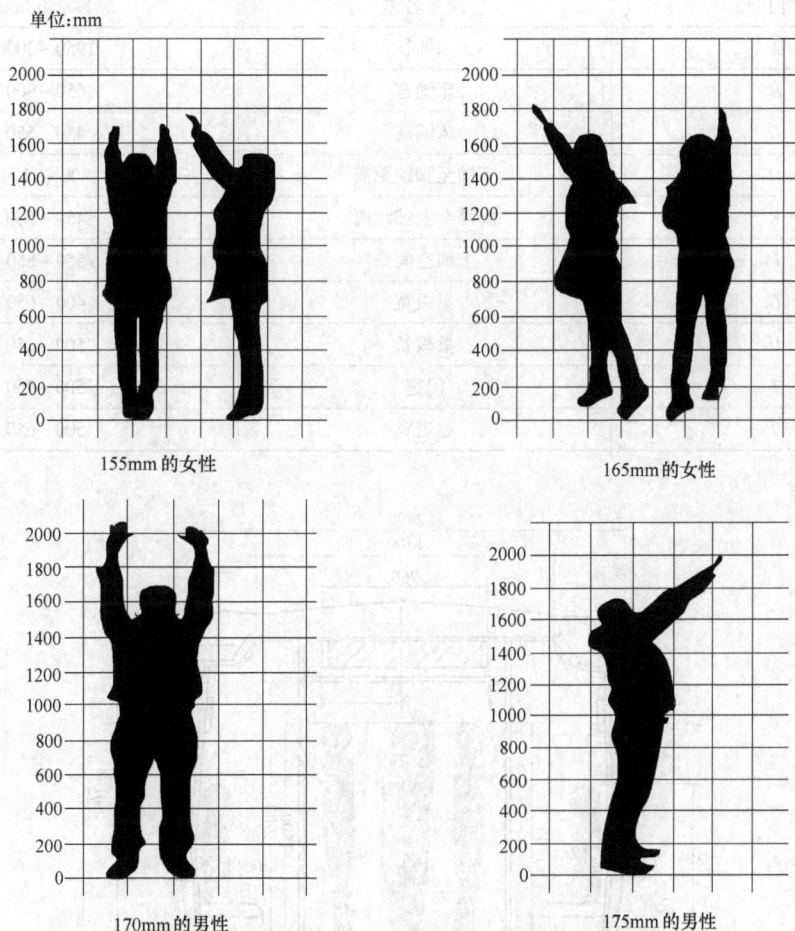

图 6-9　乘客使用行李架的姿态

行李架与人的行为是在垂直作业区域内完成的，而垂直作业域是手臂伸直，以肩关节为轴做上下运动所形成的范围，用于决定人在某一姿态时手臂触及的垂直范围，如门拉手、搁板、行李架等。地铁、轻轨车内的拉手也是如此，图6-10所示为对此进行的分析。

**4. 卧铺包厢设计**

卧铺包厢主要供乘客休息使用，其主要设备有床铺、小桌板、储物柜等。由于包厢空间有限，所以储物柜及行李箱设置在下铺较为合适。床铺的长度、宽度及高度尺寸选取主要参考人体尺度，同时要考虑到对过道宽度的影响（图6-11）。卧铺包厢主要设计尺寸参考值见表6-2。

**5. 餐车设计**

在长途的轨道交通车辆中，由于乘坐时间较长，所以一般都设置有餐车。在进行餐车设计时，通过人体在就餐姿势下的尺度和幅度数据可以基本确定餐桌的宽度与高度，根据人体坐姿的活动尺度、腿部的活动空间等可以确定餐桌间距。就餐区的通道的设计需要考虑最大人体宽度和最大人体厚度，图6-12及表6-3总结了就餐区各主要设施的参考尺寸。

表6-2 卧铺包厢主要设计尺寸参考

| 尺寸代码 | 尺寸名称 | 参考值/mm |
|---|---|---|
| A | 床铺长 | 1950~2000 |
| B | 床铺宽 | 650~900 |
| C | 床铺高 | 450~550 |
| D | 下铺至脚踏距离 | 900~1120 |
| E | 脚踏至上铺距离 | 450~560 |
| F | 上铺空间高 | 550~850 |
| G | 桌板宽 | 400~650 |
| H | 桌板长 | 500~850 |
| I | 门宽 | 500~750 |
| J | 通道宽 | 500~650 |

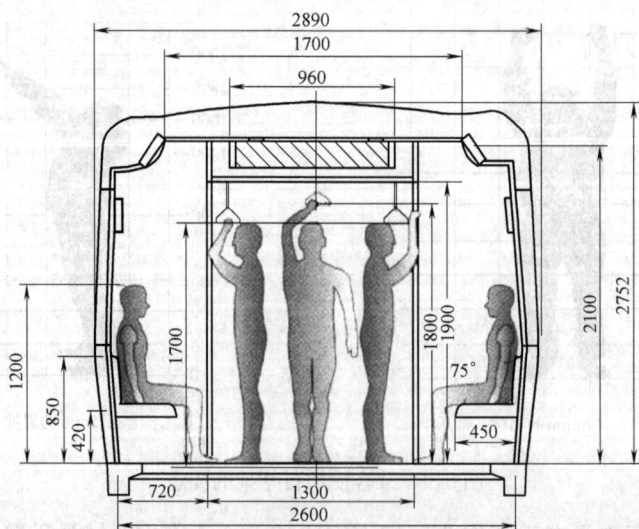

图6-10 拉手设计的人机分析

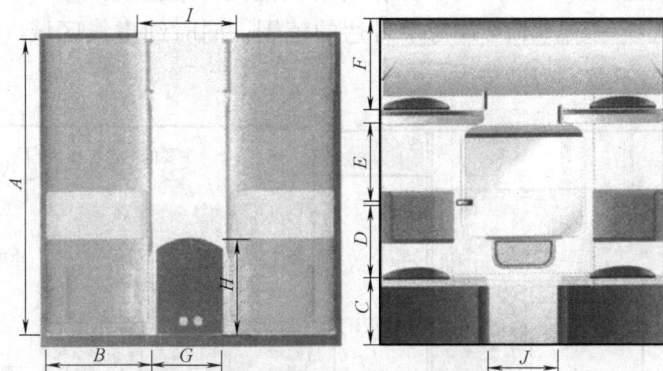

图 6-11　卧铺包厢主要尺寸

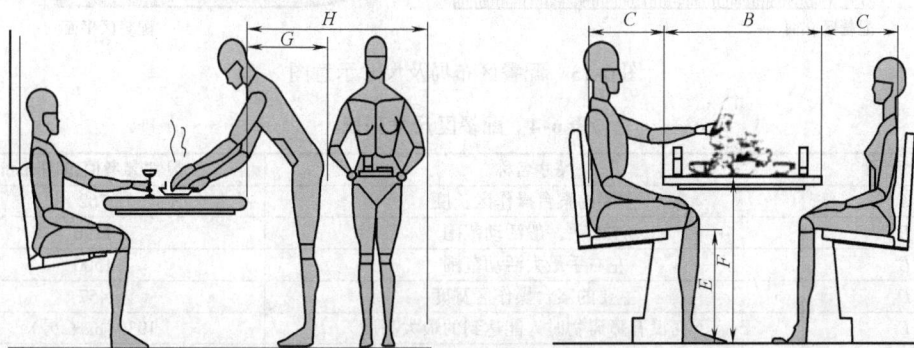

图 6-12　餐车尺寸示意图

表 6-3　餐桌餐椅及通道尺寸列表

| 尺寸代码 | 尺寸名称 | 尺寸参考值范围/mm |
|---|---|---|
| A | 餐桌长度 | 1025 ~ 1372 |
| B | 餐桌宽度 | 500 ~ 650 |
| C | 餐椅长度 | 457 ~ 545 |
| D | 最窄通道 | 457 ~ 510 |
| E | 桌椅高度 | 406 ~ 432 |
| F | 餐桌高度 | 680 ~ 762 |
| G | 服务区 | 457（max） |
| H | 就餐区通道 | 750 ~ 920 |
| I | 公共通道 | 1025 ~ 1372 |

　　餐车的另一个主要区域是配餐区，也是餐车乘务员工作的地方。与其他工作场所的人机关系分析类似，可从水平工作面和垂直工作面两个方面进行分析。在水平工作面中，主要对人左右手的活动范围以及舒适度进行比较；在垂直工作面中，主要对人最大限度的上举活动空间进行比较和分析。配餐区尺寸见表 6-4。

　　如图 6-13 所示，在水平工作台面上的作业范围就是人在工作台面上运动手臂所形成的运动轨迹范围，$B$ 为正常作业区域，在该区域中手臂能正常放置；而在臂部处于伸展状态时的最大操作区域 $C$ 中，由于肌肉一直处于紧张状态，所以这种作业状态不宜持续很久。在垂直工作面中主要为站姿作业，作业区域较大，人体的各部分运动幅度也比较大，身体可以自由移动。图中虚线区域（C 区）为手操作的最大范围，细虚线区域（B 区）为手操作的最适宜的范围，点画线区域（A 区）为手可达的范围，同时细虚线区域（B 区）也是最为有利的抓握范围。

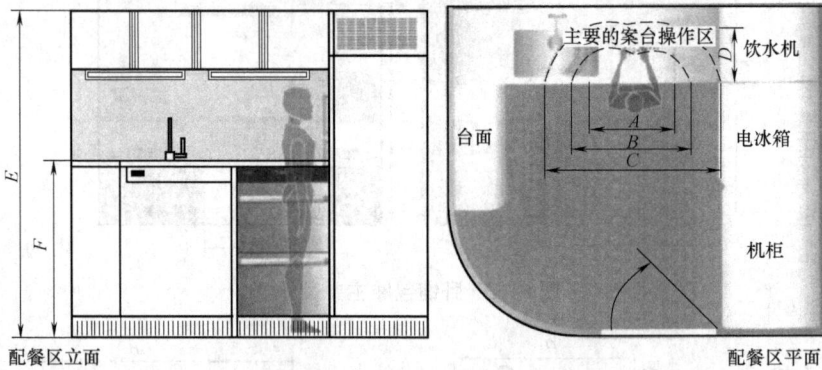

图 6-13　配餐区布局及尺寸示意图

表 6-4　配餐区尺寸列表

| 尺寸代码 | 尺寸名称 | 尺寸参考值范围/mm |
|---|---|---|
| A | 主要的案台操作区长度 | 762 |
| B | 左右手一般活动范围 | 1190 |
| C | 左右手最大活动范围 | 1500 |
| D | 主要的案台操作区宽度 | 457 |
| E | 下面没有障碍物时人能达到的最大高度 | 1930（max,男） |
|  |  | 1829（max,女） |
| F | 工作台高度 | 800~914 |

## 三、人机工程学与驾驶空间设计

司机室是司机获取与轨道交通车辆运行相关的数据、指标与信息并进行正确、安全驾驶操作的特定作业场所，驾驶空间设计的合理与否关系到驾驶安全性、操作有效性以及机车司机的职业健康等问题。

### 1. 操作台元器件设计

司机室设备主要是与列车运行操纵相关的人机界面。司机室设备是机车乃至列车设备系统的集中反映。司机室的设置是否科学合理，对驾驶者能否全面、准确地完成驾驶职能具有重大影响。

司机室驾驶界面设计的主要特征在于它是一个考虑人机工程学和多工效学准则的决策系统，而且司机的主观感受与评价也在其中起重要作用。在具体的设计中，可参考 GB/T 6769—2000《机车司机室布置规则》和 GJB 2873—1997《军事装备和设施的人机工程设计准则》中对驾驶人机界面设计的规定，并综合考虑以下人机工程学准则：

1）重要性原则。最重要的器件布置在最佳位置上。

2）频次性原则。使用频率最高的器件布置在最佳位置上。一般的做法是：规定"链值=重要度×频度"，将链值最高的元器件及显示器布置在最佳位置上。

3）可达性原则。各种元器件应该在人体手或脚的可达范围内，使经常使用或最重要的器件在最容易接近的位置上，司机可以很方便地进行操作；常使用却很重要的器件，如紧急制动操纵杆，应该在人体转身或弯腰就能操作的地方，从而正常操作时不容易对其误操作。

4）功能性原则。将功能上相关的控制器或显示器布置在邻近位置上。即按功能组对元器件进行分组布局，或按功能分区布置。

5）顺序性原则。器件的布置应与操作的逻辑顺序保持一致，控制器和显示器功能相应根据使用的顺序，按照从左至右（推荐采用的方式）或从上到下或者结合两者的顺序排列。

6）继承性原则。控制器的外形、操作方式应尽量保持一致，特别是在不同型号的机车中不应有大的变动。

7）相关性原则。控制器和与之相关的显示器以及显示器和控制器之间的关系应是明确的。控制器应邻近相关的显示器，通常在其下方或右方，这样有助于司机判断哪些控制器与哪些显示器一起作用，每个控制器影响哪些设备以及每个显示器显示哪些设备的状态。

综上所述，司机室人机关系分析应考虑驾驶台上的控制器、操纵杆、旋钮、按钮等器件是否处于司机的可达范围之内。如图 6-14 所示，$A$ 轮廓线是司机在稍微弯腰状态下的双手可达范围，$B$ 轮廓线是司机在正常坐姿下的双手可达范围。在检测车司机室设计过程中，主要按照 $B$ 轮廓线限定的范围进行考虑，司机控制器、制动器和换向阀等器件都在司机正常坐姿下的双手可达范围之内。

**2. 视觉环境设计**

视觉是司机从司机室人机界面上获取信息的主要感知手段，司机的视觉认知特性是驾驶界面设计的重要依据。

水平视野是确定界面布局设计的重要依据，操作面板上的多个仪表应根据其功能和重要程度分区布置。为使信息能最有效地传达，每个仪表面板都应处于最佳观察范围内，并做到等视距。当观察者正前方需布置较多的仪表时，可把仪表板设计成圆弧形或梯形。当采用梯形时，两侧板面与中央板面之间的夹角以 65°（外侧锐角）为最优；双人使用时，可采用 45° ~ 55°，如图 6-15 所示。

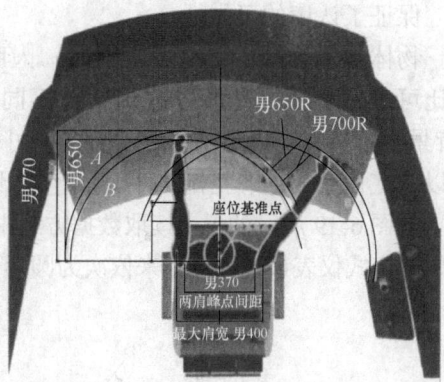

图 6-14 驾驶操作台尺寸分析

另外，仪表处在人眼的不同视野上，其认读效果是不同的。随着仪表从视野中心远离，认读的准确性下降，而无错认读的时间增加。根据前苏联人机工程学家的研究，在大约 24°的水平视野范围内，无错认读时间无明显变化，但以后就开始急剧上升，这说明此区域为最佳视觉工作区。如图 6-16 所示，图中曲线 2 表示从正中矢面向外 24°水平视野区域，曲线 1 表示从 24°到 57°的水平视野区域，两条曲线不重合是由于视觉系统机能不对称的缘故。

仪表在垂直面上的分区布置可按观察角的优劣选择，如图 6-17 所示是坐姿操作、监控的仪表台板，按不同观察角划分为四个区域，可布置不同性质的仪表。对于 $A$ 区域的仪表，操作者需仰视才能观察，故只适宜布置那些用得极少但又不可缺的仪表，如紧急报警装置等。$B$ 区域一般布置次常用的仪表，操作者可间隔一定时间巡视这些仪表的工作状态。$C$ 区

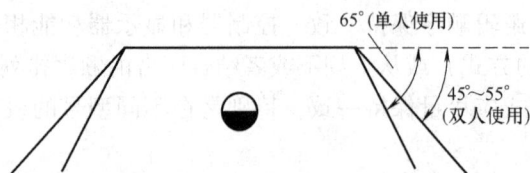

图 6-15  仪表在水平面内的布局

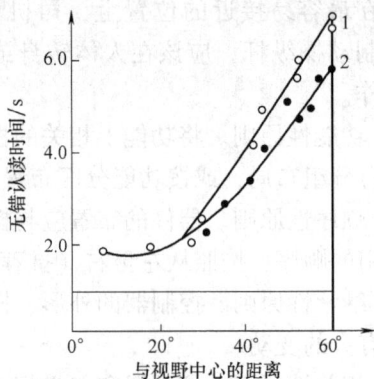

图 6-16  无错认读时间与视野的关系

域处在最佳观察范围，视觉工作效率高，可布置需经常观察的各类显示和记录仪表。D 区域正好处于上肢的正常操作范围内，一般是仪表台的附带操纵台，可布置起动、制动、调节和信息转换的按钮和旋钮等，也可布置次常用的显示仪表。

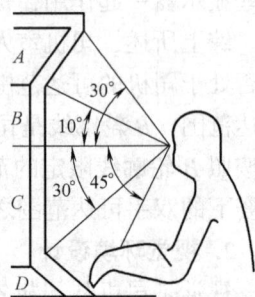

图 6-17  垂直面仪表分区

因此，轨道交通车辆司机室操作面板显示仪表的位置设计可参考图 6-18，图中各主要仪表都位于坐姿下司机的最佳视野范围内，保证了认读的可靠性。

物体与背景有一定的对比度时，人眼才能看清其形状。这种对比可以是颜色（背景与物体具有不同的颜色），也可以是亮度（背景与物体在亮度上有一定差别）。司机室监视器上的信息显示可以蓝底白字的色彩搭配为主，颜色对比鲜明，有利于提高司机的认读效率。

如图 6-19 所示的仪表读取数据方式中，显示方式的不同将使认读的准确率发生很大变化，其中开窗式仪表最优，接下来依次为圆形仪表、半圆形仪表、横向长条形仪表和垂直长条形仪

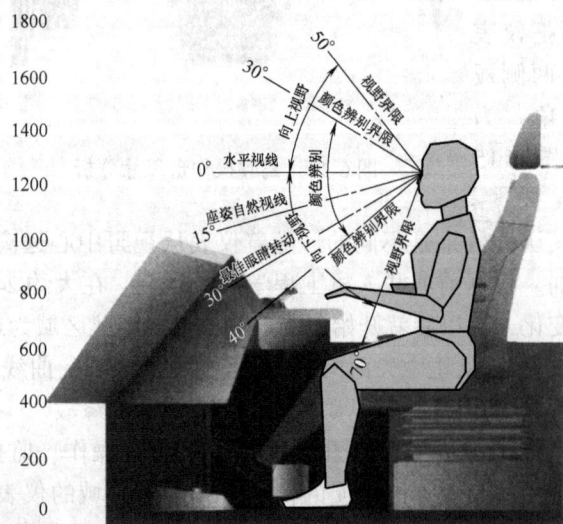

图 6-18  垂直面上仪表分区设计

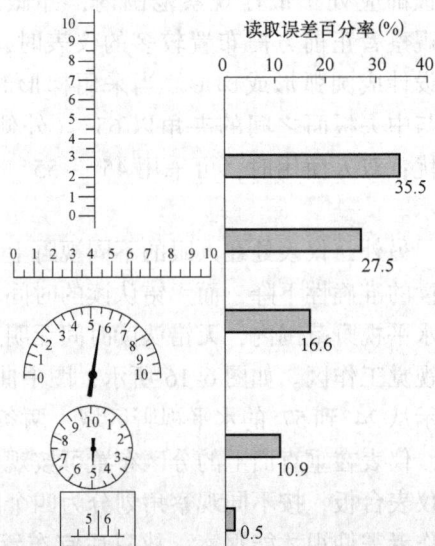

图 6-19  信息显示方式与认读准确性

表。因此，司机室仪表显示方式的设计必须符合司机的视觉习惯认知和记忆认知特征。

**3. 司机腿部活动与容膝空间**

机车司机的作业空间由人和设备、人和侧墙之间的关系来决定，在机车司机室的作业空间中司机处与坐姿下的腿部活动空间是需要考虑的重点。图 6-20 所示为司机腿部所需的活动空间，从中可以看出该空间的高度不应低于 580mm，深度不应少于 800mm，这就为操作台下沿高度的设计以及操作面板深度的设计提供了参考。在具体的设计中可通过限制操作台下方空间深度与调整座椅位置的方法满足该要求。

在设计司机室操作台时，应合理设计容膝空间，图 6-21 与表 6-5 给出了容膝空间的主要尺寸范围，在设计的过程中可以参考表中的尺寸结合国家标准中的相关规定进行取舍。

**表 6-5　容膝空间尺寸范围**

| 尺寸代码 | 尺寸名称 | 尺寸参考值范围/mm | 尺寸代码 | 尺寸名称 | 尺寸参考值范围/mm |
|---|---|---|---|---|---|
| $A$ | 容膝孔宽度 | 510～1000 | $D$ | 大腿空隙 | 200～240 |
| $B$ | 容膝孔高度 | 640～680 | $E$ | 容腿孔深度 | 660～1000 |
| $C$ | 容膝孔深度 | 460～660 | | | |

注：尺寸 $A$ 在图 6-21 中未画出。

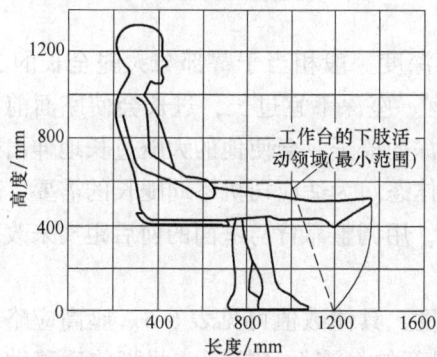

图 6-20　坐姿下司机腿部活动空间

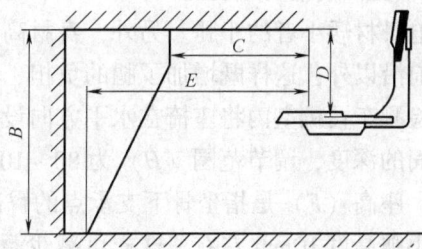

图 6-21　容膝空间主要尺寸示意图

**4. 司机室总体设计**

司机室操作台与座椅尺寸设计的是否合适，直接影响到司机能否有一个舒适而稳定的坐姿及合适的操作位置；在设计时既要按照人机工程学的要求确定主要尺寸，也要根据司机的驾驶位置来考虑和选择座椅的尺寸，图 6-22 及表 6-6 对司机室各主要设施的尺寸及参考设计范围进行了分析。

由于司机需要长时间面对操作台进行作业，因而要求控制台具有合理的形状和尺寸，以避免作业人员肌肉、颈、背、腕关节疼痛等职业病。按照人机工学原理，操作台高（$A$）应符合人体坐姿下的尺寸要求，其设计尺寸可控制在 720～750mm（国标 GB/T 6769 规定其最大尺寸不得超过 800mm）。

腿部空间高（$B$）须满足司机在工作时的活动需要，设计控制其尺寸范围为 650～680mm（国标 GB/T 6769 规定其最小尺寸不得少于 630mm），腿部空间深（$E$）范围为 650～700mm（国标 GB/T 6769 规定其最小尺寸不得少于 600mm）。

座面宽度（$C$）应稍大于人体臀部的宽度，使司机能随意调节坐姿。一般采用男性中 95

百分位的臀宽尺寸为设计依据，可取 420 ~ 450mm。

**表 6-6　司机室设施主要尺寸设计参考**

| 尺寸代码 | 尺寸名称 | 尺寸参考值范围 |
|---|---|---|
| $A$ | 操作台高 | 720 ~ 750mm |
| $B$ | 腿部空间高 | 650 ~ 680mm |
| $C$ | 座宽 | 420 ~ 450mm |
| $D$ | 座深 | 410 ~ 460mm |
| $E$ | 腿部空间深 | 650 ~ 700mm |
| $F$ | 座高 | 380 ~ 480mm |
| $G$ | 靠背高 | 500 ~ 700mm |
| $H$ | 座椅水平调节距离 | 80 ~ 100mm |
| $I$ | 座椅垂直调节距离 | 70 ~ 100mm |
| $\alpha$ | 仪表平面倾角 | 20° ~ 40° |
| $\beta$ | 操作台面倾角 | 5° ~ 18° |
| $\gamma$ | 脚踏板倾角 | 18° ~ 25° |
| $\delta$ | 靠背倾角 | 5° ~ 10° |
| $\varepsilon$ | 座面倾角 | 5° ~ 8° |

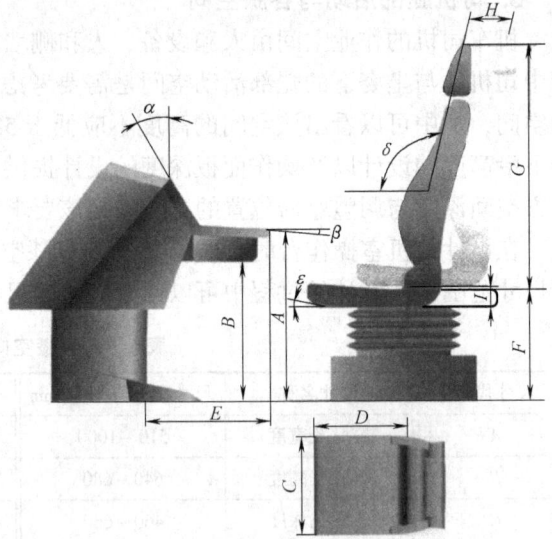

图 6-22　司机室设施主要尺寸

座深（$D$）是指座面从前到后的垂直距离，座面深度一般相当于臀部与大腿全长的 3/4，以座面前沿与小腿之间留有 50mm 左右的间隙为宜。座深不宜过长，过长会使座面前沿压迫身材矮小者的小腿。另外，身材高大者坐一般座深的椅子，会使他的大腿过长地伸出座面前沿以外，这样既增加了腿的负担，也不利于调整体态。为适应司机不同腿长的需要，高速检测车司机室内将座椅在水平方向设计成可调机构，用调整靠背与座面的前后距离来改变座面的深度，调节范围（$H$）为 80 ~ 100mm。

座高（$F$）是指坐骨下支承点的臀部到地面的高度，具体数值可见表 6-5。座高应略低于小腿高度 10mm 左右，这样可减少臀部压力，使腿部的血液循环畅通，两脚前后移动方便，并使下肢能够着力于整个脚掌；还可调整身体的平衡，为适应司机不同身材的需要，座椅的高低可设计成带调节的机构，调节范围为 70 ~ 100mm。

靠背应略向后倾斜，以保持人体脊柱具有一种轻松的姿势。靠背的高度（$G$）可取 500 ~ 700mm 之间，靠背的底部不宜与人体臀部接触，靠背下沿离座面最好留有 100 ~ 150mm 的间隙，以防在座椅振动时迫使人体臀部向前滑动，同时也给座椅的通风、透气创造一个良好条件。靠背的舒适性主要取决于靠背的后倾角度及其上缘的形状，靠背后倾角（$\delta$）相当于靠背与座面间的夹角，一般取 5° ~ 7° 较为合适。高速检测车司机座椅靠背倾角设计为可随意调整角度的机构，调节范围为 5° ~ 10°。同时，靠背上缘设计成弧面形，增强驾驶员调整体位时的舒适感。

座面应前高后低稍有倾斜，是座面相对于水平面的夹角。座面倾角（$\varepsilon$）可以使司机自然地向后倚，倾斜的座面还能防止司机的臀部下滑而坐不稳。但如果倾角较大，座面又会引起司机上体向前弯曲，造成腰部和颈部的疲劳，高速检测车座面倾角设计为 5° ~ 8°。

坐垫与靠垫的主要作用是减轻集中压力，使司机对座椅的压力得到分散，同时它们也具有舒适感。因此，坐垫和靠垫应装配柔软适度的充填材料，使其具有良好的弹性。弹性小易造成人体接触的部位应力集中。使部分肌肉长期处于紧张状态，血液循环受阻而麻木，增加疲劳感。同时，弹性过于柔软又使司机不便行动，身体会陷入一种悬浮的动态之中而失去稳定。所以，坐垫和靠垫的胎芯要具有生理舒适特性，建议采用聚氨酯泡沫塑料制作，蒙皮材料要求柔软、暖和、粗糙，坐、靠部位不仅耐磨、耐脏、耐潮湿，而且透气性要好。为保证司机座椅的整体舒适性和适应性，选用聚酰胺织制长毛绒作蒙皮材料较为理想。

# 第七章

# 轨道交通机车车辆曲线通过

　　轨道交通机车车辆通过曲线一般是依靠轮缘引导的。由于轨道交通机车质量大、轴距长、通过曲线时轮轨间产生的横向相互作用力大，所以轨道交通机车通过曲线远比车辆困难。大的轮轨横向相互作用力能引起大的钢轨应力、大的轮缘磨耗和钢轨磨耗、展宽轨距，严重的还可能使轨道交通机车车辆脱轨。

　　在我国，1/3 的铁路线是曲线，而且其中半径不大于 600m 的曲线约占半数。单就轮轨磨损而言，情况严重的区段，轨道交通机车车辆走行数万千米轮缘就磨耗到限，钢轨每两三年就需更新。因此，设法改善轨道交通机车车辆曲线通过条件，对于我国铁路具有特殊意义。

　　曲线通过有两个相互联系的研究内容：几何曲线通过和动力曲线通过。

　　几何曲线通过研究轨道交通机车车辆与线路的几何关系和轨道交通机车车辆自身有关部分在曲线上的相互几何关系。研究轨道交通机车车辆的几何曲线通过，也为研究动力曲线通过提供有关数据。

　　几何曲线通过主要解决以下问题：确定轨道交通机车车辆所能通过的曲线的最小半径和为此目的所需的轮对横动量；给出轨道交通机车车辆转向架通过曲线时的转心位置；确定在曲线上轨道交通机车车辆转向架对于车体的偏转角，以及车体与建筑接近限界的关系等。

　　动力曲线通过研究轨道交通机车车辆以不同速度通过曲线时与线路的相互作用力，探讨轨道交通机车车辆安全通过曲线的条件和措施，并为轨道交通机车车辆和线路的强度计算以及轮缘磨耗提供有关数据。

## 第一节　轨道交通机车车辆几何曲线通过

### 一、便利轨道交通机车车辆几何曲线通过的措施

　　从几何关系方面，便利轨道交通机车车辆通过曲线采取的措施主要是：加宽曲线的轨距，给轮对以横动量。

#### 1. 曲线加宽度

　　为了保证轨道交通机车车辆在曲线上顺利行进，轨距与轮缘外侧之间应保有一定的间

隙，如图7-1所示，即

$$\sigma = A - (B + 2t) \quad (7\text{-}1)$$

式中，根据现行《铁路技术管理规程》，$A$ 为直线上的轨距，$A = 1435\text{mm}$；$B$ 为轨道机车车辆轮对的轮缘内侧距，$B = （1353 \pm 3）\text{mm}$；$t$ 为在离轮缘顶点18mm处的轮缘厚度，$t = 33_{-10}^{0}\text{mm}$；$\sigma$ 为直线上钢轨内侧与轮缘外侧的全间隙（mm）。

轨距的容许偏差与线路速度等级之间的关系见表7-1

表7-1 轨距的容许偏差与线路速度等级之间的关系

| 线路速度等级/(km/h) | $v \leqslant 120$ | $120 < v \leqslant 160$ | $160 < v \leqslant 200$ |
|---|---|---|---|
| 轨矩容许偏差/mm | +6，−2 | +4，−2 | ±2 |

$\sigma$ 的名义尺寸是16mm。过大的 $\sigma$ 不利于轨道机车车辆高速运行，因为振幅过大的蛇行运动会显著恶化轨道交通机车车辆运行品质。

在曲线上，$\sigma$ 能帮助轨道交通机车车辆通过曲线。为更便于轨道交通机车车辆的几何曲线通过，还将内轨适当内移。内轨内移量 $\Delta$ 称为曲线加宽度。根据我国现行《铁路技术管理规程》，加宽度与曲线半径的关系见表7-2。因此，在不同半径的曲线上，轮缘与钢轨的名义全间隙 $\sigma + \Delta$ 见表7-3。

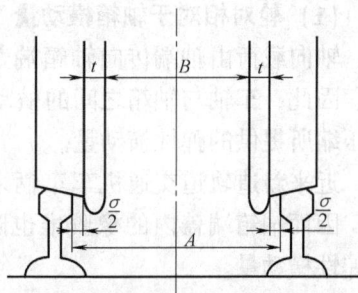

图7-1 钢轨与轮缘的间隙

表7-2 加宽度与曲线半径的关系

| 曲线半径 $R$/m | $R < 300$ | $300 \leqslant R < 350$ | $R \geqslant 350$ |
|---|---|---|---|
| 加宽度 $\Delta$/mm | 15 | 5 | 0 |

表7-3 全间隙与曲线半径的关系

| 曲线半径 $R$/m | $R < 300$ | $300 \leqslant R < 350$ | $R \geqslant 350$ |
|---|---|---|---|
| 全间隙 $\sigma + \Delta$/mm | 31 | 21 | 16 |

### 2. 轮对横动量

除了轮缘与钢轨的间隙外，为使轴距较长的三轴及四轴转向架能够纳入曲线，还需要给轮对以横动量，即允许轮对相对于轴箱和轴箱相对于转向架构架适当横动。

不论两轴还是三轴转向架，各轴都有一定的横动量。轮对横动量是指轮对相对转向架构架可以横动的距离，它是由轮对与轴箱之间的横动量及轴箱与构架之间的横动量叠加而成的。轮对横动量究竟起什么作用，正是本节要讨论的问题。

轴箱在导框内可上下移动，也可在规定的轴箱对构架的横动量范围以内左、右移动。为了便于通过曲线，轮对相对于构架有必要的横动量。横动量的计算公式为

轮对相对于构架的总横动量 = 轴箱对构架的横动量$(a+b)$+轴对轴箱横动量$(c+d)$

式中，轴箱对构架的横动量，对于导框定位的轴箱，

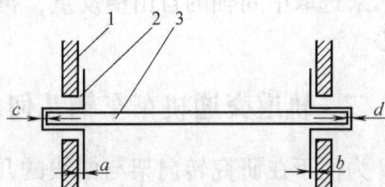

图7-2 轮对相对于构架的横动量
1—轴箱导框 2—轴箱 3—车轴

即指导框与导槽之间的间隙，如图 7-2 所示；对于拉杆定位的轴箱，$a$、$b$ 系指轴箱拉杆橡胶关节所产生的横向位移；轴对轴箱的横动量，产生在轴箱的内部，对不同的轨道交通机车车辆有不同的数值，其值可以通过加减轴箱前端盖与箱体间的调整片厚度进行调整。

为使轨道交通机车车辆通过曲线时，第二轮对能贴靠外轨，以减少轨道机车车辆前导轮对的轮缘力，中间轴应具有较大的横动量，且不设橡胶堆。

有人认为，轮对横动量是为了通过曲线几何关系上的需要：横动量不足，在曲线上轮缘与钢轨可能卡住，无法通过。其实，轨道交通机车车辆转向架轴距不长，从转向架与曲线的几何关系来说，对于两轴转向架，轮对横动量对转向架能通过的最小曲线半径无关；即使对固定轴距较大的三轴转向架来说，只要给端轴和中间轴少许横动量，即可顺利通过很小半径的曲线。轮对横动量的设置，主要是为了改善曲线动力通过的需要。

**（1）轮对相对于轴箱横动量**　轨道交通机车车辆过去采用的轴箱轴承只能承受径向载荷。轴向载荷由轴端传向轴箱端盖，再传到轴箱体。在轴端与轴箱端盖之间设有弹性橡胶堆。因此，车轴与轴箱之间的横动量除 0 ~ 3mm 间隙（自由横动量）外，还有橡胶堆产生的压缩所提供的弹性横动量。

近来新造轨道交通机车车辆采用新型轴承。这种轴承既可承受径向力，又可承受轴向力，因而轴箱端盖内的橡胶堆也随之取消。车轴相对于轴箱的自由横动量定位每侧 3mm，无弹性横动量。

**（2）轴箱相对于构架横动量**　前面已经说过，轮对横动量不仅是为了曲线几何通过的需要，而且是为了改善曲线动力通过条件。

对于转向架的两根端轴来说，要指出两点：

1）自由横动量不能太大，否则容易引起转向架高速时剧烈的蛇行运动。

2）应有适当的弹性横动量。这对缓冲轮轨横向冲击、减少轮轨横向动载荷，特别是减少通过曲线时的轮轨横向动载荷具有重要的意义。弹性横动量的大小及刚度，主要通过试验最后确定。

采用轴箱新型轴承，取消了橡胶堆，简化了结构。车轴与轴箱之间无弹性横动，只有每侧 3mm 的自由横动量；但是由于轴箱拉杆的横向弹性，仍保证了轮对具有弹性横动量。因此，这种结构在动力性能上来说是可行的。

**（3）三轴转向架中间轴自由横动量**　三轴转向架中间轴的自由横动量较大，可使转向架通过曲线时中间轴轮缘自动贴靠外轨，参与曲线导向，减少第一轴的轮缘力及其轮缘磨耗。为此，中间轴应具有足够大的自由横动量。但中间轴的自由横动量过大时，则在较小半径的曲线上也参与导向，中间轴的轮缘磨耗可能过快（轨道交通机车车辆前进后退均参与导向），甚至超过两端轴的轮缘磨耗。因此，应根据轨道交通机车车辆运用线路的曲线情况，来选取中间轴的自由横动量，再在运用中加以检验，使中间轴与第一轴的轮缘磨耗接近同步。

## 二、轨道交通机车车辆几何曲线通过图示法

为便于在研究转向架与曲线的几何关系时绘图，我们规定将左右两轮缘的外侧距 $B + 2t$ 缩为零，以半径为 $R_o = R + \sigma/2$ 的圆弧表示外轨内侧面，以半径为 $R_i = R - \sigma/2 - \Delta$ 的圆弧表示内轨外侧面，即用轮缘与钢轨在曲线上的全间隙 $\sigma + \Delta$ 表示外轨内侧面与内轨外侧面的

距离（图7-3）。

于是在这个图上，转向架构架就可用一条直线来表示，而轮对则用这条直线上的点来代表。如果代表某轮对的点不在两圆弧之间，则这点至邻弧的距离就表示为使转向架几何通过时这一轮对所需的横动量。

在一般情况下，轨道交通机车车辆转向架以任何速度通过曲线，其第一轮对的外轮总是靠紧外轨的（图7-4），而其余轮对的位置则视速度而异。低速时，后轮对的内轮可能贴靠内轨，转向架在曲线上的这一位置称为转向架的最大偏斜位置。速度高些，后轮对的内轮不贴靠内轨，其外轮也不贴靠外轨，转向架在曲线上的这类位置称为自由位置。当速度高到一定值时，即离心力大到一定值时，后轮的外轮就贴靠外轨，这个位置称为转向架的最大外移位置。速度再高，转向架也仍处这个位置。如图7-5所示前后轮对均有横动量 $a$ 的转向架在曲线上的最大偏斜位置和最大外移位置。

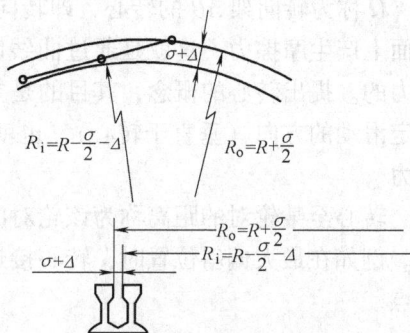

图7-3　轨道交通机车车辆几何曲线通过的图示法

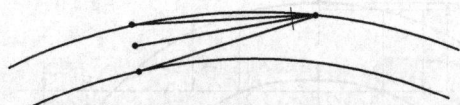

图7-4　转向架通过曲线时的可能位置

图7-5　前后轮对都有横动量的转向架在曲线上的最大偏斜位置和最大外移位置

## 三、转向架转心

轨道交通机车车辆转向架 $AB$ 在曲线上作稳态运动，$A$ 点沿外轨运动，$B$ 点沿 $bb$ 弧运动（图7-6）。$A$ 点速度 $v_A$ 与 $OA$ 垂直，与外轨相切；$B$ 点速度 $v_B$ 与 $OB$ 垂直，与 $bb$ 弧相切。

由曲线中心 $O$ 向转向架 $AB$ 做垂线，交 $AB$ 于 $\Omega$。$\Omega$ 点的速度 $v_\Omega$ 与 $O\Omega$ 垂直，沿 $BA$ 方向。注意：$v_\Omega$ 为沿转向架纵向的速度，即转向架滚动前进的速度。

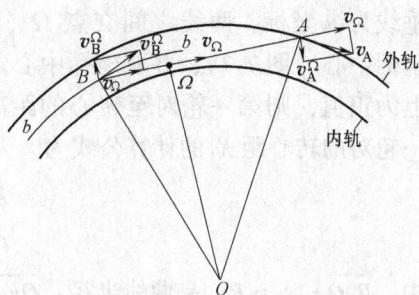

图7-6　转向架通过曲线时的运动

$A$ 点的速度 $v_A$ 可视为两个速度合成，即

$$v_A = v_A^\Omega + v_\Omega$$

式中，$v_\Omega$ 为滚动速度；$v_A^\Omega$ 为 $A$ 点相对于 $\Omega$ 的回转速度，就是车轮踏面在轨面上的滑动速度。

同理可得

$$v_B = v_B^\Omega + v_\Omega$$

式中，$v_B^{\Omega}$为$B$点相对$\Omega$的回转速度，为滑动速度。

$\Omega$称为转向架$AB$的转心，即转向架（通过曲线时）各轮以$\Omega$为中心转动（滑动），在踏面上产生摩擦力，这就是通过曲线时需要克服的阻力。各轮以$v_\Omega$滚动前进，认为是没有阻力的。提出转心的概念，其目的是要把车轮在曲线上的运动分解为滚动和滑动两部分，并确定滑动的方向（垂直于转心），也就确定了踏面上摩擦阻力的方向，从而可求得需要的导向力。

转心至某轮对的距离称为该轮对的转心距。转心的位置随转向架在曲线上所占的位置而异。例如在最大偏斜位置时，转心接近后轮对，在最大外移位置时，转心基本上在转向架的中点。

### 四、轨道交通机车车辆几何曲线通过解法

关于轨道交通机车车辆转向架通过曲线时的转心位置、轮对所需横动量、轨道交通机车车辆所能通过的曲线的最小半径、轨道交通机车车辆车体与转向架的相互位置、轨道交通机车车辆与建筑接近限界的接近程度等一系列的问题都可用几何法求解。几何法有分析法和图解法两种。分析法比较准确，但易出错；用图解法所得结果一目了然，但有一定的误差。为了准确而又便于核对，往往两种方法并用。

**1. 分析法**

下面用分析法求转心距、轮对对于外轨的偏移量、轨道交通机车车辆能通过的最小曲线半径、前后转向架对于车体的转角和转向架对外轨的冲角等。

**（1）转向架转心的位置** 以转向架纵轴线为横坐标，由曲线中心引向转向架纵轴线的垂线为纵坐标，两线之间交点$\Omega$（转心）为坐标中心（图7-7），并取坐标中心之右和之上为正值，则第一轮对至转心的距离——第一轮对的转心距$X_1$的计算公式为

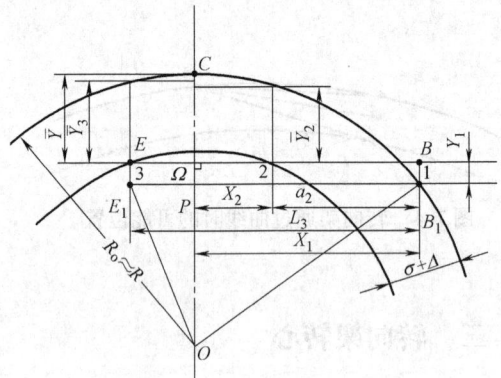

图7-7 三轴转向架的几何曲线通过（分析法）

$$X_1^2 = \overline{B_1O}^2 - \overline{OP}^2$$
$$\overline{OP}^2 = \overline{OE_1}^2 - \overline{PE_1}^2$$

式中，$\overline{B_1O} = R_0 \approx R$，是曲线半径；$\overline{OE_1} \approx R - (\overline{Y_3} - \overline{Y_1})$，其中，$\overline{Y_1}$为第一轮对对于外轨的偏移量，为负值，$\overline{Y_3}$为决定转向架位置的另一轮对对于外轨的偏移量（图7-7中第三轮对贴靠内轨）。

$$\overline{PE_1} = \overline{BE} - \overline{B\Omega} = L_3 - X_1$$

于是

$$X_1^2 = R^2 - [R - (\overline{Y_3} - \overline{Y_1})]^2 + (L_3 - X_1)^2$$

从而得

$$X_1 = \frac{L_3}{2} + \frac{R(\overline{Y_3} - \overline{Y_1})}{L_3} - \frac{(\overline{Y_3} - \overline{Y_1})^2}{2L_3}$$

略去微值$\dfrac{(\overline{Y_3} - \overline{Y_1})^2}{2L_3}$不计，得

$$X_1 = \frac{L_3}{2} + \frac{R(\overline{Y_3} - \overline{Y_1})}{L_3} \tag{7-2}$$

求得第一轮对的转心距 $X_1$ 也就是求得了转心在纵轴线上的位置，由此不难求得其他轮对的转心距。

**（2）轮对对于外轨的偏移量**　先求解弦长为 $2x$ 的弦 $AB$ 矢高 $y$（图7-8）。依据几何定理可得

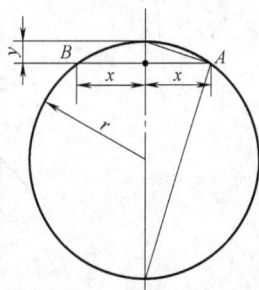

$$y = r - \sqrt{r^2 - x^2} \tag{7-3}$$

将 $\sqrt{r^2 - x^2}$ 按牛顿二项式展开，代入式（7-3）得

$$y = \frac{x^2}{2r} + \frac{x^4}{2^3 \times r^3} + \frac{x^6}{2^4 \times r^5} + \cdots$$

图7-8　矢高和弦长的关系

略去微值 $\dfrac{x^4}{2^3 \times r^3} + \dfrac{x^6}{2^4 \times r^5} + \cdots$，得

$$y = \frac{x^2}{2r} \tag{7-4}$$

利用这种矢高与弦长的关系，由图7-7求出转向架转心对于外轨的偏移量为

$$\overline{Y} = \overline{CP} - \overline{P\Omega} = \frac{X_1^2}{2R} + \overline{Y_1} \tag{7-5}$$

式中，$\overline{Y_1}$ 为给第一轮对的横动量；$X_1$ 为第一轮对的转心距；$R$ 是曲线半径。

并据以求出任意轮对对于外轨的偏移量

$$\overline{Y_i} = \overline{Y} - \frac{X_i^2}{2R} \tag{7-6}$$

式中，$X_i$ 为任意轮对的转心距，如 $X_2 = X_1 - a_2$。

式（7-6）可用来求算三轴或四轴转向架通过半径为 $R_{\min}$ 的曲线所需的轮对横动量。

**（3）转向架对车体的转角和转向架对外轨的冲角**　已知转向架在曲线上的位置以及连接转向架和车体的心盘的位置，就不难求得转向架对于车体的转角——转向架纵轴线与车体纵轴线的夹角（图7-9）。

设某轨道交通机车车辆的三轴转向架全轴距为 $2l$，前后转向架的转心分别为 $\Omega_f$ 和 $\Omega_b$，则根据图7-9近似得：

前转向架对车体的转角为

$$\theta_f \approx \frac{S_1 + l - X_1}{R} \tag{7-7}$$

后转向架对车体的转角为

$$\theta_b = \frac{S_2 - l + X_4}{R} \tag{7-8}$$

式中，$S_1$、$S_2$ 分别为前心盘和后心盘至车体转心的距离；$X_1$、$X_4$ 分别为第一轮对和第四轮对的转心距。

这些公式也可用来校验在半径为 $R_{\min}$ 的曲线上，车体下部与转向架是否抵触。

转向架纵轴线与轨道的夹角称为冲角。如图7-9所示，转向架对外轨的冲角，亦即第一轮对的外轮对外轨的冲角为

$$\alpha \approx \frac{X_1}{R} \tag{7-9}$$

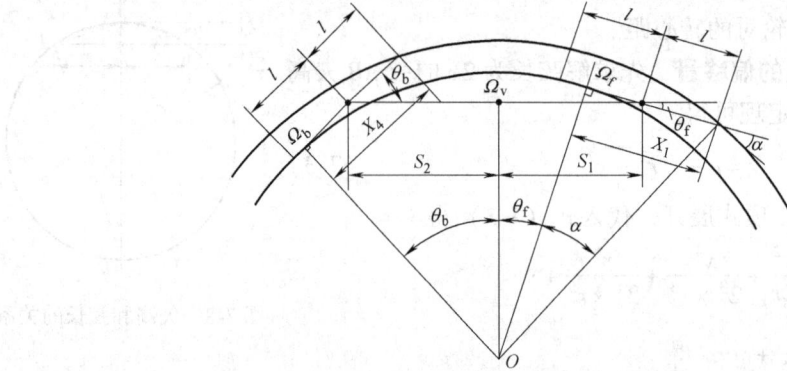

图 7-9　转向架对于车体的转角和转向架对外轨的冲角

**（4）轨道交通机车车辆能通过的最小曲线半径**　转向架式轨道交通机车车辆能通过的最小曲线半径，受限于转向架在构造上容许的最大转角。当轨道交通机车车辆在直线上时，转向架与车体同一纵轴线，转角为零。当轨道交通机车车辆通过曲线时，转向架相对车体产生转角；曲线半径越小，转角越大。

图 7-10 所示为轨道交通机车车辆通过最小曲线半径 $R_{\min}$ 时的情况。此时，两转向架各自的端轴用尽了横动量之后，各转向架以外端轴贴靠外轨，内端轴贴靠内轨（此时转向架的转角 $\theta$ 最小）。为了简便，假定各轴均无横动量，根据几何关系得最小曲线半径为

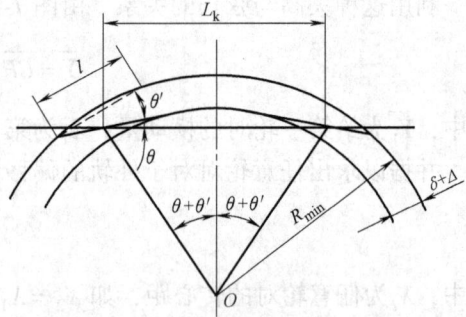

图 7-10　轨道机车车辆通过最小曲线半径 $R_{\min}$ 时的情况

$$R_{\min} = \frac{L_k}{2\sin(\theta + \theta')} \tag{7-10}$$

式中，$L_k$ 为两转向架心盘间距离；$\theta$ 为转向架构造上允许的最大转角；$\theta' = \arcsin\dfrac{\sigma + \Delta}{l}$，$\sigma + \Delta$ 为轮缘与钢轨的总间隙，$l$ 为转向架轴距。

**（5）轨道交通机车车辆车体的曲线通过校验**　有必要为半径为 $R_{\min}$ 的曲线校验车体较长的轨道机车车辆中部是否存曲线内侧，以及轨道交通机车车辆端部是否在曲线外侧与建筑接近限界相抵触。校验的方法是：将两转向架皆置于最大外移位置以校验轨道机车车辆端部是否能通过限界（图 7-12）；将两转向架皆置于最大偏斜位置以校验轨道机车车辆中部是否能过限界（图 7-11）。

计算方法是先求出车体转心对外轨的偏移量（在图 7-11 和图 7-12 中，以车体转心为坐标中心，坐标中心之上为正值），即

$$\overline{Y} = \frac{X_h^2}{2R} + \overline{Y_h} \tag{7-11}$$

式中，$X_h$ 为车体转心至转向架心盘的距离；$\overline{Y_h}$ 为转向架心盘对外轨的偏移量；$R$ 为曲线半径。

然后求出车体纵轴线上指定点对外轨的偏移量，即

$$\overline{Y_i} = \overline{Y} - \frac{X_i^2}{2R} \tag{7-12}$$

式中，$X_i$ 为车体纵轴线上指定点至车体转心的距离。

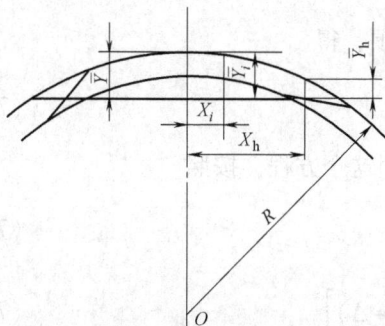

图 7-11　车体的偏移量
（两转向架都在最大偏斜位置）

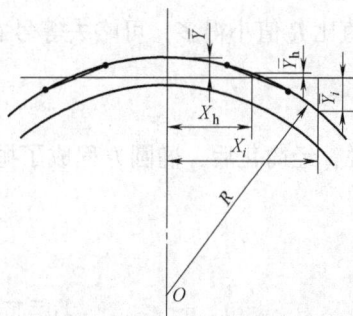

图 7-12　车体的偏移量
（两转向架都在最大外移位置）

若指定点在外轨外侧（例如车体端部），则 $\overline{Y_i} + \dfrac{\sigma}{2}$ 加上一半车体宽度应小于一半限界宽度。

若指定点在内轨内侧（例如车体中部），则 $\overline{Y_i} - \dfrac{\sigma}{2}$ 加上一半车体宽度应小于一半限界宽度。

## 2. 图解法

椭圆图法（实际上是抛物线图法）即福格尔（Vogel）法是现在常用的一种图解法，它的优点是比较准确，作图也紧凑、简便。椭圆图法是用椭圆来代替圆弧，以解决在同一图中曲线半径、轨道机车车辆长度和轮对横动量三者尺寸悬殊的矛盾。

设以直径 $Y$-$Y$ 为轴，将圆转动一个角度，并投影于原平面，则得一椭圆（图 7-13）。

以圆与椭圆相比，矢高未变，而弦和弧都缩小了。根据这个道理，就可用互不相关的比例尺绘出圆弧的弦和矢。例如，取弦的比例尺 $1:m_x = 1:20$ 或 $1:50$，取矢的比例尺 $1:m_y = 1:1$ 或 $1:2$，则以 $O'$ 为坐标中心的椭圆方程可写为

$$\left(\frac{x'}{R/m_x}\right)^2 + \left(\frac{y'}{R/m_y}\right)^2 = 1 \tag{7-13}$$

化简后，得

$$y' = \frac{1}{m_y}[R^2 - (x'm_x)^2]^{\frac{1}{2}}$$

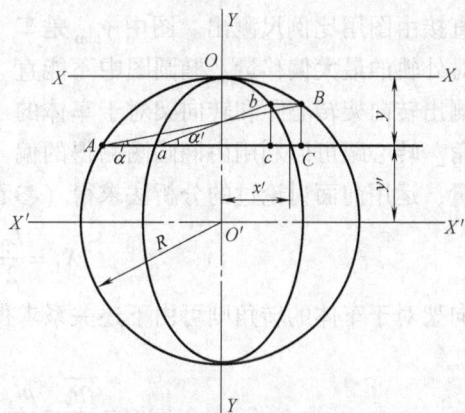

图 7-13　椭圆图法原理

按牛顿二项式展开，得

$$y' = \frac{1}{m_y}\left[ R - \frac{(x'm_x)^2}{2R} - \frac{(x'm_x)}{8R^3} - \cdots \right]$$

若以 $X-X$ 为横坐标轴，则在新坐标系 $OXY$ 中

$$y = \frac{R}{m_y} - y'$$

将 $y'$ 值代入，得

$$y = \frac{(x'm_x)^2}{2Rm_y} + \frac{(x'm_x)^4}{8R^3m_y} + \cdots$$

因 $x'm_x$ 值比 $R$ 值小得多，可略去等号右边第一项后各项，得

$$y = \frac{1}{m_y}\frac{(x'm_x)^2}{2R} \tag{7-14}$$

也就是说，经简化后，椭圆方程成了抛物线方程。利用这个方程，按照

$$y_o = \frac{1}{m_y}\frac{(x'm_x)^2}{2R} \tag{7-15}$$

和

$$y_i = \frac{1}{m_y}\left[ \frac{(x'm_x)^2}{2R} - (\sigma + \Delta) \right] \tag{7-16}$$

可在椭圆图上分别绘出内外轨线（图7-14）。

在图的顶部沿 $X-X$ 轴按比例尺绘出轨道交通机车车辆轴列图。为减少误差，应尽量置轨道交通机车车辆中心于曲线坐标中心。由轴列图中的各轮对中心分别向椭圆线引平行于 $Y-Y$ 轴的线。根据这些线与内外轨线的相应交点（依转向架在曲线上所占位置），绘出转向架和车体的位置。车体的偏移量、需要的轮对横动量等可直接由图用比例尺测出。图中 $y_{max}$ 是车体对外轨的最大偏移量。椭圆图中不能直接测出转向架转心距和转向架对于车体的转角。转心距可以利用由椭圆图测得的偏移量，运用前面讨论过的分析法求得（参看图7-7）。以转向架第一轮对的转心距为例，得

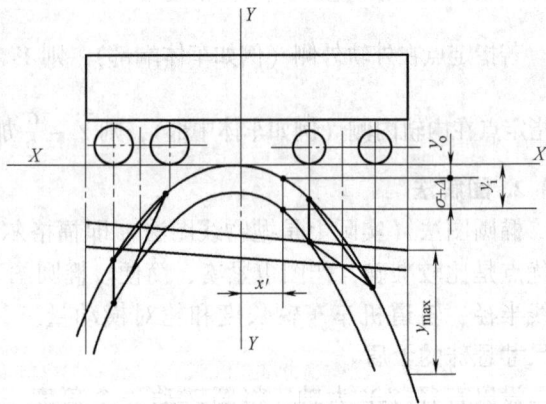

图7-14　轨道交通机车车辆几何曲线通过（椭圆图法）

$$X_1 = \frac{L_3}{2} + \frac{R(\overline{Y}_3 - \overline{Y}_1)}{L_3}$$

转向架对于车体的转角则可由下述关系求得（图7-13），即

$$\tan\alpha = \frac{\overline{BC}}{\overline{AC}} = \frac{m_y}{m_x}\frac{\frac{\overline{BC}}{m_y}}{\frac{\overline{AC}}{m_x}} = \frac{m_y}{m_x}\frac{\overline{bc}}{\overline{ac}} = \frac{m_y}{m_x}\tan\alpha' \tag{7-17}$$

式中，$\alpha$ 为转向架对于车体的实际转角；$\alpha'$ 为由椭圆图量得的转向架对于车体的转角。

**例题1**　计算某型轨道交通机车车辆在 $R=145m$ 曲线上的几何通过情况。已知轨道交通

机车车辆的有关尺寸如图 7-15 所示，各轴的横动量为 $\pm(3-14-3)$mm。

**解**：（1）转向架转心的位置

设转向架占最大偏斜位置（图 7-16），第一轴贴靠外轨，第三轴贴靠内轨。由式（7-2），求得第一轴的转心距

$$X_1 = \frac{L_3}{2} + \frac{R(\overline{Y_3} - \overline{Y_1})}{L_3}$$

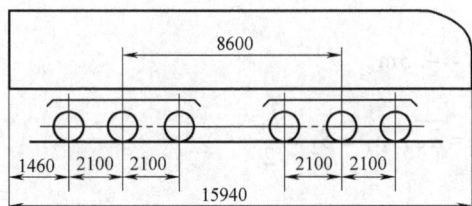

图 7-15 某型轨道车辆有关尺寸

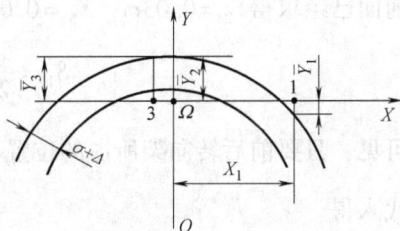

图 7-16 转向架占最大偏斜位置

已知：$L_3 = 2 \times 2.1\text{m} = 4.2\text{m}$；$R = 145\text{m}$；$\overline{Y_3} = (\sigma + \Delta) + 3\text{mm} = (0.031 + 0.003)\text{m} = 0.0344\text{m}$；$\overline{Y_1} = -0.003\text{m}$。

代入得 $X_1 = \left[\frac{4.2}{2} + \frac{145 \times (0.034 + 0.003)}{4.2}\right]\text{m} = (2.1 + 1.27)\text{m} = 3.37\text{m}$

（2）第二轴对外轨的偏移量

要校验在上述位置时，第二轴是否越出轨道，只要求得第二轴对外轨的偏移量，再与 $(\sigma + \Delta)$ 比较。为此先求出转向架转心对外轨的偏移量 $\overline{Y}$。由式（7-5）知

$$\overline{Y} = \frac{X_1^2}{2R} + \overline{Y_1} = \left(\frac{3.37^2}{2 \times 145} - 0.003\right)\text{m} = (0.039 - 0.003)\text{m} = 0.036\text{m}$$

由式（7-6）求得第二轴对外轨的偏移量

$$\overline{Y_2} = \overline{Y} - \frac{X_2^2}{2R} = (0.036 - 0.006)\text{m} = 0.03\text{m} < \sigma + \Delta(= 0.031)$$

说明第二轴不贴靠外轨也不贴靠内轨。

（3）转向架对车体的转角和转向架对外轨的冲角

当前、后转向架均处于最大外移位置时，前转向架转角 $\theta$ 最大。此时两转向架对车体的转角 $\theta$ 相等。

$$\theta \approx \frac{L_k}{2R} = \left(\frac{8.6}{2 \times 145}\right)\text{rad} = 0.0296\text{rad} = 1°42'$$

式中，$L_k$ 为两转向架心盘间的距离。

当前、后转向架均处于最大偏斜位置时，后转向架的转角最大。此时，由式（7-7）及式（7-8）得前后转向架对车体的转角为

$$\theta_f = \frac{S_1 + l - X_1}{R}$$

$$\theta_b = \frac{S_2 - l + X_4}{R}$$

已知：$l = 2.1\text{m}$，$R = 145\text{m}$，又假定前后转向架均处于最大偏斜位置，以及在前面已经

求得 $X_1 = 3.37\text{m}$，$X_4 = 3.37\text{m}$。

下面分析如何确定 $S_1$ 及 $S_2$，即车体转心 $\Omega_v$ 的位置。

根据前后心盘（即第二轴和第五轴）对外轨的偏移量 $\overline{Y_2}$ 和 $\overline{X_5}$ 确定车体转心的位置。

因

$$S_1 = \frac{L_k}{2} + \frac{R(\overline{Y_5} - \overline{Y_2})}{L_k}$$

前面已经求得 $\overline{Y_2} = 0.03\text{m}$，$\overline{X_5} = 0.03\text{m}$，故

$$S_1 = \frac{L_k}{2} = 4.3\text{m}, S_2 = 4.3\text{m}$$

由此可见，只要前后转向架所占的位置相同，则 $\overline{Y_2} = \overline{X_5}$，$S_1 = S_2 = \frac{L_k}{2}$。

代入得

$$\theta_f = \frac{4.3 + 2.1 - 3.37}{145}\text{rad} = \frac{3.03}{145}\text{rad} = 0.0208\text{rad} = 1°11'$$

$$\theta_b = \frac{4.3 - 2.1 + 3.37}{145}\text{rad} = \frac{5.57}{145}\text{rad} = 0.0384\text{rad} = 2°12'$$

当前转向架处于最大偏斜位置时，第一轴外轮对外轨的冲角为

$$\alpha \approx \frac{X_1}{R} = \frac{3.37}{145}\text{rad} = 0.0232\text{rad} = 1°20'$$

# 第二节　轨道交通机车车辆动力曲线通过

## 一、曲线超高度与缓和曲线长度

下面讨论曲线超高度与缓和曲线长度对列车通过曲线的速度限制。

曲线外轨超高度有利于轨道交通机车车辆动力曲线通过。外轨超高度引起轨道交通机车车辆内向力 $H$（图 7-17）。

$$H = G\tan\alpha \approx G\frac{h}{2S} \qquad (7\text{-}18)$$

式中，$G$ 为轨道交通机车车辆车重（kN）；$h$ 为超高度（mm）；$2S$ 为左右滚动圆距离，$2S \approx 1500\text{mm}$；$\sigma$ 为轨面倾斜角。

轨道交通机车车辆通过曲线时产生的离心力为

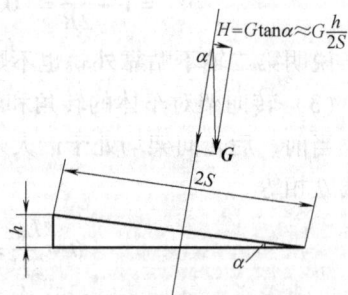

图 7-17　外轨超高引起的内向力

$$C' = \frac{Mv'^2}{R} = \frac{G\left(\frac{v}{3.6}\right)^2}{gR} = \frac{Gv^2}{13gR} = \frac{Gv^2}{127R} \qquad (7\text{-}19)$$

式中，$M$ 为轨道交通机车车辆质量（t）；$G$ 为轨道交通机车车辆车重（kN）；$v'$ 为轨道交通机车车辆速度（m/s）；$v$ 为轨道交通机车车辆速度（km/h）；$g$ 为重力加速度，大小为 $9.81\text{m/s}^2$；$R$ 为曲线半径（m）。

为了平衡全部离心力，外轨超高度应为

$$h = \frac{C' \times 2S}{G} = \frac{2Sv^2}{127R}$$

在 $v_{max}$ 下

$$h = 11.8 \frac{v_{max}^2}{R} \tag{7-20}$$

对有两个转向架的轨道交通机车车辆，作用于一个转向架的未平衡离心力为

$$C = \frac{C' - H}{2} = \frac{\frac{Gv^2}{127R} - G\frac{h}{2S}}{2} \tag{7-21}$$

对于客货混跑的线路，既要通过速度高的旅客列车，又要通过速度较低的货物列车，超高度就不能过大，但也不能过小。现在多取曲线最大超高度 $h_{max} = 150mm$，即最大轨面倾斜 $\alpha_{max} = 0.1rad$。在这样的超高度下，对于快速旅客列车会出现"超高不足"，对于速度低的货物列车又会出现"超高过剩"。超高不足，会引起偏大的未平衡离心力，使列车上的人员感到不舒适，使轮轨间的横向力显著增加，甚至影响轨道机车车辆的横向安定性；超高过剩，则会在运输繁忙的线路上将内侧钢轨压伤。

我国铁路按 $h_{max} = 8\frac{v_{max}^2}{R}$ 确定列车通过曲线的最高速度。这样，在 $v = v_{max}$ 时，未平衡离心力为

$$C' - H = \frac{Gv_{max}^2}{127R}\left(1 - \frac{8}{11.8}\right) = 0.00254\frac{Gv_{max}^2}{R} = 0.000317Gh_{max} \tag{7-22}$$

将 $h_{max} = 150mm$ 代入，得未平衡横向加速度

$$\frac{C' - H}{M} = 0.0476g = 0.47m/s^2 \tag{7-23}$$

$v_{max}$ 与 $R$ 的关系式为

$$v_{max} = 4.33\sqrt{R} \tag{7-24}$$

在 $v_{max}$ 下的超高不足量

$$h_{不足} = \frac{(11.8 - 8)v_{max}^2}{R} = \frac{3.8h_{max}}{8} = 70mm \tag{7-25}$$

欧洲铁路容许的超高不足量为 130mm。在 $h_{max} = 150mm$ 的情况下，未平衡加速度为 $0.85m/s^2$，最高速度与曲线半径的关系为

$$v_{max} = 4.87\sqrt{R} \tag{7-26}$$

例如，对应 $v_{max} = 160km/h$ 的最小曲线半径 $R = 1080m$。

在未平衡离心力的作用下，车的荷重弹簧的变形引起车体对于轨面的倾斜，并从而引起额外的外向力，等于进一步增大超高不足量。这样的倾角弧度不得超过超高不足量与滚动圆距离的比值的 40%～50%。因此，当容许的未平衡加速度为 $0.85m/s^2$ 时，实际的未平衡加速度可能达到 $1.2～1.3m/s^2$。实践表明，这样的加速度还不至于使列车上的多数人感到不适。

为使列车在同样的曲线半径和同样的人的感觉所容许的未平衡加速度下容许比普通列车

高出 30% 左右的速度运行，可将车体做成能在曲线上自动向内侧倾斜的形式（图 7-18），即所谓摆式列车，以平衡超额的那部分车体离心加速度。这样的措施适用于不提高线路标准而行驶个别速度更高的列车的情况，以节省投资。例如，将列车最高速度由 160km/h 提高到 200km/h 以上，而列车上的旅客所承受的未平衡加速度相同。对于轨道交通机车车辆来说，根据瑞士铁路的试验，只要将司机座椅适当改造，就可将容许的轨道交通机车车辆未平衡加速度提高到 $1.8\text{m/s}^2$，而不需用倾斜车体。

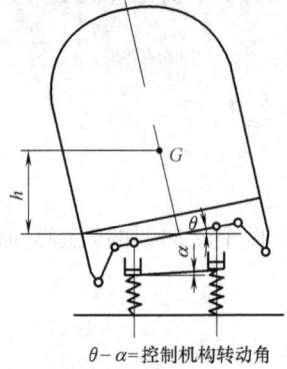

$\theta-\alpha=$ 控制机构转动角

图 7-18　能在曲线上
自动内倾的车体

除了在曲线上设超高度以外，还需在弯道进出口处设缓和曲线。缓和曲线用来缓和列车进出弯道时的未平衡加速度的变化，以免使人感到不适。我国铁路的过渡曲线长度按每米线路增加 1mm 超高度计算，法国铁路一般按 $\dfrac{180}{v_{\max}}\text{mm/m}$ 来计算。对于后者，在 $v_{\max}=160\text{km/h}$ 时，超高度变化为 1.1mm/m；如超高度为 150mm，则缓和曲线的长度应为 135m。这样，通过过渡曲线的时间 =（135/44.5）s≈3s，即每秒的超高度变化为 50mm。每秒容许的加速度变化为 $0.4\text{m/s}^2$，相应每秒的超高不足量变化应不超过 50mm。

## 二、动力曲线通过计算

本节讨论轨道交通机车车辆以不同速度通过曲线时，轮轨之间的作用力及其对轨道交通机车车辆通过曲线速度的限制。

为使问题简化，可在基本反映实际情况的条件下做如下假定：

1）不考虑轨道横向变形。

2）所有的水平力都作用在轨顶面内。

3）不考虑左右轮荷重的变化。

4）不计牵引力的影响。

5）轮箍踏面为圆柱形，即不计踏面斜率的影响。

6）踏面与轨顶面间的摩擦系数 $\mu$ 各轮相同，取 $\mu=0.25$。

7）车辆稳态通过曲线，即轨道交通机车车辆与曲线的相对位置不变。

**1. 曲线上转向架受力情况**

轨道交通机车车辆通过曲线时，转向架受下述作用力（图 7-19）：

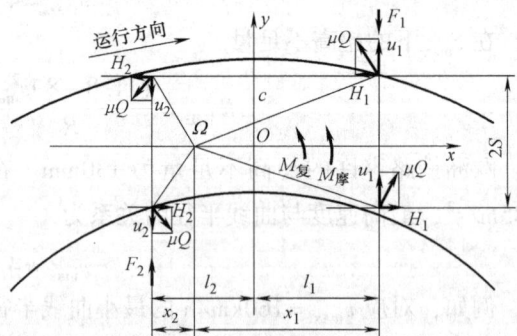

图 7-19　二轴转向架通过曲线
时的受力分析（最大偏斜位置）

（1）**未平衡离心力**　作用于转向架的未平衡离心力 $C$ 的大小用式（7-21）求得，未平衡离心力 $C$ 作用于转向架的中央。

（2）**车轮踏面与轨顶面间的摩擦力**　前已述及，转向架通过曲线的运动可以看做转向架沿 $x$ 轴前进和绕转心 $\Omega$ 回转的合成运动，其中沿 $x$ 轴的前进运动是轮对的滑动，回转运动是轮对在轨顶面上的滑动。车轮踏面与轨顶面间产生滑动摩擦力，摩擦力的方向与滑动方向相反，与自转心引向各轮轨接触点的射线相垂直；摩擦力的大小为 $\mu Q$，$\mu$ 为轮轨间的摩擦系数，取 $\mu = 0.25$，$Q$ 为轮载荷。

各轮摩擦力的横向分力和纵向分力分别为

$$\mu_i = \mu Q \frac{X_i}{\sqrt{X_i^2 + S^2}} \tag{7-27a}$$

$$H_i = \mu Q \frac{S}{\sqrt{X_i^2 + S^2}} \tag{7-27b}$$

式中，$S$ 为左右轮滚动圆间距离之半；$X_i$ 为第 $i$ 轴的转心距。

**（3）转向架与车体间的复原力矩和摩擦力矩**　有些轨道交通机车车辆上，转向架与车体间设有复原装置。在曲线上，转向架相对于车体回转就产生复原力矩，前转向架的复原力矩 $M_b$ 阻碍转向架回转（图 7-19），后转向架的复原力矩帮助该转向架回转。

转向架旁承能产生摩擦力矩的轨道交通机车车辆，理论上，只有在其由直线进入曲线时，转向架与车体的相对位置由同一纵轴线变成一定的转角，两者之间有相对滑动，才产生摩擦力矩。当轨道交通机车车辆进入半径一定的曲线后，转向架相对于车体的转角不再发生变化，两者之间没有相对滑动，就不产生摩擦力矩。但考虑到实际上曲线不是准确的圆弧，在曲线上转向架与车体间的相对转动不断发生，所以在计算中，还是把摩擦力矩 $M_f$ 作为阻碍转向架回转的力矩。

**（4）轮缘力**　轮缘力是轨头侧面作用于轮缘的力，它克服一切阻碍转向架回转的力矩且平衡离心力，引导转向架沿曲线运行。如图 7-19 所示转向架以最大偏斜位置通过曲线，外轨作用于第一轴的轮缘力为 $F_1$，内轨作用于第二轴的轮缘力为 $F_2$。

**2. 轮轨间作用力**

**（1）轮缘力**　轨道交通机车车辆以不同速度通过一定半径的曲线时，可以计算出转向架在曲线上所占的位置和轮缘力的大小。

以二轴转向架为例，先设轨道交通机车车辆以某速度通过指定半径的曲线时，转向架占最大偏斜位置（是否占偏斜位置，计算结束后即可判断），则作用在转向架上的力和力矩如图 7-19 所示。其中只有 $F_1$ 和 $F_2$ 是未知数。转向架的平衡方程式为

$$\begin{cases} \sum F_Y = F_2 - F_1 + C + 2\sum u_i = 0 \\ \sum M_0 = F_1 l_1 + F_2 l_2 - M_b - M_f - 2S\sum H_i - 2\sum u_i l_i = 0 \end{cases} \tag{7-28}$$

式中，$F_1$、$F_2$ 分别为第一轴和第二轴的轮缘力；$l_1$、$l_2$ 分别为第一轴和第二轴至心盘 $O$ 的距离；$M_b$、$M_f$ 分别为转向架的复原力矩和摩擦力矩；$u_i$、$H_i$ 分别为钢轨作用于各轮踏面摩擦力的横向分力和纵向分力，按式（7-27）计算，$i = 1，2$；$2S$ 为左右轮滚动圆间距离；$C$ 为作用于一个转向架的未平衡离心力，按式（7-21）计算，对应某一定速度求得 $C$，$C$ 可能是正值（向外），也可能是负值（向里），作用点为心盘 $O$ 点。

用方程组（7-28）求得两个未知数 $F_1$ 和 $F_2$。$F_2$ 为内轨作用于第二轴的轮缘力，若在所设的速度下求得的 $F_2$ 为正值，则表明此时转向架确实占最大偏斜位置；若求得的 $F_2$ 为负值，则说明在此速度下，轨道交通机车车辆转向架不可能以最大偏斜位置通过该曲线，此时就需假定转向架在该曲线上占自由位置或最大外移位置，重新列出平衡方程式进行计算。

在式（7-28）中，随着轨道交通机车车辆速度 $v$ 增大，未平衡离心力 $C$ 增大，则 $F_1$ 增大，$F_2$ 减小。若令 $F_2 = 0$，在式（7-28）中，以 $C$ 和 $F_1$ 为未知数求解，由求得的 $C$ 求出对应的速度 $v_1$，$v_1$ 即为转向架即将离开最大偏斜位置所对应的速度。当 $v > v_1$ 时，转向架即进入自由位置。

转向架在自由位置时，第二轴不贴靠内轨也不贴靠外轨，$F_2 = 0$。自由位置包括一系列的位置，对应一定的速度有一定的位置，一定的转心。计算时可先假定转心位置，再用式（7-28）求解 $F_1$ 和 $C$，由 $C$ 即可求得对应该位置时的速度 $v$。

转向架在最大外移位置时，转心位置一定，$F_2$ 由外轨作用于第二轴外轮轮缘。列转向架平衡方程组，未知数为 $F_1$ 和 $F_2$。为求得转向架由自由位置进入最大外移位置，即第二轴即将贴靠外轨时的轨道机车车辆速度 $v_2$，可令平衡方程组中的 $F_2 = 0$，以 $F_1$ 和 $C$ 为未知数求解。由 $C$ 即可求得对应的 $v_2$。当 $v > v_2$ 时，由于未平衡离心力 $C$ 增加，$F_1$ 和 $F_2$ 都逐渐增大。

将以上计算结果，即轮缘力与速度的关系，绘成曲线如图 7-20 所示。该特性曲线称为某轨道车辆通过指定半径的水平动力特性曲线。横轴以上的 $F$ 值，表示作用于外轮的轮缘力；横轴以下的 $F$ 值，表示作用于内轮的轮缘力。

**（2）侧压力** 轮轨之间除有轮缘力 $F$ 作用外，在踏面上还作用有摩擦力，其横向分力为 $u_i$，在横向，轮轨间的作用力的合力称为侧压力 $F'$，例如图 7-20 中，$F' = F_1 - u_1$。侧压力也称导向力。侧压力 $F'$ 与轮缘力 $F$ 的关系为

$$F' = F \pm |u| \qquad (7-29)$$

式中正负号取决于轮对相对于转心的位置（表 7-4）。

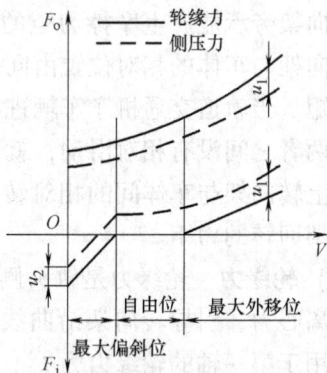

图 7-20 某轨道交通机车车辆在给定半径的曲线上轮缘力和侧压力与速度的关系

**表 7-4 侧压力与轮缘力的关系**

| 轮对贴靠的钢轨 | 按运行方向轮对在转心之前 | 按运行方向轮对在转心之后 |
| --- | --- | --- |
| 外　轨 | $F' = F - |u|$ | $F' = F + |u|$ |
| 内　轨 | $F' = F + |u|$ | $F' = F - |u|$ |

侧压力在图 7-20 中以虚线表示。侧压力是轮轨间的横向作用力。过大的侧压力会引起轨距展宽、钢轨倾覆、车轮脱轨等现象，故侧压力是轨道交通机车车辆通过曲线时最重要的特性。

**（3）构架力、轨枕力** 轨道交通机车车辆通过曲线时，轮对与转向架之间的横向作用力称为构架力，轨枕与道砟之间的横向作用力称为轨枕力。如图 7-21 所示为第一轮对与钢轨的受力情况，其中上半图表示作用于第一轮对的横向力，下半图表示在第一轮对处的轨枕所受横向力。其计算公式分别为

$$H_1 = F_1 - 2u_1$$

$$S_1 = F_1 - 2u_1$$

式中，$H_1$ 为第一轮对的构架力；$F_1$ 为第一轮对轮缘力；$u_1$ 为第一轮对踏面上摩擦力的横向分力；$S_1$ 为第一轮对处的轨枕力。

由此可见，构架力与轨枕力大小相等、方向相反。

需要指出的是，以上计算所得的轮缘力、侧压力、构架力和轨枕力都是指稳态值，而在实车试验时测得的是动态值。稳态值是动态值的集合平均值。这些力的动态最大值（峰值）比稳态值大很多，其差值称为动作用力，视线路横向不平顺度而异。

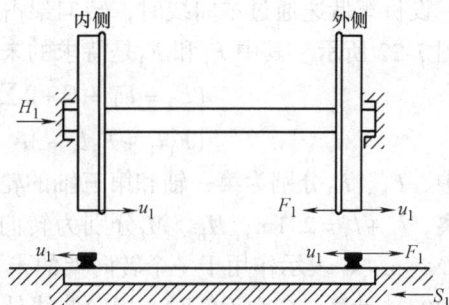

图 7-21　第一轮对于钢轨在横向的受力情况

### 3. 轮轨作用力计算实例

**例题 2**　计算某型机车通过 $R=145\text{m}$ 曲线时的轮轨作用力。

已知数据：

| 轨道机车车辆轴式 | $C_0-C_0$ | 各轴横动量/mm | $\pm(3-14-3)$ |
|---|---|---|---|
| 曲线半径 $R/\text{m}$ | 145 | 转向架复原力矩 $M_b/\text{kN}\cdot\text{m}$ | 18 |
| 曲线超高度 $h/\text{mm}$ | 150 | 转向架摩擦力矩 $M_f/\text{kN}\cdot\text{m}$ | 15 |
| 曲线加宽 | $\Delta=15\text{mm},\sigma+\Delta=31\text{mm}$ | 轨道机车车辆总重 $G/\text{kN}$ | 1236（126t） |
| 轴距/mm | 2100 | 轴载荷/kN | 206.01（21t） |
| 转向架心盘距/mm | 8600 | 轮轨间摩擦系数 $\mu$ | 0.25 |
| 左右滚动圆距离/mm | 1499 | | |

**解：**（1）未平衡离心力与速度的关系

作用于一台转向架的未平衡离心力 $C$ 由式（7-21）求得，即

$$C=\frac{\dfrac{Gv^2}{127R}-G\dfrac{h}{2S}}{2}$$

将 $G=1236\text{kN}$，$R=145\text{m}$，$h=150\text{mm}$，$2S=1499\text{mm}$ 代入上式得

$$C=0.0336v^2-61.84 \tag{7-30a}$$

式（7-30a）表示本计算的转向架未平衡离心力 $C$ 与速度 $v$ 的关系。注意，式（7-30a）只适用于本计算的特定条件。

（2）转向架占最大偏斜位置

先求转向架占最大偏斜位置的转心距。设转向架占最大偏斜位置（图 7-16），第一轴贴靠外轨，第三轴贴靠内轨。第一轴的转心距

$$X_1=\frac{L_3}{2}+\frac{R(\overline{Y_3}-\overline{Y_1})}{L_3}$$

将 $L_3=2\times2.1\text{m}=4.2\text{m}$；$R=145\text{m}$；$\overline{Y_3}=(\sigma+\Delta)+3\text{mm}=(0.031+0.003)\text{m}=0.034\text{m}$；$\overline{Y_1}=-0.003\text{m}$ 代入上式得

$$X_1=\left[\frac{4.2}{2}+\frac{145\times(0.034+0.003)}{4.2}\right]\text{m}=(2.1+1.27)\text{m}=3.37\text{m}$$

同理可得：第二轴的转心距 $X_2=1.27\text{m}$；第三轴的转心距 $X_3=-0.83\text{m}$。

设机车低速通过本曲线时，转向架占最大偏斜位置。此时，作用在转向架上的力和力矩如图 7-22 所示。其中 $F_1$ 和 $F_3$ 是待求的未知数。写转向架的平衡方程式：

$$\begin{cases} F_3 - F_1 + C + 2\sum u_i = 0 \\ F_1 l_1 + F_3 l_3 - M_b - M_f - 2S\sum H_i - 2S\sum u_i l_i = 0 \end{cases} \tag{7-30b}$$

式中，$F_1$、$F_3$ 分别为第一轴和第三轴的轮缘力，待求 $l_1$、$l_3$ 分别为第一轴和第三轴至心盘的距离，$l_1 + l_3 = 2.1\text{m}$；$M_b$、$M_f$ 分别为转向架的复原力矩及摩擦力矩，$M_b = 18\text{kN} \cdot \text{m}$，$M_f = 15\text{kN} \cdot \text{m}$；$C$ 表示作用于一个转向架的未平衡离心力，与轨道交通机车车辆速度有关，按式（7-30a）计算。$C$ 为正值时，指向曲线外侧，为负值则指向曲线内侧。

$u_i$、$H_i$ 按下式计算：

$$\begin{cases} u_i = uQ\dfrac{X_i}{\sqrt{X_i^2 + S^2}} \\ H_i = uQ\dfrac{S}{\sqrt{X_i^2 + S^2}} \end{cases} \quad i = 1,2,3 \tag{7-30c}$$

式中，$\mu = 0.25$；$Q = $ 轴荷重$/2 = 103\text{kN}$；$S = 1.499/2 = 0.7495\text{m}$；$X_2 = 1.27\text{m}$；$X_3 = -0.83\text{m}$。

由式（7-30c）得

| | |
|---|---|
| $\mu_1 = 25.14\text{kN}$ | $H_1 = 5.59\text{kN}$ |
| $\mu_2 = 22.18\text{kN}$ | $H_2 = 13.09\text{kN}$ |
| $\mu_3 = -19.11\text{kN}$ | $H_3 = 17.26\text{kN}$ |

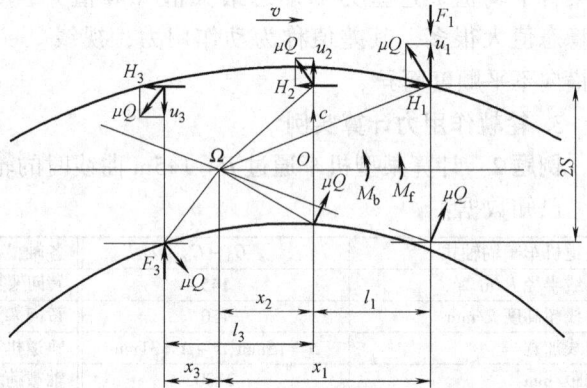

图 7-22 三轴转向架占最大偏斜位置时的受力分析

1）$v = 0$（以很低速度通过）。设 $v = 0$，由式（7-30a）得

$$C = -61.84\text{kN}$$

把有关数据代入式（7-30b），得

$$F_1 = 62.22\text{kN}, F_3 = 67.64\text{kN}$$

$F_3$ 是正值，表示内轨作用于第三根轴的轮缘力向外，转向架确实占最大偏斜位置。

2）$v = 20\text{km/h}$。设 $v = 20\text{km/h}$，由式（7-30a）得

$$C = -48.4\text{kN}$$

把 $C$ 及有关数据代入式（7-30b），得

$$F_1 = 68.94\text{kN}, F_3 = 60.92\text{kN}$$

3）$v = 40\text{km/h}$。设 $v = 40\text{km/h}$，由式（7-30a）得

$$C = -8.08\text{kN}$$

把 $C$ 及有关数据代入式（7-30b），得

$$F_1 = 89.10\text{kN}, F_3 = 40.76\text{kN}$$

4）转向架即将离开最大偏斜位置的速度 $v_1$。为求得转向架即将离开最大偏斜位置所对应的速度 $v_1$，可令 $F_3 = 0$，在式（7-30b）中，以 $F_1$ 和 $C$ 为未知数求解，再由 $C$ 求得对应的速度 $v_1$。

令 $F_3 = 0$，式（7-30b）可写成

$$\begin{cases} -F_1 + C + 56.42 = 0 \\ 2.1F_1 - 272.72 = 0 \end{cases}$$

由上式求得 $F_1 = 129.87\text{kN}$，$C = 73.45\text{kN}$。

再由求得的 $C$，利用式（7-30a），求得对应的速度为

$$v_1 = 63.5\text{km/h}$$

（3）转向架占自由位置

当速度大于 $v_1$ 时，转向架开始占自由位置。转向架占最大偏斜位置时的 $X_1 = 3.37\text{m}$，占最大外移位置时的 $X_1 = 2.1\text{m}$，$3.37\text{m} > X_1 > 2.1\text{m}$ 都是自由位置。转向架占自由位置时，其受力情况如图 7-23 所示。

这时转向架的平衡方程为

$$\begin{cases} -F_1 + C + 2\sum u_i = 0 \\ F_1 - M_b - M_f - 2S\sum H_i - 2S\sum u_i l_i = 0 \end{cases} \tag{7-30d}$$

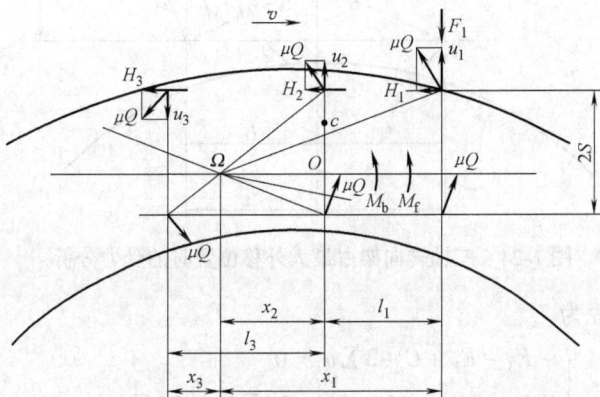

图 7-23　三轴转向架占自由位置时的受力分析

1）$X_1 = 3.0\text{m}$。设 $X_1 = 3.0\text{m}$，求对应的 $F_1$ 及 $v$。

$X_1 = 3.0\text{m}$，则 $X_2 = 0.9\text{m}$，$X_3 = -1.2\text{m}$。

由式（7-30c），求得

$$u_1 = 24.98\text{kN} \qquad\qquad H_1 = 6.25\text{kN}$$
$$u_2 = 19.79\text{kN} \qquad\qquad H_2 = 16.48\text{kN}$$
$$u_3 = -21.84\text{kN} \qquad\qquad H_3 = 13.64\text{kN}$$

把有关数据代入式（7-30d），得

$$F_1 = 135.31\text{kN}, C = 89.46\text{kN}$$

由求得的 $C$，利用式（7-30a），求得对应的速度

$$v_1 = 67.1\text{km/h}$$

2）$X_1 = 2.5\text{m}$。设 $X_1 = 2.5\text{m}$，求对应的 $F_1$ 及 $v$。

$X_1 = 2.5\text{m}$，则 $X_2 = 0.4\text{m}$，$X_3 = -1.7\text{m}$。

由式（7-30c），求得

$$u_1 = 24.67\text{kN} \qquad\qquad H_1 = 7.40\text{kN}$$
$$u_2 = 12.13\text{kN} \qquad\qquad H_2 = 22.72\text{kN}$$

$$u_3 = -23.56\text{kN} \qquad\qquad H_3 = 10.39\text{kN}$$

把有关数据代入式（7-30d），得

$$F_1 = 141.09\text{kN}, C = 114.61\text{kN}$$

由求得的 $C$，利用式（7-30a），求得对应的速度

$$v_1 = 72.5\text{km/h}$$

（4）转向架占最大外移位置

转向架占最大外移位置时，第一轴和第三轴均贴靠外轨，转向架的受力情况如图 7-24 所示。

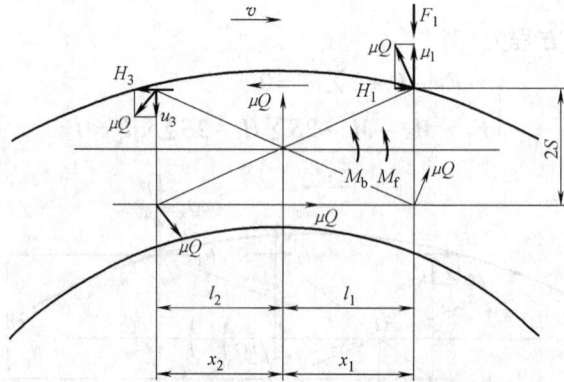

图 7-24　三轴转向架占最大外移位置时的受力分析

这时转向架的平衡方程为

$$\begin{cases} -F_3 - F_1 + C + 2\sum u_i = 0 \\ F_1 l_1 - F_3 l_3 - M_b - M_f - 2S\sum H_i - 2S\sum u_i l_i = 0 \end{cases} \tag{7-30e}$$

转向架占最大外移位置时，$X_1 = 2.1\text{m}$，$X_2 = 0$，$X_3 = -2.1\text{m}$。

由式（7-30c）求得

$$u_i = 24.25\text{kN} \qquad\qquad H_i = 8.66\text{kN}$$
$$u_i = 0 \qquad\qquad H_i = 25.67\text{kN}$$
$$u_i = -24.25\text{kN} \qquad\qquad H_i = 8.66\text{kN}$$

1）转向架开始占最大外移位置时的速度及轮缘力。随着轨道交通机车车辆速度增加，转向架由自由位置逐渐向最大外移位置接近。当刚开始占最大外移位置时，可令 $F_3 = 0$，由式（7-30e）求得 $F_1$ 及 $C$，再由 $C$ 求得对应的速度。

令 $F_3 = 0$，并把有关数据代入式（7-30e），得

$$F_1 = 143.5\text{kN}, C = 143.5\text{kN}$$

再由 $C$，利用式（7-30a），求得对应的速度 $v = 78.2\text{km/h}$。

2）$v = 85\text{km/h}$。当速度增至 85km/h 时，求对应的 $F_1$、$F_3$。

将 $v = 85\text{km/h}$ 代入式（7-30a），求得 $C = 180.9\text{kN}$。

把有关数据代入式（7-30e），得

$$F_1 = 162.19\text{kN}, F_3 = 18.71\text{kN}$$

（5）轮缘力及侧压力与速度的关系

上面已经计算出随着速度增加，转向架位置的改变及轮缘力 $F_1$、$F_3$ 的变化。

第一轴外轮的侧压力为 $F'_1$，其值为

$$F'_1 = F_1 - u_1$$

侧压力与轮载荷之比值 $F'_1/Q$ 称为脱轨系数。脱轨系数越大表示脱轨的危险性越大。

现把计算所得到的机车通过 $R = 145m$ 曲线（超高 $h = 150mm$）时，轮缘力、侧压力及脱轨系数随速度的变化情况列于表7-5。

表7-5 某型机车通过 $R = 145m$ 曲线时参数变化

| $v/(km/h)$ | $X_1/m$ | 转向架位置 | $F_1/kN$ | $F_3/kN$ | $u_i$ | $F'_1/kN$ | $F'_1/Q$ |
|---|---|---|---|---|---|---|---|
| 0 | 3.37 | | 62.22 | 67.64 | 25.14 | 37.08 | 0.36 |
| 20 | 3.37 | 最大偏移量 | 68.91 | 60.92 | 25.14 | 43.77 | 0.42 |
| 40 | 3.37 | | 89.10 | 40.76 | 25.14 | 63.96 | 0.62 |
| 63.5 | 3.37 | | 129.87 | 0 | 25.14 | 104.73 | 1.02 |
| 67.1 | 3.0 | 自由位置 | 135.32 | 0 | 24.98 | 110.34 | 1.07 |
| 72.5 | 2.5 | | 141.09 | 0 | 24.67 | 116.42 | 1.13 |
| 78.2 | 2.1 | | 143.50 | 0 | 24.25 | 119.25 | 1.16 |
| 85.0 | 2.1 | 最大位移量 | 162.19 | 18.71 | 24.25 | 137.94 | 1.34 |

把表中的轮缘力 $F_1$、$F_3$，及侧压力 $F'_1$，随速度 $v$ 变化的关系绘成曲线，如图7-25所示。这就是该型机车通过 $R = 145m$ 曲线（超高 $h = 150mm$）的水平动力特性曲线。

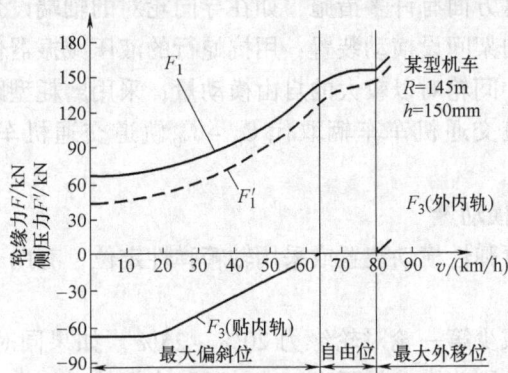

图7-25 机车通过 $R = 145m$ 曲线轮缘
力和侧压力与速度的关系

## 三、改善轨道交通机车车辆动力曲线通过的措施

改善轨道交通机车车辆动力曲线通过的目的在于：在行车速度较高的多弯道线路上，为尽量缩短全线的运行时间，在不显著增加侧压力或恶化运行舒适度的条件下，提高轨道交通机车车辆通过曲线的速度；在曲线半径较小的线路上，为减少轮轨磨耗，设法降低轮缘磨耗因数。

为了减小侧压力和保证舒适度，在快速线路上要尽量放大曲线半径，例如，取曲线半径（m）$R = (v_{max}/4.87)^2$ 或更大些，$v_{max}$ 为曲线上的最高速度（km/h）。目前，我国主要干线

的曲线半径比较小，不适于 160km/h 以上的快速列车行驶。考虑到我国客运繁忙并需要继续提速，当前应着眼于既有线的改造，而不是首先建造几列车体能在曲线上自动倾斜的高速客车。只有在既有线改造之后，如果还需要行驶个别速度更高的列车，才可能考虑添置具有车体能自动倾斜的摆式客车来避免或推迟线路的进一步改造以节约投资。

减少轨道交通机车车辆在小半径曲线上的轮缘磨耗在于：减小轮缘与钢轨侧面的摩擦系数值；提高轮缘的耐磨性；减小轮缘力；降低轮缘与钢轨侧面的摩擦速度。

应该指出，冬夏相比，冬天的轮轨摩擦系数比夏天的小，所以冬天轮缘磨耗率低。轨道交通机车车辆速度的高低对于轮轨摩擦系数影响不大。通过降低轨道交通机车车辆速度来降低轮缘与钢轨侧面的摩擦速度无助于降低轮缘磨耗总量，因为轨道交通机车车辆交路的长度是一定的。虽然降低轨道交通机车车辆速度能够从导向力中减去因未平衡离心力而增加的那部分力，使轮缘磨耗有所减少，可是减慢车速不利于运输，所以采用降速的办法来减少轮缘磨耗量是不适宜的。

为降低轮缘与钢轨侧面的摩擦系数，可以采用钢轨侧面润滑或轮缘润滑或二者兼施的方法。用这种方法可以使轮缘磨耗减少至一半或几分之一。目前润滑形式繁多，结构繁简不等，但多有因保养或使用不善而引起黏着恶化的缺点，往往不为乘务员所欢迎，而有待于认真总结和提高。但也需指出，采取润滑这种方法，无助于减少轮轨的相互作用力和冲角。

提高轮箍硬度可以提高轮缘的耐磨性。轮箍硬度由布氏硬度 250～275 提高到 320～340，可以使轮缘磨耗减少一半。

减少轮缘力和降低轮缘与钢轨侧面的摩擦速度是减少轨道交通机车车辆在小半径曲线上的轮缘磨耗的基本途径。这方面有许多措施，如在导向轮对的轴端设弹性横动装置或采用轴箱弹性定位；在车体和转向架间设横动装置；用抗蛇行的液压减振器代替摩擦旁承来控制转向架蛇行；给三轴转向架中间轮对以较大的自由横动量；采用磨耗型踏面；转向架横向弹性相连；以 $B_0-B_0-B_0$ 轨道交通机车车辆取代 $C_0-C_0$ 轨道交通机车车辆等。现分别说明如下。

**1. 导向轮对设置弹性横动量**

在导向轮对的轴端设置弹性横动装置或采用轴箱弹性定位，有助于轨道交通机车车辆通过曲线时转向架转心后移。

采用这种措施有可能减少第一轮对轮缘力 20%～25%。如果同时给三轴转向架中间转向轮对以大的自由横动量，则此横动量不宜过大，以防中间轮对经常贴靠外轨而引起此轮对的轮缘过量磨耗。在导向轮对的轴端设置弹性横动装置或采用轴箱弹性定位还有助于轨道交通机车车辆进出曲线和在不圆整的曲线上运行时，降低导向力动态最大值。

**2. 车体和转向架间设置横动装置**

车体能相对于转向架弹性横动，也能缓和不平顺曲线对轨道交通机车车辆的冲击，减小轮缘力动态最大值。

如果车体不是通过摩擦旁承，而是通过橡胶堆或高圆弹簧支承于转向架上，则还因转向架回转阻力的减小而使导向力的稳态值有所减小。由于弹性旁承能在轨道交通机车车辆出曲线时使转向架重新复位，轮缘磨耗得以进一步减少。

**3. 增设抗蛇行减振器**

摩擦旁承对于控制转向架蛇行有良好作用，但摩擦旁承对于曲线通过则有害。

近些年来国外铁路开始不用摩擦旁承而采用抗蛇行的液压减振器以控制蛇行。因为这种减振器在低振动速度下阻尼很小，使得转向架进、出曲线时和在不平顺的曲线上只要克服很小的阻力矩，所以抗蛇行液压减振器不存在直线上的稳定性与动力曲线通过之间的矛盾。

**4. 给三轴转向架中间轴以较大的自由横动量**

给三轴转向架的中间轮对以适当大的自由横动量，可以在不影响转向架在直线轨道上稳定性条件下改善轨道交通机车车辆的动力曲线通过。中间轮对的横动量增大后，使得它在半径不大的曲线上能够参与导向（不是贴靠转向架构架，而是直接贴靠外轨），使其左右两轮的横向摩擦力直接被外轨反力——中间轮对的轮缘力 $F_2$ 所平衡，结果有可能使第一轮对外轮轮缘力减少 20% ~ 30%。对于轴箱导框定位的、端轴具有弹性的转向架，给中间轮对以 ±12mm 自由横动量，就可使中间轮对于轨道交通机车车辆以 40 ~ 50km/h 通过 300m 半径的曲线时贴靠外轨，而不贴靠构架。表 7-6 是前苏联 $\varphi$ 型电力机车（由法国进口的阿尔斯通 $C_0 - C_0$ 式电力机车）轮缘自磨耗的分析结果。由该表可见：给中间轮对经 ±15mm 的自由横动量可使三轮对的轮缘磨耗趋于均等；大自由横动量的作用，对 600m 半径曲线比对 300m 半径曲线更显著。

表 7-6　苏联 $\varphi$ 型电力机车（$C_0 - C_0$）的轮缘磨耗分析

| 曲线半径和速度 | | 600m,50km/h | | | 300m,50km/h | | |
|---|---|---|---|---|---|---|---|
| 轮对位次 | | 1 | 2 | 3 | 1 | 2 | 3 |
| 中间轮对无自由横动量 | 轮缘力/kN | 97.6 | | | 121 | | |
| | 磨耗因数 | 0.81 | | | 1.61 | | |
| | 磨耗组成(%) | 5 | 0 | 5 | 50 | 0 | 50 |
| 中间轮对自由横动量 ±15mm | 轮缘力/kN | 70.8 | 55.4 | — | 90.4 | 54.4 | — |
| | 磨耗因数 | 0.62 | 0.27 | — | 1.43 | 0.43 | — |
| | 磨耗组成(%) | 35 | 30 | 35 | 38.4 | 23.2 | 38.4 |

对于两端操纵的轨道交通机车。在上行时，转向架的第一轮对导向；下行时，由第三轮对导向。无论上行或下行，具有大横动量的中间轮对都参与导向。为使三个轮对的轮缘同时磨耗到限，就要在上行或下行时，使中间轮对的磨耗量等于第一轮对或第三轮对的磨耗量之半。这就要根据轨道交通机车交路中不同半径的曲线所占的比重，结合转向架结构，给中间轮对以合适的自由横动量。例如，对于小半径曲线较多的线路和轴箱刚性定位的轨道交通机车，就应给中间轮对比较大的横动量；反之，对于中等半径曲线较多的线路和轴箱弹性定位（特别是软弹性定位）的轨道交通机车，就应给中间轮对以小一些的横动量，否则很可能出现中间轮对轮缘先与其他轮缘磨耗到限的情况。对于一定交路和转向架结构，存在一定的最佳横动量，它最好是通过试验来确定。

**5. 采用磨耗型踏面**

根据长期的观察，凡是锥形踏面（斜率1:20）轮对，在踏面磨耗量达 1.5 ~ 2mm，其轮缘磨耗甚巨。随后，轮轨接触由两点变为一点，显著降低了轮缘与钢轨侧面的摩擦速度，大大减慢了轮缘磨耗。根据观察结果，人们开始试用一种新踏面，其形状一开始就做成磨耗形的——磨耗形踏面（一点接触的踏面）。这种踏面的优点在于不仅能在曲线上减少轮缘磨耗，而且由于踏面与轨顶面有较好的接触而能较长时间地保持踏面基本形状，使得轨道交通机车车辆的运行品质较为稳定，轨道交通机车车辆的镟轮公里大大延长，轮箍的可镟次数也显著增加。经过长时期的试用和改进，现在许多国家的铁路开始普遍使用磨耗形踏面。理论分析和实践都表明：在一般线路条件下采用磨耗形踏面较用锥形踏面可以减少轮缘磨耗30%以上。

### 6. 转向架横向弹性连接

转向架横向弹性连接是改善轨道交通机车车辆动力曲线通过（曲线半径 < 500m）的有效措施。不仅两个转向架可以横向连接，三个转向架同样可以横向连接。转向架横向弹性连接对减少轮缘磨耗的效果较轮缘润滑稍差些。除减少轮缘磨耗外，连接装置还有一系列的其他优点：易于保养；不会像轮轨润滑那样有可能使黏着受到影响；可以减小作用于轴箱定位装置、车轴端承、轮缘、钢轨等的横向载荷。不过，连接装置的作用会随速度的增高和曲线半径的增大而减小。多年来，转向架横向弹性连接装置被国外在多弯道铁路上采用。

为减少左右轮载荷的转移，应争取将转向架的横向连接点取低一些。

最后尚需指出，如果转向架的横向连接是刚性销接的，则改善曲线通过的效果较弹性连接更为显著，但为缓和轨道交通机车车辆进出曲线、道岔和遭遇线路不平顺时产生的冲击，转向架有必要采用弹性连接。

### 7. 采用 $B_0$-$B_0$-$B_0$ 式轨道交通机车车辆

以 $B_0$-$B_0$-$B_0$ 式轨道交通机车车辆取代 $C_0$-$C_0$ 式轨道交通机车车辆也可显著改善轨道交通机车车辆的动力曲线通过。转向架横向不相连的 $B_0$-$B_0$-$B_0$ 式轨道交通机车车辆的导向力，大致等于转向架横向连接的 $C_0$-$C_0$ 式轨道交通机车车辆的导向力。六轴轨道交通机车中，转向架横向连接的 $B_0$-$B_0$-$B_0$ 式机车导向力最小。例如，在300m半径的曲线上，在同样0.8m/$s^2$未平衡加速度下，$B_0$-$B_0$-$B_0$ 式（连）机车的导向力为55kN；$C_0$-$C_0$ 式（连）机车的为90kN；而 $C_0$-$C_0$ 式（未连）机车的则达135kN。进出弯道或通过道岔时，$B_0$-$B_0$-$B_0$ 式机车的横向惯性力也比较小。近年来，$B_0$-$B_0$-$B_0$ 式机车已经在国内外的多弯道电气化铁路上得到较多应用。相对于 $C_0$-$C_0$ 式轨道交通机车，$B_0$-$B_0$-$B_0$ 式轨道交通机车要长一些；$B_0$-$B_0$-$B_0$ 式机车底架下面不便布置燃油箱或变压器；在结构上，为了适应静定的重力分配和中间转向架的大横动量，$B_0$-$B_0$-$B_0$ 式轨道交通机车中间转向架要比前后两转向架复杂些。

# 第八章
# 轨道交通机车车辆动力学简介

## 第一节　引起车辆振动的原因

　　轨道交通机车车辆是一个多自由度的振动系统，作用于这个系统的各种激扰力使它产生复杂的振动过程。引起各激扰力的因素可概括为三类：线路的构造和状态；轮对的构造和状态；车内动力设备及传动机组和辅助机组的构造和状态。由于这些激扰多是随机车车辆速度的增高而加剧的，所以高速机车车辆振动问题显得比较突出。为保证轨道交通机车车辆运行平稳舒适、减轻对车辆本身和线路的破坏作用，确保行车安全，需用理论分析与试验相结合的方法，研究车辆在运行中产生的力学过程，掌握轨道交通机车车辆车体、转向架的振动规律，以便合理设计机车车辆有关结构，正确选定弹簧装置、轴箱定位装置、横动装置、减振器等的参数，并为有关零部件的强度计算提供必要数据。线路和机车车辆是个统一体，二者相互依存，互相影响，必须共同提高。所以，研究轨道交通机车车辆的振动必须结合线路条件，并为线路结构、强度和养护标准等提供依据。当要求大幅度提高线路质量或要求改进机车车辆动力学性能时，首先应致力于后者，因为前者耗资大，且往往不易实现。经车体重心作空间坐标（图8-1），则轨道交通车辆振动相对于这一坐标系统可分为6种振动：对 $x$ 轴的回转振动——侧滚；顺 $x$ 轴的往复振动——伸缩；对 $y$ 轴的回转振动——点头；顺 $y$ 轴的往复振动——侧摆；对 $z$ 轴的回转振动——摇头；顺 $z$ 轴的往复振动——浮沉。

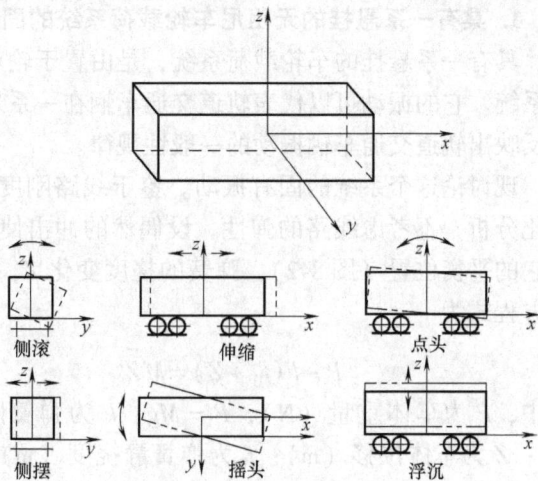

图8-1　机车振动形式

　　其中，浮沉、点头和伸缩是主要由波形线路引起的在铅垂面内的振动；侧摆、摇头和侧滚是主要由轮对的锥形踏面引起的横向振动（或称侧向振动）。这些振动一般是同时存在的，不过在不同条件下，有一两个振动是主要振动，其余的是不显著的振动。

为简化起见，我们可分别研究铅垂面内的振动和横向振动。在研究铅垂面内的振动时，略去伸缩不计。

轨道交通机车车辆的垂向振动有固有振动和受迫振动之分。外力的偶然作用，使轨道交通机车车辆簧上部分离开平衡位置而产生的振动，称为固有振动。由于阻尼的存在，固有振动的振幅将逐渐衰减。由于固有振动的振幅有限，所以固有振动本身的危害性不大。轨道交通机车车辆簧下部分在外力（激扰力）周期地作用下产生的振动，称为受迫振动，当激扰力的频率和固有振动的频率一致的时候，就要发生共振。若阻尼不足，共振时的振幅就很大，因此要尽量避免机车车辆在常用速度范围内主要振动发生共振。我们研究固有振动是为求得固振频率，以便知道发生共振时的机车速度；研究受迫振动是为求得需要的阻尼和迫振振幅、迫振加速度，以便知道轨道交通车辆运行的平稳程度及其对线路的动作用力。

轨道交通机车车辆横向振动具有蛇行的特征，其复杂性远远超过车辆在铅垂面内的振动。由机车车辆本身构成的动力学系统，连同轮轨间隙、踏面斜率和轮轨接触面上的蠕滑力等，形成一个具有反馈特性的闭环系统。在一定的条件和运行速度下，这个系统会出现动态不稳定状态。研究机车车辆横向振动首先在于研究蛇行稳定性问题，以便采取有效措施来提高机车车辆的蛇行临界速度。

# 第二节　轨道交通机车车辆垂向动力学

## 一、具有一系悬挂的无阻尼车轮载荷系统的振动

### 1. 具有一系悬挂的无阻尼车轮载荷系统的固有振动

具有一系悬挂的车轮载荷系统，是由置于轮对上的弹簧和置于弹簧上的车辆车体所组成的系统。它的振动可以代表轨道交通车辆在一系悬挂上的浮沉振动，这种振动能在很大程度上反映出轨道交通车辆振动的一般性规律。

现讨论这个系统的固有振动。鉴于线路刚度很大，为简化分析，不考虑线路的弹性。设偶然的冲击使车体离开了它的平衡位置（图8-2），弹簧的挠度变化 $Z$，车体的运动方程式为

$$P - k(f_0 + Z) = M\ddot{Z} \qquad (8-1)$$

式中，$P$ 为车体重量（N），$P = Mg$；$k$ 为弹簧刚度（N/m）；$Z$ 为车体位移（m）；$f_0$ 为弹簧静挠度（m）；$M$ 为车体质量（kg）；$g$ 为重力加速度（m/s$^2$）。

因 $P = kf_0$，方程式可改写为

$$M\ddot{Z} + kZ = 0$$

令

$$\omega^2 = \frac{k}{M}$$

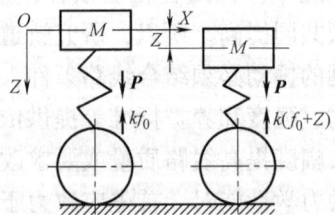

图 8-2　具有一系悬挂的无阻尼车轮载荷系统的固有振动

则
$$\ddot{Z} + \omega^2 Z = 0$$

方程的解
$$Z = A\cos\omega t + B\sin\omega t$$

积分常数 $A$、$B$ 取决于初始条件。取 $t=0$，$Z=Z_0$，$\dot{z}=0$，则
$$A = Z_0, B = 0$$

于是
$$Z = Z_0\cos\omega t \quad (\text{图 8-3}) \tag{8-2}$$

式中，$\omega$ 为每秒的角度变化或圆频率（rad/s），$\omega = \sqrt{\dfrac{k}{M}}$。

如果轴箱定位装置垂向有弹性，并与弹簧装置并联，则式中的 $k$ 应为两者的合成刚度（图8-4），$\omega$ 就比较大。如果轴箱定位装置不影响弹簧刚度，则 $\omega$ 还可以写为

$$\omega = \sqrt{\frac{g}{f_0}}$$

因每振动一次，$\omega$ 的变化为 $2\pi$，故固有振动的周期（s）为

$$T = \frac{2\pi}{\omega} = 2\pi\sqrt{\frac{f_0}{g}} \approx 2\sqrt{f_0}$$

固有振动频率（Hz）

$$\Omega = \frac{\omega}{2\pi} = \frac{1}{2\sqrt{f_0}}$$

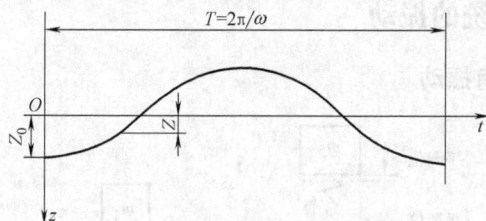

图 8-3　具有一系悬挂的无阻尼车
轮载荷系统的固有振动规律

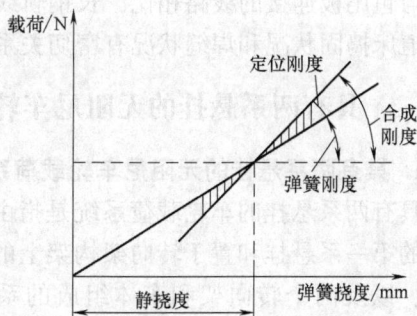

图 8-4　轴箱定位垂向刚度对弹簧
系统垂向刚度的影响

**2. 具有一系悬挂的无阻尼车轮载荷系统的受迫振动**

现在讨论车轮载荷系统在不平顺的轨道上的运动。从轨道的连续的基本频谱知道，轨道的不平顺度随波长的增大而增大，且其增长率低于波长的增长率；频谱中影响大的一般是波长等于轨长（或焊缝间距）和一半轨长处的频谱线。这样，行进中的车轮与轨面接触点的轨迹（图8-5）可大致写为

$$Z_k = a\cos 2\pi\frac{x}{L} + b\cos 4\pi\frac{x}{L} + c \tag{8-3}$$

式中，$a$、$b$、$c$ 为常数值；$L$ 为轨长；$x$ 为车轮所在位置至钢轨一端的距离。

代入 $x = vt$，（$v$ 为机车速度，$t$ 为所经时间），得

$$Z_k = a\cos\frac{2\pi vt}{L} + b\cos\frac{4\pi vt}{L} + c$$

或
$$Z_k = a\cos pt + b\cos 2pt + c \qquad (8\text{-}4)$$

式中，$p$ 为波形线路对车轮载荷系统的激扰主分量的圆周率，$p = \dfrac{2\pi v}{L}$。

不计次分量 $b\cos 2pt$ 和对受迫振动无影响的常数项 $c$，并改取 $Z_k = 0$ 为原点，则表示波形线路的公式可简写为正弦曲线（图 8-6）：
$$Z_k = a\sin pt = a\sin \frac{2\pi}{L} vt \qquad (8\text{-}5)$$

式中，$a = 3 \sim 5\,\text{mm}$ 表示高速线路；$a = 7\,\text{mm}$ 表示好线路；$a = 12\,\text{mm}$ 表示其他线路。

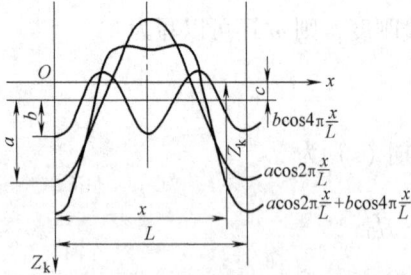

图 8-5　行进中的车轮和轨面接触之点的轨迹　　　　图 8-6　简化的波形线路

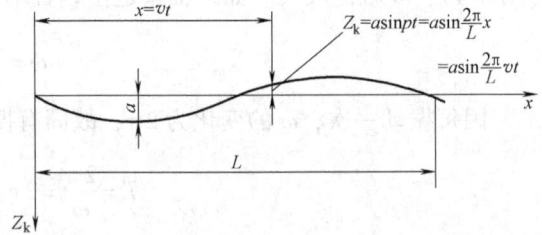

与鱼尾板连接的线路相比，长钢轨线路相对平顺，两者的波形基本相似，不过后者的波长与道床捣固状况和焊缝状况有密切关系，不一定等于焊缝间距。

## 二、具有两系悬挂的无阻尼车轮载荷系统的振动

### 1. 具有两系悬挂的无阻尼车轮载荷系统的固有振动

具有两系悬挂的车轮载荷系统是指由置于轮对上的第一系悬挂和置于转向架构架上的第二系悬挂，以及两个转向架和车体组成的系统（图 8-7）。这个系统的振动代表轨道交通车辆两系悬挂上的浮沉振动。

对于该系统的固有振动，如图 8-7 所示，可写出两转向架的运动方程（设 $Z_2 > Z_1$），有
$$m_1 \ddot{Z}_1 + k_1 Z_1 - k_2 (Z_2 - Z_1) = 0 \qquad (8\text{-}6)$$

车体的运动方程为
$$m_2 \ddot{Z}_2 + k_2 (Z_2 - Z_1) = 0 \qquad (8\text{-}7)$$

特征方程为
$$m_1 m_2 \omega^4 - (m_2 k_1 + m_1 k_2 + m_2 k_2)\omega^2 + k_1 k_2 = 0$$

由上式得

图 8-7　具有两系悬挂的无阻尼
车轮载荷系统的固有振动

$m_1$—两个转向架的簧上质量　$m_2$—车体的质量
$k_1$—车辆一系悬挂的刚度　$k_2$—车辆二系悬挂的刚度
$Z_1$—转向架构架重心对于其静平衡位置的位移
$Z_2$—车体重心对于其静平衡位置的位移

$$\omega^2_{\text{II},\text{I}} = \frac{m_2 k_1 + m_1 k_2 + m_2 k_2}{2 m_1 m_2} \pm \sqrt{\left(\frac{m_2 k_1 + m_1 k_2 + m_2 k_2}{2 m_1 m_2}\right) - \frac{k_1 k_2}{m_1 m_2}} \qquad (8\text{-}8)$$

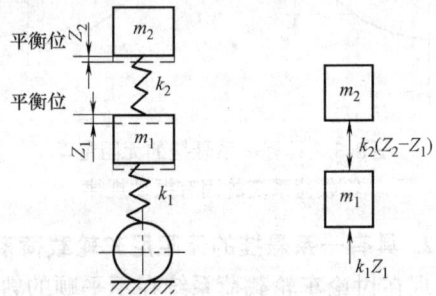

$$\omega_I^2 \omega_{II}^2 = \frac{k_1 k_2}{m_1 m_2} \tag{8-9}$$

$$\omega_I^2 + \omega_{II}^2 = \frac{m_2 k_1 + m_1 k_2 + m_2 k_2}{m_1 m_2} \tag{8-10}$$

式中，$\omega_I$ 为系统的第一固振频率，是低频；$\omega_{II}$ 为系统的第二固振频率，是高频。

当给定 $\omega_I$ 和 $\omega_{II}$ 时，可求 $k_1$ 和 $k_2$，即

$$k_1 k_2 = m_1 m_2 \omega_I^2 \omega_{II}^2$$

$$k_1 m_2 + k_2 (m_1 + m_2) = m_1 m_2 (\omega_I^2 + \omega_{II}^2)$$

较方便的是根据给定的 $\omega_I$ 和 $\omega_{II}$ 直接求两系簧的静挠度 $f_1$ 和 $f_2$。

由
$$f_1 = g \frac{m_1 + m_2}{k_1}, \quad f_2 = g \frac{m_2}{k_2}$$

得
$$f_1 f_2 = g^2 \frac{m_1 + m_2}{m_1 \omega_I^2 \omega_{II}^2}, f_1 + f_2 = g \frac{\omega_I^2 + \omega_{II}^2}{\omega_I^2 \omega_{II}^2}$$

或
$$f^2 - g \frac{\omega_I^2 + \omega_{II}^2}{\omega_I^2 \omega_{II}^2} f + g^2 \frac{m_1 + m_2}{m_1 \omega_I^2 \omega_{II}^2} = 0$$

从而得
$$f_{2,1} = g \frac{\omega_I^2 + \omega_{II}^2 \pm \sqrt{(\omega_I^2 + \omega_{II}^2)^2 - 4 \frac{m_1 + m_2}{m_1} \omega_I^2 \omega_{II}^2}}{2 \omega_I^2 \omega_{II}^2} \tag{8-11}$$

式中，$f_1$ 为第一系悬挂的静挠度；$f_2$ 为第二系悬挂的静挠度。

取 $f_1 < f_2$ 可以更好地适应下部限界。

弹簧悬挂装置的基本参数是：弹簧悬挂装置的刚度或总静挠度、静挠度在两系中的分配以及两系中的阻尼。许多文献曾提出这些参数的最佳数值的选择方法，在某些方面观点各不相同；但在增大静挠度这一点上，观点总是一致的。通常认为，对于一系悬挂装置，静挠度数值（以 mm 计）应该大约等于机车的最大速度（以 km/h 计）。对于最大速度为 120km/h 以上的轨道交通车辆，应采用两系悬挂装置，其总静挠度应 > 150mm。此时，轴箱悬挂静挠度设计为总静挠度的 1/3 左右，效果最好。

有些文献认为，在总静挠度相同的条件下，两系悬挂装置与一系悬挂装置相比，反会使走行部的动力性能些许降低，例如车体加速度及动力系数等有所增大。若总静挠度在两系中平均分配，则上述缺点就更明显。

实际上，采用两系悬挂装置时，其总静挠度要比一系弹簧装置增加 20% 以上，而且，可按需要把挠度分配在两系悬挂中，并给予恰当的阻尼，以获得良好的动力性能。

为降低受迫振动时车体的加速度，宜取挠度比 $c = f_1 / f_2 \approx 0.5$，即一系悬挂较硬，两系悬挂较软，两系悬挂占有较大的静挠度。

在轨道交通车辆上采用两系悬挂装置有如下优点：可以获得较大的静挠度；车体相对于转向架的横动装置

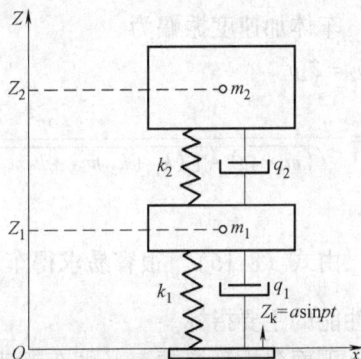

图 8-8　具有两系悬挂的有阻尼车轮载荷系统的受迫振动

的结构设计比较方便；当车轮通过钢轨接头，冲击所产生的高频振动对车体的影响较小；牵引电动机采用架悬式驱动装置时，各构件的相对位移较小，因而工作条件有所改善。

**2. 具有两系悬挂的有阻尼车轮载荷系统的受迫振动**

轨道交通车辆运行时，由于受到线路的周期性激扰而产生受迫振动，其振动频率即为激扰频率。但是，车体及转向架的振幅、振动加速度以及动载荷，不仅和激扰的强度有关，而且和激扰频率与固有频率的比值有关，还和弹簧装置的总挠度及在两系间的分配以及两系中的阻尼大小有关。众所周知，当激扰频率与一个固有频率相同时，就产生共振；共振时的振幅及加速度又与系统的阻尼有关。

现研究怎样选择弹簧悬挂参数——两系悬挂装置中各系的刚度及阻尼，使轨道交通车辆无论在低速或高速，均有良好的垂向动力性能。

现在讨论具有二系悬挂的有阻尼车轮载荷系统的受迫 振动（图 8-8）。

除继续使用图 8-7 中的符号外，以 $q_1$ 表示与一系悬挂并联的液压减振器的阻尼系数，$q_2$ 表示与两系悬挂并联的液压减振器的阻尼系数，并取波形线路公式为 $Z_k = a\sin pt$。由图 8-8，列车体和两转向架构架的运动方程为

$$m_1 \ddot{Z}_1 + k_1(Z_1 - Z_k) + k_2(Z_1 - Z_2) + q_1(\dot{Z}_1 - \dot{Z}_k) + q_2(\dot{Z}_1 - \dot{Z}_2) = 0 \quad (8\text{-}12)$$

$$m_2 \ddot{Z} + k_2(Z_2 - Z_1) + q_2(\dot{Z}_2 - \dot{Z}_1) = 0 \quad (8\text{-}13)$$

解联立方程，得转向架构架受迫振动的振幅为

$$Z_1 = \frac{a\sqrt{[k_1(k_2 - m_2 p^2) - q_1 q_2 p^2]^2 + [pq_1(k_2 - m_2 p^2) + q_2 k_1 p]^2}}{\sqrt{\{m_1 m_2 p^2 - [(k_1+k_2)m_2 + k_2 m_1 + q_1 q_2]p^2 + k_1 k_2\}^2 + [q_1 p(k_2 - m_2 p^2) + k_1 q_2 p - p^3(m_1+m_2)q_2]^2}} \quad (8\text{-}14)$$

车体受迫振动振幅为

$$Z_2 = \frac{a\sqrt{(k_1 k_2 - p^2 q_1 q_2)^2 + p^2(q_1 k_2 + q_2 k_1)^2}}{\sqrt{\{m_1 m_2 p^4 - [(k_1+k_2)m_2 + k_2 m_1 + q_1 q_2]p^2 + k_1 k_2\}^2 + [q_1 p(k_2 - m_2 p^2) + k_1 q_2 p - p^3(m_1+m_2)q_2]^2}} \quad (8\text{-}15)$$

车体加速度振幅为

$$b_2 = Z_2 p^3$$
$$= \frac{ap^2\sqrt{(k_1 k_2 - p^2 q_1 q_2)^2 + p^2(q_1 k_2 + q_2 k_1)^2}}{\sqrt{\{m_1 m_2 p^4 - [(k_1+k_2)m_2 + k_2 m_1 + q_1 q_2]p^2 + k_1 k_2\}^2 + [q_1 p(k_2 - m_2 p^2) + k_1 q_2 p^2 - p^3(m_1+m_2)q_2]^2}} \quad (8\text{-}16)$$

由式（8-16），很容易求得车体无因次加速度幅 $\Gamma = \dfrac{b_2}{a}$ 的表达式。$\Gamma$ 为轨道交通车辆振动性能的主要指标。

下面分析激扰频率（即车辆速度）、减振器阻尼及弹簧静挠度对 $\Gamma$ 的影响。按减振器在两系悬挂中可能布置的方案进行讨论。

1）一系及二系均无减振器，即 $q_1 = q_2 = 0$。

由式 (8-16) 得

$$|\Gamma| = \frac{k_1 k_2 p^2}{m_1 m_2 p^4 - (m_2 k_1 + m_1 k_2 + m_2 k_2)p^2 + k_1 k_2}$$

将式 (8-9) 及式 (8-10) 代入，得

$$|\Gamma| = \frac{\omega_{\mathrm{I}}^2 \omega_{\mathrm{II}}^2 p^2}{(p^2 - \omega_{\mathrm{I}}^2)(p^2 - \omega_{\mathrm{II}}^2)} \tag{8-17}$$

式 (8-16) 的图形如图 8-9 所示，可以看到，在系统无阻尼的情况下，当激挠频率 $P$ 与固有频率 $\omega_{\mathrm{I}}$ 或 $\omega_{\mathrm{II}}$ 一致时，产生共振，出现极大的 $\Gamma$ 绝对值。这是不允许的，因而这种方案是不可行的。

2) 一系与二系均设置减振器

$$\Gamma^2 = p^4$$

$$\frac{(k_1 k_2 - p^2 q_1 q_2)^2 + p_2 (q_1 k_2 + q_2 k_1)^2}{[m_1 m_2 p^4 - (m_1 k_2 + m_2 k_1 + m_2 k_2 + q_1 q_2)p^2 + k_1 k_2]^2 p^2 [q_1 k_2 + q_2 k_1 - p^2 (q_1 m_2 + q_2 m_1 + q_2 m_2)]^2} \tag{8-18}$$

将式 (8-9)、式 (8-10) 和 $k_1 = \dfrac{g}{f_1}(m_1 + m_2)$，$k_2 = \dfrac{g}{f_2} m_2$ 代入得

$$\Gamma^2 = p^4$$

$$\frac{(m_1 m_2 \omega_{\mathrm{I}}^2 \omega_{\mathrm{II}}^2 - p^2 q_1 q_2)^2 p^2 \left[ q_1 \dfrac{g}{f_2} m_2 + q_2 \dfrac{g}{f_1}(m_1 + m_2) \right]^2}{[m_1 m_2 (p^2 - \omega_{\mathrm{I}}^2)(p^2 - \omega_{\mathrm{II}}^2) - q_1 q_2 p^2]^2 p^2 \left[ q_1 \dfrac{g}{f_2} m_2 + q_2 \dfrac{g}{f_1}(m_1 + m_2) - p^2 (q_1 m_2 + q_2 m_1 + q_2 m_2) \right]^2} \tag{8-19}$$

分析式 (8-19) 可以看到，两系都有减振器时，当激扰频率为系统的第一固有频率时，$\Gamma$ 值较小，这是有利的；随着激扰频率的增高（车速增高），$\Gamma$ 值将迅速增高，车体振动显著加剧，如图 8-10 所示。不同的 $q_1$ 和 $q_2$ 值，有不同的曲线。由此可见，在两系悬挂内均设减振器，对于高速运行，不一定总有优越性，必须选择恰当的阻尼值。

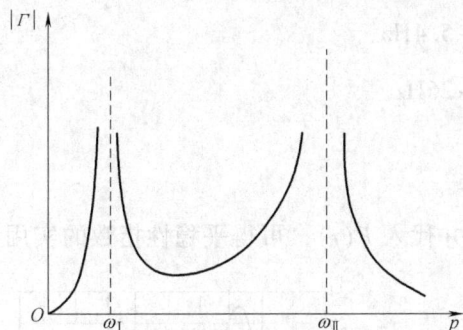

图 8-9　两系悬挂中均无阻尼　　　　图 8-10　两系悬挂中均有阻尼

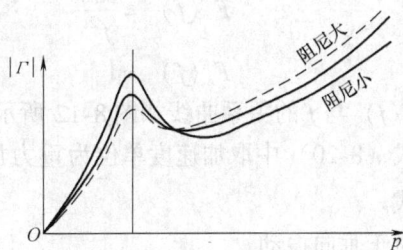

## 三、轨道交通车辆运行平稳性和车辆振动对轨道的动作用力

### 1. 轨道交通车辆运行平稳性

轨道交通车辆运行平稳性是人对车辆运行品质的感觉，其中包括主观和客观的内容。客观

的内容是车辆在运行过程中的振动频率、振幅、振动加速度以及振动加速度的变化率。如图 8-11 所示为一段关于某型轨道交通车辆运行时的振动波形，根据该波形可以评定车辆的运行平稳性，主观的内容是人对这些振动的感觉和忍受程度，这是因人而异的，因此各国的标准也不同。

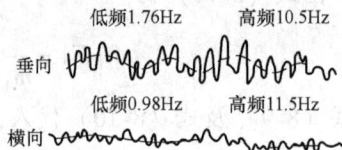

图 8-11　振动波形举例

现在，应用比较普遍的评价轨道车辆运行平稳性的方法是 Sperling 指数。我国也采用这种方法。

Sperling 平稳性指数的基本原理是，影响轨道车辆平稳性的主要客观因数是振动功和振动加速度变化率。振动功为 $Z \cdot \ddot{Z}$，加速度变化率为 $\mathrm{d}\dddot{Z}/\mathrm{d}t$，二者的乘积为 $Z \cdot Zp^2 \cdot Zp^3 = Z^3 p^5$，其中，$Z$ 表示车体振幅，$p$ 表示振动圆频率（rad/s）。

振动功代表振动的能量，人在轨道车辆这个振动环境中经受这种振动能量；振动加速度变化率即为力的变化率，力的变化率大，即冲动比较大，人体各部分将经受这种冲动。由于人们对各种频率振动的感受是不一样的，因此 Sperling 平稳性指数对不同的频率采用不同的修正系数。对于单一频率的恒幅振动，Sperling 平稳性指数的公式为

$$W = 2.7 \sqrt[10]{Z^3 f^5 F(f)} = 0.896 \sqrt[10]{\frac{b^3}{f} F(f)} \tag{8-20}$$

式中，$Z$ 为振幅（cm）；$f$ 为振动频率（Hz）；$b = (2\pi f)^2 Z$ 为振动加速度（cm/s²）；$F(f)$ 为频率修正系数。

频率修正系数 $F(f)$ 是根据大量试验结果总结的经验数据，做成相应的经验公式或图表备查。由于人对垂向振动和横向振动的忍受程度不同，因此垂向振动与横向振动的 $F(f)$ 也是不同的。

对于垂向振动：$F(f) = 0.325f^2 \qquad f = 0.5 \sim 5.9\text{Hz}$

$\qquad\qquad\quad F(f) = \dfrac{400}{f^2} \qquad f = 5.9 \sim 20\text{Hz}$

$\qquad\qquad\quad F(f) = 1 \qquad\qquad f > 20\text{Hz}$

对于横向振动：$F(f) = 0.8f^2 \qquad f = 0.5 \sim 5.4\text{Hz}$

$\qquad\qquad\quad F(f) = \dfrac{650}{f^2} \qquad f = 5.4 \sim 26\text{Hz}$

$\qquad\qquad\quad F(f) = 1 \qquad\qquad f > 26\text{Hz}$

$F(f)$ 与 $f$ 的关系曲线如图 8-12 所示。

式（8-20）中取加速度单位为重力加速度 $g$，并代入 $F(f)$，可得平稳性指数的实用计算公式。

对于垂向振动：

$$W = 6.31 \sqrt[10]{b^3 f} \quad f = 0.5 \sim 5.9\text{Hz} \tag{8-21}$$

$$W = 12.9 \sqrt[10]{\frac{b^3}{f^3}} \quad f = 5.9 \sim 20\text{Hz} \tag{8-22}$$

$$W = 7.07 \sqrt[10]{\frac{b^3}{f}} \quad f > 20\text{Hz} \tag{8-23}$$

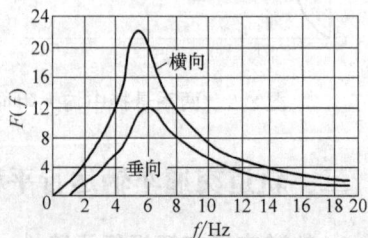

图 8-12　$F(f)$ 与 $f$ 的关系曲线

对于横向振动：

$$W = 6.94 \sqrt[10]{b^3 f} \quad f = 0.5 \sim 5.4\,\mathrm{Hz} \tag{8-24}$$

$$W = 13.5 \sqrt[10]{\frac{b^3}{f^3}} \quad f = 5.4 \sim 26\,\mathrm{Hz} \tag{8-25}$$

$$W = 7.07 \sqrt[10]{\frac{b^3}{f}} \quad f > 26\,\mathrm{Hz} \tag{8-26}$$

一般地，对于车体及转向架的浮沉、车体点头、车体横向振动，大振幅出现于 $1 \sim 2\,\mathrm{Hz}$；对于转向架点头，出现于 $3 \sim 6\,\mathrm{Hz}$；对于车体弯曲、车轮偏心引起的车体振动，出现于 $8 \sim 14\,\mathrm{Hz}$。在一般速度下，有限的车轮偏心度对平稳性影响不大。按式（8-21）~式（8-23）绘出垂向平稳性指数曲线——垂向等感觉曲线（图 8-13），按式（8-24）~式（8-26）绘出横向稳性指数曲线——横向感觉曲线（图 8-14）。平稳性指数与振动感觉和疲劳时间的关系见表 8-1。横向平稳性的测定一般要求轨道交通车辆走行 5 万 ~10 万 km 后进行。对高速车辆和一般车辆都要求其在最大运行速度下的 $W$ 值不超过 $3.25 \sim 3.5$。

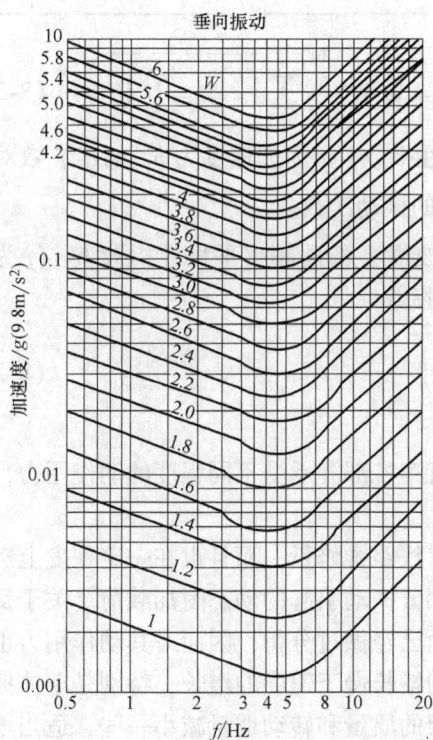

图 8-13　Sperling 垂向平稳性指数曲线　　图 8-14　Sperling 横向平稳性指数曲线

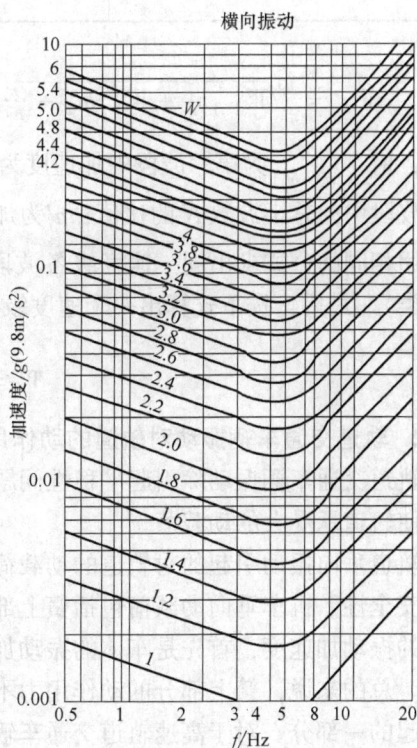

轨道交通车辆沿线路运行时，由于轮轨相互作用引起的簧上部分振动很少是单频率的恒振幅振动，而是不同频率和不同振幅的复杂振动。对每个频率，有 $m$ 个不同的振幅，即有 $m$ 个不同的加速度。可对每种频率求得其平稳性指数，然后计算不同频率合成的总的平稳性指数。

具体计算方法如下：

整理试验数据通常采用分组统计的方法。对每个速度级取 8 ~10 个波段，每个波段长 15 ~20s。将每个波段分成 4 ~5 个组，找出每组的同频率平均加速度，将波段中同频率加速

度分成等级，统计每一等级的半波数，按式（8-27）求出每个波段（Ⅰ至Ⅹ波段）的同频率平稳性指数，如

表 8-1　平稳性指数与振动感觉和疲劳时间的关系

| 平稳性指标 $W$ | 评语 | 疲劳时间/h |
|---|---|---|
| 1 | 很好 | |
| 2 | 良好 | 24 |
| 2.5 | 还好 | 12 |
| 3 | 可以 | 6 |
| 3.25 | 可以 | 4 |
| 3.5 | 还可以 | 3 |
| 4 | 允许 | 1.5 |
| 4.5 | 不允许 | 1 |
| 5 | 危险 | 0.5 |

$$W_{\mathrm{I}} = \sqrt[10]{W_{\mathrm{I},1}^{10}n_1 + W_{\mathrm{I},2}^{10}n_2 + \cdots + W_{\mathrm{I},m}^{10}n_m} = 0.896\sqrt[10]{\sum_{i=1}^{m}\left(\frac{b_{\mathrm{I},i}^3}{f}\cdot\frac{n_i'}{N}\right)F(f)} \quad (8\text{-}27)$$

式中，$W_{\mathrm{I},i(i=1\sim m)}$ 为第一波段中加速度为 $b_{\mathrm{I},i}$ 的平稳性指数；$n_i$ 为加速度为 $b_{\mathrm{I},i}$ 的半波数对于整个波段中的总半波数 $N$ 的比值；$n_i'$ 为加速度为 $b_{\mathrm{I},i}$ 的振动次数。

用相同的公式求出同一速度级各波段（Ⅰ至Ⅹ波段）的同频率平稳性指数 $W_j$（$j$ 为频率种类）。最后，按下式算出一个速度级的总平稳性指数

$$W = \sqrt[10]{\sum_{j=1}^{频率种类} W_j^{10}} \quad (8\text{-}28)$$

**2. 轨道交通车辆振动对轨道的动作用力**

轨道交通车辆振动除引起平稳性问题外，还使机车各部分承受不同程度的动作用力，特别是使轨道承受大的动载荷。

轨道垂向振动引起的对轨道的动载荷影响黏着、线路维修量，而且也在一定程度上影响脱轨安全性。机车垂向动载荷包括簧上部分和簧下部分振动引起的动态附加载荷。关于簧上部分的振动加速度，首先是车体的振动加速度，前面已经做过分析，因而对其动作用力也已清楚。总的来说，簧上部分的动作用力不算大。它的增长慢于速度的增长，特别是车体振动所引起的一部分。对于高速轨道交通车辆，将转向架的质量和转动惯量减小一些，适当增加一系悬挂静挠度并在一系悬挂内加些阻尼，有助于减小转向架浮沉和点头引起的动载荷。

轨道交通车辆簧下部分引起的垂向动态附加载荷与 $av\sqrt{um}$ 成比例。其中 $a$ 为线路缺陷；$v$ 为机车速度；$u$ 为线路刚度；$m$ 为簧下部分质量。簧下部分引起的垂向动态附加载荷比簧上部分引起的大得多，特别是对于高速轨道交通车辆。为使高速车辆簧下部分引起的垂向动态附加载荷不至于过大，应尽量减小簧下部分质量以及适当增加道床厚度（如增至 35cm）和轨枕间的橡胶垫厚度（如增至 8mm），以降低线路刚度。采用重一些的钢轨有利于保持轨道的平直，降低线路不平顺幅度，提高黏着，减少线路维修工作量。例如用轴荷重为 160~170kN 的动车，宜用 60kg/m 的钢轨。

下面就轨道疲劳程度加以校核。根据统计资料，轨道疲劳程度可以通过 $Q^3$

$\left[1+3\left(\dfrac{Q_动}{2Q}\right)^2\right]$ 值表示。

轨道交通车辆横向振动在失稳之后，会使轮对碰撞钢轨，引起很大的轨枕力，可能导致轨枕永久移位。欧洲铁路普遍采用法国铁路规定的轮对横向力（平均最大值）限度（在机车走行 5 万 ~ 10 万 km 后，并在比 $v_{max}$ 高出 10km/h 的速度下）为

$$H_{max} \leqslant 0.85\left(10+\frac{P}{3}\right) \tag{8-29}$$

式中，0.85 为安全因数；$P$ 为轴静载荷（kN）。

根据普鲁霍姆（Prud'homme）的统计，按现在法国高速线路的质量，在 250km/h 以内，轮对随机横向力的平均最大值均不超过 $\dfrac{Pv}{1000}$。其中，$P$ 为轴静载荷（kN）；$v$ 为速度（km/h）。

横向力随机车走行公里数的增加而增大。例如一些高速车达 8 万 ~ 10 万走行公里时，$H$ 就达到极限值而需要镟轮。为防止车轮爬越钢轨，规定在 $H_{max}$ 作用时间不超过 0.05s 的情况下，使

$$\frac{H}{Q} \leqslant \frac{0.04}{t} \tag{8-30}$$

式中，$H$ 为横向力的最大值（kN）；$Q$ 为与横向力同瞬时的轮载荷（kN）；$t$ 为横向力的作用时间（s）。

上面我们对具有代表性的车轮荷重系统的振动，即轨道交通车辆浮沉振动进行了分析。浮沉振动是轨道交通车辆前后两转向架以同相位、同振幅在铅垂面内的振动。如果前后两转向架的垂向振动方向正好相反，那么这个振动就成了点头振动。在一般情况下，浮沉和点头是同时存在的，所以将浮沉和点头考虑在一起才是比较完整的分析。例如，对于二轴转向架式轨道车辆的垂向振动可以选择具有六个自由度的数学模型：车体的点头和浮沉；两个转向架的点头和浮沉。

最后还应指出，上面的分析中假定了车体是刚体。但实际上车体是弹性体，其固有振动频率在 10Hz 左右。为避免振动耦合的有害作用，应使系统的浮沉固有振动高频频率及转向架点头固有振动的频率避开车体本身的固有振动频率。

# 第三节　轨道交通机车车辆横向动力学

## 一、轮对和转向架的蛇行运动

由于车轮踏面为锥形和轮缘与钢轨间存在间隙，当轮对中心在行进中偶尔偏离直线轨道的中心时，两轮便以不同直径的滚动圆在钢轨上滚动，使轮对在行进中一面作横向摆动，一面围绕经其重心的垂轴来回摇动，做一种被称为蛇行运动的波形运动。这种运动是轨道交通机车车辆特有的运动。剧烈的蛇行不仅破坏机车车辆运行的平稳性，而且还破坏线路，甚至引起脱轨事故，以致严重妨碍列车速度的提高。这个问题很早就引起了许多轨道交通工作者的重视。现在基本上摸清了问题的实质，采取了措施，使列车稳定运行的速度达到了

350km/h 以上。

设轮对以匀速 $v$ 在直道上前进，其在某瞬时所处的位置是：轮对中心偏离轨道中心 $y$；垂直于车轴的轴线（即轮对的运行方向）与 $x$ 轴成 $\theta$ 角（图 8-15）。于是，轮对重心 $G$ 的横向速度为

$$\dot{y} = v\theta \tag{8-31}$$

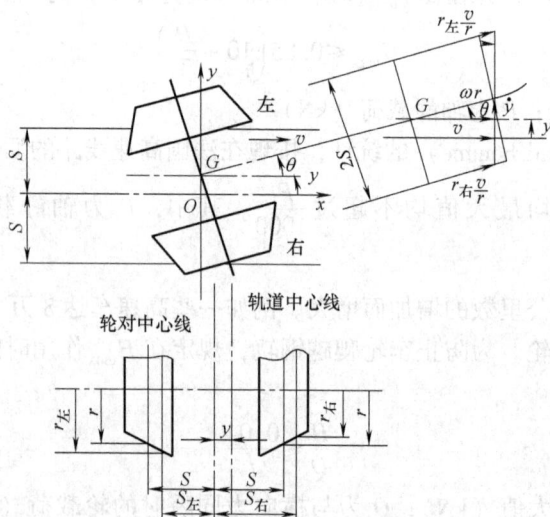

图 8-15　轮对在直线轨道上的蛇
行运动和接触几何分析

轮对围绕其重心的回转角速度为

$$\dot{\theta} = -\frac{r_1 - r_r}{2S} \cdot \frac{v}{r} = -v\frac{jy}{Sr} \tag{8-32}$$

其中　　　　　　　$r_1 = r + jy;$　　　　　$r_r = r - jy$

式中，$r$ 为轮对中心与轨道中心一致时的车轮滚动圆半径；$j$ 为踏面斜度；$2S$ 为左右两滚动圆间的距离，约为 1500mm。

以上由几何与运动的关系得出的两个一阶线性微分方程表明了偏离直线的轮对运动。从每个方程中消去一个变量，得两个形式相似的二阶微分方程

$$\ddot{y} + \frac{j}{rS}v^2 y = 0 \tag{8-33}$$

$$\ddot{\theta} + \frac{j}{rS}v^2 \theta = 0 \tag{8-34}$$

这是无阻尼的振动方程。解方程组，得自由轮对的运动学频率为

$$\beta = v\sqrt{\frac{j}{rS}} \tag{8-35}$$

或

$$f = \frac{\beta}{2\pi} = \frac{v}{2\pi}\sqrt{\frac{j}{rS}} \tag{8-36}$$

振动波长

$$L = \frac{v}{f} = 2\pi \sqrt{\frac{rS}{j}} \tag{8-37}$$

方程的解为

$$y = y_{max} \sin vt \sqrt{\frac{j}{rS}} \tag{8-38}$$

$$\theta = \theta_{max} \cos vt \sqrt{\frac{j}{rS}} \tag{8-39}$$

根据式 (8-31)，可知在 $y_{max}$ 于 $\theta_{max}$ 之间存在以下关系

$$\frac{y_{max}}{\theta_{max}} = \sqrt{\frac{rS}{j}} \tag{8-40}$$

上述方程说明了具有锥形踏面的轮对在直线轨道上行进时，轮对相对于轨道中心线同时进行周期性的侧摆和摇头。这两个耦合进行的运动 $y$ 和 $\theta$ 同是时间的函数，振幅间存在一定的关系，频率相同，相位差90°。这种 $y$-$\theta$ 运动通常称为蛇行运动。

对于轮对在转向架构架内前后左右都受到严格约束的二轴转向架，同样根据转向架两轮对在直线轨道上行进时的几何与运动关系（图8-16），可写出转向架重心的横向速度

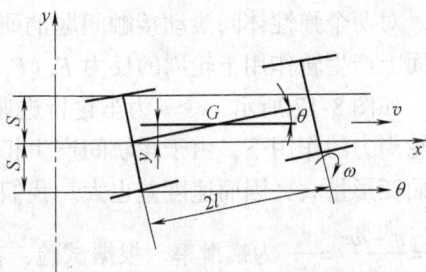

图 8-16  二轴转向架的蛇行运动

$$\dot{y} = v\theta$$

转向架围绕其重心的回转角速度

$$\dot{\theta} = -\frac{r_1 - r_r}{2} \cdot \frac{v}{r} \cdot \frac{S}{S^2 + l^2} = -v\frac{jyS}{r(S^2 + l^2)}$$

式中，$l$ 为轮对至转向架重心的距离。

由此上述两式改写为

$$\begin{cases} \ddot{y} + \dfrac{jS}{r(S^2 + l^2)}v^2 y = 0 \\ \ddot{\theta} + \dfrac{jS}{r(S^2 + l^2)}v^2 \theta = 0 \end{cases}$$

解方程组，得二轴转向架的蛇行运动学频率为

$$\beta_{II} = v\sqrt{\frac{j}{rS\left(1 + \dfrac{l^2}{S^2}\right)}} \tag{8-41a}$$

$$f_{II} = \frac{\beta_{II}}{2\pi} = \frac{v}{2\pi}\sqrt{\frac{j}{rS\left(1 + \dfrac{l^2}{S^2}\right)}} \tag{8-41b}$$

二轴转向架的几何蛇行波长为

$$L_{II} = \frac{v}{f_{II}} = 2\pi\sqrt{\frac{rS}{j}\left(1 + \dfrac{l^2}{S^2}\right)} \tag{8-42}$$

即轮对在转向架构架内前后左右受到严格约束的二轴转向架的几何蛇行波长为自由轮对的

$\sqrt{1 + \left(\dfrac{l}{S}\right)^2}$ 倍。

同理，对于等轴距的三轴转向架，其几何蛇行波长为

$$L_{\text{III轴}} = 2\pi \sqrt{\frac{rS}{j}\left[1 + \frac{2}{3}\left(\frac{l}{S}\right)^2\right]} \tag{8-43}$$

式中，$l$ 为轮对之间的距离。

轨道交通机车车辆轮对在轨道上的运动并不是纯滚动，而是受蠕滑支配的运动。

## 二、蠕滑机理

对两个弹性体间滚动接触问题的研究表明，当转动力矩 $M$ 作用于滚动轮时，在轮轨接触面上产生轨作用于轮周的反力 $F_x$（$F_x = M/r$）和弹性变形，使轮轨间产生相对位移。

如图 8-17 所示，令 $v$ 为车轮行进速度，$r$ 为车轮滚动圆半径，$\omega$ 为车轮回转角速度，则在轮周力的作用下，由于轮轨间产生相对位移，车轮实际行进速度 $v < \omega r$。转矩大，则轮轨表面变形量大，因而速度差也大。我们称这种现象为蠕滑，称 $(v - \omega r)$ 为蠕滑速度 $v_x$，称 $\varepsilon_x = \dfrac{v - \omega r}{v} = \dfrac{v_x}{v}$ 为蠕滑率。根据试验，在不太大的轮周力的作用下（蠕滑率 ≤1.5‰），轮周力与蠕滑率呈线性关系（图 8-18），即

$$F_x = -\xi_x \varepsilon_x \tag{8-44}$$

式中，$F_x$ 为轮周力，即蠕滑力（N）；$\xi_x$ 为纵向蠕滑力系数，也称纵向蠕滑系数；$\varepsilon_x$ 为纵向蠕滑率（‰）。

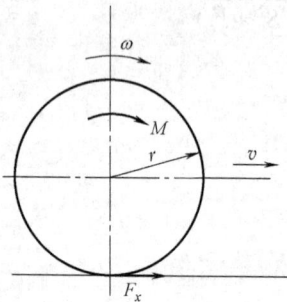

图 8-17　车轮受牵引力矩图

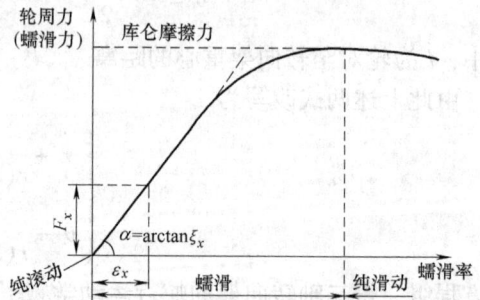

图 8-18　轮周力（蠕滑力）与蠕滑率的关系

负号表示蠕滑方向与轮周力的方向相反。本例中，蠕滑方向向左，轮周力（蠕滑力）$F_x$ 向右。蠕滑力的极限值就是库仑摩擦力。当轮周力为零时，蠕滑率为零，这是纯滚动状态。当轮周力增大时，蠕滑率增大。轮周力达库仑摩擦力时，就产生空转（或滑行），轮轨接触由蠕滑状态变为纯滑动状态。故蠕滑是介于纯滚动与纯滑动之间的中间状态。

蠕滑力系数是轮轨弹性接触、表面状态和正压力的函数，也就是轴重、接触椭圆的长短轴比、泊松比、弹性模数、库仑摩擦因数的函数。轨面状态对蠕滑力系数影响很大，不良的轨面状态（脏、油、湿、冰膜）能使蠕滑力系数下降一半以。如图 8-19 和表 8-2 所示。

上面讨论的蠕滑是轮对沿钢轨滚动时纵向（沿钢轨方向）的蠕滑。现在再来讨论横向

蠕滑。假定车轮静止地放在钢轨上，如果要使车轮在钢轨上产生横向位移，那么作用在车轮上的横向力必须大于轮轨间的摩擦力。但是，如果车轮在钢轨上滚动前进时，即使作用于车轮的横向力很小，车轮沿横向力的方向也会产生不断的微量位移，横向位移量与车轮走行距离成正比。这种现象称为横向蠕滑。在不太大的横向力的作用下，横向力 $F_x$ 与横向蠕滑率 $\varepsilon_y = \dfrac{v_y}{v}$（$v_y$ 为横向蠕滑速度）成线性关系，即

$$F_y = -\xi_y \varepsilon_y \qquad (8-45)$$

在数值上，横向蠕滑力系数 $\xi_y$ 与纵向蠕滑力系数 $\xi_x$ 是有差异的。

此外，在滚动前进的车轮上，在轮轨接触面的法线方向作用不大的回转力矩时，就产生回转蠕滑（图 8-20）。回转蠕滑率 $\varepsilon_\phi = \dfrac{\omega_z}{v}$（$\omega_z$ 为回转蠕滑角速度）。

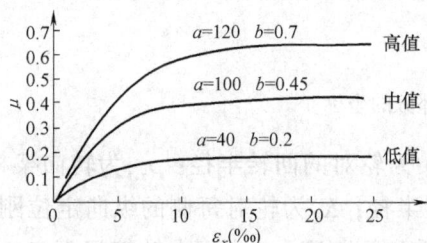

图 8-19 轨道状态对 $\mu$ 的影响

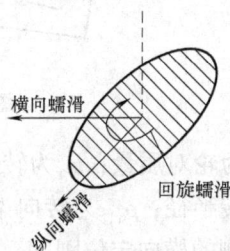

图 8-20 不同于纯滚动的各种蠕滑

注：$\mu = \dfrac{轮周力（蠕滑力）}{轮载} = \dfrac{\xi_x \varepsilon_x}{Q}$（按 $\mu = \dfrac{ab\varepsilon_x}{\sqrt{(a\varepsilon_x)^2 + b^2}}$ 计算，式中 $a$、$b$ 为系数）

**表 8-2 $\mu$ 与轨面及 $\varepsilon_x$ 的关系**

| $\varepsilon_x$(‰) | 2 | 4 | 6 | 8 | 10 | 12 | 14 | 16 | 18 |
|---|---|---|---|---|---|---|---|---|---|
| $\mu$ 高值 | 0.23 | 0.4 | 0.5 | 0.56 | 0.6 | 0.63 | 0.65 | 0.66 | 0.67 |
| $\mu$ 低值 | 0.07 | 0.12 | 0.15 | 0.17 | 0.18 | 0.185 | 0.188 | 0.191 | 0.193 |

由于回旋蠕滑率在一般情况下不大，纵向蠕滑力系数与横向蠕滑力系数在数值上的也不是很显著，而且在线路条件下蠕滑力系数变化较大。

### 三、二轴车或二轴转向架横向动力学

**1. 运动方程、特征方程、特征根**

现在讨论二轴车或二轴转向架在直线轨道上的自激蛇行运动。这里我们假定轮对定位于一个有限质量的二轴车或二轴转向架。对于转向架车，我们还假定其车体为无限质量并以刚度接近零的横向弹性装置与转向架相连。在这种情况下，可以认为转向架就独立于进行直线运动的车体，二轴转向架的运动性质与二轴车的运动性质相同。

图 8-21 所示为二轴转向架中的两根轴及构架的坐标。二轴转向架横向振动有 7 个自由度如下：

第一轴横移 $y_1$ 第一轴回转角 $\theta_1$；第二轴横移 $y_2$；第二轴回转角 $\theta_2$；转向架构架横移 $y_t$；转向架构架回转角 $\theta_t$；转向架构架侧滚角 $\varphi_t$。

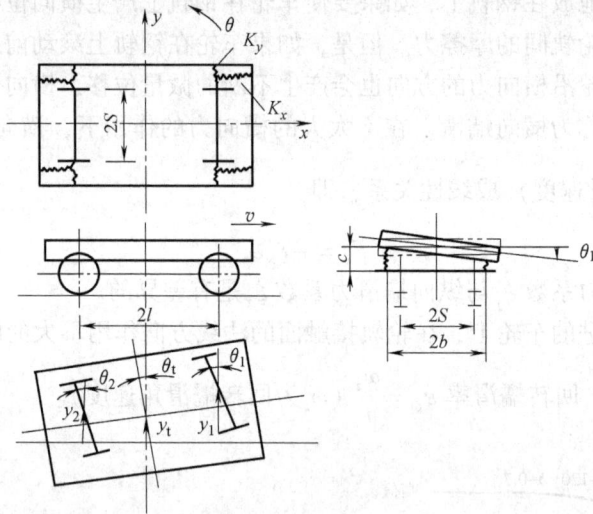

图 8-21　二轴转向架各部分的坐标

令：$m$ 为轮对质量；$m_t$ 为转向架构架的质量；$\rho_z$ 为轮对的回转半径；$\rho_{z,t}$ 为转向架构架对垂轴的回转半径；$\rho_{x,t}$ 为转向架构架对纵轴的回转半径；$K_x$ 为轮对每侧的纵向定位刚度；$K_y$ 为轮对每侧的横向定位刚度；$K_z$ 为轮对每侧的承重弹簧刚度；$b$ 为左右轴箱间距离之半；$c$ 为转向架构架重心至车轴中心线的距离；$l$ 为轴距之半。

可以分别对 7 个自由度列出 7 个运动方程。注意：列轮对运动方程时，轮对受到的作用力有轮轨之间的作用力及轮对定位弹簧力。轮轨间的作用力包括蠕滑力、蠕滑力矩以及重力刚度和重力角刚度所产生的作用力。列构架的运动方程时，构架受到的作用力只有来自轮对定位弹簧力。作用于轮对及构架的轮对定位弹簧力大小相等、方向相反，该力取决于轮对与构架间的相对位移。

设一系悬挂无减振器阻尼，列 7 个运动方程如下：

第一轴横移：

$$m\ddot{y}_1 + 2K_y(y_1 - y_t - l\theta_t + c\varphi_t) = -2\xi\left(\frac{\dot{y}_1}{r\omega} - \theta_1\right) - \frac{P}{S}(\zeta\delta_0 + \varepsilon)y_1 \qquad (8\text{-}46)$$

第一轴回转：

$$m\rho_z^2\ddot{\theta}_1 + 2b^2 K_x(\theta_1 - \theta_t) = -2\xi\left(\frac{S\dot{\theta}_1}{r\omega} + \frac{j_e y_1}{r}\right)S + PS\delta_0\theta_1 \qquad (8\text{-}47)$$

第二轴横移：

$$m\ddot{y}_2 + 2K_y(y_2 - y_1 + l\theta_t + c\varphi_t) = -2\xi\left(\frac{\dot{y}_2}{r\omega} - \theta_2\right) - \frac{P}{S}(\zeta\delta_0 + \varepsilon)y \qquad (8\text{-}48)$$

第二轴回转：

$$m\rho_z^2\ddot{\theta}_2 + 2b^2 K_x(\theta_2 - \theta_t) = -2\xi\left(\frac{S\dot{\theta}_2}{r\omega} + \frac{j_e y_2}{r}\right)S + PS\delta_0\theta_2 \qquad (8\text{-}49)$$

转向架构架横移：

$$m_t \ddot{y}_t + 2k_y(2y_t - \ddot{y}_1 - y_2 - 2c\varphi_t) = 0 \tag{8-50}$$

转向架构架回转：

$$m_t\rho_{z,t}^2 \ddot{\theta}_1 + 2K_y l(2l\theta_t - y_1 + y_2) + 2K_x b^2(2\theta_t - \theta_1 - \theta_2) = 0 \tag{8-51}$$

转向架构架侧滚：

$$m_t\rho_{x,t}\varphi_t + 2K_y c(2c\varphi_t + y_1 + \ddot{y}_2 - 2y_t) + 4b^2 K_z \varphi_t = 0 \tag{8-52}$$

式（8-46）~式（8-52）的右侧为轮轨之间的作用力。为解上述常系数二阶线性齐次微分方程组，与处理轮对的振动微分方程组一样，令 $y_1 = A_1 e^{\lambda t}$，$\theta_1 = A_2 e^{\lambda t}$，$y_2 = A_3 e^{\lambda t}$，$\theta_2 = A_4 e^{\lambda t}$，$y_t = A_5 e^{\lambda t}$，$\theta_t = A_6 e^{\lambda t}$，$\varphi_t = A_7 e^{\lambda t}$ 代入上述微分方程组，得未知数为 $A_1$、$A_2$、$\cdots$、$A_7$，常数项为零的线性方程组。$A_1$、$A_2$、$\cdots$、$A_7$ 有非零解的条件为其系数行列式等于零，这就是特征方程。它是一个关于 $\lambda$ 的 14 次代数方程：

$$a_0\lambda^{2n} + a_1\lambda^{2n-1} + a_2\lambda^{2n-2} + \cdots + a_{2n} = 0 \tag{8-53}$$

式中，$n$ 为系统的自由度数目，本例中 $n = 7$。

特征方程的特征值可能是 7 对共轭复数 $\lambda_k = \alpha_k + i\beta_k$，也可能有几个是负的实数，其余为共轭复数，视转向架结构参数和运行速度而定。

$\lambda$ 为负的实数表示大阻尼的重衰竭性运动，不会产生周期性振动，可以不予考虑。$\lambda$ 为复数表示振幅变化的周期性振动。实部 $\alpha$ 为负时，振幅越振越小，运动稳定；$\alpha$ 为正时，振幅越振越大，运动失稳；$\alpha = 0$ 时，振幅不变，称为临界状态，对应的运行速度称为临界速度 $v_c$。$\lambda$ 的虚部 $\beta$ 表示振动的圆频率。

图 8-22 所示为某转向架的特征值中 3 对共轭复数的实部和虚部随速度变化的曲线。

$$\lambda_1 = \alpha_1 \pm i\beta_1$$
$$\lambda_2 = \alpha_2 \pm i\beta_2$$
$$\lambda_3 = \alpha_3 \pm i\beta_3$$

图 8-22 中有 3 个临界速度，但转向架运行速度受最低临界速度 $v_{c1}$ 的限制，因为只要 $v > v_{c1}$，由于一种振动的失稳，会导致整个转向架的失稳。故取转向架的临界速度 $v = v_{c1}$。

在稳定状态下，转向架横向振动轻微：侧摆很少超过 $\pm 3$mm。摇头很少超过 $\pm 2$‰rad，横向加速度不超过 $(0.3 \sim 0.5)g$。失稳后，转向架横向振动加剧，直到轮缘与钢轨侧面相碰，受到钢轨对轮缘的反作用力，使转向架趋于稳定，此时侧摆振幅达 6mm 以上，摇头振幅达 8‰rad 以上，横向加速度达 $(2 \sim 3)g$。

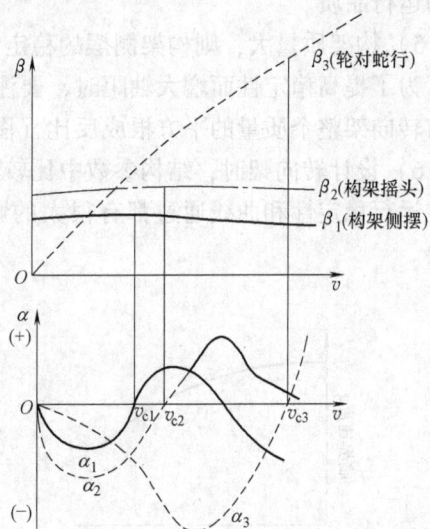

图 8-22 某二轴转向架的 3 对共轭复数特征值的实部 $\alpha$ 和虚部 $\beta$ 与速度的关系

**2. 结构参数对临界速度的影响**

通过上述对运动方程的计算和对结果的分析，可以得知，转向架的结构参数对转向架的横向稳定性有下述影响：

1）临界速度随轴距的增大而增大。为此不少高速二轴转向架机车的轴距长达 2.8~3.0m。

2）临界速度与踏面等效斜率的平方根成反比（图8-23）。

3）如图8-24所示，提高重力刚度可以增进稳定。当轮对纵向定位刚度 $K_x$ 很小或等于零时，重力刚度的影响十分显著；在正常的 $K_x$ 值下，重力刚度的影响则大为减小。锥形踏面轮对的重力刚度较小，主要靠较大的定位刚度来保证其稳定性。

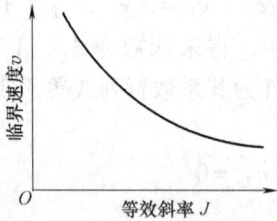

图 8-23　临界速度与踏面等效斜率的关系

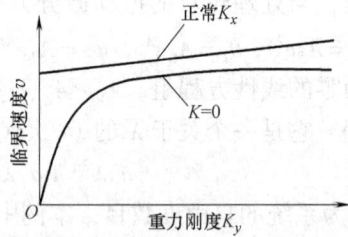

图 8-24　临界速度与重力刚度的关系

4）图8-25所示为踏面磨耗对临界速度的影响。随着轮对走行里程的增加，踏面磨耗增加，踏面曲率增大，使等效斜率和重力刚度增大。如果纵向定位刚度较大，则重力刚度的影响较小，临界速度会随着踏面磨耗使等效斜率增大而降低。采用磨耗形踏面的好处，在于在较长的走行里程内踏面形状变化较小，从而使轨道交通机车车辆能在较长时期里保持比较稳定的运行品质。

5）构架质量大，则构架侧摆的稳定性下降。构架转动惯量大，则构架的摇头稳定性下降。为了提高稳定性而增大轴距时，要注意不使构架质量和回转半径显著增大。临界速度大致与转向架整个质量的平方根成反比（图8-26）。

6）设计转向架时，结构参数中比较容易变更的是轮对定位刚度，而轮对定位刚度对于直线运行稳定性和曲线通过都有很大的影响，所以合理选取定位刚度对于转向架设计甚为重要。

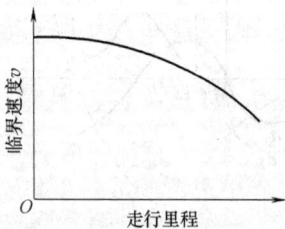

图 8-25　踏面磨耗对临界速度的影响

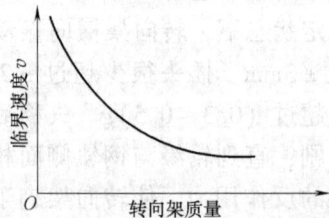

图 8-26　转向架质量对临界速度的影响

图8-27所示为同时变更轮对纵向定位刚度和横向定位刚度对于二轴转向架临界速度的影响。在小的定位刚度下，最低临界速度出现在轮对运动学频率接近构架在弹簧支悬上的固有频率。这时出现的是构架失稳。随着 $K_x$ 及 $K_y$ 的增大，构架失稳的现象消失，转向架的临界速度只受轮对蛇行失稳的限制；因为轮对失稳的临界速度较高，故转向架具有较高的临界

速度。如果轮对纵向及横向定位刚度极大，则构
架和轮对一起蛇行失稳，仿佛它们是刚体一样，
即所谓转向架蛇行失稳，临界速度急剧下降。由
此可见，就提高稳定性而言，轮对定位刚度也不
是越大越好，定位刚度值中间偏大时，临界速度
达最大值。因此，设计高速转向架的一种方法
是：选用适当偏大的定位刚度（如较大的纵向定
位刚度、中等的横向定位刚度），严格限制车轴
与轴承的轴向游隙，并采用小斜率踏面。而这和
利于曲线通过所要求采用较小的纵向定位刚度和
较大斜率的踏面是相矛盾的。

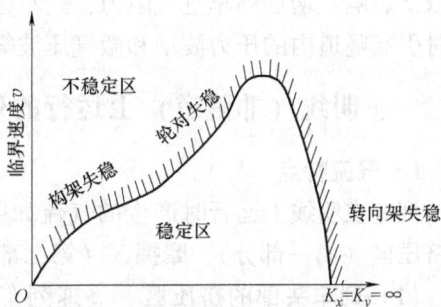

图 8-27　同时变更纵向定位刚度 $K_x$
和横向定位刚度 $K_y$ 对二
轴转向架临界速度的影响

对于轨道交通机车来说，轴箱定位装置要传
递牵引力，纵向定位刚度必须足够大，但可以采用等效斜率较大的磨耗形踏面，以减小踏面
和轮缘的磨耗率，同时在转向架与车体之间装用抗蛇行减振器，来达到较高的蛇行临界速度
的目的。

**3. 稳定性理论与共振理论**

通过上面的分析可以看出，以稳定性理论取代共振理论来研究轨道交通机车车辆在直线
轨道上运行时的横向振动的正确性在于以下四点：

1）就转向架而论，各轮对的横向运动与构架的横向运动彼此影响，转向架构架的蛇行
是由轮对蛇行激起的，而转向架构架的蛇行又反过来支持轮对蛇行，形成一个具有反馈特性
的闭环系统。所以，研究横向振动不应当像在共振理论中那样，预先给定轮对的运动规律，
即认为轮对在任何速度下部以不变的几何学蛇行波长进行周期性振动，并把构架的运动规律
当作受迫振动来处理，而是应当将轮对振动和构架振动结合一起，当作一个完整的动力学系
统来处理。

2）对于横向振动不存在共振速度，而是存在着与速度有关的稳定区和不稳定区。

3）轮对定位刚度和重力刚度可以影响车的稳定性。

4）和锥形踏面不同，磨耗形踏面由于轮轨接触特性的改变，轮对运动受到轮轨间隙、
轨距变化等影响。

由于对轮轨间的蠕滑现象和接触几何学等问题不断研究，以及计算技术和实验技术等的
发展，应用线性和非线性动力学研究稳定性理论已经取得重大进展。现在不仅用来阐明有关
因素对蛇行稳定性的影响，并可用于分析轨道交通机车车辆对线路随机不平顺的响应和分
析，轨道交通机车车辆在曲线上的动力曲线通过问题，以便合理选定走行部分结构参数，防
止自激蛇行发生并顺利通过曲线。

# 第四节　列车空气动力学

随行列车速度的提高，空气流问题越来越受到人们的重视。如日本新干线的营运速度已
经超过轻型飞机的持航速度并接近喷气飞机的起飞速度。因此空气动力学不仅是航空要解决
的关键问题，也是高速列车无法回避的问题。列车速度提高之后，所产生的气流对轨道交通

有以下影响：增加列车空气阻力，列车通过时出现列车风；会车时出现压力波；列车通过隧道时引起隧道内的压力波动和微气压波等问题。

## 一、明线（非隧道）上运行的列车

### 1. 气流特点

列车在明线上运行时产生的气流如图 8-28 所示。由图可见气流基本上可分为三部分，即挤压区（第一部分），摩擦区（第二部分）和尾流区（第三部分）。

**（1）列车头部的挤压区** 高速列车运行时，由于空气惯性，引起列车前面的空气堆积，静压力升高。在接近列车头部时，空气向列车头部两侧分流，产生一个很快的气流运动，空气压力的势能转化为动能，因而堆积压力消失而形成局部低压。因此在列车头部形成一个压力波和吸入波。压力波和吸入波的大小与列车头部形状、列车下部的自由空间结构形状和列车速度有关。

**（2）摩擦区** 在第二部分气流为摩擦区，这里的气流呈线流，分布在列车大部分长度上。在第一部分和第二部分之间有一小段气流分离区，当气流重新附着在列车上以后建立起一个边界层。边界层随列车长度方向逐渐加厚并随列车一起运动。

**（3）尾流区** 列车驶过以后，所占的空间立即被空气填充，这就引起空气快速运动，因而在列车末端形成低压波。列车带给空气的能量被空气内部摩擦消耗。尾流的特点是具有很强的涡流运动，列车驶过以后一段时间仍能感觉到。

### 2. 空气阻力

根据伯努利方程，空气阻力与列车的速度平方成正比，可近似地用下式表示：

$$R = C_x \left( \frac{\rho}{2} v^2 A \right) \tag{8-54}$$

式中，$C_x$ 为空气阻力系数；$\rho$ 为空气密度（$kg/m^3$）；$v$ 为列车速度（m/s）；$A$ 为列车横截面积（$m^2$）。

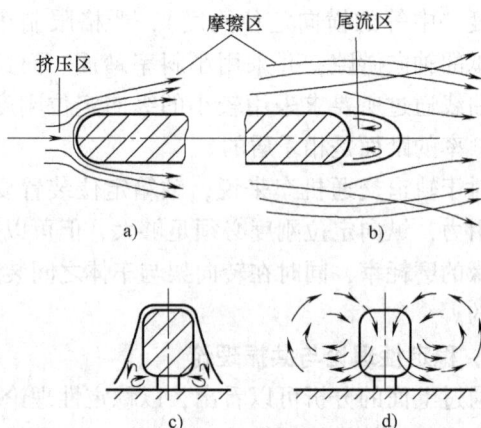

图 8-28 列车空气流
a) 头部 b) 尾部 c) 边界层及涡流 d) 尾流区中纵向涡流

图 8-29 所示为日本 200 系列和两种 STAR21 高速列车在不同速度下的空气阻力。虽然每种车的阻力大小不同，但均接近列车速度的平方关系。

列车空气阻力有三种，即列车头部和尾部压力差所引起的阻力，称为压差阻力，压差阻力与列车头部及尾部的形状有很大关系；由空气黏性使作用于车体表面的气体剪切力产生的阻力，称为摩擦阻力，这部分阻力与列车长度有关；另一部分阻力是

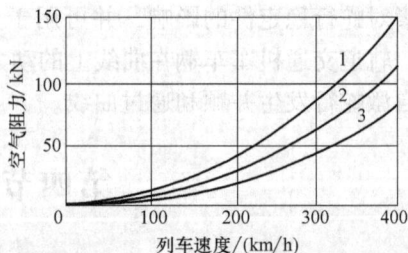

图 8-29 明线上空气阻力（头部）
1—200 系列 2—STAR21（营运）
3—STAR21（改进）

由于气流受到列车表面的突出或凹陷的干扰而产生的阻力，称为干扰阻力。这些阻力来源于车灯、扶手、转向架之间间隙、车辆底部及顶部设备对气流的干扰。由于车辆外形不同、列车长度不同产生的空气阻力大小和各种阻力的份额也不相同。如图 8-30 所示为各种列车的空气阻力及组成份额。

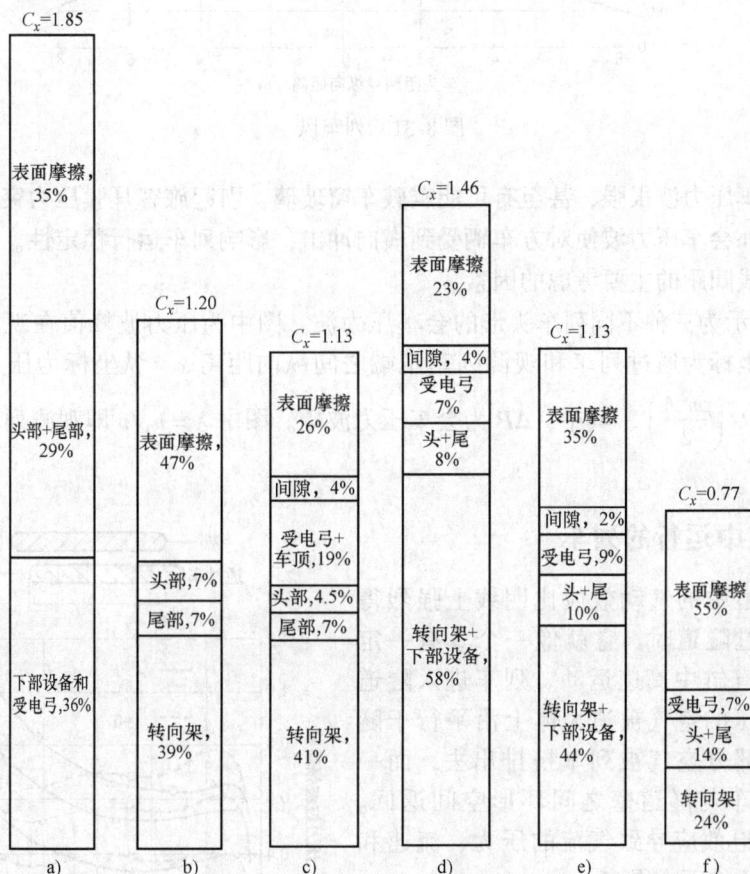

图 8-30　列车阻力系数及其组成份额

a) 传统列车　b) APT-E　c) TGV　d) ICE 无任何流线形外罩　e) ICE 在转向架之间下部设备加流线形外罩　f) ICE 加转向架裙板，下部设备全部加流线形外罩，受电弓加外罩并封闭车辆之间间隙

由于高速列车的速度不断提高，当列车速度到达 250km/h 以上时，空气阻力可占整个列车阻力的 80% ~ 90%。对于高速列车来说，减少列车空气阻力，一方面可以提高列车速度，另一方面可降低能耗。其中，研究合理的列车外形设计是减少空气阻力的一个有效措施。

**3. 列车风**

高速列车运行时，带动周围空气随之一起运动形成列车风。列车风对站台上的旅客及工作人员产生的气动力可能危及人身安全。一般来说离列车越近，列车风的气动力越强，对人的危害越大，如图 8-31 所示。

**4. 会车压力波**

两列车相会时，通过车的车头对另一列观测车的侧壁产生强烈的压力波（压力脉冲）。

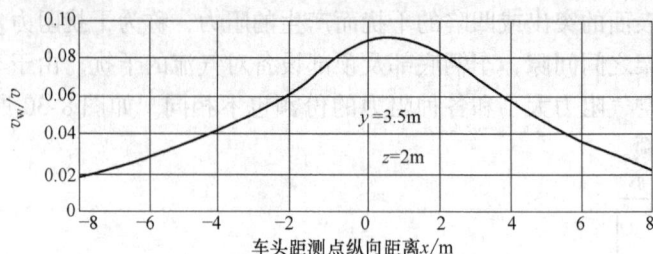

图 8-31　列车风

高速列车的会车压力波很强，甚至有可能震破车窗玻璃，引起旅客耳膜压力突然变化，造成旅客不适，此外会车压力波使对方车辆受到横向冲击，影响列车运行稳定性。会车压力波是确定高速铁路线间距的主要考虑的因素。

图 8-32 所示为三种不同列车头形的会车压力波。图中为压力波峰值在观测车上的变化情况。图中横坐标为通过列车和观测列车车端之间纵向距离 $x$，纵坐标为压力波振幅系数 $\Delta C_p$，$\Delta C_p = \Delta P \Big/ \left( \dfrac{\rho v^2 A}{2} \right)$，其中，$\Delta P$ 为会车压力波幅。图中 $\lambda = v_0/v$ 即观测列车速度和通过列车车速之比。

## 二、隧道中运行的列车

列车在隧道中的气动效应比明线上强烈得多。当列车通过隧道时，它就像一个具有一定间隙的活塞在气缸中高速运动。列车进入隧道时，被列车挤压的空气被迫大体上沿平行于隧道轴流动。大部分空气被列车挤排出去，而一部分将通过列车与隧道壁之间环形空间返回。隧道壁面的强迫效应导致气流的压力、流速和阻力都比明线条件下大得多。

### 1. 隧道中的气流特点

在隧道中，除了列车本身速度外，列车还诱发各种气流。这种气流和隧道中的阻塞比 $A/S$（$A$ 为列车截面积，$S$ 为隧道截面积）以及隧道壁画的光洁度有很密切的关系。在平滑的长隧

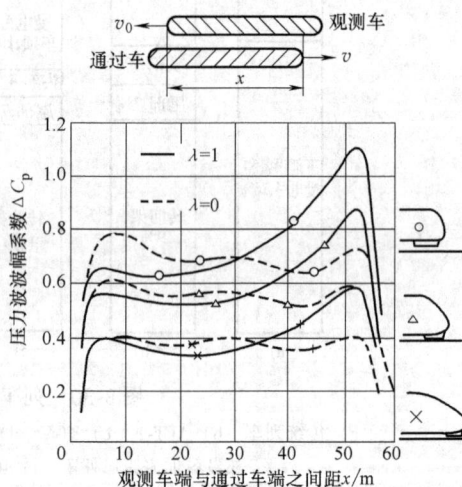

图 8-32　三种不同车头的会车压力波峰值

道中一旦列车进入阶段完成，将会有稳定的气流和压力变化贯穿在整个隧道中；在短小的隧道中或有连通井而且结构复杂的隧道中，贯穿隧道的气流是非常不稳定的。

### 2. 列车阻力

在隧道中的空气阻力要比明线条件下的阻力高一倍以上，甚至可以大很多倍。对于高速客运列车，空气阻力可占总运行阻力的 90% 以上。

隧道中的空气阻力除前面明线上讨论的因素外，极大地取决于隧道的横截面积、长度以及机车车辆的特点。

### 3. 列车风

列车通过隧道时，在隧道中引起的纵向气流速度与列车速度成正比。在隧道中列车风可

以导致路旁的工作人员失去平衡以及将不牢固的设备吹落在隧道上。由于这些潜在的危险，铁路部门必须制定严格的制度。有些铁路规定列车速度高于160km/h时不允许员工进入隧道。即使列车速度稍低，也必须让员工在隧道中的避车洞内等待列车通过。

**4. 列车在隧道内的压力波**

当列车进入隧道时产生的压力波在隧道内以声速传播，在隧道口或列车头部重复反射并在隧道内往复作用，因此产生压力的变化。这种压力变化会引起车厢内外压力差，造成车内乘客耳胀等不适。

**5. 隧道微气压波**

列车进入隧道时产生的压力波在隧道内以声速传播到达隧道口时，一部分压力波以脉冲波的形式向外放射，同时发出爆破声，这种波称为隧道微气压波。隧道微气压波的大小和到达隧道口的压力波波面梯度成比例。在短隧道情况下，微气压波大小和列车进入隧道口的速度的三次方成正比。在长大隧道中，微气压波还与轨道结构类型有关。减小压力波梯度可以减少微气压波，一般可采用在隧道入口处加装喇叭形缓冲装置；利用隧道中的支坑道通道使压力外泄；用薄壳连接两个相邻隧道并开设沟槽减少压力；另外还可采用流线形车头和缩小列车断面等办法。

**6. 隧道内会车压力波**

由于隧道内空间窄，列车在隧道内会车时的压力波更加复杂，既有明线上会车时的压力波，又有两辆车在隧道内形成的隧道压力波，而且互相影响和干扰。

### 三、在压力波作用下的舒适度标准

由于会车及通过隧道等原因高速列车车厢外部产生强烈的压力波，同时也影响到乘坐旅客，使其耳膜压力快速变化引起耳胀和失去听觉。人们感受这种刺激是因人而异的，鉴于这种情况开行高速列车的铁路需要制订允许最大压力变化的标准。

英国铁路规定：在任何3s时间范围内，列车上乘客承受的压力变化限制在3kPa以内。

美国地铁系统UMTA规定：在1.7s时间范围内压力变化为0.7kPa。如果把压力变化率限制在0.41kPa/s时，允许在较长时间范围内有较大的压力变化。

为了提高舒适度，减少压力变化对旅客的影响，除了改进隧道结构，合理设计列车外形外，还有一种比较实用的办法，就是对车辆结构密封，防止压力瞬变影响车辆内部，与此同时还要采用特殊的换气方法避免列车外部的压力波影响车内正常换气。

机车车辆空气动力学是一门新兴的学科，有很多问题有待探索。根据目前研究成果可以提出一些高速列车设计原则：流线形的车头和车尾；平滑的车体表面；车顶和车底安装流线形外罩；转向架外安装裙板及受电弓导流装置等。这些措施不仅可以降低列车空气阻力，又可减少隧道压力波、微气压波，从而提高列车运行舒适度和安全性，也可降低环境噪声。

# 第五节　轨道交通机车车辆动力学分析工具简介

## 一、动力学分析软件的发展背景

近二十年来，随着科技技术的迅猛发展，轨道交通车辆面临着高速运行、降低能耗和缩减运营费用等迫切要求。由于车辆运行速度的不断提高，安全和舒适度是人们一直关心的核心问题。这就对高速列车的动力学特性设计提出了更为严格的要求，需要探明一系列影响列车运行安全的关键问题，诸如如何有效识别影响车辆舒适度和脱轨问题的动力学参数匹配问题等，以便确保列车良好的安全性能。当然，对于车辆运行的舒适度和平稳度等问题，可以通过控制振动源和噪声源进行有效改善；对于脱轨和蛇行运动问题需要了解车辆的轮轨参数匹配和其他动力学特性参数设置。

从车辆动力学的角度看，机车和车辆具有相似的振动特征，而轮轨系统是车辆动力学分析的核心内容。车辆是具有弹簧悬挂和减振器等装置的多自由度振动系统，在运行过程中会产生各种复杂的振动特性。而这些复杂的振动是由若干基本形式的振动组合而成。如今车辆逐步发展成为机械、力学和控制相互耦合的大系统，整车的动力学特性的好坏直接影响着列车运行的安全和舒适度。由于计算多体力学的进步和计算机软硬件技术的发展，人们可以通过并行工程仿真的技术，建立详细的轨道车辆数学和物理计算模型，考虑各种复杂的边界条件因素，有效地研究车辆动力学性能，开发出高质量的新产品，提出列车运行的安全准则，因此车辆动力学的分析软件必然会在现代轨道车辆的研制过程中发挥越来越重要的角色，动力学分析涉及的主要内容主要包括如下几点：

（1）**蛇行运动模拟**  蛇行运动是轨道车辆在行驶过程中的一种特殊的现象，即当列车行驶时，突然出现车体和转向架开始剧烈左右偏转的不稳定振动现象。它容易导致车辆舒适度降低，出现破坏轨道，甚至发生脱轨、倾覆等安全事故。

（2）**曲线通过能力计算**  如何保证车辆的良好曲线通过能力，使得车辆在曲线通过时，车轮对于轨道的横向作用力最小。

（3）**舒适度评价**  车辆在各种复杂环境因素条件下的舒适度，诸如在轨道堆积激励和冲击、设备振动、起动/制动、气动影响、高度会车，进出隧道压力波等条件下的车辆舒适度评价。

（4）**脱轨和倾覆安全性评定**  研究保证车辆在高速运行时不会脱轨的机制，以及如何保证车辆在曲线脱轨时横风的作用下防止车辆倾覆的问题。

（5）**车辆被动和主动悬挂设计方式的选择**  悬挂方式的优化，以及如何有效地将控制技术应用在列车或车辆的动力学控制系统设计中，脱轨控制技术的运用，提高列车运行的安全性和舒适度。

## 二、主要轨道交通车辆动力学分析软件简介

下面对国际上轨道交通领域的主要车辆动力学分析软件做简单的介绍。

**1. ADAMS**（Automatic Dynamic Analysis of Mechanical Systems）**/Rail 软件**

ADAMS/Rail 软件包是目前铁路车辆系统动力学数值分析的主流软件之一。ADAMS 是由美国 MDI 公司于 1980 年推出的机械系统仿真软件，1993 年，MDI 公司与荷兰铁路技术咨询公司合作，将现代轮轨动力学理论的计算方法逐步引入到软件中。1995 年 ADAMS/Rail 开始正式进入轨道交通车辆动力学分析领域。1996 年 MDI 公司与 ArgeCare 公司合作，采用 MEDYNA（SIMPACK 公司的前身）软件的轮轨接触元素。2002 年与英国的 AEA 公司（VAMPIRE 软件的拥有者）形成战略合作关系，进一步与增强了轮轨的计算能力。2002 年 MDI 公司被 MSC. Software 公司收购，并且逐步融入 MSC 的软件系统，在轮轨接触问题和计

算速度上都有所提高，ADAMS 软件在 2005 年前后被德国 Vi – Grade 公司接管，软件开发目前进展不大。

**2. VAMPIRE**（Vehicle Dynamic Modeling Package in a Railway Environment）**软件**

由英国铁路道比研究所 1989 年推出的 VAMPIRE 软件，是专门针对铁路机车车辆系统开发的，软件具有自动建模功能，可以完成包括轮对模拟、蠕滑力计算、轨道曲线、轨道不平顺以及动力学特性预测，程序也可以考虑刚体的模态。软件采用相对坐标系通过人机对话的方式来定义机车车辆结构的集合尺寸和参数，也可以规定格式输入数据文件，利用建模子程序，自动生成用矩阵形式表示的系统运动方程，给分析计算提供统一的模型。VAMPIRE 建模比较方便，计算效率高，但仅能用于不带刚性约束的车辆系统分析计算，VAMPIRE 侧重客车系统建模，计算功能全面。同样可以实现包括动力学、特征值、频域、随机振动、时域积分等计算分析及数据和图形、动画的后处理功能。

**3. NUCARS**（New and Untried Car Analytic Regime Simulation）**软件**

NUCARS 软件是由北美铁路协会（AAR）下属的普耶勃罗试验中心（TTC）开发的，其 1.0 版本在 1989 年面世。NUCARS 软件也是应用多体系统动力学方法，采用相对坐标系进行机车车辆系统的自动建模。由于其针对以货车为主的铁路机车车辆进行模拟计算，因此程序中嵌入了货车所特有的斜楔减振器以及心盘、旁承等摩擦模块，而且程序不像在 ME-DYNA 那样庞大。2.1 版本及以前版本的机车车辆系统数据贮备均在文本环境中进行，在 2.3 版本中增加了较强的可视化前后处理功能。NUCARS 软件考虑车体的一阶模态，可以进行车辆系统的时域内的动力学数值积分分析，其缺点是不便于求解特征值问题。

**4. UM**（Universal Mechanism）**软件**

UM 软件是俄罗斯新一代的机械系统运动学/动力学仿真分析软件。它通过脱轨建模求解，可以分析多体系统的振动特性、受力及位移、速度、加速度等参数，进而预测复杂多体系统的运动学/动力学性能。它是由俄罗斯布良斯克国立理工大学（Bryansk State Technical University）Dmitry Pogorelov 教授团队研发的动力学分析软件。UM 是目前俄罗斯和部分东欧国家通用的机械动力学/运动学仿真分析软件之一。俄罗斯轨道交通车辆生产企业 90% 以上的车辆动力学仿真分析工作是使用 UM 完成的。UM 的突出特点表现在：具有高效易用的前后处理功能，并支持并行计算技术；模块众多，如汽车模块、铁道车辆（包括机车、客车和货车）模块、列车模块、疲劳分析模块及优化模块；还设有 CAD 软件、有限元软件及控制软件的接口；功能强大、适用性强，其子系统建模技术、刚柔耦合系统建模技术、强大的轮轨关系处理功能（如实时绘制轮轨两点接触作用力的曲线等）都使其具有良好的应用前景；UM 软件还在轨道交通车辆的动力学研究中不断探索，如 UM4 中的道砟模型经过升级后，可以研究罐车的液固耦合振动问题，还可以研究运煤敞车、粮食漏斗车等散装物运输货车的压力分布。UM5 已经开始考虑车桥耦合振动问题。模型修改非常方便、计算速度较快。此外，UM 软件还在内部嵌套了大量的实用功能，如计算机、滤波器等，使用非常方便。对计算三大件式转向架货车及机车的动力学性能来说，具有一定的优势。

**5. SIMPACK 软件**

SIMPACK 是专家级机械系统动力学性能仿真分析软件，是德国 SIMPACK AG 公司的旗舰产品。SIMPACK 软件是国际著名的机械系统运动学/动力学仿真分析软件，其轮轨模块最新的国际市场占有率更是超过 60%。其所具有的分析内容包括：整车系统振动特性、各部件的受力状况、加速度等；描述并预测复杂多体系统的运动学/动力学性能。轮轨模块（包括：常规 wheel/rail 模块、道岔分析模块和最新开发的轮轨磨耗（wear）预测模块）是德国宇航中心（DLR）集合 20 多年来轮轨接触模拟的经验和现代先进的模拟技术及常用模拟工具于一体的技术结晶，也是当前先进轨道交通车辆动力学仿真软件的先驱之一。

由于 SIMPACK 软件立足自身开放性和非常灵活的建模概念，使其无论从独立轮对还是车辆主动/被动控制系统，都可以支持设计者自由的设计思想，使得设计者能将更多的精力投入到具体设计工作的创新中。利用它人们可以对轨道交通复杂系统的动力学特性进行综合的仿真分析。SIMPACK 软件还具有和有限元分析（FEA）、CAD/CAE 以及 CACE（控制）等软件的接口程序，具有友好的操作界面，功能强大。且其轮轨模块经过大量轨道交通车辆实验验证具有很高的仿真精度和效率，长期不懈的努力和技术创新使得 SIMPACK 已经成为国际上轨道交通领域多体系统动力学仿真工具领域的领导者之一。

SIMPACK 的软件的特色：

1）SIMPACK 软件是第一款采用完全递归算法（该算法 1983 年由德国宇航局 DLR 发明并受专利保护），利用相对坐标系建立模型的软件，系统方程的数量最少，不需要对质量矩阵求逆，因此在算法的稳定性、可靠性和求解效率方面具有其他软件不可比拟的优势；在数字积分上没有加入数字阻尼，使得长时间积分不会产生漂移，计算结果也非常可靠。

2）在建模方式上，采用严格的拓扑检查和拓扑划分优化技术，保证所建立系统的微分状态方程组的数目最小，同时，可以很好地解决冗余自由度系统的建模。

3）SIMPACK 采用参数化、子结构建模，使系统模型的创建更加方便、灵活，子系统可以进行封装，并采用数据库的方式管理子系统，保证了用户的权限管理，对于复杂系统的建模分析有很大的优势。

4）SIMPACK 在进行机电控制系统仿真时，具有很大的灵活性。除了传统方法即联合仿真的方法外，SIMPACK 还提供了其他不同的仿真模式，包括服务器模式、客户机模式，还可以将控制系统的模型封装并引入多体环境，通过不同的仿真模式，可以有效地解决传统仿真方法所遇到的问题，如执行效率、软件协同仿真的步长匹配、嵌入式仿真、漂移等。

5）SIMPACK 是业界唯一可以不用将动力学源代码输出就可以实现 HIL 实时仿真的商业软件。

6）通过高效率的人机图形交互界面，使用户快速定义铰接、约束、各种外力或相互作用力等关系。基于拓扑关系的建模理念使动力学模型的建立过程便捷、出错率低，同时更适合于航海器的各种冗余自由度系统建模。

7）基于相对坐标系自动形成系统的动力学方程，然后利用业界领先的递归算法进行求解，包括各种动力学问题的求解，如静力学分析、运动学分析、动力学分析、逆动力学分析、模态分析、受迫振动响应分析、频谱分析、随机激励分析等。

8）仿真结果通过动画方式可以形象逼真地显示。同时，提供了功能非常丰富的曲线作图、曲线输出（ASCII，EXCEL）、曲线输入、曲线编辑、数据分析（如统计、FFT 变换、功率谱密度函数）、对比等功能，为用户详细、准确了解系统性能提供了有力的工具。

9）支持与主流 CAD 软件的无缝集成，如 IDEAS、UG、PRO/E 和 CATIA 等。

10）支持与主流有限元分析软件的双向数据交换，实现多柔体动力学分析、应力恢复和动载荷的分析预测。

11）支持与 MATLAB 等控制软件的双向接口，不仅可以实现传统意义上的多软件联合仿真，还可以将任意一方所形成的黑箱模型嵌入至另一软件，实现嵌入式仿真。

12）支持虚拟试验设计（DOE）和优化设计（Optimization）。

13）提供了开放的用户化接口，用户可以编写任意的元素，包括力、约束、界面及各种数学运算。

14）提供多体系统原代码的输出（Fortran 语言和 C 语言），支持代码嵌入和实时仿真。

**6. Gensys 及其他软件**

Gensys 软件目前在车辆动力学的分析中也较为广泛，但是相对而言，资料比较缺乏，所以这里不再详细介绍。

其他的还有很多国家相继研发的轨道交通车辆的动力学分析软件。这里仅介绍部分专业软件，如，A′GEM（Automatic Generation of Equations of Motion）软件是由加拿大的 Queens University 机械工程系研制的，其轨道交通车辆模块使用 AutoCAD 的图形界面，程序使用 DOS 执行处理的模块，可以计算轨道交通车辆的稳定性、舒适度、曲线通过性能，还可以计算其他轨道交通车辆的动力学性能。但是其在图形用界面、时频分析以及动画方面还有待改进。西南交通大学牵引动力国家重点实验室开发了名为 TPL Train 的列车动力学分析软件，其下属列车线路研究所开发了"车辆轨道垂向相互作用仿真分析系统 VICT"和"车辆 – 轨道空间耦合动力学仿真软件系统——TTISIM 软件"等轨道交通车辆专业软件分析包。前者主要用于研究轨道结构的动力作用问题，以及机车车辆在实际弹性轨道上的运行安全性与平稳性，具有很强的专业性。

# 参 考 文 献

[1] 周平. 铁道概论 [M]. 北京：中国铁道出版社，2007.

[2] 李海军，侯立新，张文婷. 铁道概论 [M]. 成都：西南交通大学出版社，2013.

[3] 佟立本. 铁道概论 [M]. 6版. 北京：中国铁道出版社，2012.

[4] 严隽耄，傅茂海. 车辆工程 [M]. 3版. 北京：中国铁道出版社，2012.

[5] 鲍维千. 机车总体及转向架 [M]. 北京：中国铁道出版社，2010.

[6] 张效融. 电力机车总体及走行部 [M]. 北京：中国铁道出版社，2008.

[7] 张曙光. HXD$_3$型电力机车 [M]. 北京：中国铁道出版社，2009.

[8] 张曙光. HXD$_2$型电力机车 [M]. 北京：中国铁道出版社，2009.

[9] 张曙光. HXD$_1$型电力机车 [M]. 北京：中国铁道出版社，2009.

[10] 周素霞，陶永忠，张志华，等. SIMPACK9实例教程 [M]. 北京：北京联合出版社，2013.

[11] 王伯铭. 高速动车组总体及转向架 [M]. 2版. 成都：西南交通大学出版社，2014.

[12] 李芾，安琪，王华. 高速动车组概论 [M]. 成都：西南交通大学出版社，2008.

[13] 徐伯初，李洋. 轨道交通车辆造型设计 [M]. 北京：科学出版社，2012.

[14] 朱喜峰. 机车总体结构及设计 [M]. 成都：西南交通大学出版社，2009.